唤醒心中的巨人

Anthony Robbins

（美）安东尼·罗宾/著　王平/译

光明日报出版社

图书在版编目 (CIP) 数据

唤醒心中的巨人 / (美) 罗宾著 ; 王平译 . 2版
. -- 北京 : 光明日报出版社 , 2015.1 (2025.10重印)
书名原文 : Awaken the giant within
ISBN 978-7-5112-5746-8

Ⅰ . ①唤… Ⅱ . ①罗… ②王… Ⅲ . ①成功心理－通
俗读物 Ⅳ . ① B848.4-49

中国版本图书馆 CIP 数据核字 (2014) 第 282126 号

图字号：01-2014-3972

唤醒心中的巨人
HUANXING XINZHONG DE JUREN

著　　者：〔美〕安东尼·罗宾　　　　译　　者：王　平

策　　划：双螺旋文化
责任编辑：杨　茹　　　　责任校对：傅泉泽
特约编辑：唐　浒　　　　责任印制：曹　净
封面设计：蒋宏工作室　　　　特约技术编辑：张雅琴 黄鲁西

出版发行：光明日报出版社
地　　址：北京市西城区永安路106号，100050
电　　话：010-63169890（咨询），010-63131930（邮购）
　　　　　010-63497501，63370061（团购）
传　　真：010-63131930
网　　址：http://book.gmw.cn
邮　　箱：gmrbcbs@gmw.cn
法律顾问：北京市兰台律师事务所龚柳方律师

印　　刷：固安兰星球彩色印刷有限公司
装　　订：固安兰星球彩色印刷有限公司
本书如有破损、缺页、装订错误，请与本社联系调换，电话：010-63131930

开　　本：170mm×240mm
字　　数：330 千字　　　　印　　张：29.5
版　　次：2015 年 2 月第 2 版　　　　印　　次：2025 年 10月 第 13次印刷
书　　号：ISBN 978-7-5112-5746-8-01

定　　价：45.00 元

《唤醒心中的巨人》一书，是罗宾关于自我意识著作中的又一杰作。无论是在生活上，还是工作上，这本书都带给我无穷的力量和敏锐的洞察力。

——彼得•古柏

索尼娱乐公司主席兼首席执行官

冠军，就是那些能够不断改善自我、长期保持出色表现的人。安东尼・罗宾就是那些严格要求自我的男女们的“终极教练”。

—— 帕特•莱利

NBA最佳教练

罗宾的经典著作……这是为每一个追求成功和卓越的人所著的一本书，助其在人生各方面表现出完美的“10”分。这是一本天才之作……有着对新方向的洞察……为梦想贮藏能量……激起信心和奋斗。

——吉姆•汉斯伯格

雷曼兄弟公司主席兼咨询总监

那些希望能够提升人生品质的人应该人手一册《唤醒心中的巨人》，安东尼・罗宾用自己的热情点燃了读者的热情，同时也给出了切实可行的建议。

——芭芭拉•安吉丽思博士

《女人都该知道的男人秘密》作者

《唤醒心中的巨人》是行动的号角，号召你回归真正的自我，让人生从此与众不同。

——马丁•希恩

托尼·罗宾就是让人那么信赖。《唤醒心中的巨人》一书充满了科学的规则和方法，每一页都是详加调查和立马可行的指导条则，能把人的想法和情绪集中到目标上。罗宾是个成功的沟通者，也是个人成功领域里真正的名家。

——斯科特•迪嘉莫

《成功》杂志主编兼出版人

安东尼·罗宾在个人成功和卓越表现（peak performance）心理学有着先人一步的想法，《唤醒心中的巨人》一书为个人追求卓越提供了所需的工具，托尼本人的热情、激情和努力将激励你真正去掌握人生、感动他人。

——肯尼斯•布兰查德

《一分钟经理人》作者之一

托尼·罗宾可以说是美国最为了解个人成就这一课题的人，也是创造真正成功的人。

——查里斯•基文斯

《更多的财富，没有风险》和《保卫金融》作者

整本书充满了创造性的讨论和转换的意识，尤其是第九章《终极成功的词汇》，其价值简直不可估量。

——F.J.古尔德

芝加哥大学应用数学和管理科学教授

安东尼·罗宾是该领域最具影响力的人，《唤醒心中的巨人》一书极具魅力，充满了一系列前沿性质的发现和见识。该书认为，持之以恒的价值观和为他人服务是成功的基石。

——史蒂芬•柯维

《高效能人士的七个习惯》作者

在致谢之前，我想起了橄榄球比赛中，四分卫在最后一分钟全力奔跑，他们挤成一团，奋力争球，一下掷出50码远，触地得分！球迷欢呼，教练雀跃，四分卫们心中充满了赢球的荣耀和愉悦。但是我要说，这是团队的胜利，而四分后卫只是幕前的英雄。人生也是如此：成功，意味着诸多的幕后英雄。当我想要在书中表达我对这么多真诚和无私的家人、朋友和同事们的感谢时，我觉得言不能尽意。我该如何告诉各位，这是整个团队自始至终的努力和帮助的结果？

感谢我的妻子贝基、母亲和我的4个孩子——詹瑞克、乔希、朱莉和泰勒，你们的爱是我力量的源泉，你们是我人生中的至爱。

感谢我的两位助手迪恩·塔特尔和凯恩·里奇，你们精力充沛，全身心投入到工作中，你们通宵达旦地工作，以至于多天无法见到丈夫和孩子，跟着我全国奔波，却始终不知疲倦、精力充沛。没有你们的支持，我不可能完成这本书。

感谢我的销售代表和经理们，是你们把我带到了各个城市、各个研讨会现场；感谢我的经销商们、我的个人发展顾问们，是你们把我的视频研讨会变得意义非凡。在此我要说：感谢你们的勇气和贡献。感谢公司的客服代表们，是你们激发客户的行动，让他们获得全新的成长。谢谢你们！

感谢圣迪亚哥公司的整个团队，你们的努力工作让我的想法得以实现。向你们致敬！

感谢安东尼·罗宾公司的合伙人们，尤其是“财富管理”的朋友们，你们深深打动了我。

感谢研讨会的参与者们，从你们身上我学到了许多。我要特别感谢1991年那场课程的学员的支持，我通宵达旦地工作终于如期完成本书。

感谢厄尔·斯特贝尔，你的爱、友情和无时无刻的支持和帮助让我得以保持内心的平静进行创作。

感谢罗伯特·贝斯博士，我亲爱的朋友。你的智慧和无私的爱把我从弯路上拉回来，你的建议有如珍宝，我打心底里充满无限感激。谢谢维基· 乔治，谢谢你，我的朋友。

感谢米歇尔·赫特森，你总是高标准严要求。谢谢你，我最好的朋友米歇尔·金，你幽默风趣、深具同情之心。谢谢阿兰、琳达 和 乔治·哈恩，有了你们的鼓励和支持，我更敢于面对未来。

感谢“全体城堡成员”，尤其是特丽萨·兰农和伊丽莎白·卡尔菲，你们给予了我全世界最好的支持，让我得以在此安家。

谢谢高西伦克公司的好朋友们：格雷格·伦克，比尔·高西，伦尼·利柏曼、乔恩·舒尔贝格和约翰·扎韦尔德。是你们和录音带产品的职员一起，在过去两年里让700多万份的录音带遍布全球，让人们了解了我的“能力哲学”，我们的友谊值得珍惜。

谢谢彼得·古贝尔，你的电话激发了我的灵感，还有你的支持，让我深感你我友谊的可贵。

谢谢肯和玛芝·布兰查德，你们与我们夫妻一季度一次的聚会，是彼此间魔力和与日俱增的尊敬的源泉。

谢谢马丁和珍尼特·新英， 你们的激情、正直和允诺是我的指明灯。

谢谢安东尼·罗宾基金会的全体志愿者，由于你们的长期无私的奉献和努力，那些流浪者、服刑者和孤老弱小者身心得到改善。你们的工作非常有意义!

谢谢罗伯·恰尔蒂尼，斯丢·米特尔曼，菲尔·玛菲顿，保罗·皮尔泽，和约翰·罗宾，你们为本书作出了贡献，有助于人们改善自身的生活。

谢谢跆拳道大师李俊久，你们的爱、忠诚和所拥有的知识让我获得了更大的成就，请允许我向你鞠躬致谢。

谢谢那马雷种植庄园的富士假日的员工们，谢谢维维尔和纳迪这些隔壁村的村民们，你们让我懂得，生命本身就是惠赐和欢乐，快乐才是真正的生活之道。

谢谢米勒和他的全体成员，请允许我脱帽致谢。谢谢迪克·斯奈德、鲍勃·朝比奈隆和贝利斯，谢谢你们对我的信任，谢谢!

谢谢所有我所倚靠的伟人们，谢谢那些让我形成自身哲学、策略和技巧的老师们。这些谢意虽然已经在《激发无限潜能》一书中已经表达过，但我仍然要向你们致以感激之情。

最后，感谢所有在幕后支持我的人：凯西·默勒，苏西·冈萨雷斯，琼·孟，南希·明库斯，莎丽·威尔逊，玛丽·肯特，瓦莱丽·费尔茨，利·兰德赞，戴维·帕罗西诺，谢尔·塔伦蒂诺，马克·拉姆，罗伯特·莫特。感谢你们的努力工作!

在人生旅途中，我们常常期待奇迹，也收获奇迹。在过程中，我们不断成长，在我的人生中，你们都是伟大的人!

唤醒它们吧，那些休眠中的无限潜能，
让它们不再沉沉而睡。

序言 /1

第一卷　释放你的力量吧

第一章 命运之梦　/7

太多的人让梦想在庸常的生活里消弭于无形，他们不再心怀梦想，不再试图去塑造人生、把握命运，这些人也就失去了成为强者的可能。而我的人生，就旨在重建梦想，实现梦想，唤起每个人那无穷无尽的力量。

- 就在那天，我顿悟：以往我遭受的种种挫折和失败，都为我今天的崭新生活打下了坚实的基础。
- 一位销售人员告诉我们，在短短6个月里，他的月收入如何从2000美元跳到12000美元。怎么可能呢？

第二章 决定：开启能力的道路　/17

我们都要问问自己：十年后我究竟应该过怎样的生活？今天我要如何努力去创造我所期待的明天？从今天起什么是我所该坚持的？对我来说什么是现在的重点？什么是长久的目标？今天我该采取什么行动来塑造我的人生？

- 或许你现在就可以下个决定：重回课堂，去翩翩起舞或引吭高歌，好好理财，学会开飞机，成为缪斯女神……
- 如果决定如此有效，为什么还有那么多人不能像耐克说的那样“Just Do It”？
- 就像瓦文萨们所知道的，如果你决定要越过那些墙，你可以翻爬而过，可以凿穿而过，可以挖地道而过，也可以找扇门走过。

第三章 塑造人生的力量 /35

是什么让一个家世背景良好的人铸成大错却全无悔意？又是什么让那位男士舍己为人？是什么成就了英雄义士，又是什么让人堕落成了懦夫、罪犯？是什么让此人与彼人完全不同？

- 为了防止过去几年间所攒的十万元被偷，和在未来五年去赚十万元之间，哪个给你的动力更大呢？
- 有些广告被称为“性感营销”，当在杂志和电视上从“性”的角度去推广产品，毫无疑问会让人产生愉悦的感觉……

第四章 信念系统：创造与毁灭的力量 /55

你看，决定人生境况和未来的从来不是周遭的环境，也不是往日的机遇，而是个人对遭遇的阐释、对生活的理解。是信念造就了英雄人物，也是信念让很多人归于平凡。

- 信念是把双刃剑，可致人获病，也可使人痊愈。有资料显示，信念还能影响到人的免疫系统。你信吗？
- 4分钟跑完一英里的纪录数千年没人能打破，为什么罗杰·班尼斯打破之后，一年内多达37人创造这一成绩？
- 全球99%以上的打字机键盘都是相同的排列方式，你知道为什么吗？

第五章 改变是马上可以做到的吗 /85

为什么之前人们认为，改变会耗时良久？原因之一就是很多人再三尝试，力图改变，还是以失败告终。实际上，惟一的困难是我们不知道如何去改变。

- 一个人要多久可以走出失恋的阴影？从生理上说，第二天早晨就可以。但是大多数人做不到，为什么？
- 需要多少位心理学家才能改变一只电灯泡？

第六章 如何改变人生中的任何事：神经链调整术 /101

如果想要改变自身的行为，惟一行之有效的办法，就是把无限巨大、难以忍受的痛苦跟自身旧的行为联系起来，把巨大的快乐和新行为联系起来。

- 你是否能想象，一位女士仅凭一个空狗罐头就达成了多年未遂的“减肥大计”？
- 当球员一个妙传帮助队友投篮得分时，教练为什么总是立刻大喊“传得好”？
- 如果一个人一开始就输钱，这样赌徒们反而容易止步，这是为什么？

第七章 如何获得你想要的 /125

认真地问问你自己，什么才是你人生中的真正所求？是甜蜜的婚姻？儿女的尊敬？丰厚的财产？飞驰的汽车？成功的事业还是半山别墅？

- 当有人亲吻你，那一刻是什么让你充满了甜蜜感？那可不只是两片不同的肌肤在接触而已。
- 一个人的行为和 能力无关，而跟他当时的状态有关。要想改善自己的能力，最好的方法是马上改变自己身心的状态。

第八章 问题即答案 /149

孩子们的提问，是因为他们在不停地衡量事物的意义，以及接下来的行动。在这一过程中，他们开始建立起神经链来指引未来的人生。他们就像一个学习机器，一切的学习、思考和联想都来自提问……

- 众人争先恐后的来抢占市场，只有亨利·福特提出这个问题：“我如何才能规模化生产？”
- 试着问问自己：“如果我不改变，我要付出怎样的代价？未来会怎样？如果我现在就这样做，我的人生会有怎样的改变？”

第九章 终极成功词汇 /169

字眼，有时让人痛哭，有时让人微笑；有时能治愈人心，有时会刺痛心扉；有时会让人腾起希望，有时又叫人陷入绝望……

- 以“骑士精神”为例，它所带给你的感受，是不是要比“彬彬有礼”和“绅士风度”等字眼丰富得多？
- “一个人一旦发怒，就会气场十足，有了气场就会扭转局面”；“生气就意味着你无法控制自己。”到底哪个是对的？

第十章 引喻的力量 /195

当你看到“基督教”一词或是十字架时，你当下的反应是什么？如果把它旋转一下，扭转成纳粹的符号，你是不是会立刻产生强烈的负面印象？

- 事实上耶稣不仅是个善于表达的大师，连他自己也成为上帝之“爱”和“赎罪”最好的引喻。
- 如果你为某事不快，那么赶紧看看自己使用的隐喻是不是有不当之处，才导致你产生那样的反应停滞不前。

第十一章 十大有力情绪 /211

要想利用好情绪，有效的方法就是让“一切情绪都得以积极运用”，从情绪中好好学习、善加利用，开创更美好的人生。

- 在棋坛和武术界有句话很形象：“威胁要攻击远比攻击本身更让人难受。”
- 失望代表你想得到却永远得不到；而挫折感却有积极的一面，它表示你的问题还有解决的办法。
- 毅力可以打破挫折感，弹性可以解决失望，当信心出现，懊恼就会消失，因为你坚持你的新标准。

第十二章 拟出自己期望的未来 /233

很多人知道自己该做些什么，但是从来就没有付诸行动。究其原因是缺乏令人心动的未来和目标。如果存在这个问题，那么本章就给予你前所未有的机会，进而付诸行动，实现心中美梦。

- 目标让我如此精神抖擞，它们让我起得早、睡得晚，充分发挥自身所长和所有，并让梦想成真。
- 设立目标的过程就像你的视力，当你越接近目的地，你就越清晰。这不仅仅在于目标本身，所有的细节也都纤毫毕现。

第十三章 十天心智挑战 /267

要想让人生进入更高境界，就需要明白一个道理：过去的行为模式即便为过去所证明是成功的，也不能保证一定会把我们带到理想的未来。无论是个人还是组织，最大的问题就是拒绝改变。

- 领导人的方式就是平衡之道，他会微笑着看园中的野草，他知道这些草只不过是过客。
- 多年前我的老师吉姆·罗恩便教导我，要每天坚持看一点有价值、有启发性和有营养的书，这甚至比吃饭更重要。

第二卷 学会控制——主宰系统

第十四章 终极影响力：你的主宰系统 /279

每一天我都像柯南道尔笔下的福尔摩斯一样，仔细搜索每个人独特行为的蛛丝马迹，然后把他们拼起来，找出是哪些因素在操控他们的行为。其实每个人的行为都是有迹可循的，就像开枪后必然冒烟一样。

- 市场先生是在服务你，不是在指挥你，如果有一天你发现他很蠢，你大可以忽略他，或者占一下他的便宜。
- 如果你吃下一大碗蟑螂，就可以赢得100万美元，你会不会尝试？

第十五章 人生价值观：个人指南针 /295

价值指引决定，决定造就命运。一个人若想成为领导者，就必须明确自己的价值观，并严格按照价值观行事。各个阶层的精英人士，不管是企业家，还是教育家，均无例外。

- 越战曾引发美国社会空前的讨论，那不是简单对错的问题，而是整个社会价值观的冲突。
- 譬如一个人酗酒，不是因为酒有多么好喝，更可能是因为心中有解不开的结，如果再深入一层，那就是他的价值观出了问题。
- 你决定的因素，一定是取决于你所重视的东西。到底是安定呢？还是成长？是安稳呢？还是冒险？

第十六章 心则：不快乐吗？这就是原因 /321

我们对于事物的感受并不取决于事实本身，而取决于我们的阐释，而阐释又是我们的信念所控制，基本点就是一切都得按照使我们快乐的方式发生。

- 想想看：假如你赚得100万美元，你很快乐。但是快乐并不是那100万美元带给你的。
- 一旦我们把快乐建筑在自己无法掌握的事物上，那么痛苦就不可避免。

第十七章 心范：人生的网络 /345

如果有人做了对不起我们的事，这时从我们记忆闸门中涌出来的，就尽是这人曾对不起我们，但不会去深思其中的原因，更不会想到他曾经的好。这样一来，越想就会越往牛角尖里面钻。

- 为什么一个小孩会爬到烟灰缸边，抓起里面的烟屁股就往嘴里塞呢？
- 看到一个捡垃圾的老人躺在门口，你是绕着走开，还是让孩子送一篮食物过去，并祝他感恩节快乐？

第十八章 自我认定：拓展的钥匙 /363

如果你认为我们生活的世界资源有限，譬如金钱有限、时间有限、爱心也有限，那么就会生活得谨小慎微，惟恐有一天不够。这种资源有限的信念，还会影响到你对邻居、同事、财力和机会等各方面的看法。

- 专家们研究学生学习成效时发现一个规律：老师对于学生的看法，会影响到学生能力的发挥。
- 现在请你平静下来，拿出好奇心，深吸一口气，然后慢慢呼出来，问问自己："到底我是怎样一个人？"

第三卷　七天塑造人生

第十九章 第一天——情绪决定命运：惟一的成功 /383

本书一直在探讨如何掌控情绪，各位也已经学会如何快速有效地将情绪调整到自己所期望的状态。现在你应该已经明白，要想从根本上改变行为，就要先改变情绪状态。

- 在第一天里，你要尽可能抛掉那些长久以来困扰你的旧有负面情绪，并代之以令人振奋的新的积极情绪。

第二十章 第二天——健康决定命运：是痛苦的监狱，还是快乐天堂 /387

现在你已经学会了如何调节神经系统，并产生相应的行为，获得期望的结果。本章你将学会如何锻炼肌肉系统、调整新陈代谢，让自己身体健康、精力充沛。

- 大部分人并不知道健康和壮硕的差别，所以他们虽然坚持锻炼，然而腰上却还是有着壮观的"游泳圈"。
- 有个简单的衡量方法，就看运动时能否开口讲话。如果能的话就是有氧，如果不能的话就是无氧。

第二十一章 第三天——关系决定命运：分享与关怀 /397

无人分享的成功是毫无价值可言的，人类是渴望心灵交会的族群。今天的这个练习，旨在提醒各位融洽关系的六大要素。

- 人与人之间的不快，皆源自双方在心则上的不合，越是亲密，冲突就越是难免。
- 逻辑是这样的：如果你希望双方的关系可以天长地久，就永远不要去做威胁关系的事。

第二十二章 第四天——财务决定命运：小步快走来致富 /401

对有些人来说，金钱简直是万能的魔法；然而在另外一些人眼里，金钱却代表着欲望、骄傲、嫉妒，甚至于是蔑视之源。

- 那么多人未能致富，根本原因是金钱观不清晰、不懂赚钱之道、不懂金钱之义、不懂花钱之法等。
- 你需要时常问自己："我要怎样才能把自己工作的价值提高10倍乃至15倍？"如果你能经常这样反省，加薪就水到渠成了。

第二十三章 第五天——完美无缺：行为准则 /415

这些需要维持的情绪包括友善、快乐、关怀、随和、振奋、惬意、慷慨、活泼、热情、快活等，我知道，只有每天真正的保有了这些情绪，我才能长期的保持着我的价值体系。

- 如果你是一只橘子，遭遇外部压力的时候是不是橘汁流出来了？橘子流出来的原本就是在里面的东西。
- 当你给自己制定了更高的标准，就能够把潜力尽情发挥出来，越是压力在身，越应该呈现出好的一面。

第二十四章 第六天——善用你的时间和生命 /421

我们经常遗忘了时间对心理的影响，事实上它们之间的关系是非常紧密的，我们对某些特定时刻有着不同寻常的关注，就是由心理意焦造成的。譬如说，多久才算久？

- 在排队买东西时，十分钟简直就是一辈子；而谈情说爱一个小时仿佛就是一眨眼。
- 人生的学习和成长，若是要靠着摸索和犯错，就会花费许多时间。向那些成功人士学习，可以省去很多波折。

第二十五章 第七天——休闲娱乐：即使上帝也要休息一天 /425

工作之余，不妨给自己放假一天，好好放松，要尽可能地摆脱平日缠身的事务。想想，有什么能够让那一天过得快快乐乐？

- 明天，你要准备去开拓……

第四卷 命运课堂

第二十六章 终极挑战：一个人究竟能做什么 /429

我们后代子孙的生活，很大程度上取决于我们今天所做的各种共同决定，如怎样处理毒品泛滥、贸易失衡、公共教育失效以及狱政缺失等重大问题。

- 一个人每天的饮食决定会带来深远影响，它关系着人类所生存的这个星球的未来和自身的生活品质。
- 只要你有充分准备，就能做出贡献。譬如你懂得人工呼吸，如果你碰到有人心脏病发作倒在你面前，你会怎么做？

序言

作为纽约贝尔维尤医院的首席心理学家，我见到过形形色色的痛苦，不仅有病人们的发肤之痛，更有那些所谓正常、健康的医护人员的痛苦；在那些被人视为成功的人士身上，我同样也看到了不快乐。通常，如果一个人能够控制自己的信念、感受和行动，调整人生旅程，这些痛苦和悲伤就不会如影随形。但是很多时候人们不这样做，他们一拖再拖，试图改变已经很糟糕的结局，甚至很多人仅仅是抱怨糟糕的人生或是觉得自己被他人所“限定” 人生绝非易事，那是一项挺沉重的任务，我就一直在为医院和我自己的病人寻找新的解脱方法和技术。直到五年前，我首次听到安东尼·罗宾的名字，并在纽约参加了一场他的研讨会，我期待那是一个与众不同的夜晚，而托尼在人类行为和沟通领域所表现出来的天赋远超预期。那晚他与众人分享了一个信念：任何心智基本健全的人都能控制自己的人生。不久之后，我又参加了托尼另外一个为期两周的研讨会，获益更多，并将它们分享给我的同事和病人们，我将其称为“人生的基本培训”，之后开始向众人推荐他一系列的录音带和第一本著作——《激发无限潜能》。

我的一些同事往往或拒绝、或惊讶我推荐这样一位学历不高、初出茅庐的小子的书，但是当他们翻阅书籍或打开录音带后，他们就会认同我的做法了。除了广博的信息外，托尼还善于深入浅出，把深奥的道理讲得浅显易懂。

实际上，我们夫妇都参加过《与命运有约》课程，里面的很多理念都在本书中有所体现。那个研讨会让我们掌握了改变和掌控价值观和心则的诸多方法，这使得我们的人生变得更为丰富和充实。

托尼是杰出的人生教练，他敏锐的洞察力、智慧、激情和希望时时刻刻在激励着我们。阅读本书犹如围坐在他身边，跟他进行一场精彩的谈话。本书一再指出，人生就是不停地挑战和改变，提供了一系列维持长久改变和丰富人生的工具。事实上，如果大家都去好好看这本书，并加以实践运用，我和我的很多同事都该歇业了。

弗雷德里克·科瓦博士

人类的心灵深处沉睡着巨大的力量；这股力量令人震惊，人类从来不曾想过能拥有它。一旦这股力量被唤醒，并付诸实践，人生就会引发“革命”。

——奥里森·马登[①]

① 奥里森·马登博士（Orison Swett Marden，1848~1924），被公认为美国成功学的奠基人和最伟大的成功励志导师，成功学之父。《成功》杂志的创办人。

第一卷

释放你的力量吧

Awaken the Giant Within

一以贯之的人相信命运，反复多变的人相信运气。

——本杰明·迪斯雷利

第一章 命运之梦

Awaken the Giant Within

每个人都会有梦想……曾经，我们在内心深处希望自己天赋异禀、有所作为，令人刮目相看，推动世界进步。也曾有一度，我们希望营造美好的人生，期待高品质的生活。然而有多少人，由于生活的挫折、日常的琐碎而不再努力去实现这些梦想。太多的人让梦想消弭于日常的无形，不再有梦想，不再试图去塑造人生、把握命运，这些人也就失去了成为强者的可能。而我的人生，就旨在重建梦想，实现梦想，唤起每个人心中那无穷无尽的力量。

那一天让我永生难忘，我感觉到自己活在真实的梦境之中。从洛杉矶的商务会议出来，我飞往橘子郡参加一个研讨会，当直升机飞过格兰岱尔市的上空时，有一幢极为熟悉的大厦映入眼帘。我让直升机在大厦上空盘旋，往下看的时候，猛然间我醒悟过来，这不就是我20年前工作过地方吗？当时我是这里的管理员！

那些日子里，我每天开着一辆20世纪60年代的大众车，花大半个小时去上班，途中战战兢兢，惟恐它中途抛锚。那段日子我浑浑噩噩，为稻粮而谋，为生计所苦，整天担惊受怕，孤独寂寞。然而当我旧地重游时，我不禁感慨岁月如梭：十载江湖，迥异人生！当时我的心中也有梦想，然而离实现仿佛遥遥无期。就在那天，我顿悟：祸乃福所依，失败是成功之母。以往我遭受的种种挫折和失败，都为我今天的崭新生活打下了坚实的基础。

飞机沿着海岸线一路向南，我看到海豚与冲浪者们嬉戏玩闹，联手弄潮——这是我和妻子贝基最爱的一幕，而今我在直升飞机上亲眼目睹。

终于来到了尔湾市，从飞机上俯瞰下方，只见通往那演讲会场的道路水泄不通，拥堵的车辆拉开了一英里有余。我暗自心焦，心中默道："交通快点顺畅起来吧，好让那些去我的研讨会的人能准时到达。"

当飞机开始降落时，我看到了一幅全新的画面：就在我即将着陆时，已有数千人拥挤在围栏外面。刹那间我心境通明，原来刚才被拥堵在路上的人就是他们！当时我们预计与会人数约为2000人，而这个容纳人数为5000人的会场里，竟然蜂拥进来7000多人。从停机坪上步入会场之际，我立刻被众人围拥住，他们想要与我热情地拥抱，想要诉说我的付出给他们的人生带来了多么积极的影响。

他们的经历真的是不可思议。一位母亲告诉我，她的儿子原来被诊断为“多动症”和“学习障碍”，运用了本书中的状态管理原则以后，他的儿子不仅摆脱了对利他林（Ritalin，治疗儿童多动症的一种药品）的依赖，在转学到加利福尼亚后，小孩还被认为有天才的潜质！你可以想见她在诉说时的激动。一位男士在运用本书的成功训练技巧后，摆脱了可卡因的瘾症。一对携手走过50多年婚姻历程的夫妻告诉我，在结婚50周年时，他们濒临离婚，直到学习了本书的个人心则后才挽回这一经历了半个世纪风雨的婚姻。一位销售人员告诉我们，在短短6个月里，他的月收入如何从2000美元跳到12000美元。一个企业家提到，在运用了提问和情绪管理原理后，公司的营收在8个月里增长超过300万美元。一位孤独的年轻女性给我们看了她以前的照片，在运用了本书的杠杆原理后，她减去了52磅（约合23.6千克）。

我被场内的气氛深深打动，一时间千言万语涌上心头，却不知如何开口。环顾四周，7000张殷殷期待的笑脸，如此兴奋、如此期待，那一刻我终于明白：今天，我多年的梦想得以成真！没想到我所拥有的知识、策略、观念和技巧能够让他人达成心中最大的渴望，这是多么的振奋人心！千百种滋味刹那间涌上心头，往事历历在目。几年前，我还独自蜗居在加利福尼亚州威尼斯市一个400平方英尺的单身公寓里，随着尼尔·戴蒙德的一首歌黯然神伤——“我自言自语，无人倾听，那把椅子也无言以对；哭泣中，我茫然无措，就让我继续孤独吧！”自觉命如蝼蚁、漂若浮萍。我也记得命运扭转的那一刻，我激动不已：“我做到了！我终于超越了身体、精神和情感的种种极限！”那时我就下定决心，我要彻底全面地改变人生，为此我要全力以赴，决不迟疑退缩。谁曾料，这一决定竟会带来今天这一令人难以置信的时刻。

当晚的演讲，我竭尽全力。离开之际，人群如潮般涌过来欢送我，感动不足以表达我当时的心情，泪水从两颊滑落——为这无与伦比的佳礼。当飞机融入夜空，我有如梦似幻之感。我掐了掐自己的脸庞，自问：“这一切是真的吗？”8年前那个彷徨失落、迷茫孤独、一事无成的人和现在的我是同一个人吗？痴肥难当、一文不名，他几乎连生存下去的勇气都没有。那个一无所有、仅有高中文凭的年轻人如何创造了这一戏剧般的扭转？

答案很简单，因为我学会了现在被我称为“能力集中”之道。很多人并不知晓这样一个道理：如果能把所有的精力集中到一个单一的领域上，那么身上就有立等可取的巨大能力。“一心一用”犹如激光，能够排除一切障碍。如果我们在某一领域一以贯之，坚持不懈，就能在该领域卓尔不群。不过很少有人能做到这一点，大多数人涉猎广泛，却不愿独守一隅。大部分人无法做到简单专一，是因为他们对细枝末节孜孜以求。人生的主修课之一便是要了解是什么决定了我们的人生。是什么塑造了人类的行为？蕴藏其中的答案便是决定我们人生的金钥匙。

这些年，我的人生之路便是由“集中”的想法所引导的：是什么导致了大家的人生之旅迥异？为什么有些人虽然出身寒微、起步维艰，后来却能创出一番不同的天地？而有些人拥有优越的先天条件，有着成功所需要的所有因素，最后却碌碌无为，终致痴肥、失落，甚至成为瘾君子？为何有些人的人生是一座丰碑，受人敬仰？那些热情四溢、生活乐足的人有什么秘诀？为何有些人却发出“命中注定”的悲怆之感？

我自身的困惑始于一个简单的问题：如何才能立刻控制人生？如何才能让今天的作为意义非凡——既能使自己受益，又能帮助他人改变命运？有什么方式可以让众人的拓展、学习、成长和分享之路意义非凡又充满愉悦？

很久以前，我就坚信，每个人都是独一无二的，都有自身独特的才华。我坚信每个人的内心都潜伏着一个巨人，等待我们去唤醒他，施展出自身的华彩乐章——或是音乐、美术方面的天赋，或是独特的与人相处之道，抑或是销售能力、创新才能、创业才华。我相信造物主是公平的，每个人都是与众不同的，上天给予的机会确实是平等的，都能让我们创造完美的人生。因而很久以前我便下定决心，我要创造一份长青的事业，一份即使是死亡也无法带走的事业。

今天，我有幸能够借助书籍、录音带和电视节目，与成千上万的人分享我的理念和感恩之心。在过去的两年里，我接触了将近25万人，其中包括议员、CEO、公司总裁、各地行政长官、经理、母亲、销售人员、会计、律师、医生、精神病医生、法律顾问和专业运动员，帮助他们克服种种障碍、战胜多重人格，重新树立信心。通过分享我的所学所思，如今我拥有了独一无二的人生财富，对此我倍感珍惜。

一直以来，我都认为每个人身上都有一种潜能，就是这种潜能，帮助人们立刻从本质上扭转人生。让美梦成真的力量就在我们自己身上，就等着我们去唤醒它、释放它。本书旨在轻轻敲醒那些沉睡的心灵，让生活变得更加美好。书中的观念和策略，希望能够给大家带来具体的、可衡量而持久的改变。

请相信，我是了解你的；我相信你我之间有着相似的灵魂。你有你的渴望和追求，而正是这些渴望和追求促使你翻开本书。这是一只无形的手，指引着你向前而进。不管境况如何，你都希望得到更多！不管你如今是功成名就，还是面临挑战，你的内心深处都渴望生活将比现在更美好！你必定会获得属于自己的成功，不管是成为专业人士、教师、商人或者普通的人母人父。重要的是，你不仅要有这样的信念，更要付诸行动。买书更要看书，数据显示，购买一本书后，能看完其中第一章的人往往不到10%，这是多大的浪费啊！不要小看本书，它能帮助成就不凡的人生，当然，前提是你得不被琐碎小事绊足。好好地利用本书的知识，你就能最大程度地发挥自己的潜能。

希望你不要中途放弃，而是能好好读完这本书，在日常生活中充分运用书中所学。这是你达成心中所愿的第一步。

如何创造持久的改变

只有持久连贯的改变才是有效的。我们都曾经历过一时的、短暂的转变，最终却一无所获。事实上，很多人在尝试转变的过程中，不断涌出担心、恐惧等情绪，因为他们不知不觉地把转变仅仅当做是一种尝试。所以有些人的节食计划最后流产了，主要是因为他觉得这一切的努力和为之所承受的痛苦所能带来的只是短暂的改变。我在孜孜以求的是持续改变的组织原则，本书也将多次提及这一原则和使用方法。不过现在我要带给大家的是改变的三条基本原则，它们可以立刻改变你的生活，而且非常简单，只要你运用得当，就能发现其中的威力。同样是改变，个体需要让自身产生变化，而公司需要最大化激发自身的潜能，一个国家则要在国际社会中树立地位。事实上，在全球范围内，我们都需要不断作出改变，以保证我们的生活质量。

第一步　提高自身期许

一旦你立下改变的志向，首要之事便是得提高自身的期许。当有人问我八年前是什么真正改变了我的人生，我坦言最重要的便是我改变了对自己的期许。我写下来所有自己无法容忍和接受的事情，同时写下来我所期望的未来。

思及未来，大家都要不断提高标准，努力实践，不再去忍不能忍之事。历史记载中的那些伟大人物，如达·芬奇、林肯、海伦·凯勒、甘地、马丁·路德·金、罗斯·派克斯、爱因斯坦、凯萨·查维斯[①]、本田宗一郎等，他们之所以成就惊人，就是因为迈出了“提高期许”这一步。其实只要下定决心去做，你也能拥有这等能力。同样的道理，想要改变一个组织、一个公司或是一个国家，第一步就要从改变自身做起。

第二步　改变自身消极的信念

虽然提高了对自身的期许，但如果不相信自己能实现它，那就是“自缚”手脚，因为你根本不会去尝试，即使你内心深处的潜能已被发现，你也无从把握。信念就像是不容置疑的至高指令，决定了我们对事物的感受，决定了我们对事情的可能与不可能、可为与不可为的判断，从而决定了我们的每一步行动、每一个想法和每一次感受。改变信念系统是产生真正而持久的改变的关键。在提高期许之前，我们要具备把握感，相信自己能够并且愿意去达成新的期许。

如果不能掌握自身的信念系统，那么即使愿意提高自身的期许，也不会有信心去实现它。试想如果当年甘地没有必胜的信心、坚定的信念，他所倡导的“非暴力不合作运动”如何能获得成功？正是坚定不移的信念，让甘地得以充分发挥自身的潜能。没有坚定的信念，是不可能成功面对挑战的。纵观历史，积极的信念、坚定的意志是历史上一切伟大成就的推动力。

第三步　改变自身的策略

为兑现内心的承诺，就需要运用最佳的策略去达成所期望的结果。我坚信如果一个人有了较高的期许，同时也有必胜之心，那么就会制定出好的策略，也能快速地找到捷径，这就是本书所阐释的，它告诉你完成目标的策略。要想找出最佳策略，最有效的办法就是“效仿”。有人已经取得你期望的成功，拥有了相关的知识，你只需要学习他们的做法、信念和思维方式，这可以节省你大量的时间，大大提高你的效率，你无需从头再来，而结果可能是“青出于蓝而胜于蓝”。

本书提供了达成这三大改变所需要的信息和推动力，它将帮助你通过发掘

① 凯萨·查维斯（Cesar Chavez，1927~1993），墨西哥裔美国劳工运动者，也是联合农场工人联盟的领袖。

现有期许和真正想要达成的期许来获得提升；它将帮助你改变那些妨碍你通往理想之路的信念，并让改变后的信念更好地为你所用；它将帮助你制定一系列的策略，让你更加从容、有效、快捷地达成自身的目标。

知易行难。人的一生中，从想法到行动，往往还有一定的差距。当“意念的巨人，行动的矮子”是行不通的。如果你愿意，我将通过本书成为你的专属向导。专属向导是做什么的？首先，他们在意你，他们是多年来专注于特定领域的专家，知道如何能尽快地获得成果。通过运用他们所教的方法，你能让自身获得神奇的提升。有时候专属向导也许不教新的东西，只是让你记起你已知的，并去实践它，这就是他所扮演的角色。只要你愿意，他就会一直伴随着你。

那么，让我来成为你的向导如何？我将指引你创造出持续的改变，提高生活品质。以下五大方面需要加以注意，在我看来它们起着重要的作用。

1. 情绪方面

掌握好了情绪，其他四项也就水到渠成了！想想看，你为何要减肥？仅仅是想要少点肥肉吗？还是说，当减掉了那些多余的体重，你的自我感觉就会好些，精力就会更充沛些，人也更有活力些？而你也就显得更加迷人、内心更加自信、自尊心得到更大的满足？事实上，我们所做的每一件事都是为了改变自身的感受，然而大部分人缺乏训练，并不知道如何快速有效地达到这一点。令人惊讶的是，我们经常陷入挫折感和无力感，压根儿就忘记了自己天生就拥有无穷的潜力。还有一些人，完全放弃了自己，把命运的控制权交出来，不去改变本可以改变的情绪状态，转而寻求一时的解脱之法。对于以下现象，你有什么看法？——美国的人口不到全世界人口的5%，而可卡因的吸食量却超过50%；美国人一年的酒精消费达到几万亿美元，而这竟然与全美的国防费用相当？竟然有1500万的美国人患有抑郁症，而医生为此所开出一种名为百忧解的药物，其销售金额一年便要超过5亿美元。

在本书中，你要知道自己行为的动因，要找出引发情绪的扳机，进而要制定计划，步步为营，去建立积极的情绪，消除消极的情绪，让情绪成为你手中的利器，帮助你全面发挥自身的潜能。

2. 健康方面

实现了梦想，却牺牲了健康，甚至无从享受，这样做值得吗？你是想要每天早上醒来神采奕奕、活力充沛地去开始新的一天，还是要一天到晚郁郁寡欢、萎靡不振，在战战兢兢中入睡，在担惊受怕中醒来？你真的满意现在的生活吗？在美国，每两个人就有一个人死于心脏疾病，每三个人中就有一个人死于癌症。17世纪的医生托马斯·墨菲特说："牙齿挖掘了坟墓。"我们每天把高脂低纤的食物往嘴里塞，用烟草、酒精、药物自戕，在电视机前饱食终日。但是，如果你想要拥有成功的人生，那么第二堂课就要学习调整身体状况，让自己由内而外地健康，活力充沛地生活，神采奕奕地达成目标。

3. 人际关系方面

除了健康及情绪，建立情感、家庭、工作和社交等各方面良好的人际关系也是至关重要的。谁会想要孤独地学习、成长、成功？孤芳自赏并不快乐，独乐乐不如众乐乐。本书的第三堂课就是要揭开创造良好人际关系的秘密，从自身起，延及他人。你将发现什么是你最重视的、什么是你最期待的，该运用什么样的生活规则，这些规则涉及哪些人。在你掌握了这些最重要的技巧以后，你就会知道如何与他人建立起最真挚的关系，并从中获益良多，其中包括培养奉献精神、如何让自己在别人的生活中扮演重要角色。对我来说，人际关系是最大的人生财富，它能为你开启各扇大门。本章会让你获得不断成长、不断奉献的能力。

4. 财务方面

65岁对于大多数美国人来说是道坎，到了这道坎，很多人不是穷死就是老死！那些退休后的黄金岁月有多少人敢去憧憬？如果没有一套切实可行、让人内心踏实的财务计划，又如何能让美梦成真呢？本书第四章就是要告诉你如何能够超越在温饱线上的挣扎，从而安享晚年。我们所生活的社会，机会频仍，每个人都拥有实现梦想的能力。大部分人或多或少都有过经济方面的压力，都认为只要手中的钱更多，就能缓解这种压力，这真是一个错误至极的想法！我要告诉各位的是：钱越多，压力就会越大。这倒不是号召各位不要去挣钱，而是希望大家能够改变自己的金钱观，了解到金钱不是人生的终极目的，而仅是付出劳动后的一种报酬。

为了逐步致富，首先要改变造成经济窘困的原因，之后要养成正确、一致的价值观和信念，进而去拓展财富。最后你才会明确目标、规划梦想，朝着最高的理想而去，让内心充满宁静，让人生充满无限可能。

5. 时间方面

时间造就伟大，然而有多少人真正懂得如何利用时间？我所说的不是单纯的时间管理，而是如何利用时间、分配时间，让时间成为你的左臂右膀而不是洪水猛兽。本书第五章要告诉大家的第一点就是——短视会导致长痛，你将学会如何做一个真正的好决定，抑制自己对短期利益的渴望，让自己的想法、创意乃至潜力发挥得淋漓尽致。接下来你将学会如何规划必需的蓝图、制定相关的策略、拿出实际的行动、培养等候的耐心，以及顺势而为的灵活性。一旦你学会了把时间置于股掌，你就会发现，其实大部分的人都高估了一年中所能完成的事，而低估了十年中所能达到的成就。

对于这些，我只能说我有所心得，但并非如庖丁解牛般得心应手。人生多变，挑战频仍，不过这些年来我一直努力去学习、去坚持，才会不断迈向成功之路。于我，每一次挑战都是一次学习的机会，是让人生更上一层楼的机会，在上述五个方面，你我都在不断拓展前进。

也许，我所热衷的你不一定喜欢，我们的梦想也大不相同，但我相信，我所掌握的这些关于如何把梦想变成现实、把虚幻变成真实的知识，是每个人迈向成功的基石。我所写的这本书是一本行动指南，它能教你如何提高生活品质，领悟人生真谛。我很自豪于我的第一本书《激发无限潜能》，它影响了全世界的人，而现在这本书，我相信它将带给你新的东西，帮助你进一步发挥潜能，进入全新的人生境界。

温故知新，熟能生巧。我希望你能经常翻阅本书，成为你突破自己、寻找答案（实际上已经潜藏于自身）的有效工具。不过你不需要“全盘照搬”，抓住其中对你有用的东西并立刻付诸实践即可。书中的知识都能改变人生的潜力，只要加以综合运用，就能产生突破性的效果。

本书总结了那些最成功、人生最有意义的人的经验和领悟，帮助你找到成功的策略。我有幸与那些极具影响力和独特个性的人会面交流，从诺曼·卡森斯[①]到迈克尔·杰克逊，从传奇篮球教练约翰·伍登到投资大师约翰·邓普顿，从行业领袖到出租车司机。在接下来的章节里，不仅有我自身的经验总结，还有从过

① 诺曼·卡森斯（Norman Cousins，1915~1990），美国当代著名评论家、作家、社会活动家、世界和平运动的倡导者。

去十多年里积累的成百上千本书籍、录音带、研讨会和采访中提炼的精华，这是我每天追求成长和精彩的见证。

本书的目的不仅在于让你获得一时一点一滴的改变，更希望它能成为引领你人生进入全新境界的轴点，创造普遍性改变，包括克服恐惧、增进人际关系、改变拖拉的习惯等。所有这些行之有效的方法，也许你在《激发无限潜能》里已经学了不少。如果你能好好地看完本书，就会发现人生的关键杠杆点。如果能改变其中一点，那人生的各个方面都将随之扭转。

书中提到的各种方法，都有助于你实现梦想、享受人生，而不仅仅只是在做白日梦。让我们发掘挑战背后的原因，然后用“四两”去拨“千斤”。譬如改变你日常用语中的一个词，就能改变你的情感模式；或者改变你一直自觉或不自觉地问自己的那些问题，你就能立刻改变生活的意向和日常行为。或者改变一种信念，你的乐趣就会更多。很不可思议，是不是？接下来你就能掌握更多的方法来完成更多的改变，达成心中所愿。

我郑重地邀请您一起来展开人生之旅，发掘自身最真实的潜能。人生就是上天所赐的礼物，我们每个人都有自己的权利、机会和义务，只要付出，就有收获。

现在，就让我们开始探索之旅吧——

人来到世上是为了活着，不是为了准备活着。

——鲍里斯·帕斯捷尔纳克*

第二章

决定：开启能力的道路

Awaken the Giant Within

* 鲍里斯·帕斯捷尔纳克（Boris Pasternak，1890~1960），俄罗斯诗人。所著长篇小说《日瓦戈医生》为他赢得1958年诺贝尔文学奖。

还记得吉米·卡特[1] 时代吗？帝国发起反击战，尤达大师[2] 愤怒了，吃豆人[3] 也愤怒了。波姬·小丝说："在我和CK之间，没有任何东西。"阿亚图拉·霍梅尼[4] 掌权伊朗，扣押美国人质。在波兰，来自格但斯克造船厂的电工列赫·瓦文萨[5] 做了件不可思议的事，他决定对抗当时的波兰政府。他领导工人大罢工，当工厂想要把他拒之门外时，他就决定翻墙而过。那时候，很多"墙"被推到了。

还记得约翰·列侬[6] 被刺杀吗？还记得圣海伦斯火山爆发、灾难波及150平方公里的土地吗？有没有为一直受压迫的美国冰球队战胜苏联队获得奥运会金牌而喝彩？这就是1980年，20世纪的80年代。

静静地想一下，那时候你在何方？从事何事？所友何人？所冀为何？如果当时有人问你："10~15年后你在哪里？"你会怎么回答？如今的你是否就是当年所期望的？真是十载光阴，逝者如斯啊！

更重要的是，我们都要问问自己："10年后我究竟该过怎样的生活？今天我要如何努力去创造我所期待的明天？从今天起什么是我该坚持的？对我来说什么是现在的重点？什么是长久的目标？今天我该采取什么行动来塑造我的人生？"

10年后，你当然会有所改变。问题是：你会在哪里？你会成为怎么样的人？你的生活怎样？你为社会作出了多少贡献？是时候去设计未来10年的生活了，我们必须抓住时机，而不是放任自流。我们已经进入了新的10年，20世纪的最后

---

① 詹姆斯·厄尔·卡特（James Earl Carter Jr.，1924~），习称吉米·卡特（Jimmy Carter），美国第39任总统。

② 尤达大师：星球大战中的角色。

③ 吃豆人（Pac Man），来自《Pac Man world》，一款1980年由日本游戏公司推出，立刻风靡美国至今的街机游戏。

④ 阿亚图拉·霍梅尼（Ayatollah Khomeini，1902~1989），伊朗什叶派伊斯兰教领袖、伊朗伊斯兰共和国最高精神领袖。

⑤ 列赫·瓦文萨（Lech Watesa，1943~），波兰工人活动家。1983年获诺贝尔和平奖。1990年12月9日当选为波兰总统。1995年卸任。在成为总统时，被称为一个"带着斧头的总统"——坚决、强悍、简单，不兜圈子。

⑥ 约翰·列侬（John Lennon，1940~1980），英国著名摇滚乐队"披头士"（The Beatles，也译为"甲壳虫"）成员，摇滚史上最伟大的音乐家之一，诗人、社会活动家。1980年12月8日列侬在他的公寓门口被枪杀。

10年，即将迈进新千年[①]。2000年不请自来，那时你回首今天，就犹如你现在看1980年的你，你是开心、忐忑、快乐还是烦躁？

20世纪80年代初，我还只是个19岁大的毛头小子，当时我寂寞孤单、彷徨无助、身无分文，没有一个良师益友，没有一个清晰蓝图。我屡战屡败、痴肥难当。但是随后的几年中，我寻找到了一种力量，真正改变了生活的每一方面。在掌握这股力量后不到1年的时间里，我获得了重生。我信心大增，行动力极强，效果颇为可观。我的健康状况逐渐良好，还甩掉了32磅（约合17.2千克）的肥肉；我找到了“梦中情人”，与她共结连理，组成了幸福的家庭；我的收入从苦苦挣扎的贫困线一跃而至年入百万美元；我的住所从一间斗室（那时我蜗居在一间没有厨房的斗室里，用浴缸洗碗）搬到海洋城堡。我从孤苦无依、庸庸碌碌中走出来，寻找到新的天地，为全球数百万人贡献我的知识和力量。每一天，都是我人生中崭新的一天。

在《激发无限潜能》一书中，我曾明确指出，身体力行才能建功立业。在同一客观环境下，不同的行动会带来千差万别的结果。原因在哪里？因为行动是一系列结果的“因”，“果”又将其引向新的行动，即“因”，最后把我们带向最终的目的地——命运。

事实上，想要把握人生，就必须配以一以贯之的行动。一时的行动不足以影响人生，长期的坚持才是人生的根本。那么关键问题就是，是什么诱发了我们的行动？又是什么决定我们采取何种行动，并决定了我们的走向和命运？“行动之父”究竟是谁？

答案昭然若揭，这就是决定的力量。人生中的每一项，富有挑战、令人兴奋的事，都是从决定开始。下决定的时候，便是命运形成的时候。每日的决定构成了当天的感受，同时也可能影响到未来10年甚至更遥远的人生。

如今，再回首过往的10年人生，是否觉得如果当初的选择有别，那么今天就是另一副样子？可能更好，也可能更差。职业发展方向也改变了人生，或更成功或更失败；你在过去的十年里，也许已经结婚，也许遭遇离异。你买了一盒磁带，一本书，或参加了一个研讨会，而这些都或多或少地改变了信仰和行为。你决定要一个孩子，也或者为了工作而忍痛放弃。你可能想要成家或者立业，想要

① 本书作于1990年。

锻炼身体，也可能放弃努力；你可能想要戒烟，或者移民，或者环球旅行。这些决定是如何让你变成今天的你？

你是否经历过受挫打击、伤心失望、彷徨无助等情绪？如果你跟我一样有过这些时刻，你会决定如何面对？是勇往直前呢，还是畏葸退缩？那些当时的决定对你现在的人生之路起了怎么的影响？

并非时势造人，而是人造时势。

——本杰明·迪斯雷利

我一直坚信，决定命运的是自身的决定，而不是周遭的环境。你我都知道，有人生来优越无比，天赋异禀，家境优越，社会关系融洽。

同时我们不停地碰到、看到或是听到，有那么一些人他们无畏于逆境，作出全新的决定，力争摆脱困境，开创出人生的新境界。这些人的奋斗不息成为鼓舞后人的榜样。

如果能够下定决心，我们也可以拥有他们那样的人生。如何能做到呢？很简单，思考一下未来十年及更久远的目标，然后在今天此刻下定决心。倘若你尚未对此做决定，其实也算是一个决定吧？这表示你决定认命，放弃对自己人生的主导权，而任凭周遭环境左右。我的人生转折点，就出现在下定决心的那一刻，当时我下定决心，不仅确定了我所期望的人生，更立誓要掌握自己的人生。那天的决定，真可谓“一诺千金”。

想想看，对待同一件事，慎而重之的态度和视如儿戏的态度，结果是不是完全不同？这是显而易见的。人们总爱说：“哎，真希望我的钱包更鼓。”或者是“我想要跟小孩更亲密些”，或者是“我想要自己的分量更重些”。但是要分清楚，这些仅仅是怨言，而非承诺，它仅仅代表了一种幻想：“不费吹灰之力就能达成所愿。”这不是力量，不过是一个苍白、过于随意的戏言而已。

一个人不仅要设定好自己的奋斗目标，更要思考清楚将来自己要成为什么样的人。第一章中我曾提到，一个人要有对未来的期许，并为之设定标准。如果你不设定一条合理的底线，你的行为会让你离期许的人生越来越远。不管世事如何变迁，这条底线不能变，即使屡次碰壁，遭逢暴风骤雨、股市暴跌、生离死别、孤独无助，你依然要坚持信仰如初，如此这般你的人生才能到达顶峰。

不过，能做到这一点的人少之又少，他们总是忙不迭地“顺势”倒下——要

“安静！安静！听我！……
我们完全可以不仅仅当头羊！”

么是因为没有强有力的双亲，或是年轻时缺乏足够的机会，抑或是学历不够，连年纪太老或是太小都成了借口。然而这些借口其实都是信念体系的体现，它们不仅会限制你的能力，甚至会摧毁你的人生。

发挥决定的力量，摒弃无用的借口，就可在短短的时间内换来彻头彻尾的改变，从人际关系到工作环境，从健康水平到收入状况乃至情绪状态。无论是喜是悲，是无力还是振奋，是四处碰壁还是海阔天空，决定是改变个人、家庭、社区、社会乃至整个世界的根本力量。

是什么导致了东欧的剧变？因为东欧人民作出了新的决定，改变了原来的立场，重新确定了什么是能接受的，并决定推翻不能接受和无法忍受的东西。戈尔巴乔夫的决定为此铺平了道路，而瓦文萨的果断和决心打开了通往政治和经济巨变的通道。

有些人总爱抱怨自己的工作，我便问他们：“那你今天为何还要上班？”

这些人的答案通常如下："我不得不去。"其实大家都明白，这个世界上没有什么事是不得不去做的，遑论工作。没有人需要日复一日、一成不变地前往同一个地方重复同一件事情，今天你就可以自行决定去干点新鲜事。或许你现在就能下个决定：重回课堂，去翩翩起舞或引吭高歌，好好理财，学开飞机，成为缪斯女神，沉思冥想，在舞厅翩然起舞，花更多的时间去花园，甚至可以飞去斐济体验孤岛生活。你完全可以随心所欲地生活，如果你不喜欢现在的人际关系，下定决心改善它！如果你不喜欢现在的工作，换掉它！如果你不喜欢现在的自己，改变吧！若想要身心状态更佳，现在就加强锻炼吧！加油，抓住时机，改变历史！

我写作此书，就是要让大家了解"决定"的无穷力量，只要焕发无限的潜能，那么活力、热情、快乐都将为你所有。你此刻就可以作出决定，须臾之间改变人生——改变一个习惯、掌握一项技能、待人接物得体、致电多年未联络的人。也许你联络的人就能助你一臂之力，也许你现在下的决心，就能让你好好感受和培养你需要的积极情绪。你内心想要感受更多愉悦、更多趣味、更多自信和更多宁静吗？即便合上书本，你也能发挥已经存于内心的力量。做个好决定，你就能为成长和快乐寻找到崭新、积极且有力的方向。

甘愿为理想献身的人是无敌的。

——本杰明·迪斯雷利

当一个崭新的决定诞生，它又是如此的恰如其分、坚定不移，你的人生之路也就从此改变。谁曾料想，当圣雄甘地——当年那位沉默安静、温和谦逊、主张和平的律师，竟然有如此胆识去对抗"日不落帝国"，率领印度摆脱了英国的殖民统治，成为一系列的殖民地独立运动的开端，从而改变了国际格局。他为何能完成这一宏愿？皆因他所行皆出于本心，心无旁骛，并只走华山一条路，绝不接受他法。

正是决定的力量，促使约翰·肯尼迪总统在古巴导弹危机[①] 期间，坚定立场对抗赫鲁晓夫，避免了第三次世界大战的爆发。正是决定的力量，让马丁·路德·金[②] 拥有了超乎常人的勇气，他慷慨致辞，对美国种族歧视问题一针见血，

① 1962年，加勒比海地区发生了一场震惊世界的古巴导弹危机。它由前苏联在古巴部署导弹、美国则坚持要求撤除导弹而引发。这是冷战期间美苏两大国之间最激烈的一次对抗。这次危机虽然仅仅持续了13天，美苏双方在核弹按钮旁徘徊，使人类空前地接近毁灭的边缘，世界处于千钧一发之际。最后以双方的妥协而告终。

② 马丁·路德·金（Martin Luther King.Jr，1929~1968），著名的美国民权运动领袖，1964年度诺贝尔和平奖获得者。其著名演讲《我有一个梦想》，迫使美国国会在1964年通过《民权法案》宣布种族隔离和歧视政策为非法政策。

激发了全球瞩目的美国民权运动。正是决定的力量，让唐纳德·特朗普[①] 迅速登上财富的巅峰，同时也使他跌落失败的深渊。正是决定的力量，让彼得·罗斯[②] 最大化地发挥出体能，登入名人堂；也正是源于错误的决定，最终摧毁了他的人生。决定是问题的始作俑者，也是快乐和机会的源泉。决定能将无形转化为有形，好的决定更是美梦成真的催化剂。

令人欣慰的是，决定的力量和能力其实就掌握在自己手中，它不是那些财大气粗之人的特权，不管是达官显贵还是布衣白丁，都拥有这一力量。当你拥有这本书，你就拥有了这股力量，只要你敢于唤醒它，就随时可以获得。那么今天你是否愿意为自己做一个纯粹的决定，成为你想成为的人，过你想过的生活，摆脱被指定被呼喝的生活？然后持誓而呼："这就是我，这就是我想要的生活，这就是我想做的事，没有什么能够阻挡我对理想的向往！"

让我们来看看一位值得尊敬的女士，她就是罗莎·帕克斯。1955年的某一天，她在阿拉巴马州蒙哥马利市搭乘公交车，拒绝按照当时的法律规定为白人让座。她这一无声的抗击点燃了抗议的火种，成为众人争相效仿的时代偶像。这一抗议行动掀起了民权运动，唤醒了美国人的普遍良知，法律摆脱了种族、信仰和性别歧视，回归到平等、机会和正义的本质。罗莎·帕克斯拒绝让座时，可曾想到过后果？她是否有过周详的计划要去改变整个社会的结构？也许有过，但更有可能的是，她对这个社会抱有更高的期许，这一决定促使她采取了拒绝让座的行动。而就是这一决定，竟然产生了如此深远的影响！

你是不是这样想："我也想要作出这样的决定，结果却总是事与愿违。"那就让我来告诉你艾德·罗伯茨的经历。艾德本是一个普通人，不幸在14岁之际患上小儿麻痹症，导致颈部以下全部瘫痪。他日常生活完全依赖于轮椅，而依靠决定的力量，却有了超越身体障碍的"不平凡"成就。白天里，他依靠呼吸仪器得以维持生命，晚上则依赖"铁肺"。在与疾病抗争的过程中，他几次濒临死亡，却并没有"理所当然"地自怨自艾，反而做出了不一样的决定。

艾德是怎么做的呢？他下定决心，要对抗大众中"残疾无用"这一自以为是的想法，让众人照顾到残障人士在生活中的不便之处。经过15年的努力，艾德

---

① 唐纳德·特朗普（Donald Trump，1946~），美国最知名的商界人士之一，纽约地产大亨，也是理财大师。

② 彼得·罗斯（Pete Rose，1941~），绰号拼命查理，是前美国职棒大联盟球员及总教练。罗斯从1963年至1986年一直效力于红人队，是左右开弓的能手，保有多项大联盟生涯第一的纪录。1989年8月，罗斯表示自己在担任红人队球员和总教练期间参与赌博。

终有所成。现在，各种公共设施都设有了轮椅专用的通道，有残疾人专用的停车位，还有方便残疾人行动的扶手，这些都是艾德努力的成果。他还是加州大学伯克利分校有史以来第一个四肢瘫痪的毕业生，也是第一位担任加州政府复健部门官员的残疾人士。

艾德·罗伯茨的事迹表明，不管先天条件如何，“决定”才是决定个人发展和走向的关键。艾德的行动就源自一个纯粹、有力而坚定不移的决定。那么你呢，将为自己的人生作出怎样的决定?

不少人会说：“哎，我也想作出这样的决定，可我不知道要怎么做才能改变人生。”既出此言，就表示他们满怀忧虑，犹豫不决，从而导致梦想搁浅，也就无法获得本来可以获得的美好人生。在此我有一个建议：开始时不知道达成目标的道路不要紧，但是，“山有路，勤为径”，关键是那条“径”。在《激发无限潜能》一书中，我列出了“终极成功公式”，这个公式指出了到达目的地的基本步骤：1）决定你想要的；2）行动起来；3）辨别行动的有效性；4）不断调整方式方法，直至达成目标。决定会引发一系列的行动。当你立誓要追求心中所愿时，你就会采取行动，不断学习，不断调整方式，最终达成目标。一旦你真正痛下决心，方法就会“不请自来”。

考虑到所有开创性的行动，这里有一个基本事实：当一个人全情投入，他的预见能力也会增长。

——歌德

如果决定是如此简单而有效，为什么还有那么多人不能像耐克说的那样“Just Do It”？最直接的一个原因，就是大多数人还没有认识到做一个真正决定的含义，不了解一个恰当而慎重的决定会产生多么大的改变。之所以会造成这种局面，一部分原因是长久以来“决定”一词被滥用，被当做是一个“愿望清单”。这样的“决定”，其实只是一个口头禅。一个真正的决定，不是像“我想要戒烟”这样的随口一说，而是表示从此以后绝不再碰一根烟。“决定”一词源自拉丁语词根“de”和“caedere”，分别表示“源自”和“斩断”。真正的决定，意味着一定要达成某一结果，排除万难，在所不惜。

当你下定决心真的不再吸烟，这就意味着，在任何情况下你都不再碰烟，哪怕是一根。如果你曾经感受过“决定”的力量，你就会充分了解我的意思。一个酗过酒的人，哪怕他戒酒多年，只要哪天昏头破例一次，就算是前功尽弃了。一旦作出一个慎重的决定，即使实践的难度较高，也会凭借信仰的强大力量，最终还是能披荆斩棘获得成功！这就是拥有清晰坚定目标的可贵之处！

这种清晰和坚定能给予人力量，指引我们走向真正期待的人生。遗憾的是，大多数人迟迟不做决定，以致都忘记了什么是决定，连决定的“肌肉”都退化了！有些人甚至还要为晚餐吃什么而踌躇万分。

那么如何去强化这些肌肉呢？锻炼是王道！锻炼越勤快，越能做出好的决定。要善于从每一个决定中汲取教训，即使是短期内似乎未奏效的决定，也能提供宝贵的经验，以便日后做出更好的判断和决定。做决定也是一项熟能生巧的技巧，越“巧”你就越能发现自己能够真正掌握人生，你就越敢于挑战未来，视之为让人生更上一层楼的良机。

在此我要强调各种新观念（资讯或知识）的价值和作用——它们甚至可以改变人生。新观念是真正的决定的基础，一旦得以运用，便会发挥出无穷的力量。不过新观念总是不会让你知道它什么时候来的，我阅读了700多本书，聆听了无数的磁带，参与了不计其数的研讨会，就是为了了解各种新观念的力量。它们或许存在于本书的下一页或是下一章，也可能你已经了然于胸却未加应用，现在是时候使用它们了。

请记住“熟能生巧”这句话，新观念能让我们作出更好的决定，创造更加如愿的生活。若缺乏新观念，人生会很空虚。有很多名人，梦想已经达成，却不知如何享受，茫然无措于如何感受其价值，内心倍感空虚，转而依赖毒品，染上毒瘾。此外，不断地更新观念，也是人生自我发掘之路上的另一个关键因素，但是很多人做不到，这就很难保持长久的成果。那些经常体育锻炼的人，却长期食用肥腻的食物，结果导致动脉堵塞，引发心脏疾病。

我一直在追求著名商业大师戴明博士[①] 所说的“实用知识”。在我看来，实用知识是任一便捷的观念、策略、信仰、方法或工具，一旦理解，即可运用，从而提升生活品质。本书和本人，都旨在追求这种能够广泛运用并提升人生的实用知识，并一直在思考如何与大家分享，使众人在身体上、情感上、精神上和财务上均能有所助益。

下定决心的那一刻，你的命运就被决定。

——笔者

---

① 戴明（W.Edwards.Deming，1900~1993）博士，世界著名的质量管理专家，他因对世界质量管理发展做出的卓越贡献而享誉全球。以戴明命名的“戴明品质奖”，至今仍是日本品质管理的最高荣誉。

人生旅途中，有三个决定控制着我们的人生，这三个决定明确了我们要关注什么，如何感受，该做什么，付出什么，乃至成为怎样的人。如果你不能控制这三种决定，那么你就无法控制人生；只有当你控制了他们，你才算是开始“雕刻人生”。

这三种决定就是：

1. 怎么看；

2. 怎么想；

3. 怎么做。

要知道，过去的遭遇、现在的经历并不能决定你未来的人生，你的看法、想法和做法才是终极命运的决定力量。在相同的领域里，如果有人比你更成功，多半是因为他们在以上三方面表现更佳。艾德·罗伯茨就是榜样，他不像其他身患残疾的人自怨自艾，而是专注在如何能对社会有所贡献。行动上的不便，对他来说更是一种考验；他的决定，便是要让其他的瘫痪者过上方便的生活。他全身心投入到改善残疾者生活环境的事业中，终有所成。

我没有看到过更使人振奋的事实了，人类无疑是有能力来有意识地提高自我生命的。

——梭罗[①]

太多的人对自己的决定敷衍了事，尤其是在上述三个决定性因素上，随意的决定导致了惨重的代价。事实上很多人生活在一种叫做“尼加拉瀑布症”的人生中。人生就像一条河流，大多数人纵身一跃，根本没有事先想好自己真正要去的方向。他们只看得到“眼前”：眼前的事物、眼前的恐惧和眼前的挑战，等漂到了河中的分岔口，他们依然懵懵懂懂，不知道该何去何从。他们仅仅是“随波逐流”，成为被环境所左右的芸芸众生中的一员。最终，他们不再控制自己的人生，不再有自己的价值观，直到有一天被瀑布的轰隆声所震醒，才惊觉自己到了离尼加拉瀑布不及五尺远的地方，身在船中，手无只桨。这个时候骂娘也为时已晚了，只能别无选择地被冲入深渊。这些深渊，有关于情感的、有关于健康的，也有关于财务的。如果能在上游及早作出好的决定，这样的悲剧或许就可避免。

如果那时你在这浩荡大河中，该要如何脱身？是要划着双桨拼命朝另一个方

① 梭罗（Henry David Thoreau，1817~1862），19世纪美国最具有世界影响力的作家、哲学家，以《瓦尔登湖》闻名于世。

向而去呢，还是预先做好计划？确定好目的地，备妥计划和地图，你就能做好一路的计划。

即使尚未仔细思量，你的脑海中也该已经建立了一个清晰的“做决定”的内部系统，这一系统由潜意识驱使，是一股无形的力量，无时无刻不主宰着你那些或好或差的想法、行动和情绪，控制着价值观。不过，绝大多数人还没有主动地、有意识地去塑造这一系统，而是经年累月里被父母、朋友、老师、电视、广告等周遭各色事物影响着。

该体系由五大因素组成：1）核心理念和自发性规则；2）人生价值观；3）心范；4）经常自省的问题；5）你经历过的情感状况。这五部分的元素协同作战，形成一股合力，影响我们的行动、对未来所持的态度、对他人行为的感受、成功和快乐指数等，这一切决定了我们为何会做某事、为何不做某事。

核心理念、价值观、心范、自省性问题和情绪状况，只要改变了其中的任何一项，人生就能立刻发生举足轻重的改变，可以做到未雨绸缪，而不是亡羊补牢。比如说，一个人如果长期暴饮暴食，症结就在这个人的价值观或信念上，而不是食物的过错。本书将一步步引导你建立起决定的主宰系统，由此你便可产生与自身的期望相一致的改变，而不再受制于之前的不利条件。从此你将进入一个梦幻般的发现之旅，发现你之所在，之所往，及之所因。当你拥有这样的能力后，也可认清你的商业伙伴、配偶和其他所爱和被爱之人的决定系统，从而了解他们各式各样的想法。

令人欣慰的是，由过去种种决定过程所形成的决定系统，是可以被正确认识的。过去所形成的决定系统，无须成为我们现在及未来的主宰。有了这本书，你就能重建信念系统和价值观，迈向自己描绘的人生。

我从不沮丧，因为每一次失败的尝试都是下一次的开始。

——托马斯·爱迪生

要想充分运用决定的力量，还需排除一个“心障”，那就是对于做错决定的恐惧。人生在世，总有马失前蹄的时候，关键是要尽快振作起来！我自己也有做错决定的时候，我从不认为自己的决定就能滴水不漏，也不觉得在未来我就不会犯错。我的心态是：不管决定如何，都要保持一定的弹性，边看效果边汲取经验，以便在未来做出更好的决定。要记住：成功来自良好的判断，良好的判断源于过往的经验，而经验往往来源于错误的判断。那些人生经验，当下是错误的、令人痛苦的，却是最宝贵的人生财富。成功时容易骄傲自满，失败时就会戒骄戒躁，从而做出更好的决定，这是人之常情。我们必须要从错误的决定中虚心学习，而不是自暴自弃，否则日后还是会重蹈覆辙。

个人的亲身经历固然重要，若能找到榜样加以学习借鉴，其作用也是难以估量的。榜样能帮你指出人生河流中的湍流，为你提供从容前行的地图。这个榜样可以是财务方面的、人际关系方面的、健康方面的、工作方面的等等。只要你有心想去学，就能少走很多冤枉路，避开危险的瀑布。

当你在人生河流上踽踽独行时，你可能面对独自作出决定的境况，这未必是坏事，因为不管处境有多艰难，只要你勇于从过往中汲取经验，就能积累宝贵的知识，为你做出更好的决定助上一臂之力。如果有成功人士能够与你坦诚交谈，你就会明白他们之所以有今日的成就，就是因为曾经做过更为糟糕的决定。经常有人在研讨会上问我："在你看来，我还要多久才能掌握这个方法？"我当下就会反问："那你想要花多久呢？"如果你一天练十次（假设成效和练习时间成正比），而别人一个月练一次，那你一天的成效就相当于别人十个月的效果，这样你当然会迅速掌握这一技巧。不过有意思的是，别人却会认为这是因为你天分好，或是运气好。

我被公认为是一位的优秀演说家。因为我要求自己每天要演讲三次，而非一周一次。我公司里的其他演讲师通常一年演讲48场，这一般是我两周的次数，那么我的一个月就相当于他们的两年，以此推算，一年就相当于他们的十年经验。同事们常常羡慕我有演讲的天赋，我的回答是：技巧的熟练程度和所花的时间成正比。我的演讲都很好吗？显然不是。但是我从每次演讲中汲取经验，不断改进演讲技巧，才能做到今天的挥洒自如，不管是在什么场合，我都能从容应对。

不管你的准备如何充分，有一件事我敢打包票：在人生的长河中，磕磕碰碰总是难免的，但这未必是坏事。当你在人生之路上兜兜转转时，不要被失败击溃，要知道人生最后只认"结果"不识"失败"。如果你还未达成所愿，那么就吸取教训，以便做出更好的决定。

我们要么找到一条出路，要么自己造一条。

——汉尼拔·巴卡[①]

要想获得长久的快乐，最重要的决定之一就是要善于运用人生中的一切。

① 汉尼拔·巴卡（Hannibal Barca，公元前247~前183或前182），北非古国迦太基著名军事家。

只要你能做到以下四点，就能无往不利：1）明确努力的方向；2）采取切实的行动；3）密切注意成效；4）利用生活给予你的一切，持续改进方法，直至达成所愿。成功的人，必定是遵循了以上四大步骤和“终极成功公式”。

最令我景仰的成功人士之一便是本田汽车的创始人本田宗一郎。与很多大公司一样，本田汽车也发迹于本田先生刹那间的念头以及之后的不懈努力。

1938年之际，还是学生的本田宗一郎便倾其所有投资了一家小工厂，开始了制造汽车活塞环的征途。为了实现理想，让自己的产品为丰田汽车所采购，他衣不解带、日以继夜地工作，不怕与油污为伍，甘愿以车间为床，始终坚信自己的理想，甚至典当了妻子的项链以维持运营。然而，当他把心血之作呈上时，却被告知产品不符合丰田的标准。于是他重返校园，苦修两年，期间他的设计被导师和同学嘲笑，被讥为荒谬不经。

然而本田宗一郎无惧于这些冷嘲热讽，一心扑在自己的目标上。两年后，他终于获得了丰田那份梦寐以求的合同，他的激情和信念终于有了回报。他知道自己想要什么，并采取了相应的行动，密切关注成效、随时调整方法，直至达成目标。

前途是光明的，而道路是曲折的——新问题产生了。

第二次世界大战期间物资紧张，他建造工程所需的水泥无法获取。本田先生放弃了么？不！他大叹上天不公了吗？他放弃自己的梦想了吗？当然没有！他发挥自身的经验，另寻他途，终于和合伙人研究出了新的水泥生产方法，最终建成了工厂。战争期间，本田先生的工厂遭遇两次轰炸，厂房和设备几乎全部被摧毁，怎么办？本田先生立刻重整旗鼓，去捡拾美军丢弃的油漆桶——他称之为“杜鲁门总统所送的礼物”。在物资匮乏的年代，这些汽油桶正好为本田提供了建造工厂所需的原材料。生存下来之后，他们又遭遇地震，工厂被夷为平地，本田不得不痛下决心，把活塞环的制造技术卖给丰田。

这位杰出的人清楚地知道如何迈向成功。他有无比的热情、坚定的信念、出色的策略以及不懈的努力，他不断调整、不停尝试，虽然见效之日尚远，但他始终不言放弃。

第二次世界大战结束后，日本汽油严重匮乏，本田甚至无处买油用来开车为家人买食物。穷极之下，他在自行车上安装了一个小马达。他很清楚，如果成功了，他的邻居一定会央求他也给他们装一部“摩托自行车”。果不其然，生意一个接一个地来，直到手中的马达告罄。他就又有了一个主意，准备开厂专门生产这种创新的摩托车。“万事俱备，只欠东风”——他缺钱。

本田还是像以往那样，竭尽全力去寻找解决办法。他决定向全日本18000家自行车店店主求助，他用心地给每一家写信，信中言辞恳切，告诉各位店主如果使用他所提供的机器，这些东西将在日本振兴的过程中发挥何等作用。结果是，他说服了其中的5000家，成功获得所需资金。彼时，他的摩托自行车既笨且重，只能卖给少数死忠的摩托车迷。为了扩大销路，本田做了一个调整，将摩托车改造得更为轻巧。结果，这款名为“Super Cub”的摩托车一经推出便风靡市场，并获颁“天皇赏”。之后，本田摩托车外销到欧美，赶上了战后的婴儿潮① 消费者，大获成功。20世纪70年代，本田公司开始生产汽车并广受欢迎。

今天，本田公司在日本国内和美国的员工超过十万人，成为日本最大的汽车制造商之一，在美销量仅次于丰田。可以说，本田公司的成功源于本田先生的决心和毅力，源于他的不畏艰难和坚持不懈。

本田先生深知一个道理——宜将风物放眼量。刚开始下定决心，采取行动，短期内不一定有成效，需要长期专注于此，才能获得成功。在生活中，我们往往因为短期内无法克服暴饮暴食、酗酒、吸烟等不良习惯，就心灰意懒，放弃梦想。罗马不是一夜造成的，成功和失败也不是一蹴而就的。千里之堤，溃于蚁穴，最终的失败都肇始于一个个小决定——不能始终如一，不能身体力行，不能坚持不懈，不能调整身心状态，不能把眼光放远——这些都是失败的元凶。而成功往往也是来自一个个小小的决定——决定更上一层楼，决定付出，决定掌握自己的命运而不是受制于环境——这些小小的决定最终造就了成功的人生。一个人或一个组织如果目光短浅，最终只能碌碌无为。

破裂的水晶球②

以下这些书都获得了巨大的成功，但都吃过结结实实的闭门羹。

《动物农场》：乔治·奥威尔著——“要想在美国卖出动物的故事，那是不可能的。”

《安妮日记》：安妮·弗兰克著——“就我看来，这个女孩似乎没有多大的能耐能让这本书与众不同。”

《蝇王》：威廉·戈尔丁著——“我们不认为你已经成功写出已被公认有可能的想法。”

《查泰莱夫人的情人》：劳伦斯著——“不要出版这本书了，我们是为你好。”

《梵·高传》：欧文·斯通著——“这是一本冗长的艺术家传记。”

① 婴儿潮（baby boom），指的是在某一时期及特定地区，出生率大幅度提升的现象。本书指美国在第二次世界大战后的“4664”现象：从1946~1964年，这18年间婴儿潮人口高达7800万人。

② 水晶球在西方有“预言”之功能，“破裂的水晶球”代表那些“预言”被粉碎了。

就全美范围来看，大多数的困境皆源自决策时对危机没有先见之明。官商勾结、贸易失衡、财政赤字、教育失败、吸毒酗酒——这重重社会危机皆拜决策者的短视所赐。这是典型的“尼加拉瓜瀑布症”——在滚滚洪流中，只看到近在咫尺的湍流横石，却不会也无法看得更远，以避免灭顶之灾。

就这个社会来看，短视的决定往往偏重于眼前利益，这就往往使得问题演变成顽症。孩子们无心向学，不做思考、不去记忆，对学习敷衍了事，反而成天把精力放在电玩、电视和MTV等这些能满足一时之娱的活动上。美国肥胖儿童人数已经创造历史之最，他们不停地把垃圾食品往嘴里送，快餐、布丁和微波炉巧克力饼等，是他们的最爱。

而企业的短视更是致命，最典型的例子便是埃克森石油公司旗下ValdeZ号油轮在阿拉斯加海域漏油事件。埃克森公司原本想要将这艘船打造成双层船壳的设计，这是一个颇具前瞻性的想法，能够防止该船发生碰撞时产生漏油事故。然而这个石油公司并没有这样做，他们只注重眼前成本，不做长远打算，于是取消了这一设计。结果，事故真的发生了。为此，埃克森公司做出了11亿美元的商业赔偿，更别提这一事故对阿拉斯加及其周围海洋生态环境的破坏了。

究竟是深谋远虑，还是鼠目寸光，这是人生中最重要的决定之一。所谓棋差一着，满盘皆输，若考虑不当，不仅会蒙受巨大的经济损失，同时也会搭上一定的社会成本，甚至可能遗患无穷。

有一名年轻人，大学中途辍学，因为他不能再坐等时间流逝，他要追求音乐家的梦想。但是这一梦想不可能立刻实现。那一年他22岁，他的音乐无人问津，他也怀疑自己的决定是错误的。他在钢琴吧里演奏，他一无所有，没有房子，就睡在自助洗衣房里，惟一支撑他的就是爱情。然而，女朋友也要离他而去，这让他濒临崩溃：她是他此生惟一的女神，他无法承受她的离开，于是他想到了自杀。好在自戕之前，他想到自己的梦想，于是决定求助心理机构，在那里，他终于意识到了问题的根源。日后他回忆说：“那是我人生的低谷。”他表示：“那时我做了人生中最正确的决定，从此之后，不管情况多糟糕，我都不会再自暴自弃了。”[①] 他重整旗鼓，重塑梦想，最终夙愿成真。他是谁？他就是比利·乔尔[②]。

---

① 这段话源自：Sheff，David and Victoria.“花花公子访谈：比利·乔尔”。芝加哥：《花花公子》，1982年5月刊。

② 比利·乔尔（Billy Joel，1949~），70年代末和80年代成为美国最具商业价值的歌手/词曲作者，舆论把他与布鲁斯·斯普林斯廷（SPRINGSTEEN，BRUCE）和鲍勃·西格（Bob Seeger）相提并论。1991年底他被美国录音艺术与科学学会授予格莱美当代传奇奖。

就是这样一个男人，拥有万千歌迷，娶妻超模克里斯蒂·布琳克莉，却曾为他的音乐能否为人所接受，为找不到像前女友那么漂亮的女孩而发愁。但是，他把短期内看上去无法实现的事，通过长期不懈的努力，变成了现实。比利·乔尔能从绝望中振作起来，关键在于无论碰到何种阻碍，他都牢牢把握住了三大点：怎么看，怎么想，怎么做。他提升期望，更新信念，并辅以必要的策略和行动。

我有一个坚定的信念，就是它带领我走过那些艰难的日子——神的迟到，并不等于神的拒绝。在短期内貌似绝望之事，长期来看，只要坚持不懈，都有成为现实的可能。为着成功的目标，我们需要长远的思考。我常常把人生的起伏比喻为四季的更替。四季更迭，犹如人生播种、收获、休耕和解冻复苏的循环过程。寒冬不是最后的归宿，即使你今天受困，也不能失去对春天的向往。在冬天，有些人选择沉沉冬眠，有些人则选择雪橇和滑雪。与其静静地等待季节流逝，何不让它变成值得怀念的时光?

运用决定的力量

现在，我来总结一下六个能迅速掌握做决定的秘诀，运用决定的力量，你就能使人生的每个瞬间立显美好。

1. 谨记决定的真正威力。任何时刻，只要你对它运用得当，就能改变人生。一旦做出新的决定，就会带来一连串新的目标、新的成效、新的方向乃至新的人生。下定决心做出决定的那一刻，也就是人生开始改变的那一刻。记住，当你感到沮丧无力、走投无路或是霉运当头时，只要下定决心加以改变，状况就会改善。一个真正的决定是从采取新的行动那一刻开始的，没有行动的决定不是真正的决定。

2. 要认识到这一点，达成某项成就，最艰难的一步，就是下定决心做出真正的决定。相比之下后续行动就简单很多了，所以既要“三思”也要“快行”，切勿在“怎么做”和“要不要做”的疑虑中徘徊。研究表明，大多数成功人士下决定是非常快的，因为他们对自身非常了解，也深知自己的真正目标；他们更不会轻易改变决定。与这些人形成鲜明对比的是，那些失败的人通常是优柔寡断，对决定是“慢下快改”。

快做决定！“决定”本身就是一种行动，一旦做出了真正的决定，相关的行动就得跟上。决定还有可能带来更大的目标。我一直坚守一条重要法则：如果没有具体的行动，就不要轻率下决定。

3. 要经常做决定。决定做得越多，便越精于此道。肌肉越锻炼越强壮，做决定的“肌肉”也是如此。赶紧决定那些疑而未决的事吧，届时所产生的能量将是不可思议的！

4. 从决定中学习。这条规则无须多言。有时候，不管准备多充分，总会有意外不可避免地产生，这时候不要气馁，要从中汲取经验教训。问问自己：“这里有什么转机？有什么可借鉴？”这个“失败”说不定是个让你喜出望外的礼物，促使你未来做出更好的决定。不要被一时的挫折所吓倒，而应学习如何省时省力地少走冤枉路，让自己拥有获得成功的能力。

5. 既要坚守决定，也有机动灵活。一旦你做了某个决定，不要死守着一种做法，这反而可能是条死胡同。很多时候，有人下了决定，便死守着自以为是的做法，不接受任何善意的建议。不可僵化教条，要善于运用弹性的艺术。

6. 享受“做决定”。须知你任何时刻的一个决定，都可能改变整个人生，“机遇总在转角处”，所以别忽略排在你后面的人，别忘了注意飞机上的邻座之人。也许你下一个所打所接的电话、下一部所看的电影、下一本所翻的书、甚至于本书的下一页都有可能为你展开人生的新天地，让你豁然开朗。

丰富多彩的人生，需要充满热情的人生态度为养料。多年前，我做了个看似微不足道的决定，从此却扭转了我的人生。我决定在科罗拉多州的丹佛开一个研讨会，结果我碰到了妙龄女郎贝基，现在她随夫姓罗宾，她是我的天赐佳偶。也就是在去丹佛的路上，我决定开始著书，现在该书被翻译成多种语言加以出版。几天之后，我决定去得克萨斯主持一场研讨会，在那里，我讲了整整一周的课，结果我分文未得——因为主办方逃掉了。与我接洽的是主办方所聘请的公关公司的一位女士，她也遭受牵连。后来，她协助我出版了我的第一本书，使得我得以与各位分享我的人生故事。

曾经，我贸然决定要找一位商业合作伙伴，事先我并没有深入去了解他的为人，事实证明这是个糟糕透顶的决定。一年之内，他私吞公款25万美元，并导致公司亏损75.8万美元——这可是需要我主持200场以上的研讨会才能赚到。不过“福祸相依”，我从这一糟糕的决定中汲取教训，接着做了一个更好的决定。我没有随大流宣布破产，而是另谋他途，终于使得公司起死回生，我也东山再起，我的人生大放异彩，公司更上一层楼。从中，我受益的不仅仅是成功的公司，同时也为神经链调整术和“命运之方”提供了许多有用的信息。

生命如果不是一场勇敢的冒险，就什么也不是。

——海伦·凯勒①

在本章中，你可获得哪些重要的启示?

记住，决定命运的是自身的决定，而非周遭的环境。在学习改变思维方式和感知模式之前，我希望各位记住：如果你没有下定决心好好地去运用，那么你从这本书中所看到的一切都毫无意义，你从其他的书中看到的、从录音带中听到的、从研讨会中学到的也都不管用。惟有真正的决定才能改变你的人生，这是一个可以随时支配的力量，就看你是不是决定好好利用它。

为了证明你的决定，现在就为搁置已久的一两件事做个决定，简单或艰难均可，这取决于你。现在，安静一下，至少做一个清晰的决定，然后立刻采取实践行动，朝着目标奋力前进。锻炼决定的“肌肉”，就能增强你改变人生的意志。

你我都深知，在未来的人生道路上总会横亘着一些困难。然而就像瓦文萨们所知道的，如果你决定要越过那些墙，你可以翻爬而过，可以凿穿而过，可以挖地道而过，也可以找扇门走过。不管这堵墙矗立了多久，都无法熄灭人们推翻它的决心。人类的精神力量是无穷的，如果有心想要获胜、有心想要成功、有心去塑造人生、有心去掌握命运，就没有任何难关、问题或是藩篱能够阻挡你的前进。当你决定摆脱环境的摆弄，掌握自己的命运，你的人生就开始发生了改变，你也就会积极地去掌握——

① 海伦·凯勒（Helen Keller，1880~1968），19世纪美国盲聋哑女作家、教育家、慈善家、社会活动家，主要作品有《假如给我三天光明》、《我的生活》、《我的老师》等。

人对世界的看法，是源自内心的各种感受。

——托马斯·布朗爵士*

第三章

塑造人生的力量

Awaken the Giant Within

* 托马斯·布朗（Thomas Browen，1605~1682），英国医师和作家，散文以文辞华丽著称。代表作《医生的宗教》、《瓮葬》等。

她正在慢跑。刚跑了不到半小时，惨剧就发生了。一群年轻小子猛地向她冲过来，还在她惊魂未定之际，他们就把她拖进了灌木丛中，操起一根铅管就照着她一顿猛打，其中一人还照着她的脸狂踢，直到她血流满面。之后他们又实施轮暴行为，扔下奄奄一息的她扬长而去。

这一令人发指的犯罪行为，就是多年前发生在中央公园的惨剧。那天晚上我在纽约。令人心寒的不仅仅是这一犯罪事实本身，更是因为这些犯罪者的背景。他们都还是未成年人，年龄从14岁到17岁不等，不同于我们日常所听闻的，他们既非贫困少年，也非来单亲家庭。这些孩子就读于私立学校，有的是棒球队队员，有的是管弦乐队成员。他们轮暴一位28岁女子的出发点，仅仅是为了“好玩”。他们甚至还为这次行动起了一个代号，叫做“野性”。

在距离首都华盛顿不到250英里的国际机场，一架客机遭遇暴风雪失事，引发一场空难。飞机以最高时速撞上波托马可河① 大桥，交通顿时瘫痪。急救人员立刻赶往现场，大桥周围惨不忍睹，充满了悲痛和混乱。消防员和救生员忍住悲痛，一次次跳入河中，试图救出幸存者。有一个人一次次地将救生工具递给落水者，他拯救了很多生命，自己却最后蒙难。当救援直升机最后将他捞救出来时，他的躯体已经冰冷。这位男士为了救助那些素不相识的陌生人，英勇捐躯。是什么促使他将那些素昧平生之人的生命放到首位，最后甘愿献出自己的生命？

是什么让一个家世背景良好的人铸成大错却毫无悔意？又是什么让那位男士舍己为人？是什么成就了英雄、义士，又是什么让人堕落成了懦夫、罪犯？是什么让这个人和那个人完全不同？在我的一生中，我孜孜以求于相关的答案。有一个道理很明白：一个人的行为不是朝夕之间形成的，每一个行为、每件事情都是有迹可循的。那些原因或许还不显而易见，但是毋庸置疑的是，人类每一个行为的背后都是有原因的，这个原因影响了生活的方方面面，从人际关系到财务状况，从身体健康到精神状态。那么究竟是什么影响了我们的现在和将来？那就是

---

① 波托马可河（Potomac），美国东部重要河流，流经首都华盛顿。

“痛苦和快乐”！我们所做的每一件事，要不就是为了逃避痛苦，要不就是为了寻求快乐。

我经常听到有人说希望人生能有所改变，但是一直未能如愿，他们倍感挫折沮丧、懊恼不已，那是因为他们只知道“需要”有行动，却没有“真正”去行动。一个根本原因是：他们弄错了对象，他们想要改变的是行为，而行为只是一种“结果”，原因却是深藏在结果背后的东西。

了解了痛苦和快乐的力量，并对它们善加利用，你就能受益无穷，获得一直所期望的持续性改变和提升。然而如果你不能领悟这对力量，未来就会从你手中溜走，你就成为任人摆布的机器或动物。耸人听闻吗？不！你为何不对那些你本该做的事采取行动呢？

那么，什么是拖延？就是将决不决，该做不做。为什么会这样？答案很简单，那是因为你觉得此刻采取行动比拖延更为痛苦。不过你有没有这样的感受？就是当一件事拖到不能再拖时，你就感觉到了不得不做的压力。这个时候压力就和痛苦联系在一起了，你会突然发现，不采取行动会比行动更痛苦。4月14日前后很多美国有都有此感觉。

若是事前便想逃避，待事到临头会更加痛苦。

——塞涅卡①

横亘在你走向梦中情人之间的障碍是什么？创业计划搁浅多年是为何？节食计划为何一推再推？你的创作为何搁笔至今？你的财务投资状况为何不尽如人意？是什么让你美梦不能成真？

即使你知道所有的行动会让你受益匪浅，让你的人生充满愉悦，你还是按兵不动，因为那时候你还是把更多的痛苦联系到行动上，所以你情愿瞻前顾后错失良机。譬如说，你的担心有很多：如果你接近某人，某人却给了你一个闭门羹；你想要创业，却担心失败，怕连累到现在这份稳定的工作，最后毫无保障；你想要节食，却害怕饥饿难忍，最后反而吃得更多，导致体重反弹；你想要投资，又恐惧于投资失败就血本无归……既然这样，又为何要去尝试呢？

对大部分人来说，失去的痛苦要远远大于得到的快乐。为防止过去几年间所积攒的十万元被偷和在未来的五年间努力去赚十万元之间，哪个给你的动力更大

---

① 塞涅卡（Licius Annaeus Seneca,2~65），古罗马政治家、哲学家、悲剧作家、雄辩家，新斯多葛主义的代表。

呢？事实上，大多数人会努力守住现有的东西，也不愿意冒险去追求心中所企求的。

成功的秘诀在于掌握痛苦和快乐，而不是被痛苦和快乐所制伏。如果做到了这一点，那么人生就了然于胸，否则，就是人生在摆布你。

——笔者

关于痛苦和快乐这股孪生力量，经常会有人问我一个有趣的问题：既然痛苦的力量如此之大，那为什么还有那么多人不悔改呢？我的答案是：他们吃的苦头还不够大，还没有到达情绪的临界点。如果你的人际关系曾经非常糟糕，最终你决定采取行动加以改变，那很可能是你陷入了无法忍受的境地。我们每个人都有过这样的经历，都发誓道："我受够了，现在一定要改变了。"当痛苦达到这种程度时，痛苦就成为我们的良师益友了，这个时候痛苦就能促使我们采取新的行动，获得新的人生。那个时候，我们就会变得更加积极，以求让人生更加快乐。

除了人际关系，其实很多地方你都可能经历过这样的临界点。譬如身体健康方面：当你胖得挤不进飞机的座位、塞不进过去的衣服、爬几下楼梯就气喘吁吁，终于有一天你大吼一声："我受不了了！"然后做了个决定，发誓要减肥。是什么促使你痛下这一决心？那是因为你不堪忍受肥胖之苦，想要摆脱它，重新获得快乐：自豪的愉悦、舒适的快乐、自信的快乐，人生自我掌控的快乐。

当然，痛苦和快乐还分多种层次。譬如，"屈辱"就要比"不痛快"强烈；烦躁是一种痛苦，而"厌倦"又要另当别论。这些情绪有轻有重，不过都对做决定起到一定的影响。快乐也是这样，生活中的很多行动也是源自对快乐的期待。今天的工作值得付出努力，那么快乐就会慢慢靠近。快乐也有强弱之分，譬如大部分人会觉得"入迷"的快乐比较强烈，但也有人认为"舒服"就好，这要视人而定。

举个例子，你要出去午餐，经过一座公园时，听到有人演奏贝多芬的交响曲，你会驻足聆听吗？这就要取决于你对音乐的喜好程度了。如果你是古典乐迷，你就可能会抛开一切，坐下来倾听，为《英雄交响曲》而心潮澎湃，由贝多芬将你带入一个纯粹的、快乐无比的音乐世界。如果有人听古典音乐的感觉就像看着油漆变干一样无聊的话，那这就变成了折磨和痛苦，所以他会毫不留恋地回去工作。但也有一些人，他们喜欢古典乐，但并不一定会驻足聆听，因为他们感觉迟到的痛苦要超过这些悦耳的音乐带来的快乐。也有可能他们觉得中午时分停下来听音乐是在荒废光阴，会觉得这个行为无趣且轻妄，其所带来的痛苦远远超过音乐带来的快乐。日常生活充满了此类拉锯战，我们总是在衡量行动及其后果。

最重要的人生课程

唐纳德·特朗普和特蕾莎修女[①]的人生，也是受到了痛苦和快乐这两股力量的影响。有人也许会说："汤尼，你是不是搞错了？这两个人怎么能相提并论呢？"确实，这两人的价值观可谓南辕北辙，但是其背后的力量是一致的，那就是快乐和痛苦的牵引。他们的人生，都是为了知道快乐从何而来，痛苦又由何而起。理解的不同，就会导致行为上的差异。

是什么驱使了唐纳德·特朗普的一生奋斗？因为他知道自己想要快乐，就得拥有超级豪华昂贵的游艇，获得最阔气的大楼，达成最精明的交易，——简言之就是赚大钱。那么又是什么会让他痛苦呢？在采访中，他曾透露自己最大的痛苦就是居于人下，这对他来说就是失败。避免居于人下的痛苦，成为他奋斗的最大动力，这一动力远远大于寻求快乐的动力。他的竞争对手们都非常乐见于他从商业的王座上跌落下来，因为这是特朗普最大的痛苦。与其评价一个人，倒不如想想他背后的推动力，并对他的痛苦表示遗憾和同情。

再来看看特蕾莎修女。她关心贫苦大众，对于他人的痛苦感同身受。印度的社会等级制度她无能为力，不过她发现，只要对那些穷苦之人伸出援助之手，他们的痛苦就能减轻，而她自己似乎也获得了救赎。对于特蕾莎修女来说，人生的终极意义，就在于帮助加尔各答这座城市中的贫苦大众。这座印度语中的"快乐之城"中，却充满了痛苦，上百万贫民饱受饥饿和疾病的折磨。在特蕾莎心中，快乐，就是涉过烂泥和污水，走进那些肮脏简陋的小屋，拥抱那些身患疟疾和痢疾的瘦弱孩童们。她悲天悯人，无私地帮助下层人民脱离痛苦，她的痛苦也因此获得消减，她也才能感到快乐。对她来说，奉献是最高尚的情操，也是人生真正意义所在。

将物质主义者特朗普与人道主义者特蕾莎修女相提并论，大家可能会觉得不伦不类，不过他们的行为是典型的寻求快乐、逃脱痛苦的行为。虽然家庭背景和成长环境也会影响到个人的选择，然而最终的决定因素还是在于其个人。

---

① 特蕾莎修女（Mother Teresa，1910~1997），印度天主教仁爱基金会创始人，又称做德兰修女、泰瑞莎修女，是世界敬重的天主教慈善工作者，主要替印度加尔各答的穷人服务。于1979年得到诺贝尔和平奖。

对于痛苦和快乐的不同诠释决定了人生

早年我曾经做了一个决定，就是把学习和快乐联系在一起，就是这个决定让我的人生从此与众不同。我发现，只要找出塑造人类行为和观念的信息和方式，人生就能如鱼得水。学习能令痛苦消失，能让快乐翩然而至。这些年来，学习让我了解了人类行为的内在奥秘，学习让我心情舒畅，学习让我与所关爱之人也更加亲近。学习让我学会了“舍得”，让我能把真正有价值的东西与旁人分享，并获得了快乐和满足，同时还衍生出更大的快乐。这让我更加热爱与他人分享心中所得，当我看到我的奉献能够帮助他人提升人生品质时，我的快乐是无与伦比的！这就是我的人生目标。

快乐和痛苦是如何影响人生的？以吸毒为例，对于它是快乐的还是痛苦的，会深刻地影响着我们的命运。在饮酒、抽烟、人际关系和对他人的信任上，这两股力量也是作用非凡。

如果你是一名医生，那么，多年前你决定追求这一职业，是不是因为你认为当一名医生能给你带来快乐？我接触过的医生都告诉我，行医救人、悬壶济世成就感很高，从而令人快乐，他们可以运用自己的专业知识治疗伤痛、驱赶疾病、拯救生命；而受人尊敬、拥有高尚的社会地位则是另外一个动机。音乐家专心投入到音乐艺术中，是因为音乐带给他们的快乐是无可比拟的。而那些大公司CEO的快乐，则来自各种决定中为社会创造了更多的产品并不断提升人们的生活品质。

再来看看那些已经过世的演艺明星们的痛苦和快乐吧。约翰·贝鲁西、弗雷迪·普林兹、吉米·亨德里克斯、猫王埃尔维斯·普雷斯利、詹尼斯·乔普林和吉姆·莫里森，他们的快乐和痛苦是什么呢？他们依赖各种毒品，求暂时的解脱和瞬间的安宁。为逃避痛苦，求一时欢愉，他们丧失了理智和斗志，付出了惨重代价，导致了演艺事业的下滑。要知道，他们的拥趸可谓是不计其数啊！

我从不吸毒酗酒，是因为我特别聪明吗？不是的，而是因为我很幸运。我从不喝酒，那是因为在童年时代，我家里曾有人酒醉不堪，这让我觉得酒醉实在是很痛苦的。另外一个尤其能警醒我的例子是我好朋友的妈妈，她胖得出奇，体重约有300磅（约200千克），总是喝得醉醺醺的。她一喝醉酒就要抱我，还把口水涂得我满脸满身。这导致我对酒类深恶痛绝，如今只要闻到别人嘴里呼出的酒气我就会反胃。

啤酒则是另外一则故事。在我十一二岁的时候，我还没有把啤酒当成是酒精饮料。我父亲是喝啤酒的，而且酒后并没有表现出令人作呕的醉态。事实上，当他喝了酒后，反而比平常可爱了一些。因此，我觉得啤酒还挺可爱的，甚至想要学学我父亲的样子。喝啤酒真的能令我像父亲一样吗？当然不会，不过我们的神经系统经常会犯这样的迷糊，并给人生带了这样那样的痛苦或快乐。

有一天，我还真的向我妈妈提出“来一罐”，起初她并不同意，告诉我酒毫无益处，试图劝我放弃。不过当时我怎么也听不进去，因为父亲酒后的样子很好玩的，完全不是母亲说的那样。我们从来不相信自己的耳朵，总认为自己的想法才是正确的。不过那一天的喝啤酒经历，成为我成长历程中的重要一刻。后来母亲意识到倘若她不给我酒喝，我总会念念不忘，最后肯定会到别的地方去找酒喝。当时，她就下定决心要改变我对啤酒的“好感”。于是她对我说：“好，你是想要学你爸爸对吧？那你就要完全按照他的方式去喝。”我问道：“妈妈的意思是？”她回答说：“你要喝下整整半打，一点都不能少。”我拍拍胸脯，当场豪气干云地表示没问题。

她对我提出要求：“你现在就要喝。”我尝了第一口，滋味不怎么样，与我之前想的不一样。当然我不会当场承认。所谓死要面子活受罪，我又硬着头皮继续喝，好不容易喝完第一罐，我立刻跟母亲说：“妈妈，我喝饱了。”母亲酷酷地说：“不，这里还有。”说着便打开了另外一罐。就这样，当喝到三听或者第四听的时候，我开始反胃。接下来的事你大概也能猜到了：我吐得一塌糊涂，厨房被弄得满地狼藉。那次经历让我一想到啤酒的气味，呕吐及难受的感觉就会随之而来。我对啤酒的印象有了180度的大逆转。这一经历在我的神经系统中所建立的“情绪链”（也可称为“神经链”），从此我再也没沾过一滴啤酒。

往昔累积的痛苦和快乐的经验，定然会对人生产生一系列深远的影响。对于啤酒的“神经链”影响了我日后的很多决定，影响了我在学校里与谁为伴，决定了我学习如何获得快乐：我滴酒不沾，而是从学习、微笑、运动中获取快乐。我还懂得助人为快乐之本，于是大家碰到问题都来找我，问题解决之后，我们都感到快乐。多年来均如是。

至于为何从未沾染过毒品，那是源于小时候的经历。大约小学三四年级的时候，有一天警察来到学校，播放了一些关于吸毒所导致的可怕后果的影片。只见片中人物吸毒后神志不清、晕厥昏死，有的甚至跳窗坠楼。就在那时，我把吸毒和“变态乃至死亡”联系了起来，就从没碰过一丁点毒品。这就是我的幸运，警察先生在我很小的时候就帮我建立起了吸毒是痛苦的这一神经链，从那时起我就从没动过吸毒的念头。

以上例子能带来什么启发？很明确，那就是：如果能把痛苦和特定的行为或情感模式联系起来，那么我们就会全力摒弃那些行为和情感。如果能对痛苦和快乐的力量加以理解并运用，就能改变人生，包括拖拉的习惯到毒瘾。那么要怎么做呢？举个例子，要防止小孩染上毒瘾，最好的时机，就是要赶在他们尝试之前，赶在有人引诱他们把毒品和快乐等同起来之前进行教育。

我们就是这么做的，我和妻子贝基都觉得要让小孩远离毒品，最好的办法就是让他们知道毒品会带来无尽的痛苦。真的，除非让他们意识到毒品的本质，不然，总有一天会有人诱导他们使用毒品以逃避痛苦，寻求瞬间的欢愉。

为此，我致电老朋友——救世军①的约翰·朗登队长。几年前，我协助约翰在南布朗克斯②和布鲁克③帮助一些街头少年提高人生期许，转变信仰，训练他们生活技能，从而改变了他们人生轨迹。让我和贝基感到欣慰的是，通过掌握我们所传授的东西，这些少年浪子回头，从此走上正途。我一直视此为对社会的回馈，同时也庆幸我是自己人生的主人，这是多么美好的事情，它让我有所思考，人生也平稳安康。

言归正传。我把想法告诉了约翰，于是他帮我的孩子们安排了一次考察。这是一次令人永生难忘的考察，毒品对于人类精神世界的摧残，深深地震撼了我的孩子们。考察始于一个老鼠肆虐的棚户区，孩子们一进去，恶臭扑鼻而来，瘾君子随处可见，雏妓搔首弄姿、招揽过客，孩子哭声震天、无人照理。就这样，在孩子们眼中，毒品就是从精神、情感和生理上对人类进行摧残的恶魔。那时候他们已经有机会接触毒品了，但是他们从未碰过，这一强有力的“神经链”有效地塑造了他们正确的人生观。

如果你为环境所苦，这痛苦并非本质性的，而是因为你的观感。

——马可·奥勒留④

---

① 救世军（The Salvation Army），一个成立于1865年的基督教教派，以街头布道和慈善活动、社会服务著称。其国际总部位于英国伦敦维多利亚皇后街101号，在全世界有几千个分部，分布在70多个国家，据称有成员200万人。其中以美国较多。

② 布朗克斯区（Bronx）：纽约的一个街区，是涂鸦艺术和嘻哈音乐的起源地。布朗克斯是惟一和美国本土连在一起的街区，也是纽约最穷的街区。

③ 林布鲁克林区是美国纽约州纽约市五大区中，人口最多的一区(有250万居民)。

④ 马可·奥勒留（Marcus Aurecius，121~180），是罗马帝国最伟大的皇帝之一。他不但是一个很有智慧的君主，同时也是一个很有造就的思想家，有以希腊文写成的著作《沉思录》传世。

我们是这个星球上惟一有着丰富内心活动的动物。对于一个人来说，起决定作用的不是外界所发生的事，而是我们对于这些事的阐释和由此所产生的行动。人，之所以为万物之灵长，是因为他们具有一种独特而强大的能力，能够选择、转化并促使任一想法转变成更为有用或令人快乐的东西。其中最为重要的，便是能够结合他人的经验进行实践，创造出自成一体的方式，运用到生活中的方方面面。也只有人类才能够改变神经系统中的神经链，化痛苦为快乐，抑或化快乐为痛苦。

曾经有一个人把自己关进了笼子里进行绝食抗议。他30天滴水未沾、滴米未进，却奇迹般地活了下来。肉体上的痛苦是巨大的，然而换来的却是全世界的瞩目，这一点让他快乐无比。

在日常生活中，很多人愿意忍受肉体上的“痛苦”去锻炼身体，以此来获得快乐，因为他们能够把身体上的磨炼转化为个人成长的快乐。这就是他们能够长久忍受“痛苦”的原因。

意愿有着惊人的力量，促使我们的精神超越饥饿等生理痛苦，创造出更有意义的东西。我们能够摆脱斯金纳箱子①，获得控制自我的自由。但是如果我们无法对痛苦和快乐作出正确的诠释，我们的生活将无异于动物和机器——为环境所左右，放任自流，回到斯金纳箱——那时候就会像一台公共电脑，任由他人操纵和摆布。

我们的行为——不管是有意识的还是无意识的——总是受到痛苦和快乐这对力量的影响。影响源包括儿时玩伴、父母双亲、老师教练、影视明星等等。这种影响是不知不觉、潜移默化的，可能是某人不经意的只言片语，或是学校里的偶发事件，或是比赛中的某场胜利，也可能是一个尴尬的时刻，或者是你成绩单上的一连串A——当然也可能是留级。就是这些因素，让你成长为今天的你。我要一

---

① B·F·斯金纳（Skinner，1904~1990），是行为主义的领袖，是行为主义学派最负盛名的代表人物，也是世界心理学史上最为著名的心理学家之一。直到今天，他的思想在心理学研究、教育和心理治疗中仍然被广为应用。斯金纳箱：1938年，斯金纳设计制作的实验装置。箱子的构造尽可能地排除了一切外部刺激，而白鼠则可以在箱内自由进行探索。箱内有一根突出的杠杆。杠杆的上方有电灯，下方有一食盘。箱外有一电动鼓转动计时并纪录杠杆被压动的次数。当箱内的动物压动（如啄、碰等）杠杆时，就会得到一粒食丸的强化，以此来研究动物操作性条件反射的学习能力。斯金纳通过实验发现，动物的学习行为是随着一个起强化作用的刺激而发生的。斯金纳把动物的学习行为推而广之到人类的学习行为上，他认为虽然人类学习行为的性质比动物复杂得多，但也要通过操作性条件反射。操作性条件反射的特点是：强化刺激既不与反应同时发生，也不先于反应，而是随着反应发生。有机体必须先作出所希望的反应，然后得到“报酬”，即强化刺激，使这种反应得到强化。学习的本质不是刺激的替代，而是反应的改变。斯金纳认为，人的一切行为几乎都是操作性强化的结果，人们有可能通过强化作用的影响去改变别人的反应。在教学方面教师充当学生行为的设计师和建筑师，把学习目标分解成很多小任务并且一个一个地予以强化，学生通过操作性条件反射逐步完成学习任务。

再强调：对痛苦和快乐的不同诠释决定了我们的人生。

回首往昔，你是否有这样的记忆：某次经历所形成的神经链产生了一系列的影响，从而塑造了今天的你？对此事你的观感如何？如果你当时是单身，你是将婚姻当成是与人生伴侣一起开始的一次愉悦的人生探索，还是视之为沉重的枷锁？当你坐到餐桌前，你是把桌上的食物当做是给身体进行补给的养料，还是将饕餮当成是惟一的快乐之源？

无论男人还是女人，对他们起作用更多的是心而非意识。

——查斯特菲尔德勋爵[①]

有一件事是我们无法否认的，就是我们的行为是对痛苦和快乐的本能反应，而非理智的决断。在理智上，我们告诉自己巧克力对身体不好，但还是管不住自己的嘴巴，为什么？因为人类的行为并不完全受控于理智，更多时候取决于神经系统对痛苦和快乐的诠释，神经系统中的“神经链”决定了行动。虽然我们都愿意相信理智去行动，事实上大多数时候确实被情绪所驱动。

多少次我们试图超越情绪系统，不再受制于它，不过事实往往相反。就像我们在拼命节食的时候，最终还是无法控制食欲，就是因为节食令情绪痛苦万分。但如果只是治标不治本的话，我们还是会重蹈覆辙。若想获得持久的改变，我们必须把痛苦联系到旧有行为上，而将快乐放到新的行为上，同时不断调整，直到成为习惯。记住，人们避开痛苦的意愿要大于获得快乐，因此单凭意志来节食的效果是短暂的，因为我们仍觉得戒掉那些肥胖食品很痛苦。要想获得持久的节食效果，我们就需要把痛苦与吃那些高脂高热食物的行为联系在一起，这样我们就不会再垂涎于它们；同时要把快乐与吃健康营养的食物联系起来。那些身体健康、身材标准的人坚信，身材好才是最大的快乐，因此他们更喜欢吃那些健康食品。他们的快乐就是撇开高脂高热的食物；他们，掌握了自己的人生。

事实上，只要对痛苦和快乐作出恰当的诠释，我们就可以改变既往的想法、情绪或习惯，从而立刻改变行为。如果要戒烟，我们必须把足够的痛苦放到抽烟这一行为上，而把足够的快乐和戒烟联系起来。这事做起来不难，你还迟迟未决，就是因为你已经习惯把抽烟和快乐联系起来，而又过于害怕戒烟带来痛苦。不过，如果你能与那些戒烟成功的人聊一聊，你就会发现戒烟完全可以在一天之内做到。

---

① 查斯特菲尔德勋爵（lord chesterfield，1697~1773），英国著名政治家兼文人，以《致儿子的信》闻名于世。

人生若无规划，便会任人摆布

纽约麦迪逊大街[①]的使命，就是“操纵”我们对痛苦和快乐的认知。在这条街上行色匆忙的男男女女们深知，决定消费者购买行为的不是理智，而是对产品的情感认知。因此，他们深谙“挑逗”之道，运用或激越或舒缓的音乐、或另类或优雅的影像、或明亮或幽静的颜色等种种元素，把消费者的情绪带入预想的状况，从而达成销售目标。他们在消费者情绪达到巅峰时，适时连续抛出产品形象，直到我们将其与自己向往的情绪联系在一起。

百事可乐凭借这一策略奋起直追，从老对手可口可乐手中夺取了更多的市场份额。当年，百事可乐注意到了迈克尔·杰克逊的成功。这位年轻的天王巨星，尽情地释放自己的歌声、肢体、表情和动作，全身心地投入到演艺事业中，点燃歌迷们的高涨情绪。迈克尔·杰克逊自己也获得了巨大的成功，他的歌声和舞蹈能让众人情不自禁地兴奋起来。他的唱片一上市就形成大卖，众人抢购他的唱片，就是为了复制当时那些高涨的情绪。百事可乐就开始思考，是否可以把这种情绪转移到自己的产品上。百事可乐认为，如果能把对迈克尔·杰克逊那样的热情也联系到百事可乐上，何愁百事可乐的产品会不像迈克尔·杰克逊的唱片一样大卖呢？将新感受投射到某种产品和理念中的过程，是一连串的基本心理条件的转移，这就是第六章中提到的神经链调整术。其实，当我们陷入高亢的情绪状态时，这时只要不断重复相同的影像、声音，这些影像和声音就会与情绪状态联系在一起，以后只要出现这些影像和声音，人们自然而然地就能引发相关的情绪。

大家应该都知道伊巴甫洛夫·伊凡·彼德罗维奇[②]吧。这位19世纪晚期的俄罗斯科学家做了一个著名的条件反射实验，当他给狗喂食时，他就会摇一摇铃铛，这样就会把狗的食欲和铃铛声联系在一起。如此反复多次后，巴甫洛夫发现只要摇一摇铃铛，即使当时它面前没有任何食物，这条狗也会流口水。

---

① 作为智威汤逊、达彼思、奥美、李奥贝纳、DDB等著名广告公司的发迹地，纽约麦迪逊大街已经成为美国广告业的代名词和纽约的一道风景。在麦迪逊大道两旁的写字楼里，进驻着美国最大的CNN广播电视网和50家电台，《时代》等美国主要期刊的编辑部、销售中心和办事处，近千份国际性报纸的广告代理点，和数以万计的传播公司、广告公司及下游制作、代理、服务公司，形成了一个庞大的传播产业财富链。

② 巴甫洛夫·伊凡·彼德罗维奇（Ivan Pavlov，1849~1936），俄国生理学家、心理学家、高级神经活动学说的创始人。因在消化生理学方面的出色成果而荣获1904年诺贝尔生理学和医学奖金，成为世界上第一个获得诺贝尔奖的生理学家。

百事可乐和巴甫洛夫之间有什么相似之处呢？首先，百事可乐利用迈克尔·杰克逊来昂扬我们的情绪，之后掐指算秒，适时闪出百事产品的影像，之后不断重复交叉闪现迈克尔·杰克逊和百事产品，将迈克尔·杰克逊数百万歌迷的情绪与百事可乐结合起来。而事实上，迈克尔·杰克逊甚至从没喝过一口百事可乐，甚至从来没有过手拿百事可乐瓶的镜头！你是不是开始嘀咕：这个公司难道疯了？他们花了1500万美元请了一位从来不喝公司产品的代言人，甚至还把这一点昭告天下！这是个什么样的代言人？这是个什么样的公司？事实上，这个点子可说是天才的创意，百事可乐的销量由此创新高，而迈克尔·杰克逊的身价也水涨船高，吉尔公司甚至向迈克尔·杰克逊发出两千万美元的广告邀约，就因为他有改变人们认知的神奇能力（我称他为“领潮人”）。后来索尼/美国广播公司又和他签下了长达十年的广告合约，这份广告合约价值在当时超过十亿美元。他确实有着改变人们认知的无价能力。

这中间有什么奥妙呢？那就是人们会把快乐链接到某一特定行为上。这是个虚幻的世界，人们总以为用了这种产品就能快乐。广告上总是说，如果开的是宝马，那就是位品位不凡的绅士；如果开的是现代轿车，那就是聪明节俭的；如果开的是庞蒂亚克，那就是激情四溢；而如果开的是丰田，感受又会不一样。再如，你洒了C&K的Obsession香水，你就是中性人；如果你喝百事，你就是汉默音乐的拥趸；如果你想要成为一位好妈妈，你得给你的孩子喂食Hostess糖果公司的水果派、蛋糕，穿上Twinkle的服装。如此等等，不一而足。

广告商们发现，如果能激发足够多的快乐，消费者们通常就会倾向于遗忘痛苦。有些广告被人们称为“性感销售”，当在杂志和电视上从“性”的角度去推广产品，毫无疑问会让人产生愉悦的感觉，譬如蓝色牛仔裤的推广方式。蓝色牛仔裤是什么？它们曾经不就是件粗鄙的工作服，难登大雅之堂吗？而今却风靡全球，成为性感、时尚和活力的象征。你见过Levi’s 501牛仔裤的广告吗？你能看懂它们吗？它们是不是令人不知所云？但是最终你却印象深刻，因为其中有“性”。那么这个策略最后效果如何？Levi’s成为市场销量第一的牛仔裤品牌。

这种改变人们神经链的力量仅可不是仅限于软饮、汽车和牛仔裤。它的影响力连小小的葡萄干也无法逃避。你可知道，1986年加州葡萄大丰收，却开始了加州葡萄干咨询协会的恐慌，此后，葡萄干的销售额以每年1%的速度下滑。在苦无良策的情况下，加州葡萄干咨询协会只好求助于广告公司，希望能寻找到解决办法。而他们得到的回答很简单：改变人们对于葡萄干的印象。据前葡萄干协会理事长罗伯特·菲尼所说，大多数人对于葡萄干的印象是干瘪、乏味和无趣。那么就能很清楚地推论出结论，就是要给这个干巴巴的东西赋予健康鲜活的形象，引发人们的兴趣。“干瘪”和“皱巴巴”可不会给人好印象。那么葡萄干从业者们在想，要赋予它一个什么样的形象，才会引发消费者的购买欲?

就在葡萄干业者苦思冥想之际，刚好摩城的一首老歌《I heard it through the grapevine》① 再度风靡全国。这让葡萄干协会有了心思：既然这首歌广受欢迎，那何不把它与葡萄干联系起来，让人觉得它很流行呢？于是，他们请来了一名善于创新的漫画家威尔·文登来扭转葡萄干的形象。此人果然不负众望，他设计出30个形象各异的葡萄干泥偶，每一个都与摩城的音乐一样朝气蓬勃。加州葡萄干就此重生！第一个电视广告投放后，这些葡萄干泥偶一改葡萄干的旧有形象，立刻捕获了观众的心，远超原先的期望。这些热情洋溢的葡萄干泥偶合唱团跳着舞，一扫之前留给人们的乏味形象，一下子成了活泼、幽默和快乐的代名词，葡萄干也成了加州的象征之一，仿佛食用了它们，食用者也会变得热情而潮流。那么结果如何？葡萄干一改之前的颓势，每年销量以20%的速度递增。葡萄干协会成功了，他们扭转了人们的印象，葡萄干不再是干巴巴的果仁，而是兴奋和快乐的象征。

当然，运用广告来改变人们的认知并不限于有形的产品上。在总统大选之年，电视和电台也经常是候选人的宣传工具，真不知道这是幸运还是不幸。政治分析家和民意营造师罗杰·艾尔斯就是一个深谙此道之人。1984年总统大选时，他力助里根击败蒙代尔；1988年，他又帮助老布什击败杜卡基斯。当时，艾尔斯设计了一个竞争策略，用三个负面信息打败了杜卡基斯：此人在国防、环保和防止犯罪上软弱无力。这三点让公众痛心疾首。在他设计的一系列短片中，杜卡基斯时而是坐在坦克中玩战争游戏的孩子，时而是波士顿港口污染事件的罪魁祸首。而最致命的一击，就是杜卡基斯假释麻省监狱罪犯的一幕。在这群释放犯中，赫然有着造成全国震惊的“威里·赫顿大案”的谋杀犯威里·赫顿，杜卡基斯时任该州州长，这一做法引起极大争议。果不其然，在假释期满后赫顿并未返回监狱，并于十月后再度因为恐吓未成年人、强奸及伤害等罪行而被捕。

很多人不齿于这一丑化行为，我个人也深觉不妥，但是它的打击力度是毋庸

---

① 摩城，是摇滚史上的一个著名厂牌，更是黑人拥有的最大的唱片企业。
马文·盖伊是摩城史上最杰出的歌手之一，被称为“摩城王子”。《I heard it through the grapevine》是他的首支冠军单曲，同时，也使灵魂音乐成为新的流派。

置疑的。艾尔斯运用了之前提到的一个原理：人们对于逃避痛苦的意愿远大于得到快乐的意愿。尽管很多人不喜欢这样的竞选方式（布什总统也是其中一位），但是不得不承认痛苦这一力量在塑造人们的行为中起着重大的作用。就像艾尔斯自己所说："负面信息更容易使人印象深刻。在高速公路上，人们不大会减速去欣赏周边的美景，而一旦发生车祸，没有哪个人不会放慢脚步去一探究竟。"这就是罗杰的策略能够奏效，并帮助布什击败杜卡基斯，赢得历史上总统大选最大差距的胜利的奥秘。

这一影响人们世界观和消费购买习惯的力量，同样也会影响到我们其他的行为。至于是否要控制这股力量，并有意识地控制自己的行为，这就要看个人自身了。如果不能主导自己的想法，那就只好受他人控制，走"被指定"的路。有时候这些路可能正好是自己想要走的，有时候却不是。广告商们深知如何通过改变人们对产品的认知感受来改变对于痛苦和快乐的诠释。如果我们要控制人生，也必须学会"广告"——现在就能做广告。怎么做呢？很简单，把想要停止的行为和痛苦等同起来，而且要提高痛苦的强烈程度，这样你就会希望以后再也不要重蹈覆辙了。

有没有什么事是你惟恐避之不及的？想想你与之相联系的感情，如果你也把相同的感情和感受联系到你想要避免的事情上，你也可以成功。相反的，把快乐和所期待的行为连在一起，经过反复练习，你就会自然而然地改变那些行为了。

现在，你明白了改变应该迈出的第一步了吧？就是你要知晓痛苦和快乐在决定上所起的作用，然后采取行动。要想达成这种认识，就要长期坚持去了解痛苦和快乐的感受跟理念、文字、影像和声音之间的联系。

我明白，如若痛苦更大，快乐则将不再；如果快乐满溢，痛苦则将消失。

——蒙田[①]

只顾短期的痛苦和快乐而罔顾长久的未来，这是大多数人做决定时的通病。然而，若想要获得成功，若想要获得我们所看重的事物，就必须要忍受一时之痛，才能获得长久之乐。你要抵挡住眼前的诱惑，扛过当下的痛苦，要把目光放得长远：遵循自己的价值观和标准。还要谨记一点，使我们痛苦的不是痛苦本

① 蒙田（Michel.de.Montaigne，1533~1592），法国文艺复兴后最重要的人文主义作家。

身，而是对于痛苦的恐惧；使我们快乐的也不是快乐本身，而是我们的信仰和对人生的把握感；影响我们的不是事实本身，而是对于事实的观感。

大多数人专注于眼前的快乐和痛苦，这恰恰造成了自身的长期痛苦。举个例子，有人想要减肥，甩掉身上多余的肥肉（当然不是在说你，不过可以考虑预防）。一方面，此人觉得减肥势在必行，于是给自己找了一堆减肥的理由：想要更加健康有活力；想要穿衣更合身；想要感觉更自信，比他人更性感。另一方面，又觉得减肥有诸多痛苦：不得不节食；总是处于饥饿状态；被迫放弃对那些高脂高热食物的向往。于是他们就自己给自己找借口：假期结束后再节食应该来得及吧？

这里就有一个平衡之道，很多在节食中的人为了自己一时好过一些，总是一步一步往后退。饥饿感不时袭来，于是为了让自己稍微好过点，我们偷偷吃了点土豆片。可是长此以往，我们的感觉会越来越糟糕，健康更是会每况愈下。

记住，种因得果。目光短浅，那么就无法掌握未来；如要长治久安，就得忍一时之痛。如果你想要身体健康，那就得加强锻炼，这就需要你忍住一时之痛，但是一段时间后你就会发现乐趣了。节食如此，诸事皆如此，如商业经营、人际关系、自我调整、体育锻炼乃至财务状况。你是如何突破困扰，达成自身目标的？定是始于你下定决心忍受痛苦去克服困难那一刻。只要你能够不断调整自己，你就能克服痛苦，这在第六章中会详细谈到。

关于短视所造成的长期痛苦（如之前所提到的尼亚加拉瀑布），有一个活生生的例子，那就是信贷危机，这可能是政府历史上最大的经济危机①。据估计，这次信贷危机给纳税人造成的损失，可能高达五千亿美元之巨。这一个大部分人还不知祸从何处来的大错所带来的经济上的痛苦，将降临到我们每个人的头上，不分男女老幼，甚至可能祸及子孙。

在一次与清债信托公司②和美国联邦储蓄保险公司③主席威廉·赛尔德曼的交谈中，他提到："我们是惟一可以在铸成如此大错的情况下生存下来的国家。"是什么造成了这一危机？这可算是一个头痛医头、脚痛医脚的典型例子。

---

① 政府财政预算危机是20世纪90年代美国最为引人注目的经济现实之一。每年高达上千亿的联邦预算赤字及由此造成的4.9万亿美元巨额国债负担不仅严重制约着美国的未来经济发展，对美国社会保障体制也构成了空前严峻的挑战。

② 1989年美国债券市场发生危机后，美国成立清债信托公司，收购处置破产的房地产抵押贷款和其他资产。

③ 美国联邦存款保险公司，简称FDIC。FDIC在1933年创立，为了维护公众信心和维护金融系统的稳定，作用在于为美国的储户提供存款保险机制。如果会员银行发生破产或无法偿还债务的危机时，FDIC将为这个会员银行的每个储户提供最高限额为$100000的存款保险。

信贷危机肇始于20世纪70年代末80年代初的存贷问题。当时，银行和信托公司的业务主要建立在企业和消费市场。银行的利润主要来源于贷款，贷款的利率必须要高于存款利率，银行才能获利。在问题的初始阶段，银行面临了一系列的问题。首先，一些大企业涉足银行的传统专有领域：放贷。他们发现可以彼此间互相借贷，有利于降低利息支出，这就演变成了我们所熟知的“商业票据市场”①。这种做法在大企业之间十分流行，因而大幅度挤压了银行的核心利润。

同时，在美国的消费市场上也出现了一些新的方式。以往消费者购买汽车或大宗家电时，是不大乐意与银行的放贷人员接触的——对大多数人来说这种经历是痛苦的，因为这种做法就相当于把自己放到任人肆意检查自身财务状况的境地。在很多银行那里，这样的借贷人通常不会被当做是“优质”客户。而汽车公司聪明地意识到了这一点，他们抓住时机，为客户提供贷款，从而开创了利润的新来源。汽车公司的做法让客户可以购车更方便、贷款利率更低，而汽车公司的营收和业绩也大大提高了，这真可谓是“双赢”。汽车公司的态度跟银行的“冷眼”完全不同，他们可是非常乐意看到客户来借贷。很快，消费者纷纷选择向服务态度更好、更具灵活性、利息更低的汽车公司借贷，早就把傲慢自大的银行抛之脑后了。万事总是掌握在谦逊有礼的商人手中，通用汽车金融公司（GMAC）很快就成为全美最大的汽车金融公司之一。

这样，银行放贷就剩下最后一块领地了，就是房地产贷款。但雪上加霜的是，当时的利率随着通货膨胀也迅速飙升，年利率攀至18%。这么高的利率谁人能够支付？于是再也无人敢贷款，结果，银行的最后一块领地也荒芜了。

这样，银行在贷款领域节节败退，他们彻底失去了企业贷款和庞大的汽车贷款，同时在房屋贷款方面也开始败退。而压垮银行的最后一根稻草又出现了。为了应付通货膨胀，银行储户要求提高存款利率，而银行还是死守着贷款利率高于存款利率这一条。银行每天都眼睁睁看着自己亏钱，生计岌岌可危，于是推出了两条政策，一是降低贷款对象的审核标准，因为银行认为如果不降低标准，就没有人愿意借贷，而如果银行放不出贷款，就根本赚不到钱。但是如果能把钱借给那些可以偿还的人，他们就放心了。这里要插一句，银行实际上没有什么风险，

① 商业票据是指由金融公司或某些信用较高的企业开出的无担保短期票据。商业票据的可靠程度依赖于发行企业的信用程度，可以背书转让，但一般不能向银行贴现。

因为如果到时候借款人还不出钱，不是还有我们这些纳税人帮他们善后吗？这么一来，银行就真的可以胆大妄为、高枕无忧了。

同时，这些银行和信贷机构向国会施压，要求政府帮助他们脱离困境。于是一系列怪事发生了。大银行发现他们再也不需要跟成千上万个小客户打交道了，因为可以放贷给那些急需资金的国家，他们只要共进一顿早餐，5000万美元的贷款就能轻轻松松地搞定，赚取的利润也非常可观。银行经理和贷款人员们是根据放款额按照比例提成的，他们再也不去关注客户的质量，连巴西这样负债累累的国家都随随便便揽进来，也不去管他们是否还得了款。事实上，很多人真的不在乎，这就是我们纵容的结果。是我们在鼓励他们与联邦储备银行较劲，他们赢了，就是大赢特赢；若是输了，还有我们这些纳税人做垫背的，银行家们压根儿连一点风险都不用负担。

而那些中小银行就没这么幸运了，他们没有渠道贷款给那些国家，于是他们就退而求其次，贷款给国内的商业地产商们。他们也降低了贷款对象的标准，连以前需要缴纳的二成贷款抵押都给省了。这样一来，地产商的风险在哪里？完全没有，根本不必承担任何风险，他们几乎就是空手套白狼。更令地产商们笑到合不拢嘴的是，国会还对商业大楼的兴建给予减税的优惠措施。这让地产商们更加"有百利而无一害"，他们不再好好分析市场需求，也不用再三考虑大楼的位置和规模，他们惟一反复考究的就是究竟能拿到多大的减税幅度。

结果，地产商们疯狂地营建商业大楼，造成市场供应远超需求，这就是"崩盘"的时候了。于是地产商们对着银行两手一摊："我还不出钱。"然后银行转而对着纳税人两手一摊："我还不出钱。"可是我们能向谁两手一摊呢？更糟糕的是，社会上形成互相责怪的风气，一旦谁有钱，就会被看作是占了别人的便宜，这就导致众人对商人的评价十分恶劣。可是大家别忘了，也正是这些人提供了众多的就业机会，繁华了美国梦。这一危机表明，正是因为没有认识清楚痛苦和快乐的真谛，才往往以短视的方式去处理长远的问题。这真是一个失策的决定。

痛苦和快乐也是全球演变的幕后推手。一直以来，我们与苏联的军备竞赛水涨船高，两个国家间你超我赶的武器装备似乎是在威胁对方："如果你想攻击我，我会加倍奉还。"冷战时期的花费甚至高达每秒15000美元。是什么促使戈尔巴乔夫重新回到裁军的谈判桌上？那就是痛苦。他开始感到双方无休止的军备竞赛带来了莫大的痛苦，经费上也日渐紧张，他的人民甚至在忍饥挨饿，他们关心肠胃甚于枪支，关心温饱甚于军库。他们开始觉得军费开支过于庞大轻率，他们希望转变。戈尔巴乔夫改变现状是因为他是一个伟大的人吗？不知道。不过有一点是确定的：他别无选择。

> 上天把人置于“痛苦和快乐”两大君主的管辖之下，它控制了我们的一切所为、所言及所思，哪怕我们费尽心思想摆脱掉它的控制，最终仍然无功而返。
>
> ——本瑟姆[①]

为什么人们还苦苦坚持并不满意的关系，宁愿忍气吞声，也不做改变或是结束关系，另寻他途呢？那是因为他们知道改变会导向一个未知的境地，而大多数人认为未知会让他们更加痛苦。这就像古谚语说的：“认识的恶魔总好过不认识的恶魔。”“一鸟在手，胜过二鸟在林。”这些想法都让我们迟迟不肯采取行动来改变人生。

如果我们想要有更亲密的人际关系，就必须克服对被拒绝和被伤害的恐惧。如果我们打算创业，就必须克服吃“大锅饭”的惰性。事实上，人生中那些有价值的事，都要求我们打破既有的思维定势，控制住自己的恐惧感，并将恐惧转换成力量。很多时候我们是在自己吓自己，事实上那些我们所恐惧的事情并不会真的发生。有人就害怕乘飞机，毫无理由地害怕。也许他们的恐惧来源于过去的某些经验，甚或是对未来的瞎想；也许是在报纸上看到了空难，这就让他们排斥乘飞机——他们完全被恐惧所控制。可是大家要知道，我们是生活在现实生活中，而不是活在对过去的恐惧，也不是活在对未来的猜想。要记住，真正的痛苦是切切实实存在的，我们可以脱离的是“导向痛苦”的痛苦。

改变从现在开始

首先，写下你拖延已久但必须实施的四个行动，也许是减肥，也许是戒烟，也许是与曾经闹翻的好友交谈，也许是与一位生命中重要的人重新联络。

第二步，在这些行动之后，写下以下问题的答案：为什么我还没有行动起来？过去我认为采取行动会带来什么样的痛苦？回答这些问题会帮助了解让你拖延已久的原因，正是因为你认为采取行动比拖延更痛苦。敞开自己的心扉吧，如果你心想：“这与痛苦无关。”那就需要再好好想一想，或许痛苦很简单：就是

---

① 本瑟姆（Jeremy Bentham 1748 ~ 1832），英国法学家、哲学家，功利主义学说首创人。

你觉得要在繁忙的行程中抽出时间来思考。

第三步，写下拖延却令你快乐的理由。比如，你觉得自己要减肥，却为何一口气吃下一大盘布朗尼和一大包薯条，狂饮一打汽水呢？这样做你确实不用忍受节食的痛苦了，这样做你也确实兴高采烈了，你很快乐，十足的快乐，是不是？谁都喜欢快乐的感觉！可是，如果你想改变身材，那么你就得找出好的、新的方法使自己快乐，也不会有什么副作用。正确定义快乐，你才能对目标进行正确定位。

第四步，写下不马上改变的后果。如果你管不住自己的嘴巴，还是不停地吃那些高糖分和高脂肪的东西会怎样？如果你不戒烟会怎样？如果不打那个该打的电话会怎样？如果不好好工作会怎样？你要诚实面对自己。如果你不行动，那么两年、三年、四年乃至五年后会怎样？你的情感上会付出什么代价？你的自我形象上会付出什么代价？你的身体健康上会付出什么代价？你的自信心上会付出什么代价？财务上的代价呢？你与最在意的人之间的人际关系上的代价呢？你的心情会如何？可别说是“我会破财”或“我会发胖”，其实远不止这些。要知道，驱使我们行动的是情感因素，让痛苦成为你的良师益友，你的人生才会走向另一境界。

最后一步，写下你立刻采取行动后的所有快乐。那可能是一张令你兴奋不已的长单子：我将得到真正控制人生的感觉，我将在自己设定的轨道上行走，我将更有自信，我会更加健康有活力，我的人际关系会更好，我的意志会更坚定；我的人生将更精彩，各方面将更进一步，未来将更美好。只要我采取行动，梦想必将实现。在这张表上，你要尽量地把一切正面效果都写上去，不管是现在的还是将来的。

各位，快来做这个练习吧，你会对本书兴趣大增，善加利用。人生譬如朝露，岁月不容蹉跎，要及时行乐，我们所能把握的就是现在。刻不容缓，现在就行动起来。如果你迫不及待地想要翻到下面一章，没关系，回过头来再好好做这个练习，你就能了解痛苦和快乐的力量了。

本章一再地告诉各位，在塑造人生的过程中，我们对于快乐和痛苦的诠释作用非凡。如何好好运用这股力量来改变行动和自身命运呢？我们就必须要知道——

有如蒙住盖头的面纱，我们的想法都发自于最根本的信念。

——安东尼奥·马查多*

第四章

信念系统：创造与毁灭的力量

* 安东尼奥·马查多（Antonio Machado，1875~1939），西班牙“九八年一代”杰出的抒情诗人和剧作家。

他冷酷无情，可怜又可恨；他嗜酒如命，深陷毒瘾；他几次自杀未遂，最后因谋杀酒吧收银员而锒铛入狱，可谓是咎由自取。他有两个儿子，年龄相差十一个月，其中一个重蹈他老爹的覆辙：身染毒瘾，终日以偷盗勒索为生，最后因谋杀未遂入狱。另一个儿子的人生就完全不一样了，他婚姻美满，生活幸福，育有三名儿女。作为一家大公司的主管，他的工作既有挑战更有褒奖。他身体健康，既不酗酒，更无毒瘾。两个拥有相同出身、相同生长环境的人，为何人生之路会如此迥异呢？我私下各自问他们同一个问题："是什么导致了你现在的人生？"令我惊讶的是，两个人的答案竟然一模一样："有一个这样的父亲，我还能怎么样呢？"

我们经常认为，人生取决于的际遇和周遭的环境，这简直是无稽之谈。决定命运的不是际遇和环境，而是自身的信念。

有两个男人在越南同时落网，并被投入到华庐监狱。他们被隔离起来，关到厚水泥板房里，不停地遭受严刑拷打，被逼吐出情报。这两人遭遇的囚刑是一样的，不过对此所抱持的基本信念完全不同。其中一人为了不致遭受更多更大的折磨，选择了自杀。另外一人把这些残酷的遭遇当做是对自身、对同伴和对其所信仰的上帝的考验，他就是杰拉尔德·科菲上校。他的亲身遭遇昭告世人，精神的力量完全可以战胜任何痛苦、任何苦难、任何问题。

有两位老太太，均已年届古稀，但对年龄的理解却是大有不同。一位"认为"人生已经走到了尽头，七十岁就意味着身体机能衰退，该开始好好料理自己的后事了。另外一位却认为一个人的力量不在于年龄，而是根本上取决于信念，因此她给自己设定了更高的标准。她认为登山是项不错的运动，便决定在古稀之年开始从事这项运动。在接下来的二十五年中，她不断攀登高山，征服高峰，甚至还在九十多岁时登上了富士山，成为登上富士山年龄最大的女士。这位不信天命的老太太，就是鼎鼎大名的胡达·克鲁克斯老太太。

你看，决定人生境况和未来的从来不是周遭的环境，也不是往日的机遇，而是个人对遭遇的阐释、对生活的理解，而不是周遭的环境。是信念决定了人生是喜剧还是悲剧；是信念造就了莫扎特和曼森[①]之间的迥然不同；是信念造就了英雄人物，也是信念让很多人归于平凡。

信念的影响力几何？事实上，信念是一种引导力量，会告诉我们什么会导致痛苦，什么又会引来快乐。不管人生中发生什么事，我们的脑袋中总会跳出两个问题：1）这是快乐还是痛苦？2）要采取什么行动取趋吉避凶？至于会得到什么样的答案，就取决于我们的信念了。而信念则来自于我们日常生活中对于快乐和痛苦的生活经验的积累，之后成为行动指南，指引人生方向，决定人生品质。

常识是非常有用的，它让我们有把握去做类似的事。比如，你是如何去开门的？你看到一个门把手，也许就这个门把手本身而言，你从未见过，但是你确定只要转动这个把手就能把门打开。为什么你会这么做？由于过去生活经验的累积，你确定用这样的方式可以把门打开，没有类似这样的“把握性”，我们开不了门、开不了车、打不了电话，我们在生活中寸步难行。是常识让我们的生活变得简单可行。

不过，常识和经验也有其局限性，会让我们的生活过于单一，导致“自我限定”。有时候，我们可能接连遭受挫折、努力无望，一段时间后，我们可能就会觉得自己一无是处。一旦这一信念根深蒂固，你可能就把自己“催眠”成那样了。你就会想：“都那样了，我干吗还要坚持到底？”也或许，你在生意场上或者社交圈中频频出错，随之而来的消极的自我认定可能会毁了你；可能你在学校里学得不如同龄人快，你就会觉得自己有学习障碍，而不会觉得是因为各自有不同的学习方法而导致的差异；而大规模的种族歧视不也正是因为如此吗？

这些信念过于消极，会导致人们不再对未来抱有希望，也不再对自身能力抱有信心。要记住一点，大多数信念来源于过去的经验，并基于我们对快乐和痛苦的诠释。在这一点上，问题主要有三：1）大多数人甚少关注自己该有怎样的信念；2）很多时候信念基于对过往的错误诠释；3）一旦选定一个信念，就忘记了它仅仅是一种诠释，而非现实本身，奉之如圭臬。而且，几乎没有人质疑过已持有的信念。如果我们曾经思考过人们的行为和结果，那么必然知道“事出有因”，人的行动皆基于自身的信念。我们的行为，总是有意或无意地想要避开痛苦、寻找快乐。如果我们想要持久有效地改变自己的行为，就必须从改变其背后

① 玛丽莲·曼森（Marilyn Manson，1969~），出生名布赖恩·休·沃纳（Brian Hugh Warner）。美国男歌手，摇滚乐队玛丽莲·曼森的主唱。

的信念开始。

成也萧何，败也萧何——信念就是那个“萧何”。人类会对生活经历赋予或积极或消极的主观意义，前者可使人勇往直前，重拾生活的信心；后者却会使人一蹶不振，甚至毁掉一生。有人在经历了创痛后会说：“有了这些经验，我可以帮助他人；由于我被侮辱过，没有谁可以再伤害我。”或者说：“我虽然没有了儿女，但是我可以为这个世界贡献更多。”他们没有消沉，而是选择重拾信心，继续前行。我们都有为自身创造富有激励意义的能力，然而很多人没有这样做，或者压根儿就没有认识到这一能力。

我们的人生总有无数的无奈，甚至有些看上去是无法承受的痛苦。若没有积极的信念，则人生无以为继，这是心理医生维克多·弗兰克从奥斯维辛集中营①的种族屠杀事件中发现的道理。从这场浩劫中逃生的人极少，他们有一个共同的特征，就是不但能忍受那些惨绝人寰的折磨，并且能积极面对未来，努力生存下来，相信有一天自己能成为活历史，用以警戒世人，防止类似惨剧再度发生。

信念不仅能影响我们的情绪和行为，甚至能在短时间内改变身体机能。我有幸采访到耶鲁大学教授、畅销书作家伯尼·西格尔博士，在谈及信念的力量时，他列举了几个多重人格病人的例子。令人难以置信的是，当那些患者进入不同角色时，他们的信念系统中就会产生一个强大的力量，促使其神经系统下达一个不容抗拒的指令，导致身体机能发生巨变。结果是怎样的呢？就在研究者面前，这些人的身体发生极大的改变，在短时间内变成了另外一个个体，例如眼珠子变色了、身体上的某些记号消失了，而新的特征出现了，甚至于还出现了新角色的糖尿病和高血压，这些取决于患者对新角色的认定。

信念对身体的影响甚至超过了药物。长久以来，人们都相信药物的疗效，不过一门研究人类身体和心理相互作用的“心理神经免疫学”证实了长久以来的一个猜测：信念在疾病和治疗中扮演着重要的角色，有时候甚至超过治疗本身。哈佛大学亨利·比彻博士的研究就说明，传统上大家都认为是药物使身体获得治疗，而实际表明，病人信念的作用也十分重要。

他的实验方法打破了常规。实验以100名医学院学生为对象，平均分成两

---

① 建于1940年4月的奥斯维辛集中营是波兰南部奥斯维辛市附近大小40多个集中营的总称，曾关押过欧洲国家、美国以及中国、伊朗、土耳其等亚洲国家的政治犯、战俘和平民。奥斯维辛集中营是纳粹德国在第二次世界大战期间建立的最大的集中营，有“死亡工厂”之称，共有110万人在这里被杀害。1945年1月27日，苏联红军解放了该集中营。第二次世界大战后，奥斯维辛集中营被辟为揭露纳粹罪行的波兰国家博物馆。

组，每组各50人。一组人分到了红色包装的药物，被告知这是兴奋剂；另一组人则被告知分配到了蓝色包装的镇定剂。但是实际上里面的药已经被暗中调了包，红色包装的实际上是巴比妥酸盐，而蓝色包装的却是安非他命。结果，大半学生的身体反应就跟原先预测的一样——他们的身体反应跟药物的实际效果相反！——他们的信念控制了生理反应。比彻博士由此得出结论：药效不仅看药性，还要看病人对药性的信念。

吃药打针不是绝对需要，但一定要有康复的信念。

——诺曼·卡津斯

七年前，我对诺曼·卡津斯医生进行了采访（在会晤后的一个月，他不幸撒手人寰）。当时，他告诉了我一则信念强烈影响身体的故事。一次在洛杉矶蒙特利公园橄榄球的比赛中，有几个人出现了食物中毒的症状，当时医生检查推测原因可能是自动售卖机上的软饮出了问题，因为这些病人都是在那台售卖机上买了东西后才生病的。随后广播便警告人们不要去那里买东西，同时还描述了食物中毒的相关症状。观众席登时大乱，有人呕吐，有人晕倒，甚至有些仅仅是经过了那台售卖机的人也出现了相关症状。那天救护车可忙坏了，飞奔于球场和医院之间，忙着运“病人”。后来，一宣布售卖机没有问题，那些“病人”们竟然都“不药而愈”了。

由此可见，信念是把双刃剑，可致人获病，也能使人痊愈。有资料显示，信念还能影响到人的免疫系统。更为重要的是，信念既能促使我们行动起来，也能削弱乃至摧毁我们的行动力。在翻阅本书的此刻，你可能正在形成自己的信念，筹划自身的行动。有时候我们的信念会使我们在某些领域强大起来，却在另外一些领域平庸，譬如一个信念让我们善于唱歌跳舞，却又怯于开车和数学。有的信念能够影响到我们生活的方方面面，这种具有普遍适用性的信念称为普遍性信念。

普遍性信念的影响力遍及生活的各个方面，这其中包括对自我的看法、对他人的观感、职业观、时间观、金钱观、人生观等等。这种信念表现在语言上，通常是“人生是……”、“我是……”、“这个人是……”等形式的句子。这一信念的影响范围之广、强度之大可见一斑。若能改变其中的“自我限定”部分，那么普遍性信念便可在短期内使整个人生改观。谨记，一旦树立一种信念，我们的神经系统就如同被下了一道不可抗拒的命令，它既可能有开拓之力，也可能有毁灭之力。

如果想要控制自己的人生，必须要有意识地控制自身的信念。那么，第一步就是要了解究竟什么是信念，信念又是如何形成的。

什么是信念

信念究竟是什么？日常生活中谈及这点时，我们通常并未仔细思量就脱口而出，未必真的明白其中的含义。很多人视信念为一种事物，实际上信念是对某事的把握感。如果你相信自己很聪明，你就会底气十足地说："我觉得自己真的很聪明。"当你对自己的智慧具有把握感时，你就会充分发挥聪明才智，有所成就。每个人对事物都有自己的看法，多少也会求教于别人。然而如果自己缺乏信念，没有把握感，那就很难充分发挥自身的能力。

要理解信念，一个简单的方式便是从信念的基本形式——念头——出发。在日常生活中，我们可能会有许许多多的念头，不过那些并非信念。比如说，你可能觉得自己挺性感的，当你对自己说"我很性感"时，这究竟是个突然的念头，还是一个信念，就要取决于你说这句话时的把握感。如果你对自己说："我并不怎么性感"，这句话的真正意思是："对于我很性感这件事，我没有多大把握。"

念头是如何变成信念的？在这里我有一个简单形象的比喻来描述这一过程。你可以把念头想象成一张没有桌脚的桌面，这样你就能理解，为何一个念头不像一个信念那样让人有把握感。没有桌腿，桌面不足以成为一张桌子。所谓信念，就是有桌脚支撑的桌子。如果你坚信自己性感迷人，你怎么知道自己性感迷人的？难道不是因为你有相关的"依据"来支撑这个念头吗？而这些"依据"应该是你过往的一些经历吧？就是这些桌腿支撑了桌面，形成了信念的把握感。

那么依据是什么呢？是他们对你的夸赞，还是镜子对你的反射？或是和周围那些被认为是性感的人比较的结果，然后觉得自己像他们？抑或是街上的回头率？如此种种的依据，只有当你把它们归到"我很性感迷人"这一念头的名下才有意义，这样你的念头才有桌脚，才能形成一个真正的信念。

一旦你理解了这一比喻，就能开始理解信念是如何形成的，同时也开始思考如何改变信念。首先，我们要知道一点，如果有了足够的桌脚——即足够的依据和经验——作为支撑，我们就能建立任何想要建立的信念。想想看，你是不是在以往的生活中已经多次发现，当你跟别人共事时，他们是不是内心贪得无厌，只要有一点点机会，就会费尽心机来占你的便宜？也许你无法相信，我们在此所说的也很消极，但是是不是只要你愿意，你很容易就能为此找到足够多的依据？同

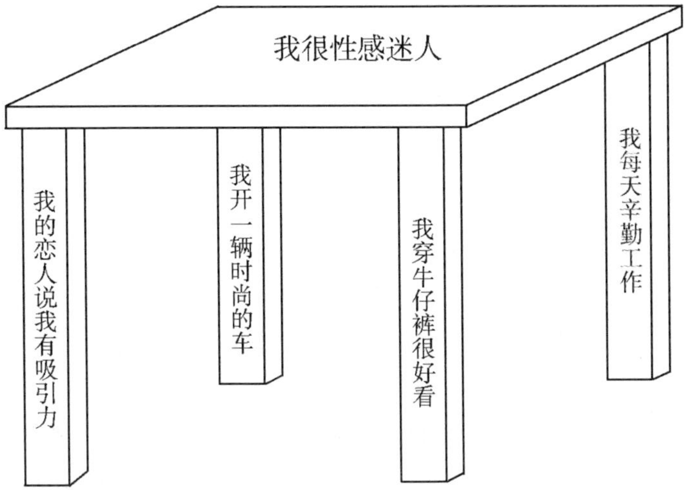

样的，如果你相信人性本善，相信只要与人为善，就会有好报，你是不是也能找到足够多的依据来支持这一想法？

问题是，这么多信念中，哪一个才是真正的信念？其实，不管孰真孰假、孰对孰错，关键在于哪一个最有力量。我们会发现周围的人会给你支持，让你更坚信自己的想法，这是因为人类具有思维能力。不过关键问题是，在日常生活中，这个信念是使得我们自己强大了还是削弱了，是更积极了还是消极了？什么才是依据的来源？是经验，那么经验从何而来？它来自他人的经验总结，来自书籍、录音带、电影等等。有时候也仅来自我们个人的想象。对于这些依据的情绪反应，会影响到“桌脚”的坚韧度和宽度。最坚固牢靠的桌脚来自自身的经验总结。痛苦或快乐的经验会带来很大的情绪反应，程度越强烈，为信念提供的支撑就越坚固；同时经验的多寡也会影响到信念的强弱程度；此外，支持一个信念的依据越多，所形成的信念就越强大。

那么，依据是不是一定要精确无误才能加以运用呢？其实不然，不管是真实的还是虚拟的，是精确的还是存有偏差的，在经过个人认知的过滤后，就算是再强大的个人经验也必然发生扭曲。

人类具有创造和扭曲的能力，因此构成信念的依据桌脚可谓是层出不穷。有个现象是，不管依据来源如何，只要我们接受它，我们就会“信以为真”，再也不会加以质疑。如果我们接纳的依据是消极的，那么它的负面影响是不容小觑的。当然，我们也有能力把那些虚拟的依据发展成为追求美梦的动力，只要我们越相信它是真实的，就越容易获得成功。我们的大脑并不能分辨出何为真实、何为虚幻，只要有足够的信心，并反复加以联系，我们的神经系统就会“信以为真”，即使这一依据在现实世界中从未发生过。我所接触过的诸位成功人士，都对未来的成功具有十足的把握感，即使没有先例可循，他们也能创造出依据，并达成旁人认为的不可能之事。

众人都知道鼎鼎大名大名的“微软”，创始人之一比尔·盖茨的名字更是如雷贯耳。不过他不像人们认为的天才都是因为幸运。他在自己的信念世界里坚持不懈，而当时这个世界里没有任何支撑的依据。有一天，他发现一家叫做Albuquerque的公司正在研制一种叫做“个人电脑”的东西，他们急需BASIC程序。他立刻致电该公司，表示自己可以提供这种程序，实际上当时他毫无前例可循。一旦下定决心，他就必能找到那条路，他的这种自信和把握感才是真正的天才之处。世上有很多人也拥有不逊于他的聪明才智，但是他比别人更能全力以赴。几周后，盖茨和他的一个搭档写出了这一语言，让个人电脑变成现实。盖茨的这一成就给自身也给世界带来了极大的变化，人们的商业模式发生了扭转，他自己也在30岁的时候成为一名亿万富翁。这就是有把握的信念的威力！

一英里[①] 四分钟，这个故事你是否听说过？数千年来，没有人认为一个人能在四分钟内跑完一英里。然而到了1945年，这一不可能之事就被罗杰·班尼斯特实现了。他的奇迹不仅源于长期的苦练，也得益于他在精神上的坚持。他曾在脑海中不断模拟四分钟内跑完一英里的场景，久而久之就形成了强烈的信念，在神经系统中他对自己下了一道不容否认的指令：全力以赴，达成目标。最后，他真的做到了！很多人还没有意识到这一记录的伟大之处，就是为他人树立了榜样。在他之前，没有人认为人类有能力在四分钟内跑完一英里，然而在罗杰打破纪录后的短短一年里，有37个人创造了这一佳绩。罗杰的事迹给了他们足够的信心去完成“不可能之事”。在再后面的一年里，破纪录的人数达300多人。

对我来说，信念的精髓是促使我发挥所长，将梦想付诸行动。

——安德烈·纪德[②]

人们常常会“自我限定”，对自我和自我能力进行否定。由于过去的失败，有人就认为自己未来也无法获得成功，这就导致了对痛苦的恐惧感，久而久之众

---

① 1英里约合1.609千米。

② 安德烈·纪德（Andre.Gide，1869~1951），法国作家，1947年诺贝尔文学奖得主。

人便变得“务实”。那些经常把“务实一点”挂在嘴边的人，实际上长期生活在恐惧之中，极度害怕再次遭遇失望和打击。出于恐惧，他们便养成了一个信念，导致做事犹豫不决，凡事不会全力以赴。这样的人成就自然有限。

事实上，有成就者很少是“务实”的，他们睿智果敢，行事精准，分寸恰到好处。可是在众人眼中，他们是不务实的。那么什么样的人是务实的呢？每个人的标准不同，对“务实”的定义也完全不同。甘地坚信可以凭借“非暴力不合作”的方式，从大不列颠帝国的手中赢得印度的国家独立——而在这之前，没有人做到过这一点。当时的他在众人看来是不务实的，但是历史证明他是正确的。同样的，当年有人坚信自己能够在加州橙谷建立起一座主题公园，为世人带来欢乐，人们可以在园中畅游。这在当时的人们看来简直是痴人说梦，当时可完全没有类似的公园可参考，可是沃尔特·迪斯尼做到了。他就是历史长河中那些凤毛麟角的人，具有远见卓识，他的乐观和坚忍改变了世界。

如果你想要人生行走在并不正确的路上，那么就低估你自己吧，只要不危害到自身的生存。不过这个也不太容易，毕竟人类的能力之强是难以想象的。很多研究乐观者和悲观者之间的差异的调查显示，在学习一项新技能上，悲观者觉得只要合乎标准即可，而乐观者则着重在效率上，务求力超所能。就是这种“不务实”的态度成就了后者的伟业。为何乐观者可以真正掌握技巧，而悲观者却失败了呢？那是因为那些乐观者不管有没有成功的前例可循，还是有失败的前车之鉴，他们都不会想去为“我失败了”或“我不能成功”这样的念头来安装“桌腿”；相反，他们会不断增强信心、发挥想象力，对之后的每一步都有好的期望，最后终于成功。这些乐观者的特质和全神贯注，让他们得以坚持不懈，直到达成所期望的成就。

因为过去的岁月里缺乏成功的经验，就觉得自己未来也不会有，这就是大部分人庸庸碌碌的原因。乐观者却不这么想，他们认为：过去不等于未来。在各个领域中有杰出成就的人，知道坚持追求梦想的力量是无穷的，即使他们尚不知达成梦想的步骤如何。如果你有积极的信念，就能有充分的把握感，帮助你成就任何事，即使是那些别人认为绝对不可能的事。

惟有想象力，才能发挥真理的价值与真实性。想象力，实乃艺术与人生的超级大师。

——约瑟夫·康拉德[1]

① 约瑟夫·康拉德（Joseph Conrad，1857~1924），波兰裔英国作家，代表作为《黑暗之心》。

如何看待失败，这是每个人人生中最重要的一门学问，如何处理人生中的失败决定了我们的命运。谨记：一个人如何面对逆境和挑战，是决定命运最重要的事。有时候经历的失败太多，我们便会产生幻灭感，以为无力改变现状和命运。如此消极的信念，会让人生出无望感，觉得自己不管做什么都不可能成功。如果要追求成功，实现梦想，就得消灭消极的信念，因为这会扼杀自身的潜能，毁灭个人的希望。在心理学上，这种具有摧毁性的心态被称为“无用意识”。如果在一块石头上绊倒的次数太多，那个人可能从此就失去信心，产生无用意识。

自惭形秽的心理，让鲍勃视工作为烫手山芋。

对于无用意识是如何产生的，宾夕法尼亚大学教授马丁·塞利格曼教授作过深入研究，在其所著的《活出最乐观的自己》一书中，塞利格曼教授指出，有三种特定模式的信念会造成人们的无用意识，甚至毁掉自己的一生。这三种信念是“长期存在”、“普遍存在”及“问题在我”。

在这个国度里，有那么一群人，他们勇于克服眼前的困难和横亘的障碍，成就自己的梦想。他们的丰功伟绩源于自信，这就是他们与那些轻言放弃的人的区别，他们并不会认为困难和障碍会“长期存在”，从来不会视小小的困难为无法移动的泰山，不会认为困难和障碍挥之不去。而一个人还没有努力至情况发生改变，就认为自己无力改变任何东西，那就犹如他的神经系统中了致命的毒药。

多年前，我的人生曾经跌落谷底，无比绝望，我以为那些问题是“长期存在”的，这是我从未经历的痛苦，甚至痛苦到想要结束自己的生命。如今回想起来，实觉愚蠢至极。如果有人（包括你自己）对你说，有什么问题是“长期存在”的，你可千万不要相信他，并且要对他“避之不及”。不管人生境况如何，你都要保持一个信念：“这件事迟早是会过去的。”只要坚持下去，你终究能找到出路。

人生中的胜者与败者、乐观者与悲观者的第二个差别在于是否相信问题的“普遍存在”。一个人生的胜利者，从来不会相信困难“普遍存在”，因此，即使有一个困难横亘在眼前，他们通常只是会说：“唔……这只是我饮食习惯方面的一个小问题。”他们从来不会说：“我是个大麻烦，我吃得太多了，我的人生没什么希望了。”相反，那些深具“无用意识”悲观的人，他们一味地失望无助，因一时一地的失败就全盘否定自己，结果还真的“如其所愿”，他在金钱、家庭、工作乃至人际关系方面都陷入了困境，人生一败涂地；他们也不好好照看小孩，配偶也离开了自己——他们既无法管好自己的信念，对其他事情也束手无措。困难“长期存在”且“普遍存在”的信念破坏力巨大，并且真的会将情况往这样的方向引导。所以这种想法一定要避免，在碰到困难时一定要相信自己能找出解决之道，并且立刻拿出相应的行动，这些消极的信念就会消除。

塞利格曼教授所说的第三个不当信念，便是“问题在我”。如果遭遇一时之失败，不借此机会调整行动，反而自责能力不足，你很快就会失去动力，放弃坚持。如何才能改变人生？虽然这比单一的改变来得困难，但是你也不要一味地认为“问题在我”。你若如此打击自己，又如何能振作起来？

抱守着这些不当信念，就像是在长期服食少量砒霜，日积月累下来便是致命的剂量。虽然不会当下丧命，但是这些不当信念存在一天，你就在往毁灭的道路上前进一天。因此我们必须彻底摒弃他们。记住，一旦你有了某种信念，你的大脑就会自动过滤掉周边环境中与它相悖的信息，只接纳与它相容的信息，而不管这些信息是好是坏。

好或坏，开心或不幸，贫与富，都取决于一个人的认知。

——艾德蒙·斯宾塞[①]

如何改变信念

一个人的改变和突破，都始于信念的改变。那么要怎么改变呢？最有效的办法就是把旧有的信念和巨大的痛苦联系起来，要打心底相信旧有的信念不仅是造成你过去和现在痛苦的根源，更会在未来引发痛苦。同时，你必须要把快乐和即将采用的新信念联系在一起。这个基本的思维方式要在日常生活中进行反复练习，久而久之就能改变人生。要记住，过去所发生的一切无法改变也无法摈弃，我们能做的不是为了获得快乐，就是为了避开痛苦。只要我们把足够多的痛苦与某事联系起来，就能获得改变。我们之所以坚持某些信念，只不过是不相信它会带来巨大的痛苦，或是觉得这样做会让自己很快乐。

第二，就是怀疑旧有的信念。坦诚一点，过去你是否对某一信念坚信不移，而今想起来却让自己窘迫不已？为什么会这样？是不是因为你有了新的依据，从而发现旧信念行不通了？当你碰到一个俄罗斯人，发现他其实就跟我们一样，并不是“恶魔帝国”的一部分。我相信，今天，很多美国人会对俄罗斯人抱以深深的同情，因为在美国人眼里，他们正在为生计苦苦挣扎。产生这一信念的改变，部分原因源于双方交流的加深，看到他们跟自己有很多的共同点。一旦有了新的依据，我们自然就会去质疑以往的信念，从而先前的把握感就会被打破，原先的依据也会被动摇。

不过，新的依据也不能保证一定能引发旧有信念的改变。大家是不是有过这样的经历，当新的依据和旧有的信念产生矛盾时，我们往往会找出种种理由来给旧信念自圆其说？萨达姆就是一例，在海湾战争中，虽然他的驻地被炸得稀里哗啦，但是他还是宣称伊拉克赢了。还有一次是我的亲身经历，在一次研讨会上，一位女士情绪激动地指责我是纳粹，正在通过空调的出风口对会中的听众进行毒气谋害。于是我放慢演讲的语速，试图让她平静下来——这种做法比较普遍，能够让对方放松。结果她就说：“看！他现在已经开始毒气演讲了。”不管怎么做，她还是坚持说我们所有的人都被施以毒气了。我试图改变她的想法，那么该

---

① 艾德蒙·斯宾塞（Edmund Spenser，1552~1599），毕业于剑桥大学，著名英国诗人，尤以十四行诗著称。

怎么办呢？我们将在下一章中找到这个方法。

要想让新依据发挥作用，惟一的途径就是要质疑旧信念。要记住，当我们坚信一个信念时，我们就不会去质疑它；一旦对某个信念产生怀疑时，我们就不再对它具有完全的把握感，用来支撑桌面的桌脚开始被撼动了，把握感就被打破了。你有没有怀疑自己信念的时候？那时候你如何应对？你很可能会问自己一些可怜兮兮的问题："这样要是行不通该怎么办？""我要是做不到该怎么办？"这都是些好问题，都极具震撼力。如果你用它们来好好质疑原有的信念，你很可能就会发现，那些原有的信念可能是很盲目的。很多时候，我们的信念源于它们，当时并没有深思过。如果我们好好去探究，就可能会发现那些信念是毫无道理可言的，自己当时相信它们不过是盲目相信。

有一个很贴切的例子，就是打字机和电脑。全球的99%以上传统键盘上的字母键、数字键和符号键都是相同的排列方式，你知道为什么吗？（这种排列方式就是QWERTY，就排列在键盘的左上方）那么是不是这种排列方式打字最快、效率最高呢？很多人似乎根本没有想过这个问题。毕竟，QWERTY这种排列方式存在了一百多年。实际上，这种排列方式并不一定最有效，像DVORAK这种键盘就被证明远比传统的QWERTY排列方式的键盘错误更少、速度也更快，而QWERTY的排列方式反倒会降低人们的打字速度，特别是当打字速度很快时，字模常常会卡在一起，效率反而降低了。

那为什么QWERTY这种排列方式"横行"了一百多年呢？1882年，当时人们还在采用看着键盘打字的方法，有一位女士发明了八指敲键法，去参加打字比赛。为此，她聘请了一位专业的打字员代表她参赛，这位打字员被要求牢记QWERTY键盘的排列方式。到了比赛时，这种八指敲键法凭借利于记忆的优势，打败众多使用边看键盘边打字的四指敲键法的竞争者，获得冠军。从此，QWERTY成为"打字速度"的标准，没有人会去质疑它是否真的高效率。那么在我们的日常生活中，有多少信念是经过仔细思考的？譬如你是谁？哪些是你力所能及的，哪些又是你无法承担的？要如何采取行动？如此等等。很可能其中有一些消极的信念就限制了你的人生，而你却还没有意识到。

如果你对诸事皆提出问题，那么很快你便会质疑它们，其中也包括你曾经深信不疑的事物。多年前，我得到一个宝贵的机会，与美国军队一起工作，经过与相关负责人的讨论，我成功地把一些领域的培训时间减少到合理的程度。我的工作很成功，我得以了解一些机密级的东西，并且有机会同中央情报局（CIA）的一名高官接触，他是从底层一直做上来的。我来谈谈他和他的同事们是如何从根本上动摇他人的把握感和信念的。他们创造一个环境，使得人们对自己一直以来的信念产生怀疑，然后灌输给他们新的信念，同时不断用新依据来支撑这种新信念。这种方法让改变速度惊人的快，且相当有效。从中，我也学会了改变自己消极的信念，代之以积极的信念。

信念在情感的确定性和强度上是有区别的，正确加以区分十分重要。据此，我把信念分为三个等级：摇摆的、确定的以及强烈的。摇摆的信念有一定的把握感，但是这个把握感非常脆弱，轻易就能改变。以形象“桌子”为喻，也就是说，构成这一信念的桌脚不够牢靠，经常左摇右晃的。譬如，很多人开始的时候认为老布什总统是个软弱的人，之所以有这样的印象就是因为他说话语气温和。但是，当后来美国人发现，世界各国的领导人都支持他对萨达姆采取强硬立场，公众的观点就发生了极大转变，布什总统的声望攀升至近几届美国总统的最高峰。不过，当你在阅读本章节这一时刻，公众的看法可能又发生了变化。这就是摇摆的信念的特点：左右摇摆，全凭当事人一时的想法和依据。

具有确定的信念的人，其依据的基础更强大，情感更强烈，这样的依据让人具有十分确定的把握感。如前所说，这些依据来自多方面，可能是我们过往的各种经验，甚至可能是想象出来的。具有这一信念的人，由于具有强烈的把握感，不太能接受新依据。不过如果跟他们好好沟通，说不定能动摇他们原有的想法，开始质疑起原来的依据，并接受新的依据。只要对旧有信念产生足够多的质疑，他们的内心就可能为新依据腾挪出新空间了。

强烈的信念，乃是信念的极致，是人们把强烈的情感链接到一个念头上而产生的。一个人如果拥有强烈的信念，就不仅仅是因为具有把握感，更不容许别人对此有任何质疑，否则就会怒不可遏。他们非常排斥新的依据，这些人对于信念的坚持简直到了冥顽不化的地步。譬如说历代的宗教狂热分子，他们就坚信自己所信仰的神才是世上惟一的真神，为了维护这一信念，他们可以不顾性命，根本容不得别人有丝毫的怀疑。这就使得一些野心分子有空可钻，他们自封为救世主，在神的名义下行残害他人之实。就是这样可怕的想法，造成圭亚那一群人用剧烈毒药毒杀自己和小孩，而造成这一集体自杀惨剧的就是一个叫做吉姆·琼斯的疯子。

当然，强烈的信念并非只是狂热分子的专利，任何一个对于想法、原则和主义具有奉献牺牲精神的人也具备。譬如，有不少人反对地下核试验，但是如果一个人对此具有强烈的信念，他们就会拿出别人不愿意也不赞成的行动，到试验现场去举行抗议游行。有人不满教育现状，内心存有想法，若那人志愿参加扫除文盲的计划，那他也是具有强烈的信念。有人成天价希望拥有一支冰球队，这可能只是一个摇摆的信念，可是他若想法设法买下一个球队，那就必须要有一个强力的信念，拥有强大的资源。

那么，确定的信念与强烈的信念之间差别何在？差别就在于行动的意愿。一个人若对某事具有强烈的信念，那他就会在行动上十分执著，无惧风险，不怕吃闭门羹，对冷嘲热讽也置若罔闻。

两者之间的差别，还在于强烈的信念具有特别强烈的情感，因为强烈的信念导致强烈的结果："如果我不相信这些，我会很痛苦，如果我改变这个信念，我就放弃了多年来的坚持。"这一强烈的信念最后极有可能成为此人惟一的生存目的。抱有强烈信念可能是非常危险的，因为这样的人根本就不承认其信念有什么错误，于是便死守着不放，到最后可能会导致长期的失败。因此，持有确定的信念可能要比强烈的信念更合适。

从积极的角度来说，强烈的信念具有极大的热情，能够激励人心，促使我们积极行动起来。耶鲁大学心理学及政治学教授罗伯特·埃布尔森曾说过："信念是一种动力，而强烈的信念显然具有价值更大的动力，它能促使一个人持久不懈地努力，以完成或大或小的目标、项目、心愿和理想。"

如果你想要人生中有所成就，最有效的办法之一就是把信念提升到强烈的等级。记住，强烈的信念具有促使你采取行动的强大力量，让你横扫横亘于眼前的一切障碍。确定的信念也具有一定的作用，不过作用有限，有些事只有强烈的信念才能推动其成功。以减肥为例，只有强烈的信念才能迫使一个人痛下决心，坚持健康的生活方式，让你更注重生命的乐趣，远离心脏病的侵袭。如果你是一个具有强烈信念的智慧之人，那么你就能在各种困境下扭转局势，度过艰难时光。

那么，要如何建立一个强烈的信念呢？步骤如下：1）建立一个基本的信念；2）不断吸收新鲜有力的新依据，来强化这一基本信念。举个例子，如果你下定决心做一个素食主义者，不再吃肉，为了坚定这一决心，你就需要去跟那些选择素食生活的人交流，从他们那里了解到是什么促使其改变饮食习惯；选择素食生活后，身体上有何改善、生活上有何变化；如果吃肉，那么动物蛋白对人体有什么影响。依据越多，信念就越强烈。3）寻找或自创一个有力的依据，好好问自己："如果我不这么做会付出什么代价？"这样的问题会帮你不断巩固信念，达到深信不疑的程度。譬如你想要抵抗毒品的诱惑，最好的办法就是去了解吸毒的严重后果，那么你可以去观摩此类影片，甚至可以去戒毒所，看看那些受毒品折磨的人；如果你想戒烟，就可以去医院的加护病房，看看那些罩着氧气罩的肺病患者，或者看看那些吸烟者们X光片中乌黑的肺部。这些经历必能使你远离毒品或烟草，建立强烈的信念。4）最后，付诸行动。每一次行动必然会强化该信念，并让你保持该信念的决心更强烈。

还有一种情况，有些人的强烈信念，是因为感染了别人的热情，他们的坚定源自他人的坚定，这就是心理学上所谓的"群体现象"。不过，社会上通行的做法未必都是正确的。当一个人踌躇不决时，他们就会参考旁人的做法。罗伯特·西奥迪尼① 博士在其所著的《影响力》一书中列举了一个典型的实验，一个女人在大街上向实验对象（一位不知情的路人）大叫："救命！有人强暴！"这时，旁边事先安排的两位路人对此视若无睹，自顾自地往前走，而那位不知情的路人在听到呼救声时有点不知所措，不过当他看到旁边两个人恍若未闻时，他也就采取了不闻不问的态度。

"随大流"会大大地限制你的人生，那样你过的就是人云亦云的生活了，最典型的例子莫过于相信权威和专家，他们就永远是对的吗？以医生为例，曾经那些受过良好教育的医生还深信水蛭吸血会致病这一说法；另外，曾有一度医生爱给孕妇开一种能在早晨提神的药，叫做Bendectin——发音有点像benediction（意为"祝福"），结果造成胎儿畸形。他们之所以开这样的药，是因为听信了医药公司那些医药专家的话，坚信这些药是最有效的。从中能吸取什么教训呢？即"尽信专家，不如无专家"。不要盲目地相信专家，也不要盲目地相信我说的话，在采信之前，你最好能自己求证一下。

还有一种情况就是，亲身经历也未必一定可信。以波兰天文学家哥白尼为例：当时，人们普遍认为太阳围绕地球转动，为什么呢？因为当大家走在外面时，都指着天空说："看到没有？太阳在天空中移动，显然地球就是宇宙的中心。"但是在1543年，哥白尼率先模拟出以太阳为中心的太阳系模型，他不畏权

① 罗伯特·西奥迪尼（Robert Cialdini，1948~），全球知名说服术与影响力研究权威，目前是美国亚利桑那州立大学心理学教授，主要著作有《影响力》。

威，勇敢地提出自己的想法，向当时的专家挑战。虽然他的观点当时并未被接受，不过后来被公认为成为天文学的基础。

痛苦是改变信念最有效的工具

在这里我要重复一点，痛苦确实是改变信念最有力的工具。在萨莉·杰茜·拉斐尔的节目中就有过这样的典型例子。有一次在节目现场，有一位女士勇敢地站出来，向全世界观众宣布要脱离三K党；而就在一个月前，她也出席了该节目，当时节目中播放了一段关于三K党妇女大会的片子，这位妇女也在片中。片中的妇女有着强烈的种族观念，她们猛烈抨击了那些没有种族等级观念的人，怒斥正是由于教育、经济、社会等各方面的种族混合，导致了美国国力和人民素质的下降。

那究竟是什么造成了她的信念的巨大改变呢？主要有以下几点：第一，在第一次节目中，一位观众席中的妇女站出来哭诉，她的丈夫和孩子都是西班牙裔，她对于三K党有着如此严重的种族歧视难以置信，并深受其害，她恳求增加种族间的交流和了解。

第二，在飞机返家的途中，那位女士便开始数落儿子。因为她儿子在节目中与母亲意见相左，这让那位女士觉得颜面尽失，她指责儿子不尊敬她，并引用《圣经》的话教育他："当孝敬父母。"她十六岁的儿子当场回应她：上帝肯定不会要求他尊敬她所支持的那些魔鬼。说完就在达拉斯中途下了飞机，并发誓从此再也不回家。到家之后，这位女士的内心开始挣扎，她想起白天节目中有人对她说道："此刻，正有一群有色人种的美国人，不管男男女女，正在海湾前线作战。他们不仅仅是为了自己，也是为了你。"她又想起了儿子，她深爱着自己的儿子，可是她竟然如此恶劣地对待他，竟然就把他骂跑了，思及此，她心中后悔不迭。于是她决心改变自己的想法。

这就有了她的第二次上节目。她告诉观众，自己受到上帝的启发，要从此脱离三K党，平等地对待各种族的人，如同友爱自己的兄弟姐妹。为此，她被驱逐出三K党，失去了自己最好的朋友，但她表示自己的心灵受到了涤荡，良知被唤醒，生活得以重新开始。她当场承认自己的种族观狭隘偏激，并宣布从此退出三K党，日后要平等对待其他种族，消除歧视。

人生中重要的一环，就是要不时审视自己的信念以及它所激发的效果，看它能否时时激励自己。你想要采取哪种信念呢？显然是那些能够促使你获得所期待的人生的信念。你可以去请教那些成功人士，在这些成功的人背后，显然隐藏着令他们成功的积极信念。

若想要拓展人生之路，一个有效的办法就是向那些成功人士取经。这个方法有效又有趣，而成功人士就在你周围。你可以问他们："使你获得成功的信念有哪些？它们有什么与众不同的地方？"多年前我看过《与成功者有约》一书，并以之为法则来塑造我的人生。从此我醉心于探索成功者所具有的价值体系、信念和成功策略，并创立了《振聋发聩之音》音频月度杂志介绍这些成功人士。通过每月分享这些访谈、我的新想法，以及一些畅销书中的观点总结。我创造了一个长期奏效的方式，不仅可以敦促他人进步，同时也不断地提升我自己。我很高兴能和你分享各行各业中出类拔萃者的经验总结。记住，不要做井底之蛙，要在生活中留意观察他人。

人之所思，即人之所存。

人之所为，

皆出于本心。

人之所思，即为世界。

——释迦牟尼

十几年来，在"健康生活"研讨会上，我一直强调，美国人的典型饮食中，动物蛋白的摄入量较高，这与美国人心脏病和癌症的高病发率和死亡率有着直接的关系。过去几十年里，人们一直被错误的健康观所左右，四大食物标准建议，我们每天都应当食用猪牛肉类、鸡肉或者鱼肉。今天，科学家们已经指出在摄入动物蛋白和患心脏病和者癌症之间存在着密切关系。事实上，"负责任医疗内科医生协会"的几千名成员已经建议农业部从建议食谱中去除猪牛肉类、鸡肉或鱼肉。政府自身也在考虑把四类基本食物增加到六类，并减少肉类的摄入比例。这显得有点骇人听闻，但是我相信这遵从一个在我们的历史和文化中屡屡证明了的规律，这就是——

德国哲学家叔本华曾经说过，一切真理都要经历三个阶段：

第一阶段，被讥为可笑。

第二阶段，被强烈抗拒。

第三阶段，被欣然接受。

动物蛋白一说就曾被讥为可笑，后来世人又强烈抗拒，最后直到很多人因为动物蛋白摄入过量而身体素质下降乃至死亡，很多人才接受了这一说法。要知道，过多的动物蛋白对身体可不是件好事。

在经济领域，也由于那一系列的错误信念，导致了经济上的不断挫败，有一些可能就是潜在的灾难。美国的经济正面临各种危机，《福布斯》杂志1991年3月刊中有文章提到，三菱公司的伊柯丽斯型房车，其每个经销店的销量是100辆，是克莱斯勒莱塞型房车的8倍以上。或许有人说："这又不是什么新闻，美国车在日本车面前，已经一败涂地。"实际上，两款汽车没什么大区别，都是这两家公司合作所生产的车种，只不过品牌和销售商不同罢了。这就让人费解了，为什么会这样呢？调查显示，消费者倾向于购买日系车，是因为更信赖日系车的品质。文章中提到人们购买的莱塞车型远低于伊柯丽斯，而事实上除了品牌，两者之间并无其他差别。

为什么消费者们会这样呢？很明显，日系车已经在品质上树立了好名声，并有种种依据来支撑这一点，没有人会再质疑其品质。那么日本人会什么会有如此让人放心的品质呢？这就更加神奇了，这还得归功于美国"出口"的品质大师戴明。1950年，应联军驻日统帅麦克阿瑟将军的邀请，著名的品质大师戴明前往日本，协助重振日本经济。彼时日本满目疮痍，到处都是战争的伤疤，连打个完整的电话都成困难。戴明当时对重振经济的前景毫无信心，不过在日本科学家和工程师联盟的恳请之下，戴明开始着手训练日本人推动"全面品质控制"法则。当你听到这个的时候，是不是立刻想到这就是监控物质产品的品质？这完全没错。戴明教会了日本人十四项法则和一个基本核心理念，这成为今天日本每一家成功的大规模跨国企业获得成功的基石。

该法则的核心信念很简单：企业只有坚持持续不断地提升产品品质，才会让自己的产品风靡世界。戴明所说的品质，不仅仅是指合格，而是要让"矢志不渝地改善品质"成为企业生生不息的经营管理中。他表示，如果日本能够严格执行他的法则，不出5年就能生产出合格的产品，10到20年内可以跻身世界经济强国之林。

当时，很多人对于戴明的"大话"嗤之以鼻，但是日本人却遵从他的话，照做不误。今天，戴明被誉为日本经济奇迹之父，事实上，从1950年起，日本便设立了“国家戴明奖”，每年颁赠给在品质提升上表现杰出的企业；整个颁奖过程进行电视直播，让全国观众及时知道，全日本的企业中哪些产品、服务、管理和员工培训是水平最高的。

1983年，福特汽车公司聘请戴明博士主持召开了一系列管理研讨会，其中一名叫唐纳德·彼得森的学员，日后成为了福特的总裁，在全公司推行一系列戴明的主张。彼德森坚信戴明的法则能够让福特起死回生——彼时，福特每年亏损高达数十亿美元。果然，戴明博士一踏进福特，便摒弃了“提高产量，降低成本”这一传统的西方理念，代之以“如何提高工作品质，如何在提高品质的情况下又不会增加成本”的想法。福特公司上下都将产品品质放在第一位（反映在公司内张贴的“品质第一”的标语），坚决执行戴明的法则。3年内，福特公司便扭亏为盈，年利润高达60亿美元，成为汽车业的翘楚。

福特是怎么做的呢？在苦苦挣扎之际，福特看到了美国人对于日本产品品质的观点，并从中获益良多。例如，福特为了保持产量，曾把某一车型的半数变速箱委托给一家日本企业生产，到了销售环节，他们发现许多美国人要求购买装配有日本企业生产的变速箱的车子，为此他们宁愿排长队多付钱。这让福特的管理层们颇为不安，当下的反应便是：“这些人的想法不啻是个错误，他们该换换思维了。”不过，在戴明博士主持的变速箱测试中，在戴明主持的一次测试发现，与美国工厂生产的变速箱相比，日本工厂生产的变速箱几乎没有什么响声和震动，故障也较少。戴明告诉福特的管理层，品质永远不会多花成本。这与大部分人所持的观念相左，众人多认为，产品达到某一水准即可，再超过的话就会增加成本。当工程师们把福特的变速箱拆开，测量了所有的零件，发现所有零件的尺寸都合乎品质标准。但是当他们检测日本所生产的变速箱时，发现几乎每个零件的都分毫不差，事实上，只有实验室里的显微镜才能找到它们的瑕疵。

为何日本公司能够保持如此超乎标准的品质呢？就是因为他们坚信品质会让成本更低，高品质的产品，不仅能让客户满意，更能使其忠诚，这样的客户愿意为了他们的产品排长队多付钱。基于这一信念，日本公司致力于品质的不断提升，满足客户的需求，日本制造得以风靡全球。这一由美国品质大师戴明首创的信念，值得美国好好学习，这样才能重振经济，一扫颓势。

有一个信念可能是造成美国经济颓势的罪魁祸首，那就是戴明所说的“数字管理”，也即美国企业所奉行的一个观念：利润由降低成本、增加营收两项所产生。典型的表现便发生在林恩·汤森德掌管克莱斯勒时期。当时汽车产业衰退，汤森为了尽快提高公司利润，采用了降低成本的做法。那么他是怎么做的呢？他辞退了2/3的工程人员。就短期来看，他的这一做法果然奏效，公司利润立刻提升，汤森被视为公司的救星。可是没过几年，克莱斯勒就又陷入经济困境，为何会这样呢？原因当然不是单一的，但是就长期来看，汤森辞退工程人员的决定是重要因素之一，他的这一决定破坏了克莱斯勒引以为傲的设计能力。我们经常会发现，那些真正伤害了公司的人却总被褒奖，他们的办法固然可解燃眉之急，却更无异于饮鸩止渴，解决了表面问题，却种下了更大的“病因”。相比之下，福特能够扭转颓势，设计人员居功至伟。他们设计出金牛座这一新款车型，树立了汽车品质的新标杆，赢得了市场的好评。

从中我们能领悟些什么？信念对决定的影响力无所不在，它主宰了我们从事业到生活等全方位的未来。最重要的一件事，就是要建立这样一个普遍性信念：如果我们想要有一个成功而快乐的人生，就需要不断提升人生品质，要不断成长，不断拓展。

日本各大企业就深知这一点。企业之所以能有今日的成就，固然得益于戴明的法则，不过有一个词也经常被用到商业和人际关系中，那就是“改善”，意思是“持续不断地进步”。日本人经常把这个词挂在嘴边，也经常付诸行动，包括贸易的改善、生产线的改善、人际关系的改善，他们力求做到日进一步。其实，改善是循序渐进的，日本人深知，只要每天前进一小步，日积月累下来就会获得出人意表的成就。中国也有句俗谚“士别三日，刮目相看”。不过英语词汇中就没有“改善”这样的字眼。

当我越认识到日本企业中“改善”一词的影响力，我就越觉得这一组织上的信念对于我们的人生也具有重大的影响力。我之所以有今天的成就和快乐的人生，就在于我不断改进，不断提升自己对人生的期许。我认为每个人都需要这样一个词，让我们能够进行“持续不断的改善”。有了这样一个词，就能启发我们进行积极的思考，进而影响我们的决定。

基于这一想法，我自创了一个字眼，就是CANI!，这是Constant and Never-Ending Improvement（音为“Kuhn-EYE”）这几个英文单词首字母的缩写，这个字眼简单而意义丰富。我认为，一个人成功与否，能达到何种成就，与CANI!程度密切相关。CANI!不仅仅是一个商业原则，同时也影响到生活的各个方面。在日本，人们经常谈论公司产品品质的控制，我相信CANI!也能应用到个人人际关系上、精神情绪上、身体健康上和财务方面。如何才能做到CANI!？这就需要我们坚定不移地去追求人生的更高境界。

CANI!是一则真正的纪律，不可一时兴起偶尔为之，而需要全心全力去实践。CANI!的基础就是渐进的、每分每秒的、持续的改进，也只有这样才能维持长久的改变。如果你曾去过“大峡谷”，你就会更加理解我的意思。是科罗拉多河和千百支流，以千万年的冲刷，才形成这被誉为世界七大自然奇观之一的万千气象。

有很多人整日担惊受怕，惶惶不可终日，或担心事业，或担心亏钱，或担心失业，或担心生病，不一而足。人生想要幸福安康，惟一之道就是日进一步、持续改进。我每天生活得很坦然，从不担心会一无所有，因为我每天都在改进，我确实也每天都有进步，并帮助他人改善生活，而我自己也获得了成长。

CANI!不表示不再有挫折，有错误才能有进步，才能有提升。CANI!旨在未雨绸缪，及早发现问题、解决问题，以免到最后不可收拾。要扼杀“怪物”，最佳时机便是“萌芽”时期。

作为个人坚持的一部分，每天睡觉前我都会自问自答一下：今天我学到了什么？我有哪些改进？我对今天的自己满意吗？如果你每天都有所改进，你的人生必然比他人丰富。

小小改进，必能达成

前洛杉矶湖人队教练帕特·雷利，拥有NBA获胜场次最高记录。有人说是他运气好，因为他拥有如此多的优秀球员。确实他的球队拥有许多出色的球员，但是也有其他教练也拥有不少优秀的球员，却没有像他那样赢得那么多的比赛。帕特·雷利的成就，就在于坚持CANI！。他曾经说道，在1986年赛季之初他困难重重，在前一年赛季，湖人本有机会拿到总冠军戒指，当时所有的球员都处于巅峰状态，然而决胜之际，他们却输给了波士顿的凯尔特人队，湖人队那些优秀而骄傲的球员们极为沮丧。为了恢复他们的信心，帕特做了个计划，旨在让每位球员都能努力进步一点点，于是他告诉球员们，每人只要进步1%，本赛季的冠军就志在必得。1%似乎是个微不足道的数字，但是如果全队12个人每人在五大技能方面都能进步1%，整个球队就能进步60%。实际上球队只要能提升70%以上，冠军奖杯就是湖人队的囊中之物。真是个绝妙的提议，因为每位球员都相信每方面进步

1%绝对没有问题，这种把握感足以激起大家的斗志，全力追求1%以上的改进。结果呢？大部分球员的进步都在5%以上，有些甚至高达50%以上，1987年也成了湖人队摘得冠军最轻而易举的一年。只要做好CANI!，就会有所成就。

大家要记住，成功的关键，就是要有把握感，要相信未来！这个信念将促使你采取必要的行动，不断突破旧我，让你的人生之路拓展得更为宽广。今天的成果不代表明天的成功。记住，时光流逝，环境易变，我们必须要获得新的依据，必须要有更强有力的信念。过去只是过去，不要相信历史会使你有把握，当你拥有更多的依据后，这些信念便会改变。你需要关心的是，目前的信念是积极的还是消极的，从今天开始，请关注你的信念及其效果。它们是推动你向前进，还是拖住了你的后腿？

因为他心怎样思量，他为人就是怎样。

——《圣经·箴言》23：7

人皆有信念，可能还不少，为了真正控制自己的人生，我们需要了解是哪些对我们的人生起了决定性作用。现在，请你放下一切，给自己十分钟，彻底整理一下脑中的信念，不管它们是积极的还是消极的，都尽可能列出来。

- “如果，就”式信念。如：“如果我全力以赴，我就能成功”，或“即使我对其付出真心，她还是会弃我而去。”

- 普遍信念。譬如：“人性本善”或“人生苦短”。普遍信念涉及自身、机会、时间、空虚和充实等。

在接下来的十分钟里，尽可能详细地列出这些信念，写好之后，我会告诉你如何加强积极的信念、消除消极的信念。

现在就行动！

积极的信念

消极的信念

你是否已经好好列了这个单子，囊括了两种性质的信念？如果尚未完成，倒回去再写！

你从中学到了什么？花点时间好好看你的那些信念，在“积极的信念”中挑出益处最大的三个信念，然后问自己，它们如何帮助了你？如何提升了你的人生？思考一下它们对你的人生长远的积极之处。

几年前，我就列过这样的单子，当我认真地审视其中的信念时，发现了有一条重要的信念被我忽略了，这个信念就是：精诚所至，金石为开。当时我就在想：“这肯定是我想要的那条信念，能够提升我的人生，让梦想变成现实。”有志者事竟成。果然一年后，因为这个信念的支撑，我度过了人生和事业上最艰难的日子，扭转困境，抓住了一生中难得的良机。希望你也能好好审视这张表，如果其中的信念对你有所帮助，那么就好好保有它们，作为为人处世的准则。

那么再来看一下有哪些消极的信念，好好审视一下，看看它们会带来什么样的后果。把其中最为消极的两个找出来，下定决心，抛弃它们，脱离控制，不再让人生为此付出高昂的代价。

记住，只要开始质疑它们的“帮助性”，就能逐渐撼动过去支持你持有这一信念的桌腿，长此以往就能摆脱其影响。以下问题就有助于你质疑那些消极信念：

1. 该信念有何荒谬可笑之处？

2. 持有该信念的人值得我学习吗？

3. 持有该信念最后会让我付出何种情感代价？

4. 持有该信念最后会让我付出何种人际关系代价？

5. 持有该信念最后会让我付出何种健康代价？

6. 持有该信念最后会让我付出何种经济代价？

7. 持有该信念最后会让我在家庭和爱情上付出何种代价？

若你能够认真回答这些问题，那么旧有的信念就会有所松动，如果你能加强一种感受，就是你觉得它伤害了你，再不做改变伤害就会更大，这样你就会弃之如敝屣。那么赶紧行动吧。

当你丢弃掉一个消极信念后，就需要新信念来替代。现在就写下两个新的信念，来取代刚刚你抛弃掉的那两个。那么要怎么做呢？举个例子，如果你原来有这样一个信念：我永远都不可能成功，因为我是个女人。那么你的新信念就可以是：我是个女人，所以我拥有很多男性梦寐以求的优点。如此一来，你需要哪些新依据来支持这个信念呢？只要你不断强化它，它就会指引你走向全新的、积极的未来。

如果你尚未获得期望的人生，我建议你不妨问问自己："我要有怎样的信念才能获得成功？"或者是："谁已经在这个领域获得成功，他的成功信念和我的有什么不同？"或者是："成功必须要具有哪些信念？"经此一问，你可能会发现那些你忽略掉的关键信念。

如果你曾经历过失意、挫折、愤怒等痛苦经验，你也可以来个自问自答："是哪些信念导致了这一情绪？"经此一问你会发现竟然很容易找出未发觉的信念。譬如，如果你情绪低落，那就问问自己："是哪些信念导致我情绪低落？"这时你可能就会发现相关的答案，例如："情况不可能扭转了。"或者是："我觉得没什么希望。"一旦被这些消极的思想侵袭，你就要立刻转换念头："不，不会这样，也许目前情况不乐观，但未来会变好，这种情况迟早会过去。"那些极具破坏力的消极信念中的情况并不是真实存在的，只要你坚决抛弃它，它就会消失掉。

在检视那些消极信念时，可以关注一下情绪的改变。然而如果你能赋予它们新的意义，你的情绪也能立刻改善，促使你改变行动，扭转命运。改变对事物的阐释，就能改变你的决定。人生中没有什么事是生来就具有真正的意义的，它们所具有的意义全是你赋予的。记住，任何跟你息息相关的事，你都要赋予它意义，它要与你的选择相一致。

信念的力量是惊人的，既能创造，也能毁灭。当你翻开这本书，我相信你是为了让自己过上最美好的生活。那么，你是不是真的想要掌握信念的力量，让它发挥创造的力量，为你达成美好的人生，而不是要毁掉你的美梦？如果是，那么你就得选择积极的信念，让它推动你走向既定的人生目标，福泽你的家庭、事业、社会及国家。

领导风格与信念的力量

作为领导者，必须具备积极的信念，并能帮助他人改变自身的消极信念，充分发挥自身的能力。在我的印象中，有一位名叫玛瓦·柯林斯的女教师就具备这样的能力。你可能在"60分钟节目"中见过她，或是在以她为原型的电影中了解过相关事迹。玛瓦·柯林斯初执教鞭之时，下定决心全身心投入到教育事业中，务必让学生们获得不一样的人生。她被分配到芝加哥一个犹太社区学校教小学二年级，那些学生早就放弃了自己的学业，完全没有任何学习兴趣，而玛瓦的使命就是启发这些孩子的人生。她不仅有这一信念，更有热情，她积极拓展方法，坚信自己能够扭转这些孩子的人生。面对那些被视为有学习障碍的孩子（也就是通常所说的“智障儿童”或“行为异常儿童”），玛瓦反倒不觉得问题在那些学生身上，而在于是否找到正确的教育方法。没人给予他们足够的引导，导致这些孩子缺乏信念，他们也不知道该如何打破旧有信念，发现真正的自我和自我能力。人类只有面临挑战才能够成长，而这些孩子并非没有成长的能力，也不是没有成长的意愿，而是因为他们没有获得足够的挑战。

于是她把那些旧书本统统扔掉，而代之以莎士比亚、托尔斯泰及索福克勒斯等先贤的著作，让孩子们进行阅读。这让许多同行诧异，他们不解地说：“这怎么可能成功，这些小孩怎么看得懂呢？”有些人甚至指责玛瓦这样做会让孩子们前途尽毁。然而，孩子们不仅看懂了，还对这些书爱不释手。为什么会这样呢？因为玛瓦深信每个孩子都有自己的个性和内心，以及对学习的热爱。她以无比的爱心和耐心，采用因材施教的方法，为每个孩子都建立了足够的信心——在很多孩子的人生中，这是初尝自信的滋味。在之后的几十年里，玛瓦坚持这样做，终获大成就。

我们的初次会面便在西城幼儿学校。这所私人幼儿学校由玛瓦一手创立，独立于芝加哥公立教育系统之外。在交谈之后，我希望能见一见她的学生。

第一个会面的是一个四岁大的小男孩，天真烂漫，面带微笑。我与他握了握手。

“你好，我是汤尼·罗宾。”

“你好，罗宾先生。我叫塔梅吉·葛里芬，今年四岁大了，你要问我什么呢？”

“你好，塔梅吉，你能告诉我这些天你都学了什么吗？”

“我学了好多呢，罗宾先生。”

“很好。你最近都看什么书啊？”“我刚刚看完了约翰·斯坦贝克的《人与鼠》[①]。”

这可让我吃惊不小。于是我问他这本书主要是讲什么的。原本我以为他也就是告诉我书中有两个家伙，一位是乔治，一位是兰妮。

然而他说：“书中的主人翁是……”

这个时候我才不得不信！于是我问他从书中学到了什么。

“罗宾先生，我所学甚多，它给了我一些启示。”

听到这句话我不由得笑了，问道：“你获得了什么‘启示’呢？”

塔梅吉的回答令我耳目一新。

“罗宾先生，书中说，在孩子的世界里，是从来不会以皮肤的颜色去区分人的。我永远都不会忘记儿童时代的这一课。”

听到这句话，我的眼眶湿润了。玛瓦·柯林斯女士教给了这些孩子多么好的信念，这些信念将陪伴着他们受益终身。玛瓦帮助孩子们提升了人生品质，她的成功，就是因为使用了本书之前所说的三个法则：引导孩子提高对自己的期许，帮助孩子建立积极的信念，教给孩子获得成功人生所需的观念和方法。结果呢？她的学生不仅变得自信，而且更有竞争力，在学业等方面也都表现出色。最后我问塔梅吉：“柯林斯女士教给你们最重要的一点是什么？”

“柯林斯女士交给我们最重要的事是：旁人可能会安排我的未来，但是只有我才能决定我的人生。”

我想，每个人都应该记住这个小孩所说的。塔梅吉小小年纪却建立了如此美好的信念，我敢断言他和这所学校的其他孩子都会拥有美好的未来，创造出自己理想中的、而很多人想都不敢想的人生。

现在让我们再来复习一下。我们知道，每个人的内心都有一个小宇宙，蕴藏着无比强大的力量。这个小宇宙，在我们下定决心扭转人生时将会爆发。不过还有一个核心信念需要去探索和发现，答案存在于这个问题中——

---

① 《人与鼠》：斯坦贝克最优秀的小说之一，发表于1937年，写的是两个流离失所的农业工人的故事。斯坦贝克因《人与鼠》而获得1937年纽约戏剧评论家奖金，被誉为“触及了真正扎根于美国生活的主题”。这部小说使斯坦贝克的名字在美国家喻户晓。

我如今把一件奥秘的事告诉你们，我们不是都要睡觉，乃是都要改变，就在一霎时，眨眼之间。

——《圣经·歌林多前书》15：51

第五章

改变是马上可以做到的吗

Awaken the Giant Within

从我有信念开始，我一直希望自己能够有能力帮助他人改变人生。基于此，在很早的时候，我就深刻地意识到，要想改变他人，必得从改变自己开始。因此早在初中时期，我便开始涉猎各种能够改变人们情绪及行为的知识。

自然地，我希望可以改变自己，朝着我希望的方向前行：前瞻主动，持之以恒、言出必行；学会享受生活，与人交往。那时候没有明确的目标，只是当我与大家分享的那些知识，可以对他们的生活品质产生举足轻重的影响，而他们也对我赞赏有加乃至亲密友爱时，我就心生喜悦。因此，在那一段的学生时光里，我以“解惑之人”闻名校内，如果同学有问题，他们就会来找我，因而我颇受大家的欢迎与尊重。

所知越多，求知欲就会越强烈，了解如何去影响人们的情绪和行为成为我的追求。我参加了速读课程，并广泛涉猎各种书籍，在短短几年的时间里，我阅读了将近七百本书，内容涉及人类发展、心理学、影响力和生理学等各大领域。只要是有关于如何提高人生品质的一切知识，我几乎都不放过，并尽可能立即运用到自己身上，同时也把心得与其他同学分享。

学无止境，我一直保持阅读习惯，并开始听激励人生的磁带。进入高中后，我就把零花钱省下来去参加各种有关于个人成长的研讨会。可是，没过多久，我就对这种课程感到厌倦，它们的内容都大同小异，没有什么新鲜的观点。

就在21岁生日后不久，我接触到了一系列可以迅速改变人生的方法和学问，其中包括格式塔疗法催眠、艾瑞克森及神经语言程序学（NLP）。这些方法可以在几分钟内让人发生真正的改变，而在过去，这种改变需要几个月、几年乃至几十年。我兴奋不已，于是下定决心愿以毕生之力学好这些学问和技巧；而且只要一学会，我就能立刻加以运用。

我永远都不会忘记第一周的神经语言程序学课程，我们看到它竟然能在短短的一小时之内就治愈了让患者困扰已久的恐惧症状，而传统的方法则需要五年甚至更长的时间才能见效。到了第五天，我就向班上的心理学家和精神病医师们宣告："同学们，让我们去给那些恐惧症患者治病吧！"他们像看疯子一样看着我。这也难怪，毕竟我没有接受过高等教育，而这个课程只有学满半年、通过了考试、领到了证书以后，才可以去使用这套方法。

然而我已经等不及了！于是借助广播和电视，我开始了个人的事业，从加拿大开始，然后再到美国。每次我都告诉人们这套方法都可以令他们获得改变，扭转人生，不管是什么样的消极习惯、恐惧症状还是低落情绪，都可以在几分钟内痊愈——不管这个病症存在了多久、病人已经拜访了多少医生、治疗了多长时间。

这个观念很激进吗？也许。不过我确信所有的改变都能马上做到。大多数人总是要等到"万事俱备"的时候才下决心去改变，而实际上，如果我们能够真正了解大脑的运作方式，我敢保证可以抛弃无休止的分析过程，不必拘泥于"为什么这事发生在我身上"的追问，只要稍微改变一下痛苦和快乐的神经链，就能立刻改变我们的人生。我这样一个毛头小子，只是一个高中生，无学历可夸，没有博士学位，经常在电视上讲述这套道理，与传统的精神治疗相悖。于是，一些心理医生和心理学家开始抨击我，有的批评言论甚至上了广播。

在我的观念里，要想成就一番事业，需要遵守两大原则：一要具备专业素养；二要勇于迎接挑战。对于自身的专业素养，我一直颇具自信，我所拥有的高超知识和技巧非常管用，这些知识和技巧有我对于人类行为的深刻了解为基础，相比而言传统的心理医生就逊色于我；同时我也相信我和我的团队勇于接受挑战，找出扭转之道。

有一位医生对我进行了猛烈的抨击，他指责我是个江湖郎中、吹嘘的骗子，指责我在鼓吹错误的理论。我告诉这位医生，希望他能暂时放下成见，给我一个公平的机会，把他多年来尚未治愈的一位病人转交给我治疗。这一请求稍显唐突，一开始他一口拒绝了我。最后我使用了一点小方法（本书下章中我将会谈到这些技巧），终于征得了他的同意，让他的一位病人来参加我的研讨会，让我在大庭广众之下对他实施治疗。不到十五分钟的时间，我便化解了她多年来对蛇的恐惧，而在此之前，她已接受那位攻击我的医生长达七年的治疗。可以说，这个结果让那位医生大为惊讶，不过更重要的是，这让我的那套方法获得了新的依据，我更具把握感。接下来，我马不停蹄地在全国各地举办研讨会，告诉人们如何在短时间内改变自己。我发现，每次开场之初，参加研讨会的人不免抱着怀疑的态度，可是等我将实际效果展示给他们之后，他们都深为赞叹，均表示要学习这一套方法并加以运用，让人生获得改变。

可为什么之前人们都认为，改变会耗时良久？原因之一，就是很多人再三尝试，力图改变，还是以失败告终。这就给他们造成一个错觉，改变用时多，难度高。实际上，惟一的困难就是我们不知道如何去改变！我们没有使用有效的策略。单一的意志力不足带来持久的改变。

原因之二，在我们国家，有很多的固有信念，阻止了我们充分发挥自身的天赋。我们的传统习惯，将立刻的改变视为消极行为。对大多数人来说，实际上立刻的改变一点问题也没有，如果你可以一周前、一个月前、一年前甚至可以更早以前改变，你为什么不去实施？为何不停止抱怨呢？

举个例子，一个人要多久可以走出失恋的阴影，接受新的生活？从生理上来说，第二天早晨就可以，但是大多数人做不到，为什么？因为我们有一系列的信念，认为失恋肯定会带来一段时期的悲伤。我们得要悲伤多久？这要视人而定。想想看，如果失恋后的第二天，这个人不悲伤，那么在他/她是不是就不会产生诸多痛苦？首先，大家就立刻觉得这个人并不爱刚刚失去的爱人，那么，接下来你也会开始觉得自己似乎确实是这样。亲友的死亡带来的感受非常非常痛苦，但是克服的方式也很简单，我们往往不是改变自身的情绪，而是选择悲伤的痛苦，直至达到我们的普遍认知的标准。

实际上，在有些国家，人们在为死亡而庆祝！为什么？因为他们相信，上帝确切地知道每个人离开尘世的时刻，而死亡就是典礼。如果为死亡而悲伤，他们会觉得这毫无意义，只能说明悲伤之人对生命缺乏真正的领悟，甚至被认为是只顾自己的感受。因为那个往生的人去了极乐世界，你却在这里哭哭啼啼。他们把快乐和死亡联系起来，把痛苦和伤心联系起来，所以悲伤不是他们的文化基因。在这里我并不是说悲伤是不好的、是错误的，我只是说，我们需要花很长的时间从悲伤中挣脱出来，只是基于我们的惯常信仰。

我马不停蹄地在全国进行推广，积极鼓励人们改变自己的人生，往往不到三十分钟就能见效。我的行动引发了众人的争议，随着我越来越成功，我所招致的攻击和非议也越来越多。我并没有退缩，更没有自大，反而是越挫越勇。我开始公开执业，帮人治病，并开始举办研讨会。在那几年中，我每年有四分之三的时间穿梭于全国各地，竭尽全力在最短的时间内把自己的心得传授给尽可能多的人，由此获得了良好的效果。那些心理医生和心理学家也停止了对我的攻击，有的甚至还对我的方法产生了兴趣，并运用到治疗上。与此同时我也变得更加平和了，不过我从来没有放弃帮助他人的热情和梦想。

有一次，时值《激发无限潜能》一书出版不久，我在旧金山进行演讲，会后进行了该书的签名。那时候，我脑子里闪过从高中开始坚持到今天对自己的承诺：进步、开拓、贡献，从而获得成功。我也由此获得一系列的褒奖。我认识到，每一张笑脸背后，都藏着深深的感激。我与他们分享的那些知识和技巧，帮助他们扭转了人生的轨迹。

人群终于慢慢散去，这时一位男士来到我跟前对我说："你还记得我吗？"说实在的，我一个月就要见上好几千号人，实在想不起他是谁。他又说道："你再想想看。"于是我又仔细辨认了几眼，终于想起来了，我问道："纽约城，对不对？"他说："没错。"我又接着说道："我曾帮你戒掉了烟瘾对不对？"他再次点头。我舒了一口气，说道："哦，这事过去好些年了，你现在怎么样？"他没作声，而是从口袋了掏出了一包万宝路，抽出一根并点燃，然后语带嘲讽地说："你失败了。"并指责我的那套方法并没什么效果。

我不得不承认，他的言行确实打击了我的信心！毕竟我的事业就是全心全意去帮助别人在短时间内获得长足的改变，而我自己对这套方法也颇为自信。但是现在，他的行为却对此进行了否认，他的烟没有真正戒掉，还在继续抽着。我不得不对自己产生怀疑，我哪些地方没做好？我是不是太高估了自己的能力和水平？其实我并没有我自己想象的那么强。思量了一会儿，我就问自己：我能从这件事中吸取到什么经验教训？这事有什么积极意义？

"我们的合作出了什么问题呢？"我十分不解，不禁问他。我很希望他能告诉我，其实他是在治疗一周后烟瘾难耐，忍不住又吸上了。但是他告诉我，在我给他实施治疗后的两年半他才又开始抽起来的，当时我的治疗只用了半个小时便让他成功戒烟了。后来有一天，他一时兴起，想要抽根烟试试，没想到这一试却又踏入泥潭，难以自拔。如今他又恢复到了一天四包烟的记录了，烟瘾又回来了，也难怪他会怪我。

确实，他的责怪并非没有理由，毕竟我教给大家的是"神经语言学"。想想"治疗"一词。当人们的行为或情绪有了问题就可以求助于我，我也能帮他们治好，但这并不表示他们自己可以什么事都不做。那天，我终于意识到，我虽然全力去帮他们进行改变，然而我却犯了一个天大的错误，那就是不该把他人的改变这一责任完全放在自己身上。

我意识到，如果我毫无保留地发挥出自己的责任感，而且"所托非人"的话，那么很多病人就不会对自己负责，一旦他们恢复了旧有习惯，就会把责任统统推到他人身上。一个对自己都没有责任感的人是不可能改变旧有模式的，也不可能产生新的行为方式。

基于这样的新想法，我改变了自己的用词。我认为“治疗”一词不够精确，便停止了使用这个字眼，不过还是沿用神经语言学很多的方法和技巧。我选择了“调整”一词，这更贴切于长期改变的原意。

就在这意念冒出来后没几天，家中发生了一件事，使得这个观念更为坚定。我妻子请了一位钢琴调音师来给家里的小钢琴调音，这可真是位高手，他仔细地检查了每一根琴弦，把它们都绷得恰到好处，使之能够弹出正确的音符。等他调完音，钢琴声就悦耳动听了。我问他报酬多少，他笑着说：“不用着急，我还要再来几次呢。”我疑惑地问：“下次？为什么呢？”他说：“我明天还要再来，然后接下来的一个月会每周再来一次，再接下来的一年每三个月来一次。”

我心生疑惑：“为什么呢？钢琴现在不是已经都调好音了吗？还有什么问题呢？”调音师答道：“没错，现在已经好了，不过为了让它们能够长期保持正确的音调，我们必须继续加以‘调整’，所以我还得再过来几次，直到琴弦能够长期维持在合适的紧绷程度上。”我不禁感慨：“这个调音师真是厉害！”那天调音师真是给我上了精彩的一课。同样的道理，如果我们想要获得持久的改变，也必须进行不断的调整，一旦开始改变，就要不断加以强化，这样我们神经系统中的调整才不会只是一时的，而是长久持续的。举个例子，我们要做健身运动，不可能只做了一次就说：“好了，现在我的身体棒棒的了，我这辈子都会健健康康的。”同样的道理，在情绪上和行为上，我们也必须不断地调整自我，才能获得成功，获得爱情，粉碎恐惧。只有通过持续的调整，我们的行为才能变成自发性的，带领我们获得持续长久的成功。

要记住，痛苦和快乐是塑造行为的基础，也是改变行为的根基。调整要求我们懂得如何正确地运用痛苦和快乐。你将在下一章中习得一套方法，帮助你获得所期望改变，我称之为“神经链调整术”，简称NAC，它是借着人们逃避痛苦和追求快乐的自然反应来调整神经系统，而不必强行使用意志去追求我们所企望的人生。记住，我们链接到神经系统中的情感和感受决定了我们的情绪和行为。

如果我们能够控制自己的神经链，也就等于控制了自己的人生。本章将告诉你如何调整自己的神经链，改变那些长期的消极习性，振作起来，去追求自己的美梦。NAC就是用来创造持久的改变的。

环境不易变，不如改变自己。

——梭罗

一个人，生命中所企求的改变有哪些呢？可以说，基本上就是两种：一种是对事物的认知方式的改变；另一种就是行为的改变。如果一个人曾经遭受过被虐、被人强暴、失去所爱、自尊遭践踏等种种不幸，那么除非与之相联系的个人情况、事件、环境发生了改变，否则他将会一直生活在痛苦里。同样的道理，如果一个人长期暴饮暴食、酗酒、抽烟或吸毒，若想要获得健康，这些行为就必须要改变。而想要获得改变，惟一的方法就是必须把旧行为跟痛苦连在一起、把新行为和快乐连在一起。

这听上去很简单，不过我发现，如果想要获得真正的、持久的改变，我们必须要创造一个特定的体系，对我们所掌握的促成改变的各种技巧、方法加以利用。每天我都会从各种学科中学习新方法和新技术，也依然会经常使用我一开始就用的神经语言学及艾瑞克森疗法。其中的一些东西非常有用，只不过我是把它们融入到NAC的六个基本步骤中去进行的。我所创造的NAC是用来教人进行改变，通过运用NAC特定的步骤，我们就能获得持久的改变。

请大家回忆一下我在第一章中曾提到过的：想要改变获得长久持续的成功，关键就是要从改变信念开始。所以，如果你希望能很快获得改变，那么第一步要做的，就是建立改变可以马上做到的信念。不过大多数人都没有这个意识把痛苦与即将要改变的问题连接起来。

而问题在于，一方面我们期望尽快改变，而另一方面，社会的普遍观念却告诉我们：如果改变可以马上做到，那就表示原来就没有什么问题。不知道大家有没有想过，既然我们可以很快地创造出问题，我们是不是也能快速地创造出解决办法？要知道人是很快可以获得改变的，这是刹那间的事，为何不在此刻让这瞬间发生呢？不过人们通常花很多时间去“准备”改变。有一个笑话：

问：需要多少个心理学家才能改变一只电灯泡？

答：一位足矣……但是相当的贵！因为要花很多时间，电灯泡又不得不改变。

就是这样！你我都走在“准备”改变的漫漫征途上，你我都必须把握好自己的人生。

第二个信念，自己要对改变负责，若是没有达成改变，不能把责怪别人。一个人若想要有持久的改变，这一责任感又可具体分为三个部分：

1. 首先我们必须相信：某事必须得改变，而不是“这事‘可以’变”，“这事‘能’变或者‘应该’变”，而是彻底必需的改变。我经常听人说：“体重得要减减了”，“拖延不是好习惯”，“我得改善一下我的人际关系。”可是我们要明白，像“得要”这样的话说得再多都不管用，我们的人生还是不会有很大的改变。只有当一个人认为某事“必须改变”的时候，才会真正地身体力行，才会提升人生的品质。

2. 我们必须不仅要认为“某事必须得改变”，还得坚信“我必须改变它”。我们自己才是改变的源泉，否则我们总会找个“垫背者”帮我们去实施改变，也会找个“替罪羊”来为我们的失败买单。而事实上，只有我们自己才能让改变持久。

3. 要相信“我能改变它”。如果在这一点上都不能相信自己，我们就不会全力以赴，这在上一章中已经说过了。

若没有以上三大核心信念，我可以断言即使你做到了改变，也不过是你运气好，只是一时的侥幸。没有以上三个核心信念，我敢说你碰巧做到的改变仅仅是侥幸。你不要觉得我是在“王婆卖瓜，自卖自夸”。若是你能有一位导师（也可以是一位专家、教练或顾问，这些人有帮助别人成功改变的经验）来帮助你用正确的步骤去克服恐惧症、戒烟或是减肥，定然是事半功倍。不过，不管怎么样，最终只有你才是推动改变的原动力。

当时那位烟民激发了我内心的挫败感，我于是向自己追问改变的根源，为何这些年来我一直如此坚持？是什么让我不同于其他助人者？他们也都希望帮到别人却未能成功。如果我希望帮助一个人有所改变却失败了，接下来会怎样？是什么使我没有完成帮助此人获得改变的承诺？

于是我追问更宽泛的问题，“种种疗法到底为他人带来了什么改变？”有时候各种疗法均有效，有时候却都失效。于是我注意到两件有趣的事：有的人接受了我不认为有效的疗法，却在很短的时间里获得了自己想要的改变；而有的人接受了我认为行之有效的疗法，却没有很快获得预期的效果。

随着这些年来不断累积的实践经验和丰富案例，我深知：除非是从神经系统上根本改变一个人的感受，否则即使我们经年累月地进行分析，对于改变他人也无济于事。

其实每个人都能拥有这种及时有效改变自身的能力，如果你知道——

人脑的力量

人脑是上天多么神奇的惠赐啊！它几乎能帮我们达成所有的心愿，而对于它的作用和能力我们却尚未完全认识，多数人对它的运作原理所知甚少。如果我们能够好好留意人脑这一无比强大的“机器”的能量，充分加以调整运用，我们就能不断开创出所企求的未来。

人脑一直在整装待发，时刻准备着接受和执行我们的指令。它贡献良多，却索求甚少，只要血液中能有氧气和一点点葡萄糖就够了。人脑的作用和能量极其惊人，即使是目前最先进的电脑也无法与之比肩。它每秒能够处理300亿个指令，其链接的“电线电缆”长达6000英里。一个人的神经系统约有280亿个神经元（神经细胞用以处理电流脉冲），没有这些神经元，我们的神经系统根本就无法处理感觉器官所接收的一切信息，也无法将它们送达神经中枢，神经中枢也就无法对此进行处理并对各个器官发出指令，使其作出反应。这些神经元都非常小，却自成一个体系，可以同时处理上百万个指令。

每个神经元都独立作业，相互间构成一个庞大的网络，足足有10万英里长。人脑和电脑——即使是最快的电脑——最大区别也就是最大的长处在于，电脑每次只能处理一件事，而人脑却可以同时处理好几件事。更令人吃惊的是，一个神经元所作出的反应，可以在百万分之二十秒内被传送到其他成千上万的神经元那里，要知道，这个速度连你眨眼瞬间的十分之一都不到。

一个神经元传递信息的速度要比一般的电脑快上百万倍。大脑可以在一秒之内辨别出一张熟悉的面孔，这可是世界上最先进的电脑也办不到的。大脑之所以有如此惊人的速度，是因为它并不像电脑那样一步一步、按部就班地工作，其中数百亿个神经元可是能同时协作处理一个问题的！

我们是何其幸运，能拥有性能如此强大的器官。有了这样的器官，那些诸如嗜烟、酗酒、暴饮暴食和拖拖拉拉等毛病为什么不能戒除呢？那些沮丧、挫败、忧虑的情绪怎么可能无法消除呢？我们怎么会不笑口常开呢？我们完全可以做到，我们拥有着地球上最强大的“电脑”。可惜的是没有人给我们相关的使用手册，很多人都不知道它的工作原理。事实上，我们的行为都源于神经系统的神经链，只有解决神经链的问题，才能获得真正的改变。

神经科学：有效改变的敲门砖

由于神经生物学和电脑科学这两大不同学科的结合，人类对于自身心智活动的理解获得了巨大的突破，由此所产生的交叉学科就是神经科学。

神经科学家们在研究神经链如何产生的过程中发现，神经元在神经通道中不断地来回传送电化讯息，它不是拥塞的交通道路，它井然有序，任何一个念头或往昔的记忆都可在瞬间通过数十亿个电流脉冲传送出去。这些讯号能让我们回想起某次雨后森林中的一朵牵牛花的香气，或是纽约百老汇某出歌剧中一段令人陶醉的音乐，或是某个夜晚与恋人共拟的一个详细的度假计划，或是初生婴儿精致而细致的肌理。

复杂的神经系统不但让我们享受这个美丽的世界，也帮助我们生存于世。每次当我们经历了某种痛苦或快乐时，我们的大脑便会寻找相关原因，并将之存于神经系统中，以便我们在未来做出更好的决定。譬如，如果你把手伸进火中会烧伤，而这一经验并没有在你的神经系统中建立神经链，那么你就会一错再错，直到你的手被烧伤为止。神经链可以向大脑快速提供相关信号，帮助我们提起回忆，平安地度过人生。

庸钝之人的世界沉闷无趣，聪明之人的世界充满智慧之光。

——爱默生[①]

当我们第一次做某件事时，就会开始建立相关的链接。这个神经链是非常纤细的，但已足够帮助我们在日后碰到类似状况时回忆起之前的情形。而如果我们重复之前的行为，这条神经链就会进一步加粗，犹如被加上了一股丝线。如此这般，只要重复足够多次，情绪程度足够强烈，我们就能不断加粗“神经链”，直到它足够粗壮，牢牢控制我们的行为和情绪，以后每当碰到类似的情形，我们就会呈

① 拉尔夫·瓦尔多·爱默生（Ralph Waldo Emerson，1803~1882），美国散文作家、思想家、诗人。

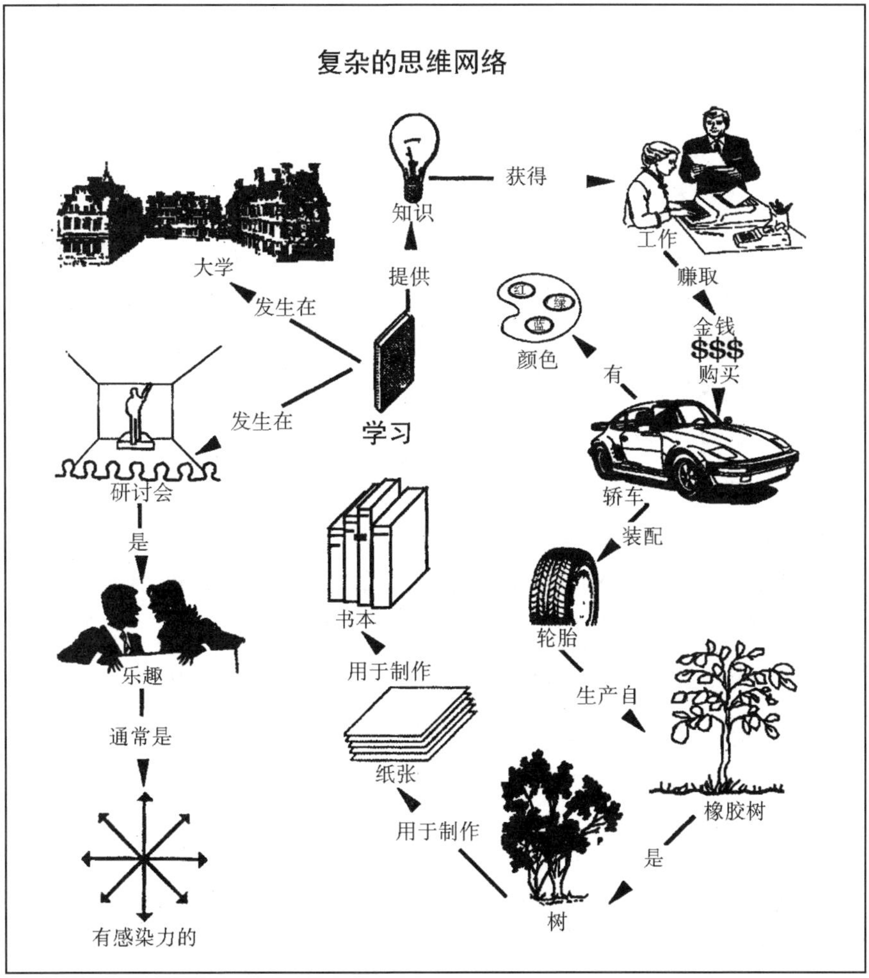

现出相应的行为和情绪，换句话说，就是我们进入了神经系统中的“高速公路”。

神经链在生物学上是成立的，它是有形的。那为什么我们试图作出改变的行为往往无效？神经链是一个生存工具，由神经系统保障，它是一个生理联系，而不是无形的“记忆”。旧金山加州大学的梅赞尼教授的科学研究证明，当我们越习惯于某一种行为方式，这个行为模式的就越“强大”。

梅赞尼做了一个试验，他以猴子为试验对象，在其脑部标定出一个跟它某根手指相关联的部位，这根手指一动，脑部就会产生相应的反应。然后他对这只猴子加以训练，使它想要进食时，就得动用那只手指。之后，梅赞尼再测试脑中所标定的部位，结果令人吃惊，这一部位的活动量竟然增加了将近600%。后来，就算他不再对这只猴子加以奖赏，它竟然也会习惯性地动手指，这表明猴子脑中的神经链已经如此之强壮了。这一实验就可以解释，为什么一个人即使戒了烟，他还是会有想抽的冲动，因为他已经被香烟“绑架”了。所以一个人过去所形成的情绪和行为习惯并不容易改变，这不仅仅是个“坏习惯”那么简单，而是其神经系统中已经建立了强有力的神经链。

日常生活中，如果我们长期沉溺于某种情绪或行为，就会在不知不觉中形成神经链。例如，每当我们纵容愤怒之情，或者向所爱之人发脾气时，我们就等于在加强相关的神经链，那么日常生活中就越容易出现这种行为和情绪的倾向。不过猴子的实验已经告诉我们，只要停止触动那根手指，大脑中的相应关联就会开始萎缩，神经链的影响力也就会减弱。

对于那些想要改变自身习惯的人来说，梅赞尼的这个实验无疑是个福音。只要我们不再沉溺于某种行为和情绪，能够中止旧有的习惯，一段时间后，神经链中的关联便会减弱，直至消失，那么这个人的消极行为模式和情绪就会一扫而光。同样的道理，如果一个人的热情长期束之高阁，它就会消失。记住，勇气若不使用就会减弱；承诺若不振奋就会消退；爱若不分享就会消散。

拥有好的头脑还不够，重要的是如何用好它。

——笛卡尔

神经链调整术共分为六大步骤，特地用来帮助人们打破消极的旧有模式。不过，我们首先要了解一下大脑是如何形成神经链的。当一个人经历了巨大的痛苦或快乐时，他的大脑就会立刻去寻找各种原因，通常寻找的过程会遵循以下三个标准：

1. 脑子总是会寻找独特的现象。为了缩小范围，脑子会去寻找与当时不相配合的不寻常的现象，也就是说，如果你拥有不同寻常的感受，那是因为有不同寻常的因由。

2. 脑子会去寻找当时同时发生的现象，这在心理学界叫做近因律[①]。也就是说，此刻（或者最近）引起强烈的快乐和痛苦的原因就是这些意识的起因。

---

① 近因律，行为主义心理学家华生所提出的学习规律之一。是指当反应频繁发生时，最新近的反应或比较早的反应更容易得到加强，也就是说有效的反应总是最后一个反应。因为在每一次练习中，有效的反应总是最后一个反应，所以这种反应在下一次练习中必定更容易出现。由此，他把反应离成功的远近，作为解释一些反应被保留、另一些反应被淘汰的原则。在他看来，习惯反应必然是离成功时机最近出现的反应。

3. 脑子会去寻找这种不寻常的现象出现的频率。

当你有痛苦或快乐之感时，你的大脑就会立刻寻找周边环境中同时发生的不寻常的现象。如果刚好有个现象符合以上两个标准，大脑就会去注意这种现象是不是在每次雷同的情形中都会必然出现，如果是，那么大脑就会确定这个就是引发痛苦或快乐之感的原因。问题在于，当我们感受到足够多的痛苦和快乐时，我们就会试图归纳这种连续性。肯定有人对你说过“你一直这样作”，当你第一次做完以后，也许是你对你自己说。

但是，这三个标准并不十分精确，因此很有可能我们会找错原因，以此建立的神经链也可能是错误的。所以，在下一个结论之前我们一定要慎之又慎。当我们在埋怨时，我们也把自己挡在了解决方案的大门之外。我曾经认识一位女士，她是非常成功的艺术家，与男朋友相处达12年之久。她对自己所从事的艺术热情非凡，这是促使她成为大艺术家的根本原因。然而，最近，她与男朋友分手了，她痛苦异常，她的大脑立刻去寻找原因——在这段关系中不同寻常的事件。

她发现这段感情充满了激情，除了认为这是这段感情中的瑰丽的一部分以外，她开始觉得这也是感情结束的因由。于是她开始寻找同时发生的痛苦的事情，同时她也发现关系结束之前还是充满了激情的。接下来她寻找连贯性，又发现激情就是那个犯人，当激情碰巧完全符合以上三条原则，她就觉得这肯定是这段感情结束的原因。

一旦产生这样的链接，她就决定，再也不在一段感情中投入如此巨大的热情了。这是典型的错误的“神经链”，她链接到了“伪原因”中，这决定了她现在的行为，并成为她寻找未来一段新感情的阻碍。而她和他之间最大的问题在于不同的价值观和行为方式，但是艺术家把激情当做原因，她就付出了沉重的代价，不仅仅是感情，还有她的艺术生命，她的整个人生也从此消沉。这是一个自我捆绑的典型例子。我们必须明白链接是如何形成的，同时也需要经常反思那些我们已经形成的链接有可能会限制我们的人生。否则，于公于私，我们都将充满无助感和挫折感。

自我破坏的源泉

混合型的神经链更加可怕，这是自我破坏的源泉。当你发现你开始达成某事，随后又失败了，混合型神经链就是元凶。当你的事业进入正轨，可是一会儿好一会坏，会怎么样？这时候你就会把痛苦和快乐都链接到同一件事上。

一个与我们息息相关的例子就是金钱。人们对金钱有种种诠释。当然人人都想要有钱，因为钱带来自由、安全感、奉献的机会、旅游的机会，还可以去进修、去拓展，去对这个社会产生重大影响。同时，大多数人的收入都处在一般水平，因为大家把“过多”的金钱和贪婪、犯罪、压力、不道德和精神贫乏等消极的信息相联系。

我让大家在我的财务命运研讨会上做的第一轮练习之一，就是说出与财富有关的所有的积极和消极的联想。在正面的一方，大家写道：自由、奢华、贡献、快乐、保障、旅游、机遇和重要影响。在负面的一方（通常更多）大家写道：与配偶斗争、压力、犯罪、失眠、拼命、贪婪、浅薄、安逸、被调查、高税等。有没有注意到两大阵营的强烈程度不一样，你认为哪种在他们的生活中起到更大的作用呢？

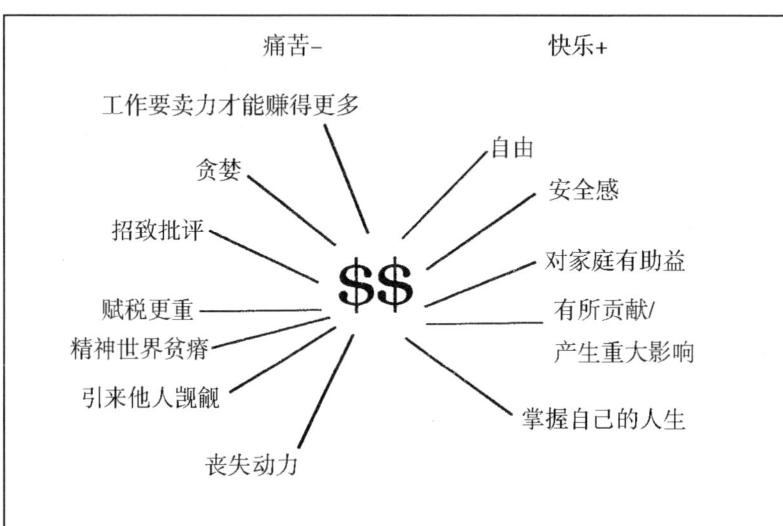

当你在做决定时，如果你的大脑对于什么是痛苦什么是快乐没有一个很清晰的想法，你就会压力过大，混淆不堪。结果，你会失去动力，不去采取行动去达成自身所愿。如果你给予大脑的信息过于庞杂，你所得的结果也会很混沌。你的大脑的决定机制就像一个天平：“如果我这样做，会痛苦还是快乐呢？”要记住，做出怎样一个决定，不仅仅是与每边决定性因素的数量相关，跟每个因素的重量也有关。也许你对于金钱的诠释中，快乐的数目多于痛苦，但是只要有一个消极因素很强烈，那么错误的神经链可能就会摧垮你在经济上获得成功的能力和可能性。

痛苦的栅栏

不管你做了什么，不管你身处何方，你都会感到痛苦，怎么办？我称这种现象为“痛苦的栅栏”。一旦这种现象发生，我们便茫然四顾无所措，我们不知道该怎么做。通常情况下我们会选择那个痛苦最轻的。然而，有些人完全被痛苦所淹没，他们就会彻底感到无助。

运用神经链调整术的六大步骤，可以让我们终止消极的行为模式。我们将寻找到一条全新的路，不仅能在很短的时间内可以消除或克服消极的行为，还可以进而产生新的一致的积极行为。如果不改变你神经系统中原有的痛苦或快乐的链接，改变就难以持久。

等你理解了以下的六大步骤，我将要求你立刻找出你现在就想要改变的事情。行动起来，坚持贯彻到每一个步骤中，就会见到书中的效果。现在就让我们看下去吧——

习惯的养成有如纺纱，一开始只是一条细细的丝线，随着我们不断地去重复，就像在那细丝线上缠上了一条又一条的丝线，最后细线纺成了一条粗绳，我们的思想和行为就给缠得死死的。

——奥里森·马登

第六章

如何改变人生中的任何事：神经链调节术

如果想要改变自身的行为，惟一行之有效的办法，就是把无限巨大、难以忍受的痛苦跟自身旧有的行为联系起来，把巨大的快乐和新行为联系起来。在我们的成长历程中，我们已经建立了自己的行为模式，以消除痛苦获得快乐。我们都曾经历过无趣、挫败、愤怒和压力过重等感受，并为了消除这些负面情绪采用了种种方法，有人采用逛街血拼，有人寄情暴饮暴食；有人谈情说爱；有人依赖毒品；有人借酒消愁；还有人迁怒于孩子。他们知道，这些方式确实能令他们获得一时的舒解和短暂的愉悦。

不管采取什么策略，如果想要获得改变，我们必须经历以下六大步骤，帮助我们更直接更有效地避开痛苦，获得快乐。NAC六个步骤是个直接高效的方式，且不产生任何副作用。

神经链调整术第一步

确定你的真正需求，找出你实现所需的藩篱

有那么多人来我这里寻求治疗，可是你都想象不到，当我问到他们的希望时，这些人却可以用二十多分钟的时间来倾诉他们所不希望的，或是他们不想再经历的。在这里，我们要记住一点：不管我们的关注点性质如何，如果我们关注的是所不希望的，它就越可能发生。所以，要想获得改变，第一步就要确定什么是你真正想要的，这样你才能迈出真正的步伐，这样才能引导你的发展方向。你定的目标越具体、你所需的越明确，就越能发挥力量，迅速达成所愿。

同时，我们也必须知道，在人生之路上，是什么阻碍了我们美梦成真。很显然，阻碍我们改变的，就是因为我们认为改变是痛苦的，从而选择原地踏步，不作改变。很多人都有这样一个信念：“如果发生了改变，痛苦就会产生。”那是因为改变的后果是不确定的，而对于未知的事物，我们总是心怀恐惧。

神经链调整术第二步

找出杠杆：把大量的痛苦联系到不采取改变上，而把大量的快乐联系到采取改变上。

大多数人都知道自己想要改变，然而他们就是不肯采取实际行动。通常来说，改变不是能力的问题，而是意愿的问题。如果有人拿枪指着我们的脑袋呵斥道："你最好马上给我改掉这个垂头丧气的样子，立刻振作起来！"我相信任何一个人在那种情况下都会竭尽全力改变消极的状态。

不过，就像我说过的，问题在于很多人只是认为改变是"应该"而不是"必须"。就算是"必须"，也觉得是别人的"必须"。要想马上获得改变，惟一的办法就是产生紧迫感，紧迫到非得立马去做不可。如果想要改变，就必须认识到改变不是能不能的问题，而是愿不愿意的问题，即跟先前所说的造就我们人生的那股孪生力量有关，那就是痛苦与快乐。

人生中任何一个成功的改变，定然是基于神经链中对痛苦和快乐的诠释发生了改变。通常我们难以改变自己，是因为心中对改变充满了矛盾。

一方面我们想要改变。我不希望因为抽烟而致癌，不希望因乱发脾气而失去朋友，不希望因为一些偶发事件而导致他们认为我们不爱他们，不希望余生在懊恼中度过——总之，我们不希望自己是个"受害者"。

而另一方面，我们却又害怕改变。我们会想："要是我不抽烟了，可最终我还是死于癌症。我失去了吸烟的快乐，也没有获得想要的健康。"或者你又会想："如果我把痛苦发泄出来，会发生什么事？"就在这种既惧怕又渴望改变的矛盾情绪中，我们的内心万分纠结，无法全身心地投入到"改变"运动中，不知道如何是好。

那么，究竟要如何才能消除这样的纠结呢？我们要如何才能产生主动的改变意愿呢？一个有效的办法就是让痛苦达到临界点，这样就能逼得自己产生这样的感觉：不立刻进行改变，就会遭受灭顶之灾。那时候我们的大脑就会说："我一定得改变了，我无法以这样的方式再多过一天，多过一秒。"

你是否有过一段关系，你苦苦挣扎，这段关系令你不开心，很痛苦，但是你还在执迷不悟地坚持。为什么？你认为即使不做什么努力，这段关系也可以改善。如果你如此痛苦，为什么不离开？不过即使你再怎么不快乐，你对于离开后的未知的恐惧感更加强烈。“是的，我现在不开心，”也许你想，“但是万一我离开他后再也找不到其他人呢？至少现在我还知道如何处理现在的痛苦。”

这种想法阻止了我们采取改变的行动，有一天这一消极关系带来的痛苦可能远远超过你对未知的恐惧，那么你就到达了临界点。其实身体也一样，当你最后发现，如果你不减肥，你就没法再多过一天。当有一天你发现自己的大象腿塞不进那条心爱的牛仔裤，爬几级楼梯就气喘如牛，或者身体如发酵的肉球引得旁人侧目，你就会觉得原来猛吃猛喝所带来的痛苦远远大于获得的快乐。于是你再也无法忍受了，于是你终于拿出改变的行动了。对了，这就是临界点。

狗食减肥法

最近，有一位女士参加研讨会时，告诉了我一招她所发明的“自动防故障”的减肥法。她和一位朋友一而再再而三地发誓要减肥，也一而再再而三地“食言而肥”。最后，她们俩都觉得非减肥不可了，必须要立下“军令状”才能成功，而这个“军令状”要前所未有的狠才行。她们不仅仅对自己立誓，而且也广而告之身边所有的朋友，若哪个人违反了誓言，就必须吃下一整罐的“狗食”。更绝的是，她们随身携带一个空的狗罐头时刻提醒自己所立的誓言。这位女士说，每当她饿得快要忍不住时，便立刻拿出罐头看看上面的标签，当瞥到成分上写着“碎马肉”时，澎湃的食欲就立刻消失殆尽了。她们也因此“毫无故障”地守住了誓言，达成了减肥目标。

有一种杠杆装置，可以用来取代人力，移动极为庞大、人力无法推动的重物。若杠杆是产生改变的关键，如果我们想要解除某些行为，也需要可以借力的“杠杆”，这样才能抛掉抽烟、酗酒、贪吃、咒骂等恶习，改掉沮丧、烦恼、恐惧及自卑等负面情绪。要想获得改变，不是仅仅在脑海中出现改变的想法就可以了的，而需要从内心深处认识到自己必须改变才行。如果你多次试图改变，最后都无功而返，很可能是因为痛苦的程度还不够强烈；唯有当你达到了临界点，最终改变的杠杆才会出现。

当我为别人进行治疗时，我必定会耐着性子帮他们找出最关键的杠杆，以便在短时间内彻底改变困扰多年的毛病。开始时，我会一再告诫他们，如果他们不能下定决心立刻改变，我这个治疗师也是无能为力的。要知道我每次的收费是3000美元，我不希望他们这笔钱花得冤枉，只有下定决心当下就做改变的人才能产生疗效。那些来此寻求帮助的人来自五湖四海，我通常会告诉他们，如果不能解决他们的问题，还不如送他们回家。这时候病人们就会主动花上半个多小时来向我表达改变的决心。有了这样的杠杆，那么促成他们的改变就不是难事了。用尼采的话说就是："一个人若决心强烈，将会所向披靡。"我发现，要想获得成功的改变，两成是靠技巧，另外八成就得靠认知了。如果我们能够为改变找到一系列充足的理由，我们就能在瞬间改变那些沉疴旧疾了。

给我一个支点，我就可以撬起整个地球。

——阿基米德

要促成改变，最有力的杠杆便是痛苦，是发自肺腑的痛苦，而非来源于外在。无法按照自己的标准去生活则是最大的痛苦。如果我们不能按照自己的想法行动，如果我们的行动与内心相悖，如果我们的行为与标准相异，那么这内在和外在之间的差距便会形成一种压力，迫使我们进行改变。

行为和自身标准的不一致性会创造出改变的杠杆。压力不仅来自外部，更存在于人的内心，人性中存在的最强大的一股力量便是维持"我"的完整性。

许多人的行为和意识充满了矛盾，原因很简单，因为他们不知道自己的内外不一致。如果你想要帮助一个人，单单指出他们的错误和不一致并不能找到改变的杠杆，一定要对他们提出各种问题，让他们意识到自己的内外不一致，这比直截了当地去指出他们的问题有效得多。如果你一味地施压，他们就会越逃越远，而来自内心的压力则让他们无从逃避。

把这种压力施加在自己身上，效果是相当不错的。我们都知道，自满者就会故步自封，这样一来，除非是你对自身现有的行为模式极度不满，否则你不会主动去进行哪怕是十分必要的改变。我们必须面对的事实是：人是压力动物，只有在感受到压力时，人才会采取行动。那么为什么有人即使知道势在必行，还是不愿意作出改变？这是因为他们认为改变比不改变更为痛苦。不管是想要改变别人，还是要改变自己，我们只要把这种感受反过来，把不改变和极端的痛苦联系起来，并使之达到临界点；而把改变和莫大的快乐联系起来。

如果想要找到真正的杠杆，不妨问问自己一些能引发痛苦的问题："我不做改变的代价有多大？"只是很多人总是忙着追究改变的代价，却不曾想到不改变的后果。可以这样问自己："如果不改变，我的人生会错失哪些机会？我在身体上、情感上、精神上、金钱上或情绪上有什么样的代价？"让不改变的痛苦直接强烈到你不敢、不愿再拖延，那就会把改变付诸行动。

如果这还不足以产生杠杆，那么就想象这会对你的心爱之人、你的孩子以及其他你所关心的人产生什么影响。很多人愿意为自己所关心的人付出更多，那么就想清楚，如果你不做改变，会对那些你生命中举足轻重的人产生什么样的负面影响。

第二步，就是要问一些能引发快乐情绪的问题，这样就有助于赋予“改变”正面积极的意义。你可以问自己：“如果我作出了改变，我会如何评价我自己？如果我改变了，我的生命会不会冲劲十足？如果我现在就做出改变，我会获得什么成绩？我的亲朋好友们对我的观感会如何？我会比以往快乐多少？”关键问题是，你要找出一大堆的依据，或是更有力的依据，支持你立马做出改变，而不是推诿到未来的某一天。如果你不觉得有立马改变的必要，那就是你还没有找到真正的杠杆。

至此，你已经学会在神经系统中把不改变和痛苦联系在一起，把改变和快乐联系在一起，这就会促使你作出改变。接下来让我们进入到神经链调整术的第三步吧……

神经链调整术第三步

中止旧有的行为模式

为了保持感受的连贯性，我们通常会养成独有的思维方式，我们会把注意力集中在相同的角度和想法上，问自己相同的问题。不过，若提到改变，问题就出来了：很多人想要获得全新的结果，却一直沿用旧有的方式和想法。这令我想到有一次我听到有人对“精神病”的解释：不断重复做相同的事，却期待截然不同的结果。

不要误解，你并没有错。其实你毫无必要一成不变地生活，你不用搭理别人对你的评头论足。那个能够促进我们改变的小宇宙，就蕴藏在内心。只要调整一下“故步自封”的神经系统，那些先前被压抑的能量和小宇宙就能爆发。而你必须要做的，就是掌握住神经渠道，这样就能一直引导自己超越那些沮丧和恐惧，走向美好的人生。

要想获得全新的成果，仅仅知道自己的目标、找到改变的杠杆是远远不够的，还得具备改变的强烈意愿。但是如果我们还是重复着从前的做法，走着从前的老路，人生怎么可能有所改变呢？痛苦和沮丧还是“阴魂不散”，甚至愈发严重。

你有没有见到过困在房间里的苍蝇呢？它是如此迫切地想要寻找光明，所以它不停地撞向窗户，一而再再而三地撞，这样的冲锋可以持续上好几个小时。你是否从别人身上看到过类似的情形？他们改变的意愿很强烈，杠杆也很强大，但是如果面对的是一扇关着的窗户，这样的强烈意愿是无济于事的，这时候就必须要改变方法。那只苍蝇想要飞出屋子，惟一的机会就是返回来寻找一下其他的出口。

如果你我还走着老路，那么只能得到原来的结果，所谓“种瓜得瓜，种豆得豆”就是如此。唱片播出来的音乐始终如一，因为它受制于音轨的刻痕。如果有一天你拿根针在上面划上几十下，那会怎么样？很显然，原来的音轨就被彻底破坏了，那就再也播放不出原来的曲子了。同样的道理，只要中止我们旧有的消极行为和情绪，那么我们的人生就会焕然一新。

通过这两步，我们的改变将水到渠成，这是神经链调整术六步以外的附加步骤，能保证改变的持久性，并让你获得愉悦而有效的新选择。

有一年，我在芝加哥举办了一场长达三天两夜的研讨会，主题是无限的潜能，中间就发生了一件有趣的事。有一位男士公开告诉大家，他很想戒掉自己贪食巧克力的毛病。在我看来，他显然从别人给他的“巧克力贪吃鬼”的绰号中获得了极大的快乐，他甚至还自我感觉良好地穿上了一件特制的文化衫，上书一行大字：“吾爱世界，吾更爱巧克力。”这一切都表明，虽然他有着改掉好吃巧克力这一坏习惯的决心，但是“巧克力贪吃鬼”带给他的“次要好处”又让他想要保留这一习惯。

有时候，人会因为旧行为或旧习惯带来的痛苦而产生改变的想法，可是他们同时又可能舍不得这个旧习惯所赋予的“快乐”。举个例子，有人“因祸得福”，因为受伤而被从头到脚地关注，突然成为众人关注的焦点，为了维持这种关注，他们就不大希望自己早日康复。他们在克服伤痛的同时，会下意识地希望从他人的关爱中获得更多的关注。

去做你认为对的事，去做你所希望的改变。不过如果不改变好处多多，那么即使改变了也很容易故态复萌，“次要好处”会让人对改变充满复杂的感情。这些人虽说想要改变，但是下意识里却认为保持旧的行为和情绪习惯所带来的好处是无法从其他途径获得的。因此，有很多人明明知道对自身无益，就是不想改掉垂头丧气的样子，为什么呢？因为垂头丧气会引起别人的关注。他们并不是待见沮丧，不过他们想要获得关注的需求最后胜出，这一希望引起旁人关心的“次要好处”促使他们继续沮丧下去。要想解决这种情况，我们必须为他们找出足以改变的杠杆，同时还要为他们指出改变的方向。

在我看来，“巧克力贪吃鬼”确实知道他必须要戒掉这个坏习惯；而我很清楚他也乐于借此获得他人特别的关注。当这种“次要好处”介入时，就需要加强改变的杠杆。于是我决定对这位巧克力贪吃鬼施以重压，我点名道：“这位先生，你告诉我你已经准备戒掉巧克力了，这很好。那么在你抛掉这个旧习惯之前，我希望你能做一件事。”他问道：“什么事呢？”我说：“为了调整好你的体质，在接下来的九天里，除了巧克力你什么都不能吃。记住，只有巧克力能进你的嘴。”

这时学员中有人开始发笑。这位仁兄看着我有些惴惴不安：“那我可以喝东西吗？”我同意道：“可以，喝水没问题，一天不能超过四杯。记住你只能吃巧克力。”他耸耸肩，一副得意洋洋、满不在乎的样子：“没问题，安东尼，我一定丝毫不差地照着你的话来做。”听了这话，我笑了笑，继续我的研讨会。

接下来，有意思的事发生了。成打成打的巧克力棒和巧克力糖纷纷从学员们的口袋里、皮包里和公事包里被掏出来，统统都塞给了巧克力贪吃鬼。到了午休时间，巧克力贪吃鬼就捧着巧克力猛吃：Baby Ruths，Butterfingers，Snickers，Milky Ways，M&M’s，Almond Joys，Fanny Farmer Fudge等各种牌子的巧克力都进了他的腹中。当他在会场大堂见到我便笑道：“谢谢你，汤尼，味道真不赖。”说话时他又撕开了一包巧克力，当着我的面塞进嘴里，似乎是向我宣告他“打败”了我。可是他错了，他没有意识到他的对手不是我，他是在跟自己“作战”！我不过是让想他的身体获得改变的杠杆，打破旧有习惯。

大家都应该知道，巧克力吃多了会让人口干舌燥。果然，当天快结束时，那位仁兄嗓子快要冒烟了，当其他学员还在往他的手里猛塞巧克力时，他就有点郁闷了。到了第二天，他已经没有先前的兴致了，但是他的态度还是相当的强硬。当我跟他说：“再来点巧克力？”他瞄了我一眼，默不作声地撕开了一条巧克力棒塞进嘴里。

到了第三天早上，他表情僵硬地走进会场，像是一个不眠不休祷告了一整晚的人。“早餐吃得怎么样？”我笑着问他。他勉勉强强地承认道：“不怎么舒服。”“那再来一点？”我故意刺激他。这时，他身后一位学员递来了一块巧克力，这位“巧克力贪吃鬼”接得十分不情愿，他没有撕开，连看都没看一眼。我便问道：“怎么了？饱了？”他点了点头。我揶揄道：“喂，你不是吃巧克力大王吗？再来一些吧，巧克力可是好东西。试试看Mounds Bars、Peanut M&M’s或来箱Rocky Road Fudge试试？是不是口水都要流出来了呢？”

我越这么说，他的脸色就越发绿。我继续怂恿道：“再多吃一些！”最后他终于忍不住爆发了：“你不要再逼我了！”这句话顿时引来哄堂大笑，这时这位仁兄意识到自己在说什么了。我打了个圆场：“好吧，那就扔掉巧克力，坐下好好上课吧！”

之后，我终于帮他找到了克服巧克力贪吃症的有效方式，找到了与快乐相连的更有效的方法，也不再要求他只吃巧克力。然后，我帮助他调整了新的神经链，摒弃旧瘾，采用对身体有益的行为方式：有氧运动、流质食物、适当的混合餐等。

这套方法是不是奏效了呢？确实！如果能让一个人在生理上产生痛苦，毫无疑问会产生改变的杠杆，让人下定决心去消除痛苦，寻求快乐，这时他的旧有模式就被打破了。大家都希望那位巧克力贪吃鬼戒掉巧克力，而我却要求他吃，这就出乎他的意料了，结果却完全改变了他的旧习惯。晚上躺下时，他的神经系统便会记录下吃巧克力时的痛苦经验，一下子把他先前对痛苦和快乐跟巧克力相联系的认知击得粉碎，从而产生新的认知。

在我执业治疗的时候，会碰到一些人来到我的办公室，讲述自己所遭遇的问题。往往开始说：“我的问题是……”便情绪失控、痛哭流涕。这时候我通常会立刻站起来郑重地说：“对不起！”这句话很快就能让他们停止失态的表现，这时我便会接着说道：“我们还没有开始呢！”这个时候他们通常会抱歉地说：“哦，真对不起。”随后他们的情绪便会改变，恢复常态。这一举动颇具震撼力，这些人一直觉得自己无法控制自己的情绪，而我却能在瞬间让他们恢复常态。

打破一个人旧有行为模式的最好办法便是出其不意，给他们一个完全没有经历过的状况。你自己不妨想想能够终止旧有模式的方法，想想有哪些愉悦的方式能够改变情绪低落、烦恼和压力过大等感受。

下次你一旦发现情绪不佳，不如跳起来仰天长啸：“哈-利-路-亚！[①] 今天我

① 哈利路亚：宗教词语，是希伯来语，意思是赞美耶和华。

的脚不臭了。”这个动作看起来有点滑稽，不过颇有改变状态的功效，防止你继续往牛角尖里钻。

如果你想要改掉暴饮暴食的坏毛病，我这里有一个不错的办法，不过你得有点胆量。下次你去餐厅的时候如果还是想要暴饮暴食，你就可以跳到餐厅正中间，指着自己的座位，声嘶力竭一下：“贪吃的猪！”我敢保证，大庭广众、众目睽睽之下只要你这么来上个三四次，日后你就不会再暴饮暴食了，因为它所带来的痛苦远远大于快乐。这就得出一个结论，要想改变旧习惯，采用的方法越令自己痛苦，效果就越好。

若想要立刻改变，就要抛掉旧有的认知，采取一个新的行为模式，然后一而再、再而三地进行调整，直到新的行为成为习惯为止。当你说“我忘记刚刚想什么了”，就表示有些事有些人改变了你注意力集中的习惯。很多人有过这样经历，当你正聚精会神地跟你朋友交谈，突然有人打断了你一下，当你回来的时候就会问：“刚刚讲到哪里了？”这就是典型的行为模式被打断。

要知道，我们曾采用其他迂回的方式进行改变，追求快乐，结果却不理想。这就告诉我们必须要直接打破旧有的模式，挣脱出以往的认知，寻找到新的模式（这其实就是下一步），不断地加以调整，直到使之成为一以贯之的新方式。

打破旧有负面情绪的方法

通常，如果我们能够不断去试图打破旧有的行为，最后总能改变。一个打破旧有行为的方法就是混淆我们记忆中的感受。我们情绪不佳是因为对某些事“念念不忘”。举个例子，如果你被上司责骂了，在接下来的时间里你可能都记着这件事，脑中不断浮现老板怒吼的表情，你的心情就会越来越糟。可是为什么要让这件事一直困扰你呢？为何不“扔掉”这一幕呢？为什么要让自己一直被这些人这些事困扰，心情始终不能舒畅吗？试试看，也许你就能让自己开心！

按照以下的方式试试：想想令你难过、挫折和生气的状况，然后试试前面已经说过的神经链调整术的前两步，如果那个状况令你难过，你接下来想要怎么做？你为什么会有那种感受？令你有那种感受的情感你已经链接到那些状况中了。若是心情舒畅一些会不会更好呢？现在运用一下杠杆，如果你不改变那种情况下的感受，你接下来会怎样？我相信会很难受。你想要一直为此付出代价，当面对这个人或这一类事的时候一直难受或抓狂吗？如果你改变一下，会不会感觉好些呢？

拉锯战模式

你已经有了足够强有力的杠杆了，那么就挣脱出那些消极负面的情绪漩涡吧。可遵照以下步骤来练习：

1. 好好看看脑海中令你困扰不已的那件事。要像看一部电影一样，不要觉得不安，要注意其中的每一个细节和过程。

2. 把这一幕转化为一幅卡通漫画。想象一下，你坐在一张椅子上，满脸笑容、气定神闲，你尽可能快速地倒放这部漫画，所有的事情就反过来了。如果是有人在说话，你就仿佛看到他把话吞回去了。之后，你快速地把整件事倒放回去，以更快的速度播放一遍。完成这一过程之后，你再来变更里面人物的色彩，把他们的脸都变成七彩的；如有哪个人让你特别看不顺眼，就把它的耳朵变得像米老鼠那么大，鼻子像匹诺曹那么长。

就这样来回反复上十来遍，以极快的速度和古怪的样子不断变化其中人事物的形象，同时配上你自己喜欢的音乐，是动听的曲乐也好，是古怪的卡通音乐也好，要尽量让这个音乐与之前使你不快的图像联系在一起，这样就会改变你之前的感受。在整个过程中，关键点就是你倒放时的速度，以及夸张扭曲的程度。

3. 现在再想想之前使你不快的场景，你的感受是什么？如果第二步有效的话，你就已经多次打破了之前的情绪模式，并且会发现想要回到先前的消极和低落可并非易事。这个方法也可用来解决困扰你多年的事上。这比你在那里苦苦分析原因，却找不到改变方法来得更有效。

尽可能地简单。上述方面可谓是放之四海皆准的，为什么呢？因为人的一切感受都基于我们内心所关注的图像、声音和感觉，如果我们能改变其中一项因素，那么感受就能获得改变。对此反复加以调整，先前的情绪就很难再出现了。

打破旧有模式的有效方式之一就是停止做相关的事，变成“gold turkey（突然终止某种已经成瘾的习惯）”。如果你一再地去试图打破旧有模式，神经链中的那条渠道就会慢慢消失。要知道，任何事的发生都与神经产生关联，进而在我们的脑中建立一条链接，如果你一直使用这条链接，它就会愈长愈大；相反，如果不去使用，它就会慢慢萎缩，直至消失。

现在，大家已经知道如何打破困扰你的旧有行为模式，接下来你就要——

神经链调整术第四步

创造一个崭新积极的行为模式

这是神经链调整术的第四步，也是建立持久改变最重要的一步。经常有些人试图改变旧有行为却功败垂成，关键就在于尚未找到新的行为模式。很多人其实已经来到了改变的临界点，改变也已经迫在眉睫——因为旧模式所带来的痛苦是如此巨大，而改变又蕴藏着不菲的快乐。他们甚至已经打破了旧行为，结果却没有代之以新行为。

记住，在你的神经系统中，那些模式应当是帮你消除痛苦、获得快乐的。当模式已经确立，那么即使你遭遇负面的影响，你只要将所掌握的消除痛苦的习惯一一加以运用就可以了，这是你获得所期望的感觉最好的方式。

如果你已经按照之前的步骤行动了，那就表示你对自己的需求很清楚了，也明白是什么阻止了你达成心愿。你已经获得了“杠杆”，你已经打破了旧有模式，接下来你就需要创造新的行为模式，去取代那些消极的旧有模式。譬如说，如果你要戒烟，那么就要找出一种新的方法，以取代过去你从抽烟中所得到的快乐——这是必经之路。同理，你要如何代替忧虑呢？要怎么做才能达成目标呢？

只要去帮助到那些亟需帮助的人，你就不会沮丧了。如果你实在想不出有什么样的好方法消除戒烟、戒酒、忧愁以及其他情绪的痛苦，同时又能寻找到可以替代它的快乐，那么就干脆去求助于那些改变成功的人，看看他们是如何做到持久改变的，答案一定能够找到。

一个典型的例子便来自我的朋友法兰·塔肯顿。当我和他第一次一起上“人的潜能”电视节目时，便被他的一个习惯惊呆了——他居然喜欢嚼烟草，并且，还在我们会晤当中，他突然把头一偏，往地上吐了口痰。这跟他留给我的精明强干、风度翩翩的形象实在不符，然而这却是已经伴随他二十多年的一个习惯了。

后来法兰告诉我，嚼烟草是他生活中最大的快乐之一，它是他的密友。尤其是当他一人开车被寂寞环绕时，咀嚼烟草能够令他忘记孤独感。他甚至大方地告诉朋友们，如果非得在嚼烟草和做爱中选择一样，他宁愿选择前者。有谁能想象嚼烟草的魔力如此之大？法兰就是把这一习惯当成了消除痛苦、获得快乐的方法，多年来他的神经系统中已经建立起了快速而强大的关联，成为他消除负面情绪的有效方式。

那么是什么促成了法兰的改变呢？最后，他找到了促使他产生改变的杠杆。一天，在一个朋友的好意提醒下，他开始意识到嚼烟草与他要成为有品质的男人的目标极为不相符，这个习惯代表他对人生缺乏控制。为了实现自己的最高价值，情况必须加以改变，否则他就会痛苦不堪。他开始发现这种生活习惯可能导致口腔癌，他牢记这一点，知道要远离这一习惯。他开始讨厌烟草的气味，这就让他获得了改变的杠杆，打破了旧有的把嚼烟草和快乐联系起来的模式。

接下来最为关键的一点，就是法兰找到了令自己更为快乐的新方式，它远比嚼烟草有效。他工作比以往更认真，而回报也比以往更丰厚。他的公司业绩直线上升，Knowledge Ware成为华尔街最为成功的电脑软件经营公司。与此同时，他结识了一位新女友，两人无论是个性还是价值观都默契十足，他的生活更加充实快乐。于是，以往他用嚼烟草来打发孤独的习惯，从此再也无根植的土壤。

通常，当我们中止了旧有的行为模式，脑子便会自动去寻找新的模式，希望它能带来所期待的快乐。这就是为什么有的人戒了烟却也发了福，因为他们的脑子在寻找可以带来相同快乐的行为模式，现在他们就从吃东西上找到了与抽烟相同的快乐感受。

记住，要想获得改变，关键一点就是，我们要有意识地选择好新的行为和感受，去替代旧有的那些。

关于转变的研究

为了了解戒毒的效果，南希·曼恩曾作过一个统计调查，结果显示，“取代行为”在戒毒过程中扮演了重要角色。

她选取了三组实验对象。第一组人用法制强制戒毒，这是一种外在的压力。在第一章中我们已经说过了，外部压力的影响力是很小的，这些吸毒者获释后，没过多久毒瘾难抑又复吸了，这是因为外部压力已经消失了。

第二组人戒毒的意愿非常强烈，并且愿意竭尽全力，他们的改变杠杆来自内心。结果是，这些人的戒毒时间有所提高，大概有两年差不多。但是，当遭遇过大的压力时，他们便会又靠吸毒来逃避压力。他们的失败，就是因为没有找到替代旧有神经链接的新模式。

第三组人则可以说是戒毒成功了，原因就在于他们找到了很好的取代模式。

那些事就是他们最初想要的感觉，甚至感觉更好。在家庭中、事业上、社会交往中，他们所获得的感觉要比吸毒行为更好。其中大部分人从此再也没有犯过毒瘾，即使有少数人复吸，那么也至少维持了八年未犯的记录。这些人之所以能够成功戒毒，就是因为遵照了NAC的这四大步骤。不过还是有那些八年后复吸的人，这是为什么呢?

神经链调整术第五步

不断调整新的行为模式直到成为习惯

要想获得持久有效的改变，调整这一步是必不可少的。最简单的调整方式就是不断地重复新的行为，直至神经链从“丝线”变成“麻绳”。如果你找到了可用的新行为，那就将它不断地往积极的方面去想，直到你认为它真的能帮你消除痛苦、获得快乐，这时，你就在脑海中建立了神经链，你的新行为方能长久；倘若你没能建立起这样的神经链，那么旧行为很容易就会“重返”。

只要你用心去一而再、再而三地重复这一新行为，追求改变，那么你的神经渠道就会越来越宽，最后就变成了“高速公路”，你能一下子“到达”新的行为，长此以往就会成为日常习惯。记住一点，我们的脑子是无法分辨何为真实，何为想象的，只要我们不断地强化已有的认识，那么最终它就会影响我们的思维和行动。调整，就是要让我们自然而然地显现出新行为。如果你发现自己以前一直在“匝道”上走，那么你现在就要高速驶过——不过事实上这是有难度的。

不要小觑调整的力量。我曾在杂志到看到一则关于NBA波士顿凯尔特人队球员拉里·伯德拍广告的故事。有一次，他拍摄某一则软饮料广告时，广告中设置了他错过一次跳投的场景，不过在这之前他一连投中九个远距离空心球。他的百步穿杨，正是来自于球场上多年来的“调整”：每当控球在手，他能够自动地举球、瞄准、投篮，几乎每一个球都能破网而入。我觉得伯德的大脑中，肯定有一条跟运动有关的巨大的神经链。调整的重点，就是任何一个行为若“不断用心地重复”，它便会成为一个习惯。

下一步就是要“强化”新行为以加强调整的有效性。如果有了新的改变，你有想过要怎样褒奖自己吗？如果你停止了抽烟，那就赶快给自己一个奖励吧，可不要等到一年之后才进行颁奖。不要等到体重少了八十磅才给自己奖励，你甚至都不用攒到一磅，在你果断地把食物从眼前推开时，你就可以给自己鼓掌了。

给自己定下几个旨在近期完成的目标吧，每达成一个，就给自己来点鼓励。你一时心情低落或烦恼，可是你却能强自振作或努力展露微笑；或者每次有人对你颐指气使的时候你始终能保持微笑，那么就及时给自己鼓励吧。只要有一丁点的改变，鼓励就要立刻跟上，这样才能让改变持久、并最终成功。

如果你能及时地给自己鼓励和奖励，你的神经系统就会将快乐和改变联系在一起。减肥不会立竿见影，更别指望马上拥有像电影中的艾尔·麦克珀森或梅尔·吉布森那样的身材。不过，只要你在外头跑了一圈，而不是冲进附近的麦当劳大吃特吃，就已经值得奖励你自己了。如果你不这么做，你很可能会垂头丧气地说：“我都已经费了这么大的劲，身材还是这么糟糕，离完美的境地还差这么远，我不如就……”你看，因为欠缺鼓励，改变的行动可能因为短期效果不理想就被放弃了。

现在，我们已经知道了强化的力量，那就加速调整新行为吧！最近凯伦·布莱尔所著的《别毙了那只狗！》一书颇具启发性，书中所说的正是关于调整的心理过程，值得一读。作者在书中列举了一些训练动物改变行为的过程，正好与我近年来研究的人类行为的改变异曲同工。

改变动物行为的神奇力量，实际上与调整人类行为的力量异曲同工，如果能够深谙其中的奥秘并能善加利用，就能开创出梦想中的人生。如果我们任由环境摆布，那么跟动物有什么差别呢？只有了解人对环境的影响，进而把自己的潜能完全发挥出来，才称之为人。在书中，布莱尔谈到这些年她对动物所运用的“痛苦”的训练方式：用鞭子和椅子对付狮子、用缰绳控制马、用皮带拴狗。可是，这些方法在海豚身上统统不管用，海豚压根儿就不理她。由此，她领悟并创造出另外一种训练方式，那就是“正面强化”。

教育可以做到一切。万物皆在其影响之下。它可以使恶者变善，可以摧毁坏的准则并新建好的，可以将人提升到天使的境界。

——马克·吐温①

要想调整成功，首要的一点便是要重视强化。要想让某些行为或情绪成为一种习惯，那么我们就必须创造出一个调整模式，而模式就是强化的结果。尤其值得一提的是，创造情绪和行为的一贯性的关键点就是调整。

---

① 马克·吐温（Mark Twain，1835~1910），美国的幽默大师、小说家、作家，也是著名演说家，19世纪后期美国现实主义文学的杰出代表。

强化法则

任何一种行为或情绪，如果加以不断强化，最后它就会成为一种自动调整的习惯；反之则会慢慢消失。通过正面强化，任何人的任何行为都能得到加强。方式是这样的：每当这个人呈现出所期待的行为时，就可以进行褒奖，方式可以是一句赞美之语、一件礼物或者是赋予更为充分的自由。同时，如果遇到我们所不期望的行为时，就可以采用反面的强化方式进行惩罚，方式可以是皱下眉头、臭骂一顿甚至是大打一顿。要记住，强化跟奖励和惩罚是不一样的，强化是对一个行为发生时的当下反应，而奖励和惩罚是更后一步的措施。

注意时效性

记住，调整一定要注意时效。作为一个教练，当自己的球员一个妙传帮助队友投篮得分时，教练就该立刻大喊“传得好！”这一个即时送出的鼓励之语效果要大大好于比赛结束后的夸赞之语，因为每个人都希望鼓励和赞美来得越快越好。

反面的例子就是，现在的社会治安每况愈下，就是因为那些犯了罪的人没有被及时惩罚，即便日后受到重罚，但彼时已经时过境迁，他们已无法将罪刑的痛苦和所犯的罪连在一起，因此无论是对受刑人还是对社会大众，都起不到威吓的作用。

要真正训练自己的脑子，改变人们的情绪和行为模式，我们得从神经链方面入手，而不是从心智方面开始。这是我们真正长期改变行为和情绪的惟一有效方式。要记住，人不是孤立的动物，调整也绝非是单方面的，大家都是在相互影响彼此的行为。只不过，我们很多时候是把人往负面的方向调整，而非正面的方面。

有一个典型的例子，就是我女儿乔莉以前的男朋友。乔莉生性活跃，兴趣广泛，功课、话剧、舞蹈，样样不落，忙得团团转。她的男友有些黏人，希望她能每天打电话给她，如果乔莉隔几天打一次，她的这位男友便会不高兴，这让乔莉异常痛苦。乔莉的男友希望能够经常跟乔莉打电话，但是他所采用的方式和态度却让乔莉在打电话的时候感受到屈辱和痛苦。

不知道各位是否有过这样的经验，每个人都希望自己的男友、女友等另一半能更经常地打电话给自己，可是如果每次你打电话过去时，你听到的只是无止境的抱怨和责备："你终于接电话了？为什么我总是那个打电话的人？"你的感觉会舒服吗？

当然，在他内心，他是期待你的电话的；然而他的行为却适得其反，刺激你不要再打电话给他，因为每次的通话都会让你心生不快，这种不快的积累，很可能导致你萌生躲避之意。乔莉男友的行为令她痛苦不堪：不打电话不好受，打了电话更不好受。结果两个人的恋情几个月后便告吹了。如果我们的人际交往中充斥着这种负面的强化方式，朋友则永远是寥寥无几。

如果你确实希望别人打电话给你，那么请你在接到别人电话的时候表现得开心一些。如果对方听到你说你有多想念他，你有多爱他，你接到她的电话有多开心，那么对方怎么会不开心、怎么可能不多打电话给你呢？而任何行为若是和快乐连在一起，这种行为就会不断持续下去。

在我给企业进行咨询顾问时，我发现大多数企业习惯用负面的强化方式来对待员工，用处罚方式来吓唬员工，也就是威逼。这种负面的强化方式在短期内可能产生一定的效果，但是时间长了效果就不佳了，甚至还可能带来反面效果，员工如果到了忍无可忍之时就可能会群起反抗。这有点像当年的东欧：人们长期生活在恐惧当中，忍到无可忍之时，终于起来反抗了。

企业常用的第二种强化方式便是利诱。这种方式还算可以，也颇受员工的欢迎。不过这一方式的效果也是有限的，当奖励成为习以为常之事后，效绩就不会因这种方法而获得很大的提升。其实许多企业也已经发现了这种现象。如果企业一直采用金钱作为主要的奖励方式，那么就会让员工变得"惟利是图"，当他们有那么些工作成绩时，内心便会期待金钱的奖励。这样，工作仅仅成了换取钱财的手段，万一无法达到获得金钱的目标，工作就会失去动力。一旦员工有了这种认知习惯，那么企业不管怎么提高奖励金额，收效都不会很好。这种方式有自缚手脚之嫌。

第三种强化方式，也是最佳的方式，就是为员工提供充分的发展机会。帮助员工获得自身的成长和人生境界的拓展，让他们对人生、他人和工作充满憧憬，愿意作出更多的贡献。而这种贡献源于他们内心的自豪感，而不是外界强加的"威逼利诱"。这并不是让企业不要进行金钱上的奖励，只不过这种方式比金钱奖励更好，能够为员工的成长和人生拓展提供更为广阔的空间。

好或坏、奖或惩，都是为了建立理性人：这都是为了人类能够好好地工作和前进。

——约翰·洛克[①]

用好强化方式，维持长久改变

当我们要建立一个崭新的行为和情感模式时，很重要的一点就是要不断强化新行为。开始时，每次你想要做新行为时（譬如推开眼前的食物盘），你就要认识到：适当的强化对于建立新行为具有正面的效果。不过如果强化方式一成不变，最后就会被视为理所当然，反而失去了强化效果。

关于这一点，我有一个例子。每次我走进机场，总会给那些乞讨者一些钱。其中有一位我经常碰到，给钱的次数多了，他也就认识了我。后来我进机场，他只要见到我，就会立刻到我面前乞讨，我也会照旧给他一些。有一次我赶时间，而口袋里刚好没有零钱，而他照旧到我面前伸手乞讨。我很不好意思地对他说：“真抱歉，我今天手中刚好没什么零钱。”不曾想他听到这句话后，脸就耷拉了下来——他的预期落空了。

你我都要记住一点，意外之喜往往会使快乐加倍。因此，使用预期之外的强化方式，是让新行为保持持久性的一个极为有效的办法。

在此我来举一个有关训练海豚的例子，你就会对这种强化方式的效果有更直接的感受。驯兽师要训练海豚跳出水面，一开始的方式是这样的：先等海豚自己跳出水面，每当海豚成功跳出水面，驯兽师就会奖励它一条鱼。反复训练之下，海豚的脑子中就会将“跳出水面”和“有鱼吃”形成关联，这就是驯兽师的目的。每当海豚跳出水面，便给它鱼吃，这种调整的方式能让海豚一而再、再而三地跳出水面。

当海豚学会了跳出水面，为了防止海豚懈怠，以为只要跳出水面便有鱼吃，驯兽师便逐渐提高要求，不再每次都给鱼吃，而是等它表现得更好、跳得更高以后再给鱼吃，正是借用这种方式，驯兽师慢慢地将海豚跳出水面的高度加以提高。当海豚跳到驯兽师要求的高度后，它又不是每一次都能获得鱼吃了，而是在它跳了几次后才会再有奖赏。这样做目的是要让海豚知道，只有表现最好的时候

---

① 约翰·洛克（John Locke，1632~1704），英国唯物主义经验论哲学家，在政治学、经济学、教育学和宗教等多方面有巨大影响。

才能有鱼吃，那么它每一次跳跃都会竭尽全力。

可以说，人们赌博的心理跟训练海豚的道理雷同。一个人一旦赌赢了一把，神经系统中便会将“赢钱”和“快乐”联系起来。于是，这种快乐和对赢钱的渴望便会导致这些人继续赌钱，如果输了一把，他们内心的渴望反而会更强烈，认为自己下一把肯定会赢，于是就陷入了停不住的境地。就是这种赢钱的渴望和预期心理使人染上赌瘾。如果一开始便是输钱，那么他们便会建立“输钱”和“痛苦”的关联，这样赌徒们可能就止住了脚步。除此之外还有一种情况，就是即使输了几把，有些人心中存在“捞本”或“倒赢一笔”的渴望，这种期待也会促使他们继续赌。

脑中的这些神经链，导致诸如抽烟或赌博等已经中止的恶习，在一段时间后可能卷土重来。哪怕是再小的念头，都可能在为已经慢慢萎缩的神经链注入活力，想要再戒除恐怕就难上加难了。譬如说，你戒了烟有段时日了，某次忍不住抽了一根，这个行为看上去微不足道，却是在给你的神经系统打了一剂强心针，你就会一再地以此犒赏自己。这样不断地刺激神经链，其实是在不断加强你所希望戒除的坏习惯。

如果你想要不断加强某种行为，你可以尝试使用固定强化的方式。在凯伦·布莱尔的书中曾经提到，为了训练海豚能够连着跳上十次，驯兽师便在它跳上十次时才奖赏鱼吃。不过也不能长期如此，如果海豚在脑海中建立了“跳第十次”和“有鱼吃”的联系，那么前九次他就会“应付”驯兽师了。

这种状况在人类身上也是一样。一般企业是在固定时间发薪的，由于工资是定额定时的，所以员工的工作热情就不会太高，只要合乎规定即可。因为如果员工所获得的收入都是在意料之中，他们就不会为工作尽全力。然而如果偶尔获得嘉奖、奖金和升职等这些额外奖励，他们就会愿意付出更多。不过，如前所述，这些奖励是偶尔且额外的，不能成为必然，也就是不能让他们存有必能获得的心理，否则奖励便失去了效果。经常改变奖项，在改变自己和他人的行为上就能得到更好的结果。

第三种强化方式就是“大奖”。还是海豚的例子，当海豚有特别杰出表现的话，驯兽师就会给予大奖，海豚所获得的就不止是一条鱼，而是三四条。这会让海豚为了这额外的大奖而更努力，而这个奖也大得值得它努力。

这同样适用于人类。通常，当公司当给予员工的奖励远远超过预期，这就会产生极大的激励作用，为了以后能够获得同样乃至更大的奖励，他们会愿意付出更多的努力。教育孩子也同样可以采取这种方式。

创造一个“起跳”

大奖的方式也非常适用于鼓励那些懒散或工作情绪低落的员工。在训练海豚时，如果驯兽师发现有海豚不听指示、表现欠佳时，便会一口气给它吃上十几条鱼，虽然这只海豚的表现根本不值得获得那么多奖励，然而这个奖励就可能会使那只海豚打破旧有的模式，立刻振奋起来，愿意接受训练。其实人也是一样，如果某人做事无精打采，这时突然给他一个关怀性质“奖励”，这也很可能使他一扫颓态。

调整中最重要的一点，就是要在对方作出了所期待的行为时，立刻加以强化。如果你在情绪低谷中振作起来，那么就立刻给自己一些鼓励，你可以不断地给自己打气，仰天大笑也可以。记住，不管是正面还是负面的情绪反应，都会在你的脑神经中产生一个关联，如果你一再加强这样的情绪，想象这一画面，这个关联就会加粗，你脑海中的神经链就会使你在日后很容易出现这样的情绪反应。

今后，不管是你本人，还是其他你想要改变的人，若是作出了所设想的行为，就马上给予正面奖励，这会使你或那个人有更大的意愿继续这样的行为。

打开动听的音乐，或是看着自己微笑——当你做出了所期待的行为时，就可以给自己这些奖励。调整是使某一行为持久的重要因素，我们若一直给予某种行为模式正面的强化和鼓励，那么久而久之这种行为模式就会调整成自发性行为；若不加以强化，它就会慢慢消逝。

现在大家已经完成了前面五步，接下来便是最后一步了……

神经链调整术第六步

效果测试

现在，让我们来回顾一下迄今为止的成果：已经确定你所要的，并找出了阻止你达成所愿的障碍；你找出了改变的杠杆，知道不改变会招致很大的痛苦，而立刻改变则会获得巨大的快乐；你也了解如何中止旧有模式；你还找到了一个积极的全新的行为模式；你还知道，要对新行为加以不断的调整使之成为习惯。现在你还剩下最后一步，就是要确定这些方法是否有效。

途径之一就是神经语言学课程中的“未来之路”。设想一下，你正处于令你困扰的旧习惯之中，然后以新的行为取代。譬如吸烟，如果你觉得烦躁的时候有吸烟的冲动，那么想象一下如果你处于阅读、跑步等你想要做的新行动，是否可以减少烦躁感？那个旧有模式是否仍然吸引你？如果是的话，那么你就要好好审视之前的五大步骤，如有必要你还得重新来一次；如果不是的话，那就再看看新行为是否给你带来快乐。只要你不断调整新行为，它就能为你的未来发挥作用。

其次，你还需要检验一下改变的效果，“环境适应学”一词表示了学习的效果。这些改变对你影响几何？是不是对你的事业或人际关系有所增益？一定要确定这个新习惯与你的价值体系、信念及心则相符，否则新习惯就无以为继。

下面这个简单的检查表，能帮助你确认新的习惯是否得当、是否持久。

改变后的结果检查表

1. 确定旧有的行为模式带给你痛苦。

当你回想起旧习惯时，心中的感受是否是痛苦，而不似往前那种欢愉？

2. 确定新的行为让你感到快乐。

当你想起新的行为时，心中感受是否快乐而不是痛苦？

3. 让新的行为模式和自身的价值体系、信念及心则相符合。

想想看，自己的新行为模式是否和具有的价值体系、信念及心则相互配合呢？

4. 确定新行为是否能带来旧有模式所具备的快乐。

是否新行为之中仍然保有旧有模式的快乐？

5. 设想新行为成为你未来的生活习惯。

回想以前使你沉溺于旧有习惯的原因，并鞭策自己以新的行为模式展开未来生活的画卷。

如果你发现新的行为模式无法持续，那么就要从头来过。你要想清楚：你所追求的目标是什么？你为什么要追求？

检查第二步：许多人的改变尝试不成功，是因为他们没有找到改变的足够“杠杆”。有一个办法，就是你自己改变的决心告之天下，这样旁人就会有意无意地监督你，就由不得你松懈了。

如果你已经有了有效的改变杠杆，那么就看看第三步：你已经知道自己的目标，同时也找到了有效的改变杠杆，可是你的改变还没有成功，很可能是因为你就像那个毫无方向的苍蝇，一直猛撞玻璃，可是就是没有出路。那就代表，你要抛弃你旧有的行为模式了。

如果你发现前面三个步骤都没有错，那么就进入到第四步。如果你的努力还未产生改变，就证明你要考虑这一步了，找出一个全新积极的行为，能够帮助你脱离痛苦，而其所带来的快乐又不会逊于旧习惯。你要开动脑筋想办法，去找个榜样，效法他改变旧有的消极的坏习惯。

如果你已经找到了恰当的新行为，而这个新行为还没有成为习惯，那么很可能就是强化训练不够，那么势必要进行“调整”这第五个步骤，你要充分运用“出乎意料的强化方式”及“固定的强化方式”，使新行为成为习惯。

NAC的六大步骤用处广泛，在你碰到人际交往障碍、个人事业瓶颈、小孩教育遇挫时，均可加以运用。假当你对某事毫无把握感，那就尝试一下运用这六大步骤，来改变自身的消极情绪。

1. 问问你自己：“怎么做才可以不焦虑？”

2. 获取有效杠杆，充分了解焦虑这一情绪所带来的不良后果，想想最终会付出什么代价。然后再想象一下由此而来的痛苦，那么你就会对焦虑避之不及了。

3. 立刻中止焦虑的坏习惯。一旦你开始焦虑，就要立刻想办法完全终止它，如振臂欢呼道：“啊!多么美好的一天！”

4. 创造新的、积极的模式。有什么可以替代你的焦虑呢？拿出日记本，立刻写下停止焦虑的好办法和计划，譬如你可以出外跑步，在跑步的过程中你或许就能想到好办法。

5. 调整新行为。不断加强这个新行为，取代焦虑情绪，直到它成为自然而然的习惯。调整需要你一而再、再而三地设想这个新行为能够成功、能够给你带来快乐，直到自己深信不疑。

6. 测试一下这个新行为是否有效。假设一下回到了导致自己焦虑的情境下，看看焦虑是否还侵扰你。

NAC的六大步骤也可以用来帮助你与别人的商业谈判上：

“你好，恶霸……我还在乞求。”

1. 设定自己的底线，了解清楚自己的目标和可能会遇到的障碍，同时也要清楚对方的目的，再看看你们双方有哪些利益共同点。要清楚自己对于达成共识有多少把握。

2. 找出洽谈失败的痛苦和洽谈成功的快乐所在，寻找到有效的杠杆。

3. 摒弃一切会使双方洽谈无法进行的不利想法或念头。

4. 思考出一个双方之前都没有想到、却能获得双赢的好建议。

5. 不断地强调这一建议所能带给双方的快乐和积极的影响。

6. 看看这个建议是否能为众人所接受，能否创造出双赢的结果。如果没有问题，那么洽谈就能成功。

这套步骤也可用在以下方面：教导小孩为何要好好整理房间、怎样促进夫妻感情、如何提高服务品质、如何使工作更愉快，如何把国家建设得更富强。

其实，孩子也会运用这六大步骤，只不过形式更为简易。之前我曾说过，如果能够找到有力的杠杆，就能改变某人的旧有行为，形成新行为，并使之成为新习惯。

我的一位朋友曾经多方尝试，多年来想要戒烟却未果，不想后来帮助他成功戒掉的却是他的女儿。这个六岁的小女孩是怎么做到的呢？有一天，正当这位爸爸要点燃一根烟，小女孩哭哭啼啼地走到爸爸跟前，她的目的很明确，也知道改变爸爸的强有力的杠杆。

"爸爸，请不要再自杀了！"

"宝贝，你怎么哭了？你要跟爸爸说什么呢？爸爸不会自杀的。"小女孩点点头，指着她爸爸手中的香烟抽泣道："爸爸，你不要害你自己。我希望我结婚的时候……你能到场。"

我朋友被触动了。他之前的戒烟尝试不下十次，均以失败告终，这次却在女儿的哭泣和童言的推动下痛下决心，他把烟扔出了门外，而从此再也没抽过。他全身心爱着他的女儿，他不忍心让孩子因他抽烟而难过。之后他也找到了诸多替代方式，使自己获得了之前相同的快乐。

只要你做到NAC的前三个步骤，你就会获得巨大的改变，一旦你确定了你的目标、就会找到改变的杠杆，从而改变旧有的行为，你就会获得认识事物的新方式。如果改变的杠杆足够了，之后只要你不断地调整新方式，它最终会成为你的习惯，为你带来快乐。现在，你已经学会了NAC这一能给你带来改变的方法。不过若是你不知道自己的追求目标，那就不会经常使用NAC。所以，接下来你就该知道——

单纯专注可使人提升，纷繁复杂
不仅可能走火入魔，甚而毁掉自己。
——里尔克*

第七章

如何获得你想要的

Awaken the Giant Within

* 莱纳·玛利亚·里尔克（Rainer Maria Rilke，1875~1926），著名奥地利诗人，除了创作德语诗歌外还撰写小说、剧本以及一些杂文和法语诗歌，书信集也是里尔克文学作品的一个重要组成部分。

“我要第一剂。”每次夜场秀之后，按照惯例，精疲力竭的埃尔维斯·普雷斯利[①]在入睡之前总是丢下这么一句话。猫王的助理会照例打开第一个信封，从里面倒出一堆五颜六色的巴比妥酸药片（阿米妥、戊巴比妥、戊巴比妥钠或速可眠）、安眠酮、安定或乙氯维诺等，让他和水服下，接着便在这位《伤心旅馆》之王的臂弯打下第一剂静定剂——杜冷丁。

在这位天王巨星沉沉入睡之前，他那班全天候伺候他的专属厨师们开始忙碌起来，打仗似的争取在他入睡之前帮他准备好吃的。猫王的食量一般是三份芝士汉堡和六七块香蕉，吃完之后，他的脑袋便不由自主地耷拉了下来。这时候他的助理就必须立刻掰开他的嘴，从里面挖出还没吞下肚的残食，免得他被噎死。之后，猫王就可以睡上四个小时，然后被叫醒。

他的身体如此虚弱，不得不由着别人把他架到更衣室。这时，他就会颤颤巍巍地拉拉助理的衣袖，要求再来第二剂。他甚至没有力气自己吞服这些药，助手需要扒开他的嘴巴，小心翼翼地把药塞进去，然后再喂上几口水。猫王已经没有力气再要求第三剂了，助理也不等他开口，便会循例帮他服药，然后让他安稳睡到第二天的午后。他一醒来，就立刻往那浮肿的身子打上一针Dexedrine[②]，同时猛吸几口可卡因，之后又要准备夜场秀了。

在他去世前一天，猫王居然要求三剂一起来，结果就此撒手人寰。这样一位粉丝无数、广受欢迎的天王巨星，竟然如此糟蹋自己的身体、自毁前程乃至一命归阴，为什么？根据猫王同父异母兄弟大卫·普里斯莱所言，当时猫王毒瘾已深，无法自拔，这样的结局也是意料中事。

不幸的是，有此遭遇的人不止猫王一个人。事实上我们周围有许多在艺术、商业等领域出类拔萃的人物，都因为某些特殊的原因，直接或间接地葬送了自己的生命。这些人的名单有一长串，包括大文豪海明威、著名作家西尔维亚·普拉

① 猫王埃尔维斯·普雷斯利（Elvis Aron Presley，1935~1977），他可能是20世纪美国流行音乐中最重要的人物，“猫王”这个绰号是狂热的美国南方歌迷为他取的昵称。他也是流行音乐历史上唱片销量最高的艺人。

② 一种中枢神经刺激剂品牌。

斯、著名演员威廉·霍尔登和弗雷迪·普林斯、著名歌手凯丝·艾略特和贾尼斯·乔普林。他们的共同点如下：第一，他们均已离世，众人目睹了他们的离去；第二，他们的经历在告诉世人，“某天，某人，某事某种程度上……他们都很快乐”，然而当他们真的走在成功的康庄大道上，实现自己的“美国梦”时，却发现快乐还是那么遥不可及。所以他们还是不断地追求，在心愿无法满足时，便用酗酒、抽烟、吸毒或暴饮暴食来填补空虚，最终甚至把命都搭上了，却还是无法获得终其一生所追求的快乐。

这样看来，他们的人生跟我们这些普通人并无二致。1）他们并不清楚人生的真正追求，于是，在这个现实的世界里，他们失落无比。2）他们在追求的，并非真正的快乐，实际上是疾驰在痛苦的高速公路上，他们的习惯轻而易举就能招致很多痛苦。不管他们的成功有多么富有梦幻色彩，也不管粉丝们有多么热爱他们，他们的痛苦太多了，以至于脆弱不堪。3）他们不知道如何获得快乐，因此总是借助外界之力来逃避现实中的压力。4）在如何控制心灵的问题上，他们始终没有学会得当的方法。以上四点，就导致他们无法掌握自己的人生，而被周遭环境所控制。

对比一下下面这封信所呈现的故事。来信者是一位女士，她运用我书中的方法，最终提高了自己的人生境界。

亲爱的汤尼：

从幼年时期到我第二任丈夫去世，我一直在浪费生命。各种内外因素的冲击，导致我患上了多重人格障碍，我整整有49种人格！他们互不相识，也不知发生在对方身上的事。

过去49年，我——一个多重人格障碍患者——生存的惟一信念就寄托在各种自残行为上。不可思议，是吗？可是自残确实能带来信念。在又一次自杀未遂后，我被送进医院，由医生严格看管。为了治疗，我被迫重新经历那些造成我现在病状的外伤——回忆、重新体验、重新感受。每一个我，都具有一个特定的功能、一个特定的能力、一个单独的情绪模式。我配合一位该领域的专家，他帮助我把49个破碎的我变回一个完整的我。支持我撑过重重磨难的力量，就是我感觉到很多的我其实并不快乐，我的人生混乱不堪（一个我完全不认识另外一个我，并且发现，当我变成另外一个我的时候，我对于之前发生的一切毫无记忆）。我只有变成惟一的那个“我”才能快乐，这就是终极目标。可是这是个彻底的错误！我不是耸人听闻，之后的一年犹如生活在地狱中。每一个我都极度悲伤难过，我想念每一个我，有时候试图回到过去。我过得太艰难了，我三番五次企图自杀，于是，我再次被送进了医院。

去年，我看到你的电视节目，并订了你的“个人的力量”30天录音带系列。我翻来覆去地听，汲取每一点有利于我的东西。当我听到你每月一次的“振聋发聩之音”时，我的转机来了。我以一个完整的我而不是49个我，学到了你所传授的东西。50年来，我第一次从内心感受到了什么是快乐。现在我能完整地记起49个我所承受的那些恐惧，当这些记忆袭来，我终于能够看见他们，一旦他们变得骄横专制，我就能按你所教的，转变我的关注点，而不是像以前那样分裂了。我不再健忘，不再整天恍惚，也不再时常成为另外一个人。我对自己认识得越来越多，也学会了如何以一个完整的我而存在。我知道要痊愈还有一段很长的路要走，我设定目标，制定行动计划。我开始减肥，并计划在圣诞节前完成减肥目标作为自己的圣诞礼物。我也期待跟一位男士有一段健康平等的关系。在获得医院的认可后，我开始为IBM工作，并获得了四个客户，现在我有了新的事业，我的业绩不断上升，并从医院康复出院。我开始认识我的儿孙辈了。更令我欣慰的是，我认识了你。

此致！

伊丽莎白

你想要什么

认真地问问你自己，什么才是你人生中的真正所求？是甜蜜的婚姻？儿女的尊敬？丰厚的财产？飞驰的汽车？成功的事业还是半山别墅？你想要周游世界，看遍各种名胜古迹吗？你梦想自己成为万众瞩目的摇滚歌手吗？你希望登上百老汇的舞台吗？你希望发明时空机器吗？你希望加入特蕾莎修女服务团里，去拯救这个世界吗？抑或是为这个世界的环保贡献自己的力量？

无论你的梦想如何，之前你或许可以先问问自己：“为何我会有这样的念头？”当你想要拥有一辆豪车时，是不是因为它象征着成就、带来了自豪感？当你梦想拥有一个幸福的家庭时，是否因为那里充满了爱、甜蜜、温馨和关怀？当你想要为这个世界奉献时，是否因为这样做实现了你的价值，你的自信心也顿时充盈内心？归根究底，我们的种种行为，都是为了改变自身的感受，我们的一切追求都是为了自己有更好的“感受”、情感和自己所期望的状态。

当有人亲吻你，那一刻是什么让你充满了甜蜜感？那可不只是两片不同的肌肤在接触而已，不然这跟一条狗或是一只猫吻你有什么差别呢？我们的情绪源自脑中各种瞬间发生的生化反应，如果想要掌握好自己的情绪，就必须要控制好大脑中的反应，而不是任其“自生自灭”。几乎绝大部分的情绪反应都是直接作用于周围环境，我们要控制好它们，并尽量加以克服。

认识到这些，才能控制好大脑的反应。前面已经说过，我们的一切行为都是在追求快乐，逃避痛苦。然而如果改变自身的意焦或形气，那么个人对于快乐和痛苦的认知就会即刻发生变化，原因我曾在《激发无限潜能》一书第三章中提到过：

神经活动是由各种感觉器官将所感知的外界资料在脑中处理的过程，我们的身心状态就是神经系统中千百万神经活动的综合结果。我们中大多数人对于身心状态的形成原因处于无知状态，当我们接触到一件事时，就会反射性地产生相对的状态，其中可能是消极无力的，也可能是积极振奋的，而大多数人不知道如何对此进行控制。

你是否有过这样的时刻：突然想不起老友的名字，或者提笔忘字，不知道“房”这个字的笔画？为什么会出现这种情况？是因为你笨吗？当然不是，只是你当时的状态“笨”罢了。一件事处理得好坏，关键不在于能力，而在于当时的身心状态。即使你拥有玛瓦·柯林斯的勇气和毅力、舞王弗雷德·阿斯泰尔的典雅和曼妙、诺兰·雷恩（美国著名棒球运动员）的体力和耐力，以及爱因斯坦的聪明才智，然而如果你一直处于负面的情绪状态，那你的潜能就永远只能是潜能了。

然而，如果你知道怎么进入积极的状态，你必定能创造奇迹。一个人的认知总是受制于当时的状态，进而影响到想法和做法。也就是说，一个人的行为和能力无关，而跟他当时的状态有关。因此，如果你想要改善自己的能力，那么就要改变自己的身心状态，这样就能把蕴藏的无限潜能发挥出来，你就会变得左右逢源。接下来等着看奇迹发生吧！

那么该如何改变状态呢？可以用操作彩电的方式来做类比。如果要让电视机呈现出“明亮协调的色彩和美妙的声音”，首先你要插上电源，然后打开电视机；而让自己处于有劲的形气下，就如同给自己接上了电源。同样的，如果身体没有达到最佳状态，也就是形气没有劲的话，那就如同没有插上电源的电视，没有画面、没有声音，只是一张空荡荡的屏幕，你甚至都写不出“房”这个字。想想看，当清晨刚刚苏醒时，你是不是走路摇晃，脑袋糨糊，直到活动一段时间后，你才会觉得好些?

当你的四肢动起来，脑袋也会运转起来，随后便会思如泉涌；然而若你的形气状态不对时，哪怕连一个主意也是想不到的。当然，电视插上电源后，还得在正确的频道上播放，才能看到想要看的节目。就心理状况来说，正确的频道是指把意焦放在令人振奋的方面。如果你做到了这一点，你的感受就会变得强烈。如果你不喜欢自己的习惯，那么改变某个频道即可。

在生活中，我们会对周遭所接触的事物产生相应的心理反应。这些反应不可胜数，完全可依照自己的想法去选择，前提是要把状态调整到自己所期望的频道。方法有两种：改变形气；或是改变意焦。

形气：前进之力

我的人生曾有过不少转机时刻，最大的奥秘就是这句话：动作会引动情绪。肢体动作往往会对我们的感受起决定作用，即便是脸部表情的细微变化，或是一个不易察觉的小动作，都会影响我们的感受，产生不同思考和行为，最终影响人生际遇。

现在来跟我做个好玩的游戏。假装你是一个乐团指挥，严肃而刻板，手臂来来去去地晃动着。做这个动作要非常非常慢，千万不可兴奋，同时脸上还得露出疲惫不堪的神情，这时候注意一下你自己的感觉。现在你再换上另外一副表情动作：双手合十，用力地拍上两下，脸上露出喜悦的笑容；你大声呼喊以鼓舞士气。这时候你的感觉是不是和之前截然不同了呢？毫无疑问，当你的身体和声带迅速行动时，你的感觉也会随之快速改变。

人的每种情绪和感觉都有特定的形气，这包括姿态、呼吸、动作、面部表情等。当一个人沮丧之时，这些形气就会特别明显。在《激发无限潜能》一书中，我曾谈到了沮丧时的形气，如眼睛看向何方，自身如何控制。当你学会了在某一情绪状态下使用特定的身体语言时，那么当你想要改变或者避免某种形气，你就可以通过改变身体语言来实现。问题在于，大多数人常用的形气只有区区数种，我们总期待它们能自动出现，而且对于它们在我们的生活中扮演了的重要角色还缺乏认识。

一个人的脸部肌肉要超过80块，如果这些肌肉习惯了沮丧、无聊或无奈等表情，那么这些习惯表情便会牵引我们的情绪，再加上四肢动作，影响更不可估量。在《与命运有约》研讨会中，我要求众人写下一周中所经历的情绪状态，不出所料的是，每个人的反应不超过一打。为什么这么少呢？因为大部分人的表达模式有限，导致其形气也相当有限。

各位切不可以为人生就这么些情绪，人的一生，可能有数千种情绪，上面所列不过寥寥。在此，我建议各位可以像吃自助餐一样，尽可能地去尝试新的色彩。譬如，热情、入迷、高兴、不羁、饥渴、渴望、渴求、感激、迷惑、好奇、创造性、宽容、自信、激进、大胆、周到、和善、温柔、幽默……这些你均可找机会尝试一下，那是不是会使你的情绪名单更长一些呢？

只要你改变运用形气的方式，你就能体验以上如此丰富的情绪。譬如你想要感觉更好，只要面露微笑，你就能在短短一分钟内改变任何事情。古谚说得好：“有一天，当你回顾现在的种种，将会心而笑。”如果此话当真，那为何不在今天就开怀大笑呢？还等什么，唤醒你的身体，不管发生何事，都要让自己处于快乐的状态。那要怎样才能做到呢？这就需要你不断设想自己所期望的状态，勤加练习，你的感觉就能在不久的将来获得改变。

如果你的形气一再地处于低落的状态，如果你的肩膀一直下垂，走路有气无力，那你可能真的会感觉很疲惫。要如何改变呢？记住一点：形气引导情绪。你当下所处的形气会影响你的情绪，反过来情绪也会影响形气，如此循环往复，没有止境。来看看你现在的坐姿。要坐直了，让自己活力四射。要知道，你可不仅仅在看这本书，更在运用其中的方式方法。

那么，你要怎样来改变现在的状态呢？要如何感受？如何表现？你要深呼吸，抬头挺胸，满脸笑容，向你的孩子微笑。如果你真的想要改变人生，那么在接下来的一周里，面对镜子摆个大笑脸，每天五次，每次一分钟。这看上去有点滑稽，但是这一形气的练习能在你的神经系统中形成关联，进而形成神经渠道，让快乐成为你的习惯。试试看，可能乐趣无穷！

甚至，你走起路来还可以蹦蹦跳跳，这要好过步履缓慢。这种方式能大大改变你的状态。因为：1）这个运动很棒；2）这比跑步要好很多；3）让你的脸部表情不再严肃；4）快乐感染到路过的行人。笑也可以改变他人的状态。

笑是多么的有力！我儿子约书亚有个朋友叫麦特，他就发现笑是具有“传染性”的，每个人能被他的笑声感染。如果你想改变自己的人生，请学着笑，每天大笑三五次，毫无理由地大笑！

找个笑口常开的人吧，向他去学习。这是件很有意思的事，你可以学他的呼吸方式、肢体动作，面部表情和讲话的语调。刚开始时，你可能会觉得有点滑稽，不过只要你认真地练习，你就可以让神经系统跟笑联系起来，日后你就能笑口常开了。

刚开始可能有点可笑，有点歇斯底里，有点愚蠢。不过在这个过程中，大笑的动作便能和你的神经系统搭上线，进而形成一条神经渠道，使你养成习惯性的快乐。只要你不断重复，你就会发现，笑是多么容易，快乐是多么容易。

《娱乐周刊》的一则调查显示，82%的人进电影院是为了开怀大笑，只有7%的人是为了去哭，另有约3%的人是为了找刺激。这则调查告诉我们，笑是最受欢迎的情绪。如果你曾翻看过诺曼·卡森斯、狄帕克·乔普拉[①]和伯尼·西格尔等人的著作，就知道笑有益于人的生理状况，甚至能够增强免疫系统。

我们所知甚多，所悟甚少。至少对于那些美好生命中的创造性的情绪所知甚少。

——罗素

一个人如果有了好感觉，这种感觉就能继续下去，这就是“上轨道”。这并不费劲。关键是，即使在不开心的时候，或者你不想要开心的时候，你也要努力开心。运用形气你就能立刻改变情绪状态。当你知道了跟某种情绪相关联的形气，那么日后你想要处于那种情绪，只要改变相关的形气即可。曾经我应约翰·丹佛之邀请，帮助他突破创作瓶颈。约翰·丹佛是个著名的乡村歌手，曾有多首歌曲脍炙人口，并且形象健康，给人以平易近人、充满爱心之感，因此广受欢迎。

我们的合作源于他遭遇了创作瓶颈。通过交流我发现，他的那些最优秀的作品，都创作于运动后灵感迸发的时候。从高山上滑雪而下，开小飞机呼啸而过，开赛车纵横捭阖，都能够让他获得灵感。这些运动的共同特点，就是“速度”。速度让他肾上腺大量分泌，加上途中美丽的自然风景，都成为他源源不断的灵感之泉。而现在他的创作受挫，正是因为缺乏这些剧烈的户外运动。我建议他做些改变，恢复自身的形气，这样就能恢复自信，找回灵感。其实每个人都有这样的

---

① 狄帕克·乔普拉（Deepak Chopra），被誉为当代最具原创力及最有深度的思想家之一，是主张身心调和、心灵意志至上的医学博士。1999年，被《时代》杂志选为“20世纪顶尖的一百位偶像与英雄之一”，形容他为“另类医学诗人－先知”，他是无数世界政商与好莱坞名人的心灵导师。

能力，只要改变形气，就能改变自身的表现。潜能是一直存在着的，我们所需要做的，就是把自己调整到能够释放潜能的状态。

成功的奥秘，就在于“动”，“动”能让你获得自信，拥有力量、随机应变，拥有良好的自我感觉和乐趣。要知道，一个人的前进步伐若是停滞不前，就是因为欠缺“动”。想想看，一个老人是不是就是因为“动”得少而衰老的？人老，不是因为年龄大了，而是因为“动”得少了，而其最终的结果，便是死亡。

你可曾留意过雨后路上的小孩？当一个水塘横在面前时，小孩的反应是什么呢？他们通常是笑着闹着跑进去玩！开心得不得了。而大人们呢？是不是绕着走呢？他们不仅绕着走，更会嘟嘟囔囔地抱怨不停。如果你希望人生不同寻常，如果你希望人生中春天永恒，那就让自己笑口常开吧。为何不表现出活力充沛、兴高采烈的一面呢？为何不乐观地看待未来呢？乐观地对待未来，这是你人生中最大的权利，不需要任何理由。

意焦：能力集中的奥秘

如果你是存心的，沮丧是否是件非常容易的事？没错，只要你把意焦放在过去那些令你不快的事情上即可。每个人都有糟糕至极的经历，如果总是把它们放在心上，来来回回地想，很快就会情绪不佳。既然如此，那又为何要反复回忆那些令人不快的记忆呢？为何不去回忆那些你最喜欢的角色？为何要一再回忆那些事业失败、决策错误的景象呢？当然，这些事不仅仅限于过去的实际经历，还包括对未来的担忧。即使你对此怀有嘲讽之意，却无法阻止其天天上演。

如果你有心快乐，是不是会立刻心想事成呢？你能把意焦放在快乐的记忆上吗？你能把意焦放在当时的形气上吗？你能对于当时情绪的细节历历在目吗？你是能做到的。你完全可以把意焦放在令你快乐的事上，或者令你觉得人生无比美妙的事上；当然你也可以关注未来，提前感受它们。这就是目标的力量，第十二章中将会具体谈到。

意焦只是部分的事实

世事无绝对。一般来说，你对事物的感受、对意义的看法，完全取决于你的意焦所在。身患多重人格障碍的伊丽莎白一直以来很痛苦，她的逃避方式就是为每种情况都创造一个新的完全受控于情绪的人格，这使得她的意焦在于通过“别人的眼睛”来看问题，于是她更加痛苦。直到她学会了通过有意识地改变自己的形气，并且确信自己可以控制自己的人生，进而控制自己的情绪。

意焦并非真正的事实，它只是一种观点，只是一种对事物本身的认识而已。这就像是一架相机，相机所拍摄的照片，通常只选取了我们所关注的某一景象，因为，相机很容易扭曲事实，而且“断章取义”。

假设你去参加一场宴会，随身带着一架相机。你坐在角落里，把镜头对准了一组正在争论的人，这组照片会给人什么印象？是不是会让人觉得这个宴会乱作一团、毫无乐趣，大家都在吵来吵去，郁闷至极？要知道，我们心中所记录的事件决定了我们的感受。如果你当时把镜头对准大厅另一个角落，正好有一群人在那里谈笑风生，这样的照片会给人什么感觉呢？大家是不是会觉得宴会很成功、客人很快乐呢？

这就是为何那些未经当事人同意而出版的传记，会遭到如此多的诟病的原因。这只是作者对传记主人公的个人认识，很多时候只是臆想，真相常常被扭曲。传记只是作者个人相机的“取景角度”，而相机则会扭曲事实，近景常常会把事物放大，如果又经过精心安排，那么拍出来的事物就会与其本来面目相去甚远。正如爱默生所说：我们看别人时，乃是透过了自己的心。

意义源于意焦

如果你事先安排好了一场会议，而有人却没有准时参加，这时候你的感受如何？这就取决于意焦。你会如何揣测他迟到的原因？是他根本就不在乎这次会议？还是他在路上有了什么耽搁？不同的意焦，会让你产生不同的情绪。如果这个人是因为正与客户谈生意而迟到了，你却在不明情由的情况下大为光火，那么日后真相大白你当如何自处？要记住一点，意焦决定情绪，不要妄下结论，在决定意焦所在的时候要谨慎行事。

意焦影响了我们的认识：这件事是好是坏？是喜是悲？在此我以我所热衷的赛车运动来做比喻。开一辆方程式赛车有时候就像开一辆直升飞机那样带劲！在赛车里，你的意焦一定要集中。你不能只顾着自己在哪里，也不能老想着过去你哪里做得不好了，你必须清楚自己在哪里，同时还要清楚下一步的行动。

这是我上赛车课程时学到的第一课。教练告诉我什么是“刹车”——一种由电脑控制的自动水压装置，可以在接到教练指示的刹那稳稳地制住轮胎。教练说的第一条基本原则是：把注意力放在你想要去的地方，而不是你害怕的东西。

如果你失去控制，接下来，理所当然地就撞墙了。不过如果你一直把精力集中在终点，你将会开往你意焦所在的方向。你要克服恐惧，凝神静气，把意焦放在你所要去的方向。但是如果你集中在恐惧上，结果可能就比较糟糕了。人们总是说：“你为什么会撞车呢？”原因就是，你脑子里想什么，它成为现实的机会就会增加。要把意焦放在能使你受益的地方；如果你的注意力总是集中在墙的方向，那么除了撞车，就别无选择。

当教练跟我解释了一番，我连连点头，心里面却在想：“当然，我当然知道这些，我就是教这些的。”第一次，我孤独地上路了，在毫无知会的情况下，他们按下了按钮！我开始不会刹车了，你知道我的眼睛看向哪里吗？对了，就是墙！在就快要撞上墙时，千钧一发之际，教练把我的头扭向左边，强迫我看向正确的方向，我们继续刹车，我觉得我就要撞上了，但是我被迫看向我想要去的方向，同时我也不由自主地转动方向盘，最后一刹那终于脱险了。你能想象我当时的感受吗？

我们一般会这样认为：当你转变意焦时，你不一定能够立刻转变方向，人生也是这样吗？重新定位人生的意焦，抓住那一刻，转机往往发生在最后一秒。所以，我们应该更快地聚焦在我们想要的东西上，不要再有拖延。

我仅仅是上了一堂赛车课吗？不，是我有了一次有益的经验，但是我还没有建立起足够的神经链接，我必须得调整新的模式。当然，下次如果我再朝墙撞去，教练会大声提醒我要盯准自己的目标。第三次我就会自觉地把头转过来，我相信这样做有效。到现在，如果我想要变向，我就会自觉地转到我想去的方向，转动方向盘。

这就能保证我一直成功地控制我的意焦吗？不。那我应该多加练习吗？当然要多加训练！人生也是如此。在接下来的章节中，你将会学习保证意焦的调整是积极的，训练自己的内心。脱缰野马般的心会欺骗你，好好控制才是你最好的朋友。

你们祈求，就给你们；寻找就寻见；叩门，就给你们开门。

——《圣经·马太福音》7：7

控制意焦最有效的办法便是运用提问的威力。不管你提出什么问题，大脑总会给你一个答案；不管你找什么，你都能找到。如果你问："这个人为什么要占我便宜？"你的意焦就会放在自己是如何被占便宜上了，而事实上这个人可能并没有占你便宜。如果你问："我要如何扭转困境？"这时你就会找到更有效的方法。提问是一个利器，具有改变人生的巨大威力，在下一章中我将具体来谈。

可以说，提问是改变情绪最为简单也最为有效的方法，能够在极短的时间里改变人生方向。提问，是开启无限潜能的钥匙。

典型的例子是关于一个生长在阿拉巴马州的孩子。在还是学生的时候，他被同校一名七年级的小流氓欺负，被打到鼻子出血。这个孩子怒不可遏，巴不得杀了他一雪耻辱。他冲回家，翻出他妈妈的一把手枪，然后怒气冲冲地去找那个小流氓报仇。那一刻，他的人生到了一个关键的十字路口。

他用枪指着那个小流氓时，只要扣下扳机，他就能报仇雪恨了。在这千钧一发之际，他问了自己一个问题："如果我扣下这一枪，会有什么后果？"他的脑海中随即浮现了一个令他痛苦不堪的画面：他的人生将前往完全不同的方向——他将会被投入大牢，长期忍受牢狱之灾，并被其他的犯人折磨。这种痛苦远远大于复仇的一时之快。于是他放弃了报仇，一枪射向了旁边的树。

这个男孩就是波·杰克逊①，在他后来的传记中，这件事被认为是他人生中的一个分界点。就是因为把意焦从报仇的快乐上转向坐牢的痛苦，结果他悬崖勒马，后来成为极负盛名的运动员。

箭匠调正箭枝。为人师者，亦需要修正学生的思想。

——释迦牟尼

意焦指的是什么

我们对于周遭环境的认识和感受，是通过五大感官搜集资料形成的。不过，不同的人对于不同的感官会有偏重，这就是通常所说的感元。有些人偏重于视觉，它们对于外界的认识主要通过视觉系统；有些人则偏重于听觉系统；而另外一些人，声音居于经验的首位；再有一些人感觉则是基础。

每个感元又包含多个次感元，它们各司其职，搜集资料、感受外界。而通

① 波·杰克逊（Bo Jackson，1962~），运动史上最负盛名的棒球与美式足球双栖明星。

过改变记忆中影像、声音等的强度，相关的感受也会发生改变。举个例子，你在心中思索某一影像，然后从某一个角度（一种次感元）进行一定的改变，那么你的感受也会发生相应的改变。当你把影像放亮时，感受的强度就会立刻发生改变——这就是次感元的改变。神经语言学创始者之一理查·班德勒可以说是最伟大的次感元专家了，而他和同侪们对于五大感官的研究可以上溯至亚里士多德，这位希腊哲人是把人类认知方式归类为五大感觉的祖先。

通过次感元的改变，不管是快乐还是沮丧、好奇或是失望，我们的所有感受既可以加强，也可以减弱。要知道，他们不仅仅能改变你的感受，还能改变它们的意义以及相应的行动。

有一个非常有用的类比，就是把次感元看成是商店的商品条形码。这些超市中常见的一条条黑线组成的条形码代替了传统的价格标签，它们看上去毫无意义，但是一旦你到了收银台，它们就会告诉电脑是什么商品、价格几何、存货状况等。次感元的工作原理亦如是，那时候大脑就是一台扫描仪，它们告诉大脑这是什么，如何去感知它，要做什么。你有自己的条形码，然后会有一张充满问题的单子，决定你使用其中的哪些。

举个例子，如果你偏重于视感元，那么你对于某次记忆的感受，很可能就是视觉感元所搜集到的大小、颜色、明亮、远近和位移等各项视觉次感元的综合效果。如果你偏重于听感元，那么你的感觉就取决于音量、节拍、音调等各项听觉因素的综合效果。如果你想要让一个人振奋起来，就必须先找好他的感元频道。如果他偏重于视觉感元，那就要用视觉元素来刺激他。而对有些人，最好的办法就是多管齐下，视觉、听觉和触觉一齐上阵，这样才可能产生效果。

当你了解了次感元在认知上所扮演的角色，在日常交谈中就能知道对方较偏重于使用哪一类的感元，之后就可以对症下药了。（譬如，上面的最后两句，我用了“收听”和“倾听”，这是听觉感元的偏好。）

想想有多少次有人说：“我做不到。”实际上他们的问题在于：如果他们可以想象这样做，他们就进入了感觉自己会让事情发生的状态。还有人可能对你说：“你在吹牛。”如果你感觉到不安，可能他们说的是对的。你可能就在心中产生想象，然后使得它们变大，强化以往的经验。如果有人说：“这个对我来说太重了。”这时你就可以帮助他，使他感觉轻一些，那么下次他在碰到类似情况的时候就可以处理得更好。如果有人说：“我不想见你们。”你就要让他面对你们，要改变他的状态。

感觉能改变到什么程度，取决于次感元能改变到什么程度。因此，我们要学会控制好自己的次感元，使之所搜集的信息和归纳的经验能够对我们有益。譬如，你是否想过要“离开”一个问题，你可以尝试一下这样做：想想你目前遇到的状况，把它放在脑中，然后将它拉远，站到高处用全新的视角去俯视，不知你的感觉是否会有所改变？相信很多人的头痛程度会减低，问题已然变轻、变小了。现在反其道而行之，把它拉近，使它变得更大、更亮，这时候你的感觉是不是更强烈了呢？这种次感元的改变并不难，跟改变菜单上的菜品一样简单，而且确实行之有效。在《激发无限潜能》一书中我已经很详尽地介绍了次感元，之所以在此再次加以介绍，是希望各位重视它的作用，这也有助于你阅读本书。

一般的表达基于：

视觉次感元——

这让我一天都很美好

这让这件事有了更好的视角

这件事是最优先的

这个人的过去很丰富

让我们眼光放大一点

这个问题一直缠绕着我

听感元——

这个人一直骚扰我

这个问题一直在我的脑海里嗡嗡作响

他说得大声而清楚

这让我们显得很高调

这个人不落俗套

这听起来不错

触感元——

这个人真瘦

压力没了/压力来了

这事够呛

我有如芒刺在背

这话题真热

我全身心投入到这个项目中去了

记住一点，只要改变次感元，你便可在短时间内改变自身的感受。如果你把昨天发生的某事在脑海中重现，把它慢慢往后推，推到一英里远的地方，使之成为一个模糊的小点，直至没入黑暗，那么你是否会觉得这件事非常遥远？当然，如果是独一无二的美好体验，那么就完全相反，就把它拉回来。

当你对某事记忆美好，就算它发生在很久以前，也要好好地回想一番，把它拉回来，近到如在眼前，让它更明亮、更立体、更富有色彩。现在，你跨入其中，那么你现在应该是觉得这件事仿似昨天，并不遥远。你看，连你对时间的感受都能随着次感元的改变而改变。

描绘蓝图

发掘次感元的过程非常有趣，你可能想发掘自己的，不过也许去发掘别人的会更有趣。当你了解得越精确，就越能与他人对话，越能掌握自己的命运。那么就赶紧行动吧！如果在你的人生中，你曾有过美好的经验，那么就采取以下的方式：按照感受的愉悦程度将它分成100个等级，0代表毫无愉快之感，100则代表愉快的极致。如果你某次经验的愉快感受等级是80，那现在根据下面的“可能次感元检查表”来看看哪种次感元让你愉快等级更高。

针对往日经验，来比对检查表中所列的问题。以视感元大项中的第一个小项来示范，你的记忆中画面是动画的还是静止的？是不是动画的感觉要比定格的好？差了多少个等级呢？假设是从80降为50，那么把这个差异登记下来，以便日后参考。

现在，再将那个静止的画面恢复到动画状态，喜欢感受度同时也恢复到80。接下来再测试第二小项。它是彩色的还是黑白的？如果是黑白的，那么记下感受等级；如果把它改成彩色的，你的喜欢感受度是否提高了？如果答案为“是”，那么也把它记下来，而如果这个等级是95的话，你一定要牢记，因为这对你未来很有用。如果日后你再碰上一件你过去避之不及的事，你可以改变它的色彩，那么你就能改变旧有的态度了。现在你再把这个图像恢复到黑白的原貌，按照表中所列的每一项进行逐一测试，比较你的感受等级，看看差异有多大。要记住，每当测试一项完了之后，你就要让它回到本来的状态，再继续去做下一项。

可能次感元检查表	
视感元	
1. 动画／静止	图像是动画的还是静止的？
2. 彩色／黑白	图像是彩色的还是黑白的？
3. 左右	图像位置是在左、右还是居中？
4. 高低	图像位置是在上、下还是居中？
5. 明暗	图像是明亮、微暗还是昏暗？
6. 大小	图像是大、中还是小？
7. 距离	图像与你之间的距离是多少？
8. 快慢	图像移动的速度是快、适中还是慢？
9. 有无特定焦点	焦点是否对准特定目标？
10. 图内或图外	你在图像之中还是之外观看？
11. 景幅	图像是全景还是局部？
12. 平面或立体	图像是平面还是立体？
13. 特别颜色	有无引起你瞩目的颜色？
14. 视角	你是仰视、俯视还是平视？
15. 特别感受	你有什么样的特别感受？
听感元	
1. 发声源	是在对别人说，还是在听别人说？
2. 内容	你说了还是听了什么特别的感受？
3. 方式	你听/说方式如何？
4. 音量	音量有多大？
5. 音调	音调有多高？
6. 节拍	节拍速度有多快？
7. 位置	声音来自何方？
8. 嘈杂度	声音是和谐的还是嘈杂的？
9. 规律	发声规律与否？
10. 音调变化	有无抑扬顿挫？
11. 特殊字眼	是否使用特殊的字眼？
12. 持续时间	声音持续时间的长短？
13. 特点	声音有无特别之处？
14. 特别感受	你有什么特别感受？
触感元	
1. 温度的改变	温度是否有变？冷还是热？
2. 质地的改变	质地是否有变？是粗糙还是细致？
3. 软硬度	是硬还是软？
4. 震动	有无震动？

可能次感元检查表	
5. 压力	压力增加还是减少？
6. 压力源	压力来自何方？
7. 松紧度	是紧还是松？
8. 动量、方向、速度	有无移动？如果有的话，方向在哪？速度多快？
9. 呼吸	呼吸方式为何？如何开始？如何结束？
10. 重量	感觉是重还是轻？
11. 持续性	感觉是持续的还是间歇的？
12. 尺寸及形状的改变	大小及形状有无改变？
13. 方向	是向你靠近还是远离？
14. 特别感受	给你什么样的特别感受？

其实，明暗度对大多数人来说是一个特别重要的次感元。这里我要特别说明一个重要的次感元，就是明暗度。对于大部分人来说，明暗度对其情绪有较大影响。如果你现在回忆一次愉快的感受，然后让这个图像越来越亮，那么你的感觉是不是会更好呢？当然也有例外。如果这个记忆是你和爱人共度罗曼蒂克时光的话，如果此时你突然把亮度提高，那就有点煞风景了。如果图像被弄暗、弄黄、弄模糊，那么大多数人会觉得沮丧。可以继续做其他测试，看看哪一个视感元最能改变你的情绪。

接下来再测试一下听觉次感元。在脑海中重现一个听觉方面的经验，然后提高音量，这对你的愉快感受会有什么影响呢？如果加快节奏又会如何？写下测试结果，然后接着做其他小项。如果这个经验中的声音是来自于他人的，那么改变一下它的抑扬顿挫和口音，看看它能给你带来什么感受。如果把音质从柔和变成洪亮又会如何？每一个小项测试后不要忘记把声音恢复原样，然后再做下一项。

最后测试一下触感元。回忆一个愉快的感受，去改变各种不同的触觉次感元，看看它对于愉悦度的影响。温度的提高是否会令你更舒服？再看看你的呼吸，你的呼吸是怎样的？如果把你的呼吸从短促变为深长，你的感受会有哪些变化？把前后差异记录下来。再把质地改头换面一下，从软绵绵改为毛茸茸，从湿漉漉改为黏糊糊。

当你进行了这一系列的改变后，身体感受会如何？也把它们写下来。当你做了完检查表上所有的次感元测试，并记录下所有结果后，再回到最初，按照记录资料调整自己的经验，以获得最佳的图像、声音和感觉。然后把它当成真的，直到栩栩如生。

在做这个练习时，你很快就能发现自己对于某些次感元的感受要比别人强烈。这是因为我们每个人都是不同的个体，各人有各人的偏好和感受方式。上面的测试，是为了知道你是如何规划你的经验蓝图的。记住它，并运用它，在将来的某一天它可能会给予你极大的帮助。知道了哪一种次感元对你有益，你就能知道如何加强正面情绪，降低负面情绪。

举个例子，你已经知道把某事物变大、变亮、拉近会强化情绪，那么你就能通过改变图像的要素来振奋自己；同样的，你也可以"不"变大、变亮、拉近图像来降低负面情绪。这种做法可以让你快速地从消极无力的状态中解脱出来，代之以积极振奋的状态，充分发挥自身的潜能。

清楚知道了次感元在你现实生活中所发挥的重大作用，是你迎接挑战的关键。譬如，无论是困惑不已，还是了然于胸，这两种感觉都是次感元的事。当你感觉困惑的时候，想想那个代表性的图景或动画，然后将它们和你现在的感觉进行比较。通常人们觉得困惑，是因为他们脑中的一系列图像挤成一堆，毫无章法，比如有人说话太快太大声。还有些人，是因为学得太慢，这些人就需要看动画，看看彼此间的关联，不然他们无法把过程联系起来。你现在应该明白了吧，了解一个人的次感元对于教育他们是多么的有效。

还有个问题，我们大部分人所拥有的情感模式是有限的，并总是放大、变亮、拉近、变响或变重，这时候我们的次感元就会尽量地靠近，然后我们发现，如果我们把自己从那些情况中拉出来，就感觉被压制了。这可能是你或别人改变了那个图像，你的意焦就被重新定位了。你最后会说："这没有什么大不了的。"这样你的人生就脱离轨道了。这些都是很简单的原则，很多都在《激发无限潜能》一书中有谈到，本章我希望这些内容能对你的胃口。

改变你的状态和人生

其实，改变人生并不困难，且路途坦荡而多样。你只要调整一下呼吸，就能迅速改变形气；你只要决定好自己的关注点就能改变意焦、改变注意力的投放次序，以及你的行动；你还可以改变自身的次感元。这些方法你都已经知晓，日后若是境况困顿，就可以加以应用。有一点要记住，要把意焦放在最能使你振奋的情绪上来。

人生犹如艺术创作，形式是多种多样的。遗憾的是大多数人只盯准一种方式来改变状态，他们不是猛吃猛喝，就是抽烟吸毒，可是这种方式并不能真正使人振奋，反而会带来毁灭性的后果。这些方式的后果是日积月累的，等到发现就为时已晚——猫王就是这样丧命的，很多人也“前仆后继”，犹如温水煮青蛙，慢慢被煮熟煮死。如果青蛙掉进去的是一锅热水，它可能马上会烫得跳出来，然而在温水中煮的话，那么等到发现危险时要脱身就来不及了。

尼加拉瀑布的旅程也是如此。一开始，你就没有控制好自己的状态，这样也就难以控制自己的行为，该做的不去做，不该做的反而去做。如果你不幸处于这样的状态，不要再找借口拖延了，你必须要全力以赴，竭力去改变，改变任何可以改变之事——包括形气，包括意焦。这是刻不容缓之事。

为了完成本书，我曾遭受重压，觉得这简直是不可能完成的事，不过我努力扭转了这种消极状态，否则各位今天就可能看不到这本书了。我们朝气蓬勃、创造力无限。如果你想要节食，就要下定决心，因为惟有立誓成功，你才会获得真正的成功；犹疑不决只会让你垂头丧气。如果你想要让自己的工作表现更好，就得处于极佳的状态，哪怕你平时觉得自己有多平庸，那时的表现却足以令众人刮目相看。

这一方法我曾经在有单词记忆困难的人身上运用过。这些人记词有困难，一则是因为他们注意力不集中，二则是因为他们的情绪状态不稳定。他们对于单词的记忆力极短，不过当他们处于某种特定状态时，这方面的记忆力就会非常好，而一旦脱离那种状态，记忆力又会大打折扣。而重返特定状态后，记忆力就又重返了。

动作能很快地改变感受，只要我们做出一个有效的动作，就能想出很多改变状态的方法。我曾在加拿大学过空手劈断木板的有效方法。按照正常步骤来说，要练成空出手劈断木板需要两年左右的时间。从未受过相关训练的我，了解了师父的信念、集中意焦的方式和劈断木板时的形气——即了解他运用身体的方式，我也就能劈断木板了。

过程是怎么样的呢？我一次次全神贯注地学习他的身体状态，对自己充满信心，准备妥当之际，教练喊了一声“劈”，那块木板顿时被我扫成两段，接着我又劈断了好几块。我是怎么做到的呢？1）我提高了自己的期许，对自己劈断木板充满信心；2）通过情绪的改变，我跳出了先前的自我设限；3）我运用了有效的方法，获得了理想的结果。

这件事让我更加自信。在之后的人生里，我运用了相同的方法和信念，我克服了内心的诸多恐惧，竟做成了许多前所未有之事。之后我把这套方法传授给众人（其中还包括十岁出头的小女孩），让他们重新建立自我认知。后来，我又将其制作成为录像带，成为《激发无限潜能》研讨会的一部分，同时也传授给了《个人成长》课程的所有讲师。这套方法易于掌握，很多学员往往在30分钟内便能借此方法克服恐惧、超越人生障碍，开拓人生发展之路。借鉴劈木板的经验，他们建立了自信，勇于追求心中所求。一个人高马大的大男人以为单凭蛮力就能劈断木版，结果铩羽而归。而一位娇小的女士使用了那套方法，却以迅雷不及掩耳之势劈断了木板，实在是令人大跌眼镜。她的成功，就是因为她在形气上充分展现了把握感。

经验并非指一个人身上发生什么事，而是看这个人会对自己做出什么事。

——赫胥黎[①]

留意自己的所想，加以控制使之成为你合用的仆人，防止自己成为环境的奴隶。以下三个技巧可供你运用：

第一，不管环境如何，不管内心如何恐惧或忧虑，你都要学会立刻改变自己的状态，这是我要求我的学员们必须掌握的技巧。他们要学会如何从害怕和自惭形秽中立刻跳脱出来，鼓起信心，并拿出实际行动。这种迅速改变的人生经验，可以在不知不觉中为你带来巨大的力量，等到有一天加以运用时，你就会发现它的可贵。

第二，任何环境都阻止不了你的改变。过去也许某种经历令你很不舒服，但是你必须改变自己的状态，直到面对任何环境都能笑看风云。对于成功的人生，我的定义是：充满快乐，痛苦渐少。

第三，让运用形气和意焦成为习惯，而不是刻意为之。每个人都有自己的生活方式，不过无论如何，都要尽量让周围之人获得快乐而非痛苦。有些人应有尽有，但经常痛苦，或其周围总有痛苦之人，那他就不算成功。

第四，要想让周遭之人快乐，你就得帮他们改变状态。不管周遭状况如何，都要帮他们改变整个人生的状态。这一点，经销商们在研讨会和一对一沟通时已

① 托马斯·赫胥黎（Thomas Henry Huxley，1825~1895），英国著名博物学家，达尔文进化论最杰出的代表。

经学会并付诸实施了。

那么，本章中有哪些是你必须掌握的呢？其实，一个人所追求的，就是要改变自己的感受。再提醒一遍，其实所有的情绪，只不过是大脑中的各种生化反应，你随时都能加以控制。此刻，你是要高兴，还是痛苦，抑或是失望、沮丧，其实都取决于你自己。可是，你不必借吸毒等方式加以逃避，在信念一章中，你已经知道，借助改变意焦或利用形气等身体上的变化，就能找出很多克服吸毒的方法。这些方法的力量远远大于外来的压力。

每一个伟大的激动人心的时刻，都是因为激情的胜利。

——爱默生

你知道如何让自己愉快吗

有一次我去多伦多出差，身体难受至极，背部非常痛。飞机一降落，我就开始想我到达宾馆后必须要做的事：已经是晚上十点半了，我明天必须得早起去主持研讨会；我得吃点东西，毕竟我一天没有进食了，但是时间已经很晚了；我得准备好资料，看点新闻。后来我发现，所有主意都不足以消除痛苦，获得快乐。虽然不是强制性的，不过我必须得把我的快乐名单扩展开来，不管身处何方，不管是什么时候。

那么，你知道如何让自己快乐吗？乍听之下这个问题似乎很滑稽，不过说真的，你确实需要一套切实有效的方法让自己随时保持愉悦之感。当然，这些方法不包括暴饮暴食、酗酒、吸毒、抽烟等自戕的行为。我想你应该具备一些积极的方式，还可以进一步扩展。现在就让我们好好思考吧，想出一些是一些。不过，为什么不加上一些你尚未尝试过、而又能积极改变你的新方法呢？

不要停笔，最好能一口气写下二十五项，如果你感兴趣，一百项也没问题！在我为自己列这张单子的时候，我发现音乐能够有效地改变我的状态；而读书也可以为我带来愉悦之感，它能使我集中注意力，给我以启示，相关的知识和信息也能立刻加以运用。而改变身体状况的运动能够让我立刻打破藩篱，进入良好的状态：随着摇滚乐摇摆，像个篮球运动员一样跳跃，在山路上跑五英里，在泳池内踩水。

此外还有其他的方式：跳舞，随着音乐唱歌，看部喜剧，听场音乐会，听听具有教育性的录音带，在浴缸泡个澡，与老婆温存一番，与家人共进晚餐并聊聊天，抱抱并亲亲孩子，拥抱下妻子、与妻子一块看场电影，坐在情侣座上喝喝茶，独自一个人想个新主意或新观念，创建新公司，去改善现在的状况，开好我的研讨会（尤其是大型的那种）。梳理一下往昔的记忆，回忆曾美丽的过往。

写下让自己避开痛苦、获得快乐的方式，感觉就会立刻变好。

1. ______
2. ______
3. ______
4. ______
5. ______
6. ______
7. ______
8. ______
9. ______
10. ______
11. ______
12. ______
13. ______
14. ______
15. ______
16. ______
17. ______
18. ______
19. ______
20. ______
21. ______
22. ______
23. ______
24. ______
25. ______

若没有一个让自己快乐的计划，痛苦便会乘虚而入

我已经教给大家如何建立一张能使自己觉得愉快的“大”表，随时帮助你获得愉快的感觉，避免不知不觉中的自我摧残。如果你把痛苦与那些具有破坏性的习惯联系在一起，而把如上所述的积极方式与快乐联在一起，那么你就能随时获得快乐。慎重对待那张表吧，为你每天获得愉悦的感觉好好计划，不要期待不劳而获。

最后，我再次强调，之前已经多次强调过如何调整神经系统、形气和意焦，帮助你不断找寻于你有益的一切事物。如果你一直情绪低落，那是因为你的形气已经成为习惯，或你把意焦放在消极的状况所致。如果是这样，那你就必须马上改变。现在就有一个非常有力的武器，那就是——

一个人若能提出问题，就不会错过答案。

——喀麦隆谚语

第八章

问题即答案

Awaken the Giant Within

完全没有任何正当理由，他们闯进了他的家，仅仅因为他是个犹太人。那些纳粹分子抓捕了他一家，把他们当做牲口般地赶上了火车，将他们投进了位于克拉科夫的人间地狱——奥斯维辛集中营。一幕幕从未想过的人间惨剧如梦魇般在这里上演，他眼睁睁看着他的孩子去“淋浴”后再也没有回来过，而衣服却穿在了别的小孩身上。这种锥心之痛他要如何承受?

然而，他熬过来了。他看着一幕幕惨剧发生，认清了一个无法避免的事实：只要还待在这里一天，他就难以逃脱被屠杀的噩梦。于是他作了一个决定——一定要逃走，越快越好！他还不知道该如何逃走，只知道必须要这么做。几周下来他问了好些狱友：“我们要如何逃出这里？”得到的答案却总是：“不要傻了，不可能逃走。这样的问题只会让你更痛苦，还是好好干活，求求老天保佑吧。”

但这没有令他放弃，他也不打算放弃，他不能坐以待毙，即使还没有找到答案，他还是时刻问自己：“该怎么办呢？肯定有办法的，我得要怎么做才能平安逃出这个可怕的地方呢？”

俗话说：“求仁得仁。”终于有一天，他成功了。也许就是因为他坚持问这个问题，而终于有一天有把握地说：“现在是时候了。”也许就是他把意焦放在寻找答案后获得的结果，不管怎样，这个人身上的潜能被唤醒了。他简直是想常人所不能想——就是借助于腐尸的臭味。在他干活的不远处便有一堆男女老少的死尸要抬上车，他们都是被毒死的，嘴里的金牙被拔掉了，身上的珠宝被扒掉了，连衣服也被扒光了。纳粹的暴行可能会令很多人不寒而栗，胆战不已，然而斯坦尼斯拉夫斯基却能在脑中思考这样的问题：“我如何能借此逃生？”很快他就找到了答案。

那天收工之际，众人忙着收拾工具，斯坦尼斯拉夫斯基趁人不备，迅速躲到卡车之后脱光衣服，并以迅雷不及掩耳的速度赤条条趴在那堆死尸之上装作死人。他屏住呼吸，即便是其他的死尸又被堆上来了，他也纹丝不动。

死尸重重叠叠，有些已经腐臭，有些还流着血水，他分毫不动，继续诈死，屏气等候被搬上车，驶出这个人间地狱。

引擎终于发动，他感受到卡车的一颠一颠了。那一刻，虽然四周恶臭阵阵，他心中却燃起了生的希望。最后，他感觉到卡车停了下来，前面是个大坑，数十具死尸和一个装死的活人被当做货物一样地卸了下来，令人不忍目睹。

在坑里，斯坦尼斯拉夫斯基仍然一动都不敢动。几个小时过去了，夜幕降临，最后他确定四周已经没有人了，才爬出尸山，狂奔40公里，终于逃出这里。

在那些丧生于奥斯维辛集中营的不计其数的人和斯坦尼斯拉夫斯基之间，存在着什么差别呢？当然因素很多，其中最重要的一点就是斯坦尼斯拉夫斯基能想常人所不敢想、提常人不敢提的问题。他不断提出逃生的问题，他开动大脑，迫切寻求相关的答案，从而逃命成功，他的提问改变了貌似无望的命运。在得到答案作出决定采取行动之前，他必须要对自己提出正确的问题，否则怎么会成功呢？

本书曾经阐述过信念是如何影响我们的决定、行动、生活方向乃至最终的命运。这一系列的影响都是思考的产物，所谓思考就是大脑对人生所作的衡量和创造意义的过程。如果我们想要开创新的人生，改变自己的生活，就要问自己一个问题：“我要如何思考呢？”

问题决定思维

有一天，我在回忆人生中的重要时刻，以及在人生之路上见过的形形色色之人，其中有幸运儿也有倒霉蛋，有成功者也有失败者。我很想知道，成功者为何会成就非常，而失败者为何会一败涂地，消失在“尼加拉瀑布”的激流之中？我就问自己：“是什么让我的人生与他人完全不同？我为何是现在的我？我的未来又会是怎样？”答案就是：“我们的人生感受和行动并不取决于人生遭遇，而是我们对此所做的诠释和认定。我们对自身遭遇所赋予的意义，决定了我们的决定、行动乃至最终的命运。”之后我又问自己：“那么，我要如何衡量，怎样衡量才是正确的？”

我想：“好，现在我要衡量了，我要衡量如何去描述一个衡量，现在我该要做什么？”然后，我就问我自己一系列的问题，这些问题是：

我要怎么开始衡量？

衡量究竟是什么？

我现在就在衡量，不是吗？

那我现在该做什么?

然后我想:“有没有可能衡量仅仅就是不停地问问题?”然后我就笑了,“这不也是一个问题吗?”

我开始认识到,思考本身就是一个不断提问的过程,你边看可能就边想:”这是真的。”或者“这不是真的”。你会自觉或不自觉地问自己一个问题:“这是真的吗?”或者去想:“我需要去想想。”你真正想说的是:“我必须要问自己几个问题。我要好好想一下。”就像你想的那样,你开始发问。我们需要认识到:自己每天忙进忙出,就是在发问和回答。所以如果我们要想生活品质提升,就需要改变惯常的问题,这些问题指挥着我们的意焦、想法和感受。

提问大师无疑就是孩子们了。在他们的成长过程中,你要被他们多少千奇百怪的问题问得目瞪口呆。为什么会这样呢?仅仅是因为它们让你抓狂吗?我们必须要知道,孩子们的提问,是因为他们在不停地衡量事物的意义,以及接下来的行动。在这一过程中,他们开始建立起神经链来指引未来的人生。他们就像一个学习机器,一切的学习、思考和联想都来自提问,不管是自问自答还是向他人提问。

本书和我的工作就是不停追问的结果。我追问是什么让我们有这样的行为,在一切定局之前,我们如何能做出快速而有效的改变。我们的学习可说是均从提问开始(这也是古希腊哲学家苏格拉底的教学方式),老师总是不停地提问来引导学生的意焦,获得所要的答案。

当我认识到提问令人惊奇的力量,它能够塑造我们的想法,总结我们的经验,我就继续“寻找问题”。我开始注意到大家的提问频率,像Pursuit Trivial、Jeopardyl、Scruples等游戏。有一本专门提问的畅销书,整本书只有问题,没有别的,它促使你思考你的人生和价值。报纸、电视上的广告问道:“最伟大的传说是什么?”“信仰如何说出口?”“汤好了吗?”斯派克·李在电视上为耐克的“飞人乔丹”篮球鞋问迈克尔·乔丹说:“是这双鞋吗?”

提问具有神奇的力量,能影响思维及对自身遭遇的反应。我们觉得要好好探索这一领域,提问对于社会整体和单个个体的影响都在我的探索范围之内。在每场研讨会之中,我都会向我的学员提问(从公司的首席执行官到街上无家可归的流浪汉),希望藉此挖掘出影响他们人生的问题。我发现,成功者和失败者之间的主要差异在于,前者能提出好问题,找出好答案,这些答案给他们以激励,以信心,能够在任何境况下都努力寻求自己所期望的结果。

好问题能开创出好人生，我们都需要牢记这一点。企业能够兴盛，是因为经营者提出了营销、战略和产品组合方面的好问题，并作出了正确的决定；人际关系和谐是因为对潜在冲突提出了正确的问题，从而使得双方互相体谅、共同受益；政治家们之所以能赢得选举，是因为提出了民众希望解决的问题，并找到了好对策。

汽车业还在早期的发展阶段时，众人争先恐后来抢占市场，只有亨利·福特提出这个问题："我如何才能规模化生产？"很多人对于共产主义很彷徨，只有列赫·瓦文萨问道："我如何才能提高工人们的生活水平？"好问题能引发一系列出人意料的影响。如果你能对自己提出恰当的问题，不管是事业还是人际关系，你都能推翻重重阻碍。人类的成就就是源于不断的新问题。

问题的力量

很多人理所当然地看待事物，还说："这有什么奇怪的。"我却不然，反倒问道："为什么不奇怪？"

——萧伯纳

很多人看到别人出类拔萃、成就卓越时，往往会在心中暗暗羡慕："他真幸运，他是天才，他命真好。"可事实上，这是他善于动脑的结果，人脑运作的速度远远超过当今世界最顶级的电脑。如果要把脑中的资料储存起来，估计世贸大厦也装不下。这块重不过三磅的"白豆腐"，却能在瞬间提供你所需的任何资料，这远非科技所能比拟。

跟一台电脑一样，如果使用者不知道如何存储和使用其中的资料，那么大脑就意味着毫无用处。要想运用好电脑，首先就要知道如何发送正确的命令；同样的道理，如果你要从大脑中获取所需的资料，就要学会下达正确的命令，也就是提出正确的问题。

惟有能提出好的问题，才能得到好的答案。

——卡明斯[①]

① 卡明斯（E.E.Cummings，1894~962），美国实验派诗人。他是美国20世纪现代主义诗歌中的佼佼者，由于深受达达主义和立体主义的影响，卡明斯在诗歌创作中置传统于不顾，大胆地对诗歌的形式、语言等进行彻底改造，创造出一种全新的卡明斯式诗歌模式，属于叛逆主义诗人。

有一点各位要记住，人与人之间的区别，很大程度上由其所提的问题决定。有些人总是垂头丧气，为什么呢？如果我们还记得上一章所说的原因，那么部分原因是因为他的状态有限、动作有限、形气有限，很容易进入消极状态。更为重要的还在于他看待事物的角度容易让人感觉疲倦、负荷过重。这样的意焦和衡量方式严重限制了他们的人生体验。如果想要扭转这种消极状态，则只要改变意焦即可。

那么怎样才能迅速改变意焦呢？其实只要提出新的问题即可。如果一个人精神颓废，很可能是因为他经常问自己一些令人灰心丧气的问题，譬如："这有何用？没有结果的事为什么要去试？为什么那个倒霉蛋是我？"要记住一句话：求仁得仁。如果你总是问糟糕的问题，那么你就会得到糟糕的结果。你的大脑是由你控制的，你对它输入什么样的问题，它就会为你输出什么样的结果。如果你的问题是："为什么我还没有成功？"它就会应答——它势必要给你一个答案！在这种问题之下，它丢给你的答案就很可能是"因为你很笨"或者是"你还没有资格成功"。

那么什么样的问题才是好问题呢？来看看我的好朋友米切尔先生，在《激发无限潜能》一书中我曾提到过他的经历。大火曾经导致他身上三分之二的皮肤被烧伤，那么他是如何在这种悲观的状况下乐观地生活的呢？而在火灾几年后，一场空难导致他双腿瘫痪，要终身与轮椅为伴，他又是如何积极生活，回馈社会的呢？这全在于他向自己提出了正确的问题，控制好了自己的意焦。

当他醒来时，发现自己身处医院，全身被烧得体无完肤，而周围都是些自怜自艾的伤者，悲伤的声音不断："为什么那个不幸的人是我？上天为何要这样对我？生活为何如此不公？这样活下去还有什么意思？"米切尔却不这样想，他问自己："如何我才能重新站起来？以后我要如何激励他人？"就是因为米切尔抛开了那些自怜自艾的情绪，才为自己开创出完全不一样的人生之路，并为社会带来了积极的希望。米切尔深知，沉溺于悲伤、愤怒和抑郁无助于改变自己的命运，他不去追问自己失去了什么，而是进行了这样的思考：我还拥有什么？未来我要如何？难道除了那副皮囊我就没有其他了？我现在能做什么？我难道不能比以前更有用吗？

然而不幸接踵而来。之后他又遭遇了飞机失事，导致腰部以下全部瘫痪。住院期间，他结识了一位迷人的护士——安妮小姐。这时候，他浑然忘记了自己脸部的重伤，也没有为瘫痪的身体而自卑，他问了自己一个大胆的问题："怎么才能和安妮约会呢？"他的朋友们都说他头脑发昏了，这简直太疯狂了。但是一年半后，如胶似漆的两个人已经结为夫妇。

这就是提出令人振奋的问题的魅力之处，它有着不可取代的作用——就是帮你寻得答案和解决方法。

提问决定人生中的方方面面，从个人能力到人际关系到经济收入。譬如，有很多人无法维持一段感情，因为他们总是在疑惑："这个人就比其他人好吗？如果我现在就定下来，那不就是为了一棵树而放弃了整片森林吗？"这是多人令人沮丧的问题！这给了那些消极的想法更多的养分，使得那片草地更加葱郁，使得你无法享受自己已经拥有的。同样的，这些人还会被更可怕的一些问题所羁绊："你为什么要这么对我？你为什么不待见我？如果我现在就离开你，你会怎么想？"对比一下以下这些问题："遇见你我多么幸运啊，我要怎样才能更爱我的爱人？有这样一段感情，我们的人生是多么的富有。"

在财务方面，你会问自己哪些问题？一般来说，一个人如果财务状况不佳，很可能是因为他有诸多的恐惧，这些恐惧阻碍了他们在最佳时机进行投资和掌控财务。他们问自己"我现在想要什么"，而不是"为了我的最终的财务目标，我该怎么计划"。一个人提的问题决定了他的意焦、思维方式、感觉和行动。如果我们想要改变财务状况，那么就应该提高自己的标准，改变自己对未知的信仰，形成更好的策略。我发现，现今经济领域中的一些巨擘总是会问自己一些与众不同的问题，而不是那种普遍性的问题——这些问题促使他们思考得更广泛，被称为经济的"智慧"。

多年前，唐纳德·特朗普遭遇财务危机的事情很多人应该都有印象。这个人曾在十多年的时间里稳坐经济界的头把交椅，他是怎么做到的呢？原因当然有很多，不过众人都认同的一点是，在20世纪70年代中期，纽约多家银行倒闭，很多地产开发商在苦苦挣扎："如果纽约破败，我要怎样才能苟且得生？"唐纳德·特朗普的问题却是与众不同，当众人都在忧心忡忡之际，他却问自己："我要如何致富？"就是这个问题促使他作出了许多重大的商业决定，从而奠定了他在纽约经济圈里呼风唤雨的地位。

不过特朗普倒没有就此打住，他还在每次投资时提出更具野心的问题，这让他的投资更为有效。一旦当他遇到一个有利可图的项目时，它就会问自己："万一投资不顺怎么办？最糟的情况会怎样？我自己能够处理吗？"他的想法很简单，如果情况最恶劣的时候他都能挺过来，那就应该投资。如果他的问题如此精明，结果又怎会糟糕呢？

就在那段经济下滑的时候，特朗普的生意越做越大，风头一时无两。他把老的肯特蒙德饭店建成为凯悦酒店，他的魄力当时无人能及。当全球经济好转时，他赚得盆满钵满。不过后来还是遭遇了滑铁卢，为什么会这样呢？大家都认为原因在于他不再进行投资。当时他的问题不再是："什么是最能获利的生意？"而是转变为："我要如何享用所拥有的一切？"更糟糕的是特朗普自我感觉不断膨胀，竟认为自己所向无敌，因而他停止了先前的关于"最糟情况"的好问题，这一转变使他损失颇大。由此可见，决定人生的不仅仅在于你提出了什么问题，还在于你尚未提出什么问题。

在当代那些成就斐然的人的身上，我所学的最核心的理念和方式便是：惟有好的观念才能创造好的人生，而每个人都具备开创杰出人生的能力。当你听到"天才"一词时，会首先想到谁？我脑海中首先浮现的便是爱因斯坦。这位连高中都没有毕业的"天才"是如何克服重重困难，而成为当代伟人的呢？毋庸置疑，那是因为他提出了前所未有的问题。

在研究相对论之初，爱因斯坦便提出了一个问题，他问道："那些同时发生的事情有没有可能实际上并非同时？"比如，你距离爆炸的声源有数里之遥，那么你听到声音的那一刻就是爆炸之时吗？爱因斯坦给出的答案是否定的，他认为真正的爆炸声应该在听到声音之前。爱因斯坦同时指出，时间的长短其实取决于个人的感受。

他打了一个比喻："一个男人，如果他的身边坐了一位美女，那么对他来说一个小时可能快得像一分钟。可是如果让他坐在热炉子上，那一分钟可能就煎熬得像一个小时了。这就是相对论。"在物理学中，他还推导出光的速度是一定的。爱因斯坦提出了一个问题："如果把光线装载在火箭上进行发射，那么光线的速度会加快吗？"对于这类奇特问题的探索，对于相对论的提出起到了积极作用。

最重要的是不可以停止疑问。好奇心的存在有其必然性，当人在探索永恒、生命和其他的奥妙时，就会心生凛然。若想每日有新的所得，好奇心是必不可少的。千万不要失去宝贵的好奇心。

——爱因斯坦

爱因斯坦的伟大成就，就在于他能不断提出问题。这些问题是不是很简单？是不是也很有作用？确实如此。如果你也能提出如此简单却有力的问题，你的能力该有多大？"问题"具有神奇的力量，能唤醒内心沉睡的潜能，帮助我们实现长久以来的心愿。它是号角，号召我们奔向美好的生活。成功的人生，需要我们不断提出有意义的问题。大脑就是具有这般魔力，你问什么，它就相应地给你什么。所以提问时要思虑周全。

既然人脑的威力大众都如此熟悉，那么为何越来越多的人没有过上“快乐、健康、富裕和明智”的人生呢？为何还有那么多人垂头丧气、茫然无措呢？原因之一就是很多人在提问时，缺乏信心去获得期许的答案，更为重要的是他们没有提出使自己积极振奋的问题。他们走马观花般迅速掠过，没有深谋远虑，没有缜密心思，白白错过了那些本可以点燃的力量。

一个典型的例子就是那些想要减肥却总说自己“做不到”的人。其实不是他们做不到，而是他们管不住自己的嘴巴。他们总是问这样的问题：“我吃得饱饱的会怎么样？”“我怎么能离得了那些美味可口的食物？”这就促使他们去吃那些高脂高糖的东西，这就让事情更糟糕了。如果他们问的是：“什么才是对我最好的？”“吃哪些低热量的东西能给我能量？”或者是：“这对我有益还是有害？”更好的问题就是：“如果吃东西，我怎么才能达成我的目标？如果我放任自己，我得付出什么代价？”通过这些问题，你就会把痛苦和暴饮暴食联系起来，行为也就会立刻改变。

记住，人生要想过得更美好，就要改变你的提问习惯，你要让问题能够鼓舞人心、充满力量，促使你的人生迈向卓越。

提问题的功效

问题具有三种功效：

1. 问题能够立刻扭转一个人的意焦，进而影响个人感受。譬如说，如果你一直追问：“我为什么如此沮丧？”或是：“为什么没有人喜欢我？”你就会把意焦放在寻找相关的依据上，从而让你“沮丧”和“不被喜欢”的感受更加强烈，你也就无法摆脱那些不快的状态。相反，如果你能改变一下问题，例如：“要怎样改变目前的状态，让自己感觉更快乐、更受欢迎呢？”这样你就能改变意焦，寻找振作的方法。就算你脑子里立刻反馈的答案是“我无能为力”，你也不要泄气，而应像斯坦尼斯拉夫斯基和米切尔一样坚持到底，最终必然会得到所要的答案。你会底气十足、感觉更好，当你的意焦集中于此，你的情绪就会舒适。

断言和提问之间存在很大的差别，当你说：“我很快乐，我很快乐，我很快乐。”连续三声，你酝酿了足够多的情绪，改变了你的形气和状态，你就可能快乐了吗？而事实上你可能一整天都在断言，但不一定能改变你的感受。真正有效的改变之道是：“我现在因为什么而快乐，如果我想要快乐，我该怎么做？如何能让自己感觉快乐？”如果你不停地问这些问题，你就会把你的意焦放到那些实际上已经存在的令你快乐的种种迹象上，自然就会觉得快乐。

除了“打气”，提问还能让你好好地去感受情绪。我们只要转变意焦，就能很快改变原先的情绪。很多人不知道记忆管理的力量，你的人生中有很多珍贵的记忆，如果那一刻你回忆起来了，你是不是会变得很开心呢？或许是孩子出生那一天、或许是婚礼当天，也或者是第一次约会。提问引导着这些时刻的出现。如果你问自己：“哪一个是我最珍贵的记忆？”或是：“现在我人生中最棒的是什么？”你就会很认真地思考这些问题，并回忆那些令你感受最明显的记忆。在那些情绪状态中，你不仅仅是感觉好，你可能还会获得更多。

有个问题，也许你也感觉到了，我们大多数人都处在“自动驾驶仪”上，很容易就掉入庸常的提问习惯上。我们把自己牢牢困定在情绪上，导致不能充分运用自己手上的资源。那么解决方案呢？就像第六章中所说，第一步，就是要知道自己想要什么。要看清楚自己旧有的行为模式，找到杠杆，问自己：“如果我不改变，我要付出什么代价？未来会怎么样？”“如果我现在这样做，我的人生会有什么样的改变？”打破常规（如果你还是感觉痛苦，心烦意乱，惴惴不安，那么你就知道其作用了），提出一系列的好问题，进行一个有力的全新改变，不断地去实践，直到成为我们长期的行为。

技巧的力量

使用提问的技巧，是处理危机的一个“杀手锏”，这个技巧多次拯救我于水火之中。记得有一次，我发现公司一位前员工在外面开班授课，所用的教材竟是从我这里一字不改地抄袭过去的，却宣传是自己研究出来的。乍闻之下我怒不可遏，心中怒斥道：“太无耻了，他怎么有胆子这么做？”然而转念一想，我觉得这个问题是没有答案可寻的，它的惟一作用就是让我失去理智，让愤怒无止无休。

于是我换了一个角度来衡量。既然此事已经发生，就让我的律师去处理，只要运用痛苦和快乐那套法则，让他知道自己所犯的错误，我自己又何必生气呢？于是我决定好好做自己的工作，过自己的生活。如果我一直纠结于“他为什么要这么做”的问题，我就一直难以摆脱难受的状态。要想改变这种负面状态，最快的办法便是问自己一系列的新问题。于是我问自己：“这个人有什么值得钦佩之处吗？”一开始我都无法接受这一问题，直觉就说“没有”。之后我再问：“我是不是尽量找找呢？”终于给我找出了答案：“确实，我不得不承认他是个雷厉风行的人，至少他充分运用了我所教的东西。”这个答案让我面露微笑，打破了先前的负面情绪，改变了旧有的状态，让我变得心平气和。

我发现，如果想要提高人生品质，就要向那些偶像学习他们惯用的提问方式。如果你发现一个人笑口常开，其中的原因可能就是这个人一直把意焦放在令自己快乐的事情上，也就是说他能不断提出使自己快乐的问题。你就去找出这些问题，并加以运用，你也就能笑口常开了。

有些问题我们很容易忽略。沃尔特·迪斯尼这样的提问高手，是从来不会向下属提出“怎样才能让公司兴旺”的问题的，但这并不代表这位创造了奇妙的迪斯尼王国的大师提不出更好的问题。我的祖父在去翰纳–芭芭拉公司工作前，曾供职于迪斯尼的公司，是一名编剧，创造出了瑜伽熊和哈克狗等动画形象。他告诉我说，每当他们投入到一个新工作中，迪斯尼先生总会适时提出一些特别的问题。他指定了一面墙，上面写满了各种点子和计划，然后提出问题：“如何才能更好？”每个人都可以把自己的想法写上去，直到满满一墙的点子为止。这时迪斯尼就会去仔细了解大家的点子。这个做法让迪斯尼得以认识每位员工的潜力，对原先的想法作出更好的修正。

问题决定答案。当你生气时，如果有人说：“这有什么大不了的。”你很可能根本就不想搭理他。如果你想从中总结经验、吸取教训的话，你可能就会问自己：“在这件事上我可以学到什么？我要如何找出其中可能的机会？”当你愿意回答这个问题时，你的意焦便会发生转移，情绪也会发生改变，并获得想要的结果。

因此，赶紧问自己一些积极的问题吧。如：什么能使我真正快乐？今天你感觉最棒的事是什么？你真正感恩的事是什么？花点时间想想，当你有充分的理由快乐时，那就真的很快乐。

2. 问题能使我们注意到之前所忽略的。人类是善于忽略的群体，每天，都有无数大大小小的事情上演，既有流血事件，也有鸡毛蒜皮，而我们所能注意到的只是冰山一角。事实上我们能够处理的事要更多，但是如果不加留意，那么所能做的事就比较有限。我们的脑子得花不少时间去分辨它们的优先顺序，然后排除掉那些认为不重要的。

如果你心头郁闷难抑，那么真正的原因就只有一个，就是你忘记了那些令你快乐的事。如果你快乐非常，那就是因为忽略了那些不快之事。当你对别人提问时，事实上就是在改变他的意焦。如果有人问你："你是不是也与我一样对这件事很失望？"那么即使你之前并没有失望，这时你也会重新评估，甚至真的产生失望之感。如果有人问你："你生活中最糟糕的事是什么？"这时你可能不会去质疑这个问题，反而直接去找答案了。即使你有意识地控制自己不去回答这个问题，但是这个问题已经留在了你的心底。

那么来提相反的问题。如果你问道："我人生中最值得骄傲的事是什么？"同时不断去寻找答案，那么你的情绪一下子就能变好。如果有人说道："这个计划真不错，如果我们能够完成，你可知道它有多大的好处吗？"当你听了这样的问题，你就会不辞劳苦地去工作。

问题促使我们集中意焦，改变意识、感受和行为。如果你环视一下房间，在心里问道："这间房间里有什么是褐色的？"此时你的大脑便会随着眼睛走，凡是看到的褐色的东西都被记下来。然后你把眼光挪开，再问同一个问题："这间房间里有什么是绿色的？"不过这时不要去环视房间，如果你对这间房间很熟悉的话，那么脑海中立刻能浮现出绿色的东西；反之很可能所记得褐色的东西会比绿色的多。现在再看一下房间有什么是绿色的，那么你是不是能看到比较多的绿色的东西呢？从这个练习中我们可以发现，只要有心去寻找，必能找到答案。

因此，如果你不如意时想要发脾气，那么就先问问自己："有什么教训可以让我避免重蹈覆辙？"这一具有建设性的问题，能让你冷静下来，压制怒火，找出补救措施，先前怎么都想不到的好机会可能就来了。

预设立场的力量

提问具有影响信念的作用，能改变一个人对"可能"或"不可能"的认知。第四章中我们曾说过，问题提得好会削弱甚至拆除消极信念的"桌脚"，代之以积极的信念。不过，你有没有发现，如果我们在提问中有选择地使用字眼，安排先后顺序，往往会忘记其中也有陷阱。这种提问方式就是"预设立场"。

当遇上"预设立场"时，我们不会去注意事情的真相是什么，而是会下意识地接受别人所灌输的，或者是自己潜意识中所相信的。如果你问自己："为什么我的运气就这么差?"那么再碰上几次不如意的事之后，你便会真的认为自己是个倒霉蛋了，为什么会这样呢？因为你提出了这样的问题，大脑就会去为它寻找答案。当我们冒出一个结论时，我们的意焦便会放在如何去肯定它，而不是质疑其真实性。

这里有一个很好的例子可以来解释。1988年美国总统大选，那时候选人布什刚提名丹·奎尔为竞选搭档，一家电视台做了一次全国性的民意调查，他们对调查对象进行电话访问："如果奎尔曾利用其家族势力免于参加越战，你是否对其被提名为共和党副总统候选人有所质疑？"很明显，这个问题中有个陷阱，好像奎尔的家族真的曾利用过特权。没有人去查证过此事，他们直觉便认定奎尔曾经逃避越战，这让众多受访者对他的印象大打折扣，可事实上奎尔家族根本就没有这样做过。这种提问方式屡见不鲜，有时是别人问我们，有时是我们问别人，有时还是自己问自己。大家要注意，不要掉进这样的陷阱里，导致自己情绪消极。一定要去寻找那些能使你振奋的依据，以建立起积极的信念。

3. 提问能发掘出我们可用的资源。多年以前，我的事业差点毁在一个人手上，他侵吞了25万美元的公款，并造成公司负债75.8万美元的债务。我怪自己当时聘用他的时候没有问及品德方面的问题，如今可说是自食苦果，这时周遭所有的同事都觉得破产是惟一出路。

他们当时一个劲地想："破产程序是什么？由谁来向全体员工宣布？"我不这么想，只要有一丝希望，我都要竭尽全力把公司维持下去。今天这个公司还存在，不是因为谁提出了好的解决办法，而是我问了自己一个问题："我怎样才能挽救公司？"接着我又问了自己一个更积极的问题："怎样才能不但挽救公司，并能使它发展得更好呢？"我知道如果我能提出一个好的问题，就能找到好答案。

一开始我毫无办法，灰心丧气，觉得公司可能真的回天乏术了。不过我没有轻易放弃，我再问自己："我怎样才能对社会贡献更大？怎样才能使自己不会因为分身乏术无法跟更多人的接触？"就是这样的问题，让我想到了代理权的点子，这让我在全国有了更多的代表；一年后我又想出了半个小时的电视宣传广告，这些都是从问题中而来的。自那时以来我们所制作及发行全球的录音带及录像带销量已超过七百万卷，这也使我有机会认识全球各地的朋友。

提问对于企业界也特别有用。好的问题可以为企业开拓发展空间，得到前所未有的资源。福特前任总裁唐纳·彼德森最为人称道的一件事，就是他经常提的一个问题："你要如何改进工作？你有没有什么想法？"有一次彼德森问了汽车设计师杰克·特纳克这个问题，结果让福特迈出了一大步的成功。他问道："你喜欢目前所设计的汽车吗？"特纳克摇摇头说："说实在的，我一点都不喜欢。"接着彼德森问出了一个关键性的问题："既然你不喜欢，你为什么不排除众议，就按照你所喜欢的方式去设计呢?"

特纳克接受了总裁的建议，苦心钻营，终于在1983年设计出福特雷鸟轿车，之后又接连设计出金牛座和黑貂两种车型。就是彼德森的这一问，福特在盈余上一举超过通用，而金牛座这款车也已被公认为是少有的好车型。

此事足以说明：好问题能激发出大力量。只不过简单一问，彼德森便完全改变了福特的命运。其实每个人身上都有这股力量，只要你有心去改变先前的认知，提升能力，就能发挥这股力量，进而实现心中所愿。我们身上的潜能是无穷的，它的发挥与否决定于我们所提的问题。如果你在任何事上都能够留心怎样提出问题，那简直可以所向披靡。

大家要记住一件事，有什么样的信念就会提出什么样的问题。许多人从来不问"要怎样才能改变局面"，往往因为别人的一句泄气之语，有人便前功尽弃。大家要记住，不要提打击信心的问题，那只会限制你自己，带来打击信心的答案。会让你提出自我设限问题的惟一因素便是你的信念，当你认为万事皆有可能的时候，你所提的问题就会使你有无限的发展空间。

人生中，我们要时常想一想怎样提出好问题，这样才能得到好答案。其实答案就在那里，重要的是我们要提出好问题。就像猜谜一样，只要你能够不断地提出问题，最终便能从这些问题的线索中找到最佳的答案。

解决困难之问

要想问题提得好，这个问题就必须具有积极性和建设性。人生在世，难免磕磕碰碰；事业发展道路上，难免遇上拦路虎。不管走到哪里，总会碰到一些特别的"礼物"要去好好处理。

不过，关键不在于你是不是有问题，我们需要有一个系统的方式去面对。意识到问题对于立刻改变我们的状态、运用资源、解决问题的力量后，我开始采访众人，了解他们是如何处理问题的。我发现了一些普遍性的问题，在此我向各位提供一个包含五个提问的系统方法，这将有助于你提升人生，希望你能加以重视。

我永远不会忘记我第一次运用提问来改变我的状态，那时候我120天有100天人在外面，我筋疲力尽。

我有一堆的“紧急”备忘录需要处理，从一系列的公司事务，到超过100多个需要回复的电话。这些人不仅仅是等着访问我的人，还有一些电话来自我的好友、生意伙伴、家里人。我那时候有点手足无措，我开始问自己一个消极的问题：“为什么我如此忙碌，他们为什么不让我静一静？”

他们难道不知道，我是个人，而不是台机器吗？为什么我一刻不得闲？你可以想象我当时的心情。幸运的是，我在关键时刻控制住了我自己，我认识到发火是解决不了问题的，甚至可能更糟糕，我不能再问这些糟糕的问题了。我要问一些积极的问题，来改变状况，我开始转到“问题解决之问”。

解决问题之问

1. “这个问题有什么积极的一面吗？”
2. “还有什么不完美的？”
3. “要想得到我想要的，要怎么做？”
4. “要想得到我想要的，不能再犯哪些错误？”
5. “如何把处理的过程当成是一个愉快的锻炼？”

1. “这个问题有什么积极的一面吗？”我长期以来的第一个反应就是：“完全没有。”八年前，我突然意识到，与我密切相关的人也就是20来个，包括合作伙伴和好朋友们，远远少于单子上100位具有全国影响力和口才的伙伴和朋友们。当认识到这一点，我开始嘲笑我自己，然后打破了旧有的想法。有这么多值得我尊敬和关怀的朋友，他们都想与我共度时光，我怎能不感激呢？

2. “还有什么不完美的”按照我的行程，我显然需要很多的调整，我似乎没有自己的时间，我的人生不平衡不完整。请注意“还有什么不完美的？”这个问题的“预设”，它意味着事情是可以朝着完美的方向发展的。这个问题不仅能使你获得新答案，同时还能打消你的疑虑。

3. “要想得到我想要的，要怎么做？”我那时候决定要重新安排我的人生和行程，使得它们更平衡；我也准备对于一些有人认为理所当然的事说不。我发现我的公司需要一名新的CEO，他可以分担我的重任，让我有更多的时间和家人共同度过。

4. “要想得到我想要的，不能再犯哪些错误？”我知道我不可再抱怨如何的不公平，或者当人们真正想要支持我的时候感到不安。

5. “如何把处理的过程当成是一个愉快的锻炼？”当我问出这个最重要的问题时，我正在四处寻找有乐趣的方式。我想：“我要如何把打100个电话当做是享受。”我坐在桌子旁边，无精打采，毫无生气。突然来了个主意：我已经有6个月没有躺在我的极其美妙的浴缸里了，于是打开便携式电脑和讲话筒，躺到后院的浴缸里，我开始给我的一些在纽约的商业伙伴打电话聊天：“很冷？真的吗？你知道加利福尼亚天气也不好，不过我正躺在我的浴缸里。”大家都觉得有意思，我也将处理这些杂事变得好玩。（不过当我打到最后一个电话时，我已经被水泡得皱巴巴的像是400岁那么老了）

这个浴缸其实一直在我的后院，不过，只有当我提出合适的问题后，才让它变得有用。通过经常地问这五个问题，你将知道如何处理问题，改变你的意焦，好好地获得你所需要的资源。

不会提问的人就不会生活。

——古谚

每天早上一醒来，就要对自己提问。当关掉震天响的闹钟时，你会问自己什么问题，是不是：“我为什么要起得这么早呢？”“怎么时间那么少？”“为什么我今不能多睡会？”在洗澡的时候，你是不是又问自己：“为什么我非得去上班？”“今天的交通肯定又很糟糕。”“公司不知道又有什么乱七八糟的事要处理。”如果你每天的生活都从这些问题开始，那势必会影响你的心情、工作和生活。

难道你没想过要改变自己所提的问题，好有个快乐的心情？问题的好坏会影响到生活的方方面面，为什么不问一些令人振奋的问题呢？这会影响到你的每日生活。

有鉴于此，我知道要想成功，就必须在每天早上对自己提出好问题。早上洗澡、刮胡子或吹头发的时候向自己提问是件很棒的事，你既然准备问问题了，为什么不问好问题呢？我们应该好好培养自己的情绪，让自己成为快乐而成功的人。如果你不觉得自己有多幸运，那么即使赢了，也还是会觉得自己是失败的。现在就看看下面那些问题，体验一下它们带来的感受。

清晨能力之问

我们的人生取决于我们把意焦放在何处。以下问题有助于你每天的生活更加积极、快乐、自信、有意义，让你更懂得感恩，更注重承诺。要记住，高品质的人生源自提出高品质的问题。

对于每个问题，你要认真寻找多一些的答案，至少两到三个。如果比较难想出来，那就把问题改成“可能”。譬如：“此刻人生中有什么可能让我觉得很快乐？”

1. 此刻人生中有什么让我觉得快乐？

快乐程度如何？给我什么感受？

2. 此刻人生中有什么让我觉得振奋？

振奋程度如何？给我什么感受？

3. 此刻人生中有什么让我感到骄傲？

骄傲程度如何？给我什么感受？

4. 此刻人生中有什么让我值得感谢？

感谢程度如何？给我什么感受？

5. 此刻人生中有什么让我感得欣喜？

欣喜程度如何？给我什么感受？

6. 此刻人生中有什么值得我努力的？

努力程度如何？给我什么感受？

7. 我喜欢什么人？什么人喜欢我？

喜欢程度如何？给我什么感受？

到了晚上，我有时候也问清晨能力之问，有时候也另外加上三个问题。如下：

夜晚能力之问

1. 今天我付出了什么？

是怎样付出的？

2. 今天我学到了些什么？

3. 今天我的人生获得了怎样的提高？

今天我为未来作了什么投资？

（自行决定是不是要加上清晨之问）

如果你真的想要改变人生，那就要把上面的问题当做每日的必修课，长此以往，你的情绪就会长期处于良好的状态，能够迅速获得快乐、振奋、骄傲、感激、信息、能力和友爱等正面情绪。

每个清晨，当你张开双眼，这些问题便会自动浮现，而答案就会为你丰富的人生插上翅膀。

赠人“提问”之礼

当你知道如何提出有效的问题后，你不仅要用到自己身上，也可以将它作为礼物赠予他人。有一次在纽约，我邀请了一位好友兼商业伙伴共进午餐。他是一位能干的律师，他的干练和热诚让我极为欣赏，他的事业始于非常年轻的时候。可是那天他情绪极为低落：他的一位拍档离他而去，留下一堆烂摊子令他手足无措。

那天他的表现就是明显的“意焦影响情绪”。如果你的意焦集中在消极之事上，你便会一直消极下去；而如果你把意焦转移到积极的问题上，你就会振奋起来。我的律师朋友就是因为他一直在提一个错误的问题：“他怎么能这样就把我抛下了？他难道不知道这样会害死我吗？他难道不知道他是不可或缺的吗？我现在该如何向客户交代？我实在扛不下去了。”所有的这些问题都是“预设”的，也是令人绝望的。

我有很多方法可以消除他的负面情绪，从中我选择了“提问”一途。我跟他说：“最近我新创了一套简单实用的提问方法，我自己尝试下来觉得十分管用，它让我好几次脱离困境。如果你不介意，可否容我在你身上一试，来回答我几个问题？”他点头答应：“可以，不过不要抱什么希望。”于是我开始问他“清晨能力之问”，随后又问他“问题解决之问”。

一开始我问他：“有什么使你快乐的吗？这个问题提上去有点天真可笑，不要你要老老实实回答我。”他当下就反应说：“没有。”我又问道：“难道就完全没有能让你快乐的事吗？”他怔忡了一下回答道：“还真有一件，那就是我的太太，我们感情很好。”我紧接着问道：“当你想到你们之间的甜蜜时，你有什么感受？”他回答：“他是上天赐给我的最好的礼物。”我说：“那她很特别，是不是？”从他脸上的表情可以看出他的意焦已经转移到了太太身上。

你可以说我是在转移他的注意力，其实不是，我是在帮他调整好状态，状态良好的情况下才能帮他妥善处理好问题。我所做的，就是要消除他旧有的情绪状态，再将他引导到积极正面的情绪上。

我继续追问他还有什么快乐的事。他说自己刚刚帮助某位作家完成了第一本书的出版事宜，作家本人和他都非常高兴。他告诉我，他应该觉得骄傲，可是似乎没有这种感觉。于是我就问他如何才会让他觉得骄傲。他就开始思考什么事值得骄傲，那一刻他的状态就发生了转变。我问道："你有什么骄傲的事吗？"他谈到了自己的孩子："他们是我的骄傲。我的孩子们是如此的与众不同，他们不仅事业成功，还关心他人。他们真正的长大成人，自食其力。作为父亲我非常骄傲。"当他说完，我就接着说："你是怎么知道自己的这些感受的？"

这话让他颇为震动，他一下子充满了活力。接下来我又问，有什么事让你充满感恩之情？他想起了年轻时经受的锻炼，当年他从底层干起，如今有了自己的事业，状况良好，他由衷地热爱这个国家。随之我又问起有什么能令他振奋，他说道："当然有了，我现在就很振奋，因为我现在就能改变恶劣的心情了。"这是这次谈话以来，他初次表现出积极态度，此刻他已像是换了个人似的。接着我再问："哪些人是你所爱？哪些人又爱着你？"

这时，他就打开了话匣子，兴致勃勃地谈起了他的家庭，谈起他那和睦的家庭关系。于是我抓住时机问他："搭档的离开有没有积极的一面？"他回答道："你知道吗，事实上我不喜欢在纽约工作，我还是喜欢在康涅狄格州的家乡。他的离开，让我有机会重新认识许多事情。"这次谈话对他影响不小，后来他在康涅狄格州离家不到五分钟车程的地方建立了新公司，并让他的儿子加入进来，随后又接了纽约曼哈顿的一笔大生意。他快乐极了，蒸蒸日上的事业让他准备搬到新的办公室。

短短几分钟，提问威力尽显。他并不缺乏处理问题的能力，但是消极的问题禁锢了他的能力，导致他认为自己是一无所有、毫无用处的糟老头。事实上，生活赐予了他无尽的厚礼，只不过之前一直隐而不现，直到他问出了好问题。

人生之问

我极为钦佩利奥·巴斯卡利亚，他著作等身，享誉国际，出版过一系列有关爱与人际关系方面的书。他今日的成就，有赖于对自己不断提出问题，而这得益于其父亲从小对他的教育。每天晚餐之际，他父亲就会问他："利奥，你今天学了些什么？"这时，利奥就会认真地加以回答，如果今天学校的事实在没什么好说的，他就会跑到书房，拿出百科全书来看，然后跟父亲分享所学。这个习惯维持到今天，他若是不学到新东西，就不会上床睡觉。

在你的心中，是否也有那么一些问题能够对你有所裨益？我本人就有两个简单的问题，曾护佑我多次度过艰难时光。一个是：这件事有什么好的一面？另一个是：我要如何加以运用？第一个问题会给予我积极振奋的力量，第二个问题则能让我扭转局面。那你有没有这样的问题能够让你改变情绪状态、生活得积极乐观呢？如果还没有，那就赶紧找吧，并经常加以运用，使之成为习惯，就能满足你的情感所需了。

我们人生中有一些很重要的问题，如：我的人生到底是什么？我该要做什么？为什么我是现在这个样子？我是谁？这些都是强有力的问题。但是如果你在坐等完美的答案，那你就陷入了麻烦中了。

第一个搜肠刮肚得出的反馈是你所信任并想要去做的，这是提问的终点。你必须有那么一刻该停止发问，选择前进。如果你不停地问问题，那么你就会变得犹豫不前。只有行动才能获得结果，你必须要在合适的时候停止衡量，开始行动。

现在我来问你一个问题。如果现在只要立刻采取一个行动，就能立刻改变日常情绪和感受，你想要知道那是什么吗？那就让我们赶快看下去吧。

恰如其分的字眼极具威力，每当我们用对了字眼……我们的身心就会在瞬间发生极大转变。

——马克·吐温

第九章

终极成功词汇

字眼，有时让人痛哭，有时让人微笑；有时能治愈人心，有时会刺痛心扉；有时会让人腾起希望，有时又叫人陷入绝望。凭借所运用的“字眼”，众人可以了解我们崇高的志向和由衷的心愿。古往今来，众多伟人和思想家就是凭借字眼的力量，极大振奋了当时人们的精神，一呼百应，从而改变了世界，创造了历史。

的确，对的字眼不仅能打动人心，更能激发行动，从而展开人生的新画卷。帕特里克·亨利[①]站在美国十三州代表之前，慷慨陈词：“我不知道别人会如何行事；对于我来说，不自由，毋宁死！”这番陈词激发了大家高昂的斗志和决心，立志要推翻长久以来的殖民苛政，星星之火终成燎原之势，美利坚合众国就此诞生。今天，当我们享受着充分自由的时候，不要忘记了前人所创的虽短促却力量无穷的《独立宣言》。

在有关人类事务的发展过程中，当一个民族必须解除其和另一个民族之间的政治联系……

这份简洁的独立宣言，这段简洁的话语，就此成为这个国家命运的转折点。

当然，字眼的影响力并不限于美国一地。第二次世界大战期间，英国处于国家存亡之际，有一个人的话语激起了英国全体民众抵抗纳粹的决心。这个人就是丘吉尔[②]。是他，将英语变成了战斗的力量，他那段最著名的演讲，激发了英国人惊人的勇气和毅力，打破了希特勒军队所向无敌的神话。

大部分信念就是由字眼集合而成，也会随着字眼的改变而改变。多年来，我

---

① 帕特里克·亨利(Patrick Henry，1736~1799)，美国独立战争时期的自由主义者，杰出的演说家和政治家。著名的《独立宣言》的主要执笔者之一，曾任弗吉尼亚州州长，深受爱戴，被誉为“弗吉尼亚之父”。他在反英斗争中发表过许多著名演说，被普遍传诵的警句“不自由，毋宁死”就出自他的演说。

② 1940年6月，丘吉尔发表了他在第二次世界大战中最鼓舞人心的一段演说：“我们将战斗到底。我们将在法国作战，我们将在海洋中作战，我们将以越来越大的信心和越来越强的力量在空中作战，我们将不惜一切代价保卫本土；我们将在海滩作战，我们将在敌人的登陆点作战，我们将在田野和街头作战，我们将在山区作战，我们绝不投降；即使我们这个岛屿或这个岛屿的大部分被征服并陷于饥饿之中——我从来不相信会发生这种情况——我们在海外的帝国臣民，在英国舰队的武装和保护下也会继续战斗，直到新世界在上帝认为适当的时候，拿出它所有一切的力量来拯救和解放这个旧世界。”

们致力于消除种族歧视，很大的原因在于一些字眼的组合所激发出来的行动。谁也无法忘记马丁·路德·金那次扣人心弦的演讲：“我有一个梦，期望有一天这个国家能真的站立起来，信守它立国的原则和精神……”

相信大家都知道字眼在人类历史中所发挥的作用，知道那些伟大的演说家们打动人心的力量，但是又有多少人知道，这样的力量其实也存于我们自身呢？这股力量能改变我们的情绪、坚定我们的意志、壮大我们的胆识，使我们敢于面对一切挑战，获得人生的真谛。

生活中，只有选择对了那些积极的字眼，才能让情绪保持在高昂的状态；反之，就会自惭形秽乃至自暴自弃。只是很多人通常都不会留意自己所用的字眼，浑浑噩噩之间就让机会白白流走。各位一定要重视字眼的重要性，这并不是件难事，不过需要你的智慧和耐心。

词汇是多么简洁美好的礼物！经由它们（说出来的字眼就是声音）构成了人类丰富而独特的经验。语言让我们得以表达并与他人分享自身的经验。不过鲜少有人知道，我们日常的用字习惯也会影响到自身的感受，以及对自身的认识。

字眼也会伤害自我，浇灭热情。一旦使用新的字眼，情绪就能立刻得以扭转，但是如果不掌握好表达习惯，不加识别甄选，那么就可能因为用词不当而扭曲事实。譬如，当你要形容一个人的成就时，如果用的是“不错”，那就很难产生兴奋之感，因为这个词很平淡，会消磨热情，压抑情绪。一个人如果词汇有限，那么所能体验的情绪也就有限了；而如果词汇丰富，那他就相当于拥有了一个丰富多彩的调色盘，可以尽情描绘包括自己在内的人生。

不过，很多人的问题在于，他们的词汇库很大，真正常用的却不多。很多时候我们把词汇当做“捷径”，不过这些“捷径”往往具有欺骗性，限制了我们的情绪和感受。要想掌握自己的人生，我们必须有意识地去改善惯用的字眼，让它们带着我们走向自己所希望的方向。有一点务必要知道，英文中许多词汇除了字面意思以外，还具有一定的“情绪”。譬如说，当你动不动就说“讨厌”一词——“讨厌”自己的头发，“讨厌”自己的工作，“讨厌”这、“讨厌”那，当你讨厌的次数多了，负面的情绪状态是不是就更加厉害了？这也就把“我喜欢”这样的句式抛之脑后了。

当你使用具有“情绪引导”作用的字眼时，就会惊奇地发现字眼具有改变情绪的妙处。以“骑士精神”一词为例，它所带给你的感受，是不是要比“彬彬有礼”和“绅士风度”等字眼丰富得多？这个词给我的遐想很多，让我想到了一位勇敢的骑士，骑着雪白的高头大马，后面坐着一位秀发乌黑的妙龄少女；或者是这位骑士气质高贵，与其他骑士同坐在一个大圆桌旁，犹如亚瑟王的精锐助手，强烈散发出卡麦勒城[①] 的传奇氛围。还有，例如“无懈可击”、“正直不阿”等词句和“做得不错”、“诚实”等词句相比也会表达出更丰富的感情；至于“追求卓越”这个字眼则又比“尝试做得更好”要更为强烈。

多年来我的亲身观察发现，在人与人之间的沟通过程中，只要改变其中的关键字眼，就会立刻改变个人的情绪，从而影响到后续行动。在给那么多人进行治疗后，我确信只要我们改变日常那些形容情绪的字眼，就能立刻改变自己的想法、感受和生活方式。

乍听之下这似乎很难相信，不过却是有例可证。有一次，我、公司CEO以及一位合伙人兼好友，去跟另外一家公司商谈生意。在谈判过程中，我们发现对方的谈判负责人占尽上风，想方设法要占我们的便宜。这与我们设想的大相径庭，我心里委实有些不快。不过我的闷气很快就消失了，因为两位同伴的反应更让我感兴趣。

我的CEO是最生气的，他简直出离愤怒了；而我的那位好友却截然不同，仿佛对此无动于衷。我们三个人休戚相关，谈判中的地位也不分上下，为何在碰到对方“盛气凌人”时的反应却完全不相同呢？坦白说，我觉得CEO的反应都有些过头了，他不仅嘴里不时吐出“气炸了”、“气疯了”等字眼，同时脸孔涨得通红、头冒青筋，整个人气鼓鼓的。显然他认为他的发怒能消除痛苦，带来想要的结果。当我问他为何会如此愤怒时，他咬牙切齿道：“一个人一旦发怒，就会气场十足，有了气场就能扭转局面了。”原来他把发怒当做是消除痛苦、掌握生意局面的工具了。

于是我心里泛起了另外一个问题：“为什么我的朋友好像无动于衷呢？”随之我又转向他问道：“你好像没有受到什么影响，为什么你一点都不生气呢？”CEO也同样有此疑问：“难道你没有被他们气疯吗？”朋友笑笑说：“这不值得生气。”他所言非虚，我们相识多年，我很少见到他发脾气。于是我又问他是如何理解“生气”的。他答道：“生气就意味着你无法控制自己。”这个回答很有意思，我便好奇地问：“如果你无法控制自己会怎样？”他很酷地说：

① 卡麦勒城：传说中亚瑟王宫廷的所在地。

“那么对方就赢了。”

CEO和朋友的反应形成了鲜明的对比。CEO为了控制局势而发怒，而我的朋友为了控制局势而避免发怒，他们的行为明显折射出彼此信念的差别。于是我也开始审视自己的感受：对此我的想法是什么？多年来我一直坚信即使是发怒我也能控制好局面，但是我认为自己并不是非得要发怒才能做到，在高兴的时候我也能做到。结果是，我并没有避开“生气”的情绪，只不过在那样的情况下我使用了“不快”一词，在不“发怒”的情况下，我也可以展示自己的长处。令我觉得有意思的是，同样的一次经历，我们各自表达感受的字眼是不一样的。我是“生气”和“不安”，CEO却是愤怒不已，而我的朋友似乎没有多大感觉。

我又转头问他：“这就是你全部的感受吗？只是有些许不快？那时候你总该有些生气和烦躁吧？”他回答道：“没有。确实是该有这样的反应，但是我很少会这样。”我问他：“你还记得那次税务局收了你25万美元的税吗？这难道不是他们的错？你难道不是花了两年半的时间才把那钱追回来？那时候没有让你怒不可遏？”CEO这时迫不及待地问道：“难道你没有愤怒吗？”朋友回答道：“没有，我并没有恼怒，只是有些‘遗憾’。”就“遗憾”这么简单？这令人难以置信，我从来没有使用过这样的字眼来形容自己的情绪，在那种情况下，一个成功的商人怎么可能用冷静的语气说出“遗憾”？事实上，他都不需要强作镇定，确实在很多时候，那些能把我们逼疯的事情，他却能泰然处之。

我开始想：如果我用这个词来描述我当时的情形，我的感受会怎么样呢？是不是在那样的重压下我还会发现我自己在笑。我想我得好好研究。接下来几天，这件事一直在我脑中盘旋，心想如果我在狂怒时也使用这样的字眼，不知道我的怒气能否消减。我可以对着那个人说：“这真让人遗憾。”但是这个想法让我忍不住发笑，这太荒唐了。不过，有机会的话我还是想要试一试。

终于有一天，机会到了。那一次我长途奔忙后，于晚间住进一家旅馆。由于助理的疏忽，房间没有事先订好，于是我不得不在前台等了20多分钟，等待工作人员帮我做安排。身心俱疲之下我真希望能尽快扑到床上好好睡一觉。然而，那位工作人员是什么样的呢？无精打采，慢慢吞吞，输资料的时候漫不经心。我心中的怒火腾地一下就蹿上来了，真想好好教训他一下，把他骂醒。就在火气腾起之际，“遗憾”这个字眼就浮现出来了，当即我就想看看这个字眼是不是真能使我的情绪好一些。于是我对那位服务人员说：“先生，我知道这不是你的问题，可是现在时间很晚了，我又很累，我很希望有个房间可以洗澡睡觉。我已经站在这里很久了，这让我对你们的服务有些遗憾。”

听到我这么说，服务员脸带诧异地看了我一眼，随即不好意思地笑了笑。我也回以一笑，怒气刹那间全消。我随即冷静了下来，那位工作人员也马上加快了速度。我只不过是换了一个形容的字眼，情绪马上就有了180度的扭转，这是不是太不可思议了？更令人惊讶的是，这么做还真不困难。

在接下来的几周里，我反复尝试这个字眼，我发现每次只要运用了这个字眼，情绪就能马上平静下来。有时候这让我不由得自嘲，不过在关键时候，我真的能冷静下来，把自己从发怒的边缘拉回来。不到两个星期，“遗憾”一词已经成为我的习惯用语，不用我刻意为之，就能脱口而出。每当我想发脾气时，这个字眼就自然而然地成为我形容情绪的第一选择，我从此很少会“大发雷霆”了。我越来越相信这个偶然发现的词句的力量！通过改变日常的使用词汇，我正在改变我的情绪感受，我把这些词称为“转换词汇”。后来，我又逐渐尝试了其他字眼，发现它们也都具有使人平静的功效。

那么字眼是如何发挥作用的呢？我们是通过五大感官把周围的视觉、听觉、触觉、嗅觉和味觉等各种现象输入到脑中的，然后经过感官的“诠释”，这些现象转化为内心的种种感受。不过这些需要分类归纳，那么我们是如何得知图像、声音等种种现象的意义的呢？最有效的方法便是给它们贴上标签，这就是我们所说的“字眼”。

这里就产生了一个问题：我们都通过五大感官来倾注各种感受，这时候，字眼就是一个个的“模子”，而感受就是要“浇铸的液体”。在这一过程中我们通常会快速下决定，而不在可用的字眼中寻找更为合适的“模子”，更糟糕的是我们还经常把感受倒进消极颓废的“模子”里。长此以往就会形成一个错觉：我们的感受就是那个几个字眼——而大多数人对此还懵懂无知。当我们动不动就把“愤怒”、“失望”、“倒霉”和“不安”等字眼挂在嘴边时，实际情况也许并非那么糟糕，但是如此一来，这些似乎还真的成了自己真正的遭遇，已经不在意字眼是否精确，结果“小事一桩”成了“天塌下来”。

就以我和CEO、朋友三人来说，大家都同时参与了当时的谈判，结果是三人的感受完全不同，CEO是“气疯了”、“气死了”、“气坏了”。我是有点“生气”或“不悦”，而我的朋友只是感觉有点“遗憾”和“困扰”而已。这一结果在我看来非常有意思，在相同的情况下，三人言谈中反映出来的字眼截然不同。

而正是由于使用的字眼不同，也就是把感受倒进了不同的模子里，结果那些字眼所表现出来的情状似乎就成了实际遭遇。随之我又发现当我使用了朋友的字眼“模子”，例如“遗憾”或“困扰”，我的情绪就会很快发生改变。这就是转换词句的本质，当我们的遭遇被扣上某一字眼时，那么该字眼所代表的情境就成为实际遭遇。因此，我们在描述自身情绪时一定要谨慎用词，否则如果用词过于严重，感受可能就会更痛苦。

字眼的用途，本来是要如实重现自身的遭遇，而实际上，字眼的表述多多少少总会有些失真，改变了我们的认知和感受。上面我们三个人面对相同的情况，结果一个人愤怒，一个人不悦，另一个人则是遗憾。这就非常明显地证实了一点：字眼的不同导致表述不一致。

字眼是我们诠释世界时最主要的媒介，贴上什么标签，神经系统中就会产生相应的感受。所以大家要谨记，字眼实际上催生了生化反应。

如果你对此有所怀疑，那就不妨试试。

如果有人用了某些字眼，可能会引起相应的情绪反应。当某人对你使用有种族歧视的话语时，你会有什么反应？当某个人无缘无故地对你口出“三字经”，你会有什么样的反应？你是无动于衷还是勃然大怒？如果有人骂你“狗娘养的”，并且是逐字逐句、咬牙切齿地骂出来的，不同的人之间反应会是如何的不同？

如果有人称呼你“善人”、“白痴”或“花花公子”，你的情绪会有怎样的不同？有一次，我与利奥·巴斯卡利亚博士聊天，他告诉我一个他20世纪50年代后期在东部一所大学所做的研究成果，他问人们：“你怎么定义纳粹主义？”很多人被这个问题所震惊，但是没有多少人能够给出定义，他们都认为这很恐怖。一位女士甚至说：“我并不很了解它，但没有比它更糟糕的了。”还有一位男士说他无所不知，他也知道纳粹主义，它们应该被扼杀，但是他给不出什么理由。因此万不可忽视字眼对情绪的杀伤力。

字眼就是手中的丝线，让我们用来编织自己的经验。

——赫胥黎

当初我研究字眼的力量时，心中常常产生疑惑，难道只要把日常使用的字眼更换一下就能大大地改变情绪吗？然而随着研究的深入，我越来越相信字眼的神奇力量。根据康普顿大英百科全书的记载，英文单词至少有50万个，而有的资料显示更达75万个之多，可以说是所有语言中词汇量最大的，即使是单词数量排名第二的德语，约莫也只有英语的一半。

在这浩瀚的英文词库中，我们日常所用却只是其中的“冰山一角”。语言学家研究显示，我们日常词汇平均在2000~10000之间，若保守估计英文单词为50万个，那么我们常用的只占实际总数的0.5%~2%。

这多么可惜啊！而在这些字眼中，又有多少是用来描述情绪的呢？我从同义字手册中查得，有关情绪的字眼超过3000个，可是其中描述正面情绪的字眼竟然只是负面的一半。我统计下来，正面情绪的字眼为1053个，而负面情绪的字眼高达2086个。譬如描述“悲伤”的字眼总共有264个，如：沮丧、愠怒、心事重重、抑郁、悲伤、忧伤、泪眼婆娑、忧郁等。而描述“快乐”的字眼却只有105个，如：愉快、洋洋得意、自信、轻快等。估计这就是今天的美国人经常觉得低落的原因。

如第七章中所说，在我的《与命运有约》研讨会中都会作一个调查，了解学员一周中平均有哪些情绪反应，大多数人所能写出来的情绪种类不超过一打。为什么会这么少呢？因为众人掉进了情绪窠臼中：要么总是沮丧，要么总在生气，要么一直不安，要么时时挣扎，要么消沉不已。原因之一就是因为他们总是用同相同的字眼来描述自身不同的遭遇。如果认真分析一下自身的感受，就能更有创造性地看待事物，使用新标签，从而改变情绪。

我想起数年前在一家监狱做的调查有一个发现：那些狱友们身经痛苦，在他们的集中表达痛苦的方式中，其中之一就是身体行动。他们的词汇有限，限制了情绪的广度，导致即使是很轻微的不适感也会变成强烈的愤怒。而强烈的对比之一就像威廉·巴克利[①]，他的博学使得他能够描绘出一系列的情感变化，这也让他有着丰富的情感。如果我们想要改变命运和生活，我们必须有意识地选择日常使用的词汇，有意识地扩大词汇的选择范围。

下面的信息给你更多的参考。《圣经》共使用了7200个不同的字；诗人约翰·弥尔顿一生的著作共使用了17000个不同的单词；而莎士比亚总共用了24000个不同的字，其中有5000个仅使用了一次，这些字当中有一些还是他自己发明

① 威廉·巴克利（Willam Buckley，1925~2008），美国保守政界很有影响的人物，是名博学多才的编辑、作家。

的，今天却已经普遍使用。下面这张表也许会让觉得颇有乐趣。

舌尖上的愉悦

在迈克尔·麦克隆《梳理莎士比亚！》一书中，总结了一些有力词汇，这些词汇由英语语言大师莎士比亚所塑造。

惊讶	与钱等值的东西	流星
大坏蛋	月光	人工授精
诋毁	苦修的	逃票
犯杀人罪的	谈判	嚼舌
咆哮	敏捷	鬼鬼祟祟的
抱不平	淫秽	虚张声势
无情	奥林山神的，庄严的	缓慢
可耻的	壮观	历史悠久的
多事的	迷惑不解	折磨
深不可测的	恶心	安静的
勇敢	小狗、性格很温和的人	出类拔萃的
敌对的	故意	的敏捷的
无懈可击的	争强好胜的	脱离尘世的
疲倦不堪的	光辉的	尖叫
暗淡的	有信心的	小丑
可笑的	坚持不懈的	
看门狗	脸颊泛红的	
有光泽的	牺牲的	
轻率的	野性	
宏伟的	遇难的	

语言学家研究发现，字眼塑造了人生，这一点毋庸置疑。英语不就是一种“动词导向”的语言吗？我们也为自己是“行动派”的民族而深感自豪。语言影响思维，进而主宰行动。相比之下，中国传统中十分看重“安定性”，反映到各地的方言中，就是名词的重要性要高过动词。在中国人看来，名词代表永恒，而动词（即行动）则转瞬即逝。

因此，我们要牢记一点，字眼主宰信念，影响行为。如上章所说，只要改变问题中的一个字眼，答案就会有所不同，人生也进而改观。当我对字眼影响力的研究愈加深入，我就愈发觉得它威力无穷，它不仅改变了我们的情绪，也影响着他人的情绪。

不知言，无以知人也。

——孔子

有一天我认识到一点，字眼的力量是真实的，这个道理很简单，没有任何例外。通过转换日常字眼，可以切切实实地改变我们人生的情感模式。更进一步说，我们能够由此塑造我们的行为、人生方向和最终的命运。一天，我把这个想法分享给我的好朋友鲍勃·贝思。当我告诉他时，他兴奋极了。他说："我也有另外一个想法要告诉你！"于是他描述了自己最近的一次经历。有一次，他经过日夜奋战完成任务，终于可以回家了，他只想要属于自己的"空间"。他的家在马里布的海边，不过地方很小，只能招待三四位客人。

当他踏上家里的台阶，他发现妻子已经邀请了她的弟弟及其女儿凯丽在家里。而且，凯丽原本是准备待两周的，现在却决定要待上两个月。更令他难受的是，居然有人关掉了录像机，而他本来是想要录下当时的足球比赛，接下来再看的。你可以想象，他到了"情绪的极限"。当他发现关掉他的录像机的是自己的女儿时，他怒不可遏，冲着她骂出了"三字经"。这是他平生第一次对着女儿怒吼，并且从来没有用过那样的字眼。女儿的眼泪立刻流下来了。这时，鲍勃的妻子布兰登立刻护住了女儿。鲍勃从来没有那样过，她以为这是一种粗暴的情绪发作。实际上，他也希望他自己有一次情绪发作。当硝烟散尽，她发现他真的很愤怒，她开始正视这件事。于是她给了鲍勃一些很有价值的建议："鲍勃，你的行为非常反常，你从来没有这样过。我发现一件事：你在用一个我从来没有听过的字眼。以前当你压力大的时候，你通常是说'超负荷'，但是最近总在说你如何的'被压倒'了，你从来没有那样说过。当凯丽用那个词的时候，她的情绪和行为跟你一样的。"

我开始思考鲍勃所说的："是不是一个人选择了他的日常用语，其实也就是选择了一种情绪模式？"这是不是也代表着，你不仅仅是选择了这些字，也是选择了它们的音量、强度和音调？

太初有道。

——《圣约·约翰福音》1：1

当我们与日常相处之人趋同时，原因在于我们通过选择一些他们的日常字眼，从而选择了他们的情绪模式，那些跟我一起待过的人，发现我经常使用"热情的"、"强悍的"、"厉害的"等词句来描绘他们的经历，他们由此产生的积极的状态是不是跟那些仅仅用“Okey”一词的人迥然不同呢？如何用“热情”一词是不是决定了你的情绪范围？这个字眼能引发改变，由于我长期使用它，我的人生充满了活力。

转换生成词汇可以加强我们的积极状态，减少我们的消极情绪。这意味着，字眼的力量可以带走我们人生中最消极的状态，降低他们对我们的影响力，带来积极的经验、更高的快乐和更积极的情绪。

当天晚些时候，我和鲍勃一起吃饭，投入到我们一起工作的一系列项目中，一会儿他转过头跟我说：“汤尼，我相信你从来没有无聊过。”我表示同意。“我明白你的意思，就像没有疯狂过，是不是？”“是的，厌倦不是我的字眼。”就像他说的。我问：“你刚刚说的是什么？厌倦不是你的词汇之一，呵呵，你还记得我们刚刚我们说的吗？这个不是你的词汇，你从来没有过这种感觉。嗯嗯，有可能我们没有经历过这样的感受，是因为我们没有用相应的词汇来表达过？”

长期使用的字眼决定了人生

前面已经说过，我们内心对事物的诠释决定了人生感受。如果没有特定的诠释方式，就不会有相关的感受。如果要表述一个东西，不使用字眼，而是采用声音等“感官”来表述，或许还可以用维度来表示，这是对于事实的表达。但是如果没有字眼这一基本的表达工具，我们就无法表达自己的观念和想法。比如，在美洲的一些印第安人部落中就没有“撒谎”一词，他们根本就没有撒谎的念头，更别说行为了。没有了相关的字眼，也就没有了相应的观念。像菲律宾塔沙迪部族的话语中就没有“不喜欢”、“讨厌”和“战争”这样的字眼。这是多好的事啊！

回到先前的问题，如果鲍勃从来没有觉得乏味，那是因为在他的词库里没有“乏味”一词。这时候我就开始问自己：“到底有哪个字眼是我从来没有用来形容自己的感受的？”答案是“消沉”。我也许有过沮丧、愤怒、好奇、遗憾或者压力过大等感受，但是我从未消沉过，为什么？难道我天生不知道消沉吗？事实上多年前我有过这样的经历，那段日子里，我沉溺于消沉的情绪，觉得此生再无希望，我认为自己存在的问题是永远的、深入骨髓，只有我一个人是这样的。

幸运的是，有一天我终于不堪忍受，立志要摆脱这种消沉的日子，我在脑海中将消沉与痛苦联系起来，我觉得消沉的日子如同行尸走肉。由于在脑海中建立了这样一条神经链，日后只要有类似的现象一抬头，便会有积极的字眼浮上心头，从此，消沉的感受便不再出现。如果你所用的词汇使你消沉，那就放弃他们，用积极的词汇取而代之。

这时候你可能说，“这仅仅是词义上的，是不是？这跟玩词汇有什么区别？”答案是，如果你不改变词汇，那么你的感受也不会改变。而如果你能打破日常的情感模式，那么万事皆有改变的可能。有效地使用转换生成词汇——词汇能够转变你的情感经验——就能转变单调的情感模式，让你笑，产生迥然不同的情绪，改变你的状态，并让你问出更多有水准的问题。

比如，我和我妻子贝基都是很有激情的人，都有敏锐的感受力。在认识之初，我们经常会陷入“激烈的争论”，当我们发现给经历贴上标签后，能够产生改变感受的力量时，我们开始把“对话”变成了“有意义的辩论”。这就改变了整个状况。“有意义的辩论”和争论完全不同，有着不同的情绪强度。七年中，我们从未回到原来的那种所谓的“争论”的情感强度中去。

我发现，通过调整词汇，我们也可以柔化情感强度。譬如用“我有点不高兴”或者“我的感觉有点不快”。贝基就是这样做的，如果她开始感到有点沮丧，她就说：“我开始有点烦躁了。”我们都笑了，因为这打破了以往的方式。我们的新方式，就是在情绪变得烦躁之前，我们对它开玩笑——我们把这些情绪扼杀在萌芽状态中。

当我把字眼的神奇力量告诉了我的好朋友肯·布兰查德时，他也与我分享了自己的亲身经历，几个字眼的改变就极大改善了他当时的情绪。有一次他去非洲打猎，车子半途爆胎，他着急万分，太太玛吉却安慰他说：“没关系，只是有点不方便而已。”这么一个字眼就缓和了他焦虑的情绪，此后，这个字眼就成了他的口头禅了。打高尔夫的时候，如果球打偏了，他就会笑笑说：“只是没有如我的意罢了。”一个字眼的改变就能把情绪引向另外一个方向，从而提升了人生质量。

使用转换生成词汇去帮助他人

一旦理解了字眼的力量，在说话时你不仅会对自己所用的字眼十分留意，对他人的字眼也会十分留意。自从了解到这一点，我发现自己就能对此加以运用，帮助他人。至今我还记得第一次运用这一方法去帮助到了我的朋友吉姆，他事业很成功，但是碰上了一连串的麻烦，那时候我都没见到他安静过。

在我们交谈的短短二十分钟内，他不下十次地谈到自己有多么沮丧、情况有多么不乐观。为了看看字眼的力量，我问他：“你真的是消沉，还是只是觉得有些挫败感而已？”他回答说：“我感觉很挫败。”我立刻又问：“我有个办法能够让你消除挫败感，要不要尝试一下？”他点头同意后，我开始向他谈起字眼对人的情绪影响。我跟他说：“能否跟我合作一下，在接下来的十天里，答应我不用使用‘消沉’一词，一次都不可以用。如果你不小心使用了，那就赶紧换个积极点的字眼，譬如‘我只是感觉有点不顺’，或是‘我会好起来的’，或是‘情况正在好转’。可以吗？”

他点头答应了。你猜猜结果如何？他只是稍微改变了平常所用的字眼，情况就完全改观了。他不再愁眉苦脸，工作也更加卖力了，精神状态更加积极。两年后，当我告诉他要把他的经历写进书中，他告诉我自从那天改变了所用的字眼后，他的情绪就再也没有低落过。请大家记住，用字眼的转换来改变情绪确实是一个简单实用的方法，只要加以使用，就能对提升人生品质起到立竿见影的效果。

有一个很有名的关于字眼转换的例子，发生在一家全国性的卡车服务公司PIE。公司高层发现，在他们所送的货物中，差错率约有60%，这导致公司每年损失25万美元。为此，他们特地聘请戴明博士前来“诊断”。在经过大量的调研之后，戴明博士发现在这些送错的单子中，约有56%是源自送货人看错字所致。在戴明博士的建议下，PIE公司管理层下定决心要提升公司服务水平，并提高工人们的主人翁意识，他们的办法就是将司机或工人们的头衔改为技术员。一开始大家都将信将疑：难道仅仅改变一个头衔就可以吗？又没有发生任何实质上的改变。然而，没过多久效果就出来了，他们开始视自己为技术工人，短短一个月内看错单子的比例从56%下降到了10%以下，从而一年节省了将近25万美元。

这件事证明了一个基本道理：不管是对企业还是个人，字眼的转换都能发挥实际的作用。我自创了CANI！一词，而不是直接借用日本人的“改善”一词，目的是希望在国人心目中建立“持久不懈地改善”的理念。一旦有人开始持续使用这一词汇，它就会对心理产生作用，进而影响到个人意念。

每个人都在发明字眼。英语是最神奇的语言之一，它能快速不断地创造新字眼、新概念。如果你经常翻阅新版的字典，就会发现有许多新词源于外来语，或是某些群体的特定用语。譬如，那些网络冲浪中的人用“tubular”和“rad”来形容日常经验中的“可怕的”经验。这些新词在刚开始时可能影响力不大，不过随着时间的推移，其影响范围与日俱增。

这也告诉我们，我们必须有意识地去挑选字眼。如果我们经常用“我痛苦得想自杀”，那么你情绪中的痛感已经到了威胁生命的地步。如果你对恋爱中的另外一半说“我要离开”，你可能会导致恋情的终止。但是如果你说“我很沮丧”或者“我生气了”，都要比之前的说法更有利于找到解决方式。

很多专业人士都有特定的词汇来形容他们的工作和工作中特定的事情。譬如娱乐明星，他们在上台前，都有胃部紧张的感觉，呼吸急促，脉搏加速，开始出汗。有人认为这是表演准备前的自然反应，也有人认为这是卡莉·西蒙①说的“怯场”的有力证据，这曾经迫使她的表演生涯终止了数年。布鲁斯·斯普林斯廷布②同样有胃痛，他把这个当做是“兴奋”，他知道自己接下来必须去娱乐成千上万的人，并取得他们的热爱，他不能不上台。布鲁斯·斯普林斯廷不像卡莉·西蒙，把胃部紧张视为敌人。

从叮叮当当到涡轮增压

如果拿出所有你曾经有过的消极情绪，并降低它们的强度，是不是发现他们对你的影响就不会那么大了，你也就会处于正常状态中？如果你拿出所有的积极情绪，并强化它们，那么你的人生是不是会达到新高度？在心里默默地做这两件事，这是你的第一个任务。

现在，花点时间，写下三个你现在最常用的令你难受的三个词（无聊、沮丧、失望、生气、丢人、受伤、悲伤等等），不管选择哪几个词，这些词都是在日常生活中使你变得消极的。找出一些你必须要改变的词，问你自己：“我一贯的消极情绪是什么？”

接下来，确定这些词汇，你会发现一些有趣的事。竭尽全力去寻找一些新词，这些词是要你觉得或能打破你的旧有模式，或者至少可以降低消极情绪的强度的。我来给你一些线索，教你怎么去选择一些可以对你产生长期作用的词汇。人总是想要避开痛苦、活得快乐的，所以，先找出一个词可以代替旧有的有限制性的字眼，譬如我用“不高兴的”或者“有点烦恼”来代替听起来很严重的“生气”，这就是一个彻底的打破旧有模式的做法，当我打破了旧有的模式，我就能

① 卡莉·西蒙（Carly Simon，1945~），成名于20世纪70年代最为著名的歌手及作曲家之一。
② 鲁斯·斯普林斯廷（Bruce Springteen，1949~），美国70年代以来的摇滚乐巨星之一。

在使用这些字眼中获得乐趣和快乐。一旦你也有过这种收获，你肯定会喜欢上这些过程。为了让你开始，下面这些简单而夸张的词汇，就能帮你降低消极情绪的强度：

负面情绪/表达	**转换成**
我觉得……	我觉得……
愤怒	**不再沉溺**
害怕	不适
焦急的	有点关切
渴望的	期待的
慌乱的	好奇的
消沉的	**行动前的平静**
消沉的	未到高潮
不景气的	来到转折点
萧条的	**放慢有一点点香味**
滚开	**叮当**
失望	淡然
失望	搁置
令人厌恶的	出其不意的
糟糕的	挑战
尴尬	意识到
窘迫	受激发的
筋疲力尽	有点倦意
无用的	再充电
失败	绊了一脚
失败	**学习中**
失败	受教
恐惧	惊愕
可怕的	奇妙的
害怕的	追根究底的

负面情绪/表达	**转换成**
失败的	富有挑战的
落空的	有巨大吸引力的
狂怒的	激情的
丢脸的	不舒服的
羞愧的	惊叹的
不良影响的	讨厌的
受伤	情绪低沉
我讨厌	**我选择**
不耐烦	期待
不安的	质疑
侮辱	误解
无礼	错误的解释
恼怒	**受刺激**
恼怒	涟漪
妒羡	过于喜爱
懒散	储存能量
独身	可接近的
孤独	暂时自个儿
遗失	寻找
神经过敏	有精力
超负荷	延伸
被打败	有些不平衡
被压倒	忙碌
不知所措	有挑战的
被压得喘不过气	有需要
被淹没	机会多多
被压倒	最大化
被浸没	移动摇晃

负面情绪/表达	**转换成**
痛苦	不舒服
心胆俱裂	充满挑战
不被接纳	偏离
落选	习得
落选	**疏漏**
被拒	未获赏识
被弃	被误解
悲伤	梳理想法
惊慌的	兴奋的
该死的	讨厌
呕吐的	去污
紧张的	忙碌
有压力的	有福的
加压	精力充沛的
愚蠢	探索
愚蠢	不足
愚蠢	经验
可怕的	**与众不同**

这张单子是最好不过的了。写下三个会使你产生消极情绪的词，然后再从单子中找出新的词，就可以打破你的旧有模式，让你开心发笑，因为这些词都很夸张，至少可以降低消极情绪的强度。

旧有的消极字眼	**新的积极字眼**
1. ________	1. ________
2. ________	2. ________
3. ________	3. ________

怎么样能够保证你会使用这些词？答案就是：你的神经链调整术。

还记得神经链调整术吗？还记得开头两步吗？

第一步：做好决定，让自己拥有快乐，减少痛苦。要知道，阻止你获得快乐的方法之一，就是使用一些字眼强化消极情绪。

第二步：发挥杠杆作用，促使自己使用这三个新的字眼。有一个方法，就是想想这些词汇多么的荒谬可笑，甚至可能使你发疯，而实际上你是有机会使自己感觉更好的。也许发挥杠杆作用更好的方式就是像我那样做，找三位朋友，告诉他们你想要转变的字眼。比如，我觉得自己沮丧无比，于是我决定要代之以“困扰”，于是我经常说：“我一定要这样做。”这让我压力很大。但是我想要告诉自己有多么幸运，而且这还改变了我的感受，于是我开始说：“我要这样做。”取代“生气”的是“烦恼”、“不快”或者“有点担心”。

在接下来的十天里，如果我有使用旧字眼的苗头，我就立刻打住，代之以新字眼。为了带给自己长期的快乐，我建立了一个新的模式，我的朋友们也会帮我，防止我倒退回去。他们会问我：“汤尼，你生气了，还是不快？”“你是沮丧还是困扰？”我跟他们说，不要把这个当做攻击武器，要作为支持的方式。不久之后，这些新的词汇就成为我长期的习惯了。

这是不是代表我就不会有“生气”的感觉了呢？当然不是，生气总是会发生的，我们只是不想让这些消极的情绪成为第一反应，我们要给自己更多的选择。我们需要有更多的情感模式，把我们固定的感受倾注进去，这样我们的人生中就有更多的情感方式和更高的生活品质了。

如果我们想要获得改变，那么就找到三位朋友，告诉他们你想要做什么改变，要换成什么字眼，然后他们就会比较慎重地问你：“你是要用（旧字眼）还是（新字眼）？”务必要改变你已有的方式，用新的词汇赋予自己快乐，这样你的人生就能达到新的境界。

当然，使用转换生成词汇不仅仅可以降低负面情绪的强度，还可以强化积极情绪。如果有人问你过得怎么样，不要说“还可以”或者“还成”，你一定要说“非常好”。随着这个声音的出现，你就在你的神经系统中创造一个新的模式——通往快乐的新的神经高速公路。　　现在，就写下三个新词，来描述以前你经常用“还可以”的情绪，比如“我感觉很好”、“我很好”、“一切顺利”，然后就用新的词来激发你自己。如果你需要一些建议，看看下面的单子，找出你自己想要的词汇，可以增加你的人生体验。

好词	上好的词
我的感觉……	我的感觉……
机灵	精力充沛
好的	真好
吸引人的	太称心了
苏醒	即将启程
舒服	非常好
自信	势如破竹
安心	安详
厉害	骇人的
奇妙	叹为观止
坚决	不可阻挡
活力充沛的	装上马达了
热心	兴奋
兴奋	狂喜
兴奋	充满热情
兴奋	出人意料的
奇妙的	难以置信
快速	导弹般的
感觉良好	和谐
感觉良好	绝妙
好	棒极了
集中地	精力充沛
幸运	难以置信
	上帝保佑
满	饱满
有趣	活泼
高兴	狂喜
好	超越卓越

好词	上好的词
好	轰动的
好	没有更好的了
好	魔幻般的
好	充满生气
非常好	兴高采烈
非常好	兴奋
非常好	迷人的人
非常好	不可思议
非常好	非凡
快乐	狂喜
快乐	生气勃勃
快乐	热烈、兴奋、亢奋
快乐	狂喜之极
强烈的	激光一样的
感兴趣	迷上
有趣的	使人神魂颠倒的
喜欢	热爱
喜欢	崇拜
喜欢	欣赏
可爱的	爱慕
钟情的	迷恋
钟情的	热情
有积极性的	强要
有积极性的	迫不得已
有积极性的	有活力的
移向	高速前进
好	不可思议的
好	沉思

好词	上好的词
没问题	乐于
不错	再好不过了
可以	活力充沛的
可以	不可思议
可以	完美
注意	聚焦于
和平	安宁
圆满	极度
愉悦的	极大
有力	战无不胜
很好	强的
很好	太好了
升值	攀升
快速的	爆炸性的
足智多谋	才高八斗
满足了	吃腻了
安全	集中注意力
安全	自信
安全	有胆量的
安全	积极地
聪明的	天赋异禀
受刺激	充电
强壮	战无不胜
超级	大受欢迎
可口	奢华
美妙的	欣喜若狂

旧有的语气平淡的字眼	新的语气强烈的字眼
1. ______	1. ______
2. ______	2. ______
3. ______	3. ______

联系你的三位朋友，务必保证你能使用这些积极有力的新字眼，享受其中的乐趣。

将造成他人痛苦的字眼加以软化

其实不太有人会高估字眼的影响，不过大家必须记住我所说的“强化性字眼”和“软化性字眼”的作用，这有助于我们在婚姻、恋爱、商业谈判等各种社会交往关系中准确地表达自己的心意。

当年我的事业处于低谷，我会时不时地去找人倾诉。在他们面前，我不是说“我很苦恼”便是“我真的是忧心忡忡”，你知道后果是什么吗？我的这些话语往往会激起对方的抗辩或不快，而事实上这并不是我的本意。但是这种方式会激起大家的反抗情绪，让人更无心去寻找解决方案了。

当我了解了字眼的威力后，我的说话方式便从此改变。即使当时我很焦虑担忧，我也不会像以前那样了，而是改为：“我对那件事有些关切，不知你能否帮上忙？”这种说法能够降低我们的情绪反应，并有助于双方沟通。因为“关切”和“担忧”是两个不同程度的字眼，如果你说你很担忧某件事，对方便会觉得你在怀疑他的工作能力；当你改用“关切”一词，便是软化了语气，再加上“有点”一词就更加软化了。这种软化的方式，不仅能消除对方的疑心，更能加强双方的沟通效果。

这也能改变你和家人之间的关系。你有没有注意过自己跟孩子的沟通方式？我们一直没有留意自己所用的字眼对他们所造成的影响。孩子也和大人一样，有自己的隐私，我们必须留意脱口而出的后果。不要不假思索地骂道“你怎么这么笨！”或是“你这个笨蛋！”这会大大伤害孩子们的自尊心。换另外一种表达，如“你的行为让我有点点不开心哦，过来我们聊聊吧。”这样不仅会打破旧有模式，更能有效增进你和孩子之间的交流，还能让你的孩子明白你是对事不对人。

这样你们之间的关系就发生了转变。我称之为“现实的桥梁”，这是更为积极有力的沟通，会对你和孩子产生更有积极有利的影响。

尤其当你心情不佳时，就更要注意字眼的使用了，不然等到人际关系因此破裂，你就后悔不迭了。你在生气的时候，脱口而出的话就可能会刺伤人，从而导致对方不愿意再跟你接触，甚至引来报复。所以要记住字眼的威力，它既能带来机遇，也可能招致毁灭。

在人类的历史长河中，那无数残酷的杀戮和丑陋的暴行，被美丽的字眼所粉饰。希特勒曾成功地把全民的挫折感嫁祸到少数民族头上，他为了满足自己的野心，不惜发动世界大战；萨达姆把入侵科威特奉为“吉哈德”，阿拉伯语意即“圣战”，结果把伊拉克人民带入了战争，导致了无数的死亡和国土的大规模破坏。

在当代历史中，我们可以发现很多运用“文字游戏”的例子，在海湾战争中，联军为了降低战争的可怕性，采用了软化字眼的方式，如里根政府大力推行的MX战略核子飞弹，就美其名曰“和平捍卫者”；艾森豪威尔政府把朝鲜战争称为“警察行动”。

使用字眼务必要准确，因为它会给包括我们自身在内的众人的遭遇做出重新的诠释。如果我们不满意自己跟他人的沟通，那就要好好检视自己所用的字眼。我并不是想让大家在用词时变得战战兢兢，不过请尽量使用积极振奋的字眼。

采用这种方式后，是否需要持续降低负面情绪的强度？答案是否定的。有时候我们需要把自己放进愤怒的状态，这样才能创造足够的杠杆，以促成改变。人类的每一种情绪都有自己的位置和作用，这将在第十一章中讲到。

不过，我们其实不想让最消极的状态开始，所以请不要误解我。我不是让你生活在毫无负面情绪的世界里，它们其实也很重要，这一点我们将在下一章中谈到。要记住，我们的目标，是在人生中不断减少痛苦，增加快乐。掌握转换生成词汇是达成这一目标最简单和有力的方法之一。

当心那些可能限制你的标签。就像我在第一章中说到的那样，我帮助过一个被认为是患有“学习障碍”的小男孩，现在则被认为是天才。你可以想象，一个词语导致了他对自身认识产生了多么大的变化，他的能力也被大大地开发出来。那么你呢，你希望别人怎样称呼你？你希望别人用怎样独特的字眼或句子来定义你？

字眼就是标签，它贴到哪里，就会产生相应的认知。最佳例子莫过于疾病了，在潜心研究“心理神经免疫学”之后，我越发相信字眼对于人的生理影响了。在一次与诺曼·卡森斯的会晤中，他与我分享了十多年间治疗两千多位病人的心得。他发现每次他为病人诊断、并坦白告诉他们病情时——譬如说癌症、心脏病、动脉硬化等病时，那个病人的病情开始恶化。当病人得知自己的状况时，就会产生恐慌、消沉乃至绝望，结果导致免疫系统失灵，引发诸多并发症，加速其死亡。

现在，让我们稍停一下……

有时候，词汇是转换生成的，而不是可以随便拿到的，这一点很多广告可以证实。当把“Come Alive! You' re in the Pepsi Generation”翻译成中文时，公司高层们惊觉他们需要花费数百万的美元去推广，这句话直译成中文就是：Pepsi将你的祖先从坟墓里拉出来。雪佛兰新车Nova在拉美地区销售受挫，最后发现nova的拉丁文意思是“不要去”。

有些研究则表明，如果病人不会因为贴在身上的“疾病标签”而沮丧，那么他的免疫系统便会发挥功能。卡森斯肃然道：“病名会致病，甚至致死，一位聪明的医生说话时要谨慎使用字眼。”这就是为什么我的管理咨询公司不仅帮医生处理商业方面的事务，同时还培训他们的认知。如果你的工作是需要经常与人接触的，那么就要重视所用的字眼，它的沟通过程中的影响非常大。

如果你还有所怀疑，我建议你尝试一下转变字眼，看看会发生什么事。通常在研讨会上，人们会说：“他居然这样对我，我很生气。”

我就问他：“是你生气，还是你受伤了？”通常这个问题会令他们重新评估。当他们换了一种说法“我想我受伤了”，你可以发现他们的生理上就会有所变化。处理受伤害的感觉要比处理愤怒容易多了。

同样的，你可以尝试降低那些情绪的强度，这些你可能以前从来没有想到过。比如，取代“我快要饿死了”这句话，你可以说：“我有点点饿。”这样，你就可以减轻当时的饥饿感。有时候，人们吃得过多，就会陷入糟糕的情绪中，部分是源于他们日常一贯使用的语言。在《与命运有约》研讨会中，我们已然看到，字眼迅速改变了很多人的状态。一位学员从晚宴回来，容光焕发。她告诉我，在晚餐前，她紧张得想哭，跑出房间大骂“什么事都是乱七八糟的”。

她继续说道："我都快要爆炸了，我觉得自己快要崩溃了，但是随后我对自己说：'不，不，不，你正在分裂。'这让我笑了。随后我想：'不，你是在突围。'"她仅仅是改变了字眼，却及时控制了情绪和状况，并改变了现实。

现在就是你的机会。好好控制，注意自己的日常词汇，尽量使用积极的词汇，让情绪尽量正常。从今天就开始这一步吧。写下你的词汇、作出你的承诺并实践之。请牢记字眼的力量。

接下来，让我们来看看另外一种跟字眼同样有意思、同样简单、同样能使你积极进取、控制好情绪的方法，现在，就让我们来打开这个魔法盒——

引喻大概是人类最富有的潜能。它的力量近乎神奇，它是创造的工具，是上帝创造人类时遗忘在人类内心的。

——奥特加·伊·加塞特*

第十章

Awaken

the Giant Within

引喻的力量

* 奥特加·伊·加塞特(José Ortega y Gasset，1883~1955)，20世纪西班牙最伟大的思想家之一，被喻为西班牙的陀斯妥也夫斯基。

“我已经快受够了。”

“我怎么也无法打破这个瓶颈。”

“我的脑袋快要爆炸了。”

“我彷徨于十字路口。”

“我被三振出局了。”

“我有些飘飘然。”

“我很低落。”

“我像云雀般快乐。”

“我钻入死胡同了。”

“我单肩挑起全世界。”

“人生犹如一碗樱桃。”

“人生犹如深渊。”

上一章我们谈到了字眼扭转人生、引导命运的力量，那本章就来谈谈具有特殊含义、对情绪影响更大的字眼，那就是引喻。为了更好地理解引喻，我们先来看看什么是符号。当你看到“基督教”一词或是十字架时，你当下的反应是什么？多数有信仰的人对十字架会立刻产生正面的印象，而实际上这不过是两条垂直相交的线条。但就是这两条线条，指引着全球数亿人的生活方式和规定。如果把它旋转一下，扭转成纳粹的符号，你是不是立刻会产生强烈的负面印象？可以说，纳粹符号不仅仅是一个符号，它能迅速引发人们强烈的情绪。人类历史上，曾有多种符号激发了人类的情绪，主宰了人类的行为。符号面貌各异，图像、声音、器物、动作和字眼等都可以成为符号。如果说字眼是一种有特殊意义的符号，那么引喻作为符号的力量就更为强大。

引喻是什么？当我们用一种事物来阐述另外一种事物或表达另外一种概念

时，就是在使用引喻。这两种事物之间可能毫无关联，但是因为有着某种相似性，那么凭借对前者的熟悉，我们就能很快地了解后者。

引喻也是一种符号，能够激发人们的情绪，这甚至比一般的字眼更快速有效。引喻能够迅速改变我们人类。日常生活中，无论是说还是想，我们都会经常使用引喻。譬如，当一个人说“夹在魔鬼和深渊之间”就表示他进退维谷，他感觉像在“伸手不见五指”；又如“挣扎着把头伸出水面”表示自己工作繁多，更胜于“在成功的道路上跌爬滚打”；又如用“起航”是不是比“挥动”更能给你关于尝试的不同感受，而“光阴似箭”是不是比“前行”更让你感慨时光飞逝？

在学习过程中，我们很多时候是在借用引喻的力量。学习就是在脑中建立新的关联，创造新的意义，而引喻是非常有效的方法。当我们无法理解某样事物时，运用引喻，用我们所熟悉的事物来做类比，就简单很多。引喻创造了一种关联，如果“X”像“Y”，那么只要我们知道“X”，我们就能立刻理解“Y”。有人用“欧姆”、“安培”、“瓦特”、“电阻”来解释电流，没有任何的参考对象，很可能使人无法理解，很难让人理解它们之间的联系。

那如果我用你熟悉的东西来解释呢？我现在画了一个水管，然后问你：“你看到过水管中的水流吗？”你的回答肯定是“是”。然后我说：“有一个小浪花能使得水流变慢。”它可以让电流在电线里跑的速度减慢。这下子现在你应该明白什么是电阻了吧，水管的引喻让你容易理解多了。

释迦牟尼、穆罕默德、耶稣、孔子、老子，这些人类历史上的圣贤都是引喻高手，能够深入浅出，以浅显易懂的方式将自己的想法传递给普通人。且不论宗教信仰，耶稣确实是一位善于传达“爱”的伟人，他的方式让他得以跟他人进行流畅的沟通。当他找来几个渔夫让他们去招募信徒时，他并没有说“招募”这个字眼，因为渔夫对此并不了解。耶稣说了一个他们熟悉的引喻：要他们前去“网人”。

耶稣一说出这个引喻，这些渔夫立刻就明白了他的意思。这个熟悉的字眼，让他们很容易联想到“网鱼”的步骤，只不过现在对象换成了人。耶稣的这一比喻化繁为简，把招募信徒这一艰难工作，简化成渔夫的日常工作，这就让他们信心十足。事实上耶稣不仅是个善于表达的大师，连他自己也成为上帝之“爱”和“赎罪”最好的引喻。

引喻固然能够扩大视野、丰富人生，但是如果使用不当，它也会局限我们的视野。多年来物理学家一直引用太阳系的模型来描述原子中电子和原子核之间的关系。可以说这个引喻是非常形象的，由于众人对太阳系的熟悉性，学生们就能很容易理解原子的结构：电子就像是太阳系中的行星，围绕着原子核这个“太阳”不停旋转。不过后来问题出现了，这个理念实际上是认为电子的绕行轨道与原子核之间的距离是固定的，而近代的发现证明了这个理念是错误的。但是这个理念多年来禁锢了物理学家们的思维，而一系列错误的假设都是由此衍生而来的。现在我们已经知道原来每个电子的绕行轨道与原子核之间的距离经常在变，而太阳系各大行星的绕日轨道是保持不变的。后来，大家放弃了太阳系模型的引喻，世人也就不再认为电子的绕行轨道是一定的，这在日后对原子能的研究产生了极大的影响。

普遍性引喻

各位是否还记得我之前提到的那位怒气冲天的CEO？也是在那一天，我明白了字眼的转换对人的影响，并从中发掘了普遍型引喻的价值。那位CEO所采用的字眼大大激发了他的怒气，那么究竟是什么让他怒发冲冠呢？大家都已经了解到，所有的情绪反应都基于当时的状态，而状态又是由我们的形气和对事物的储忆方式所决定。

于是我就问他为什么如此愤怒。他回答道：“当时我就觉得好像是被那些人用枪硬顶着脑袋，被逼着走进一个大箱子里。”各位可以想象，如果换作是你，对这样的情况你是不是也会愤怒难当？当时我对引喻了解甚少，不过已经知道如何通过改变字眼来改变情绪和行为，只不过当时并没有形成系统的想法。（这也是一种“贴标签”的痛苦，一旦你对自己所为之事贴上标签，你就会产生长期的相应行为。）

随之我便问CEO：“那把枪是什么颜色？”“你说什么？”他被我的问题搞糊涂了，于是我重复了一遍。这个问题立刻打破了他旧有的思考模式，在寻找答案的过程中，他会把注意力集中到我这个怪异的问题上，这就改变了他的注意。他在回想这把枪的颜色时，情绪也会发生改变——CEO听到这个问题不禁笑了。如果一个问题重复问上几遍，在他寻找答案的过程中，意焦必然会随之改变。譬如说，当我一再地跟你说：“别去想蓝色。”你会想到什么颜色？肯定逃不过蓝色。事实上，你想什么，你的感受就会是什么。

除了枪之外，我还试图立刻改变他脑海中消极的画面，朝另外一个方向思考，以改变负面的情绪反应。我问了他一个问题：“你脑中的那个箱子究竟是什么样的？不过要想弄出一个能把我装进去的箱子可不容易。”经我这么一说，他想象中的箱子就一下就被摧毁了。这位CEO的冲动性格，源于他经常使用较为激烈的引喻。因此，如果你为某事不快，那么赶紧看看自己使用的引喻是不是有不当之处，才导致你产生那样的反应而停滞不前。

有些引喻会加强负面情绪反应。有人在逆境之时会经常抱怨道：“我真觉得有千斤负荷。”或者是：“我觉得前面矗立着一堵无法逾越的高墙。”不过这种消极的引喻来得快去得也快，不要把引喻当成是真实情况。如果有人说自己如负全世界之重，我就会回答说：“那就把这个世界卸下来吧，轻装上阵！”他可能给我一个苦笑，但也可能已经明白了我的意思，从而转移意焦，改变情绪。如果有人说他们工作遇阻，碰上了一堵怎么也冲不破的墙时，我就会跟他说，不要撞墙了，可以钻穿可以翻，可以挖个地道或绕过这堵墙，就能继续前行。

事情很简单，而且它还真的有效。日后当你情绪不佳时，赶快改变内心的感受。如果有人说：“我快疯了！”我就会告诉他说：“别理它！”当有人说他有多么难受时，那不是难受，只是有些沮丧，也许没有清晰的答案，但绝不是难受。如果那个时候还是用难受这个词，你就会真的变成那样。所以要慎用引喻。

对于引喻的使用要特别谨慎，防止造成不良后果。萨莉·菲尔德在其书中的第四十四章说她自己到了“中年危机”，这个说法是多么的可怕和消极啊。如果你感觉自己像是在无尽的黑暗中，把灯点亮就可以。如果你感觉自己陷入了混乱的海洋中，到沙滩上去走走，到小岛上去放松自己。这听起来有些幼稚，但是就是这样，我们通常会不自觉地选择那些使我们消极的引喻。我们要管好引喻，不仅仅是避免有问题的引喻，更要选择那些使我们振奋的引喻。

如果你善于察觉自己和他人所用的引喻，那么改变就变得“随心所欲”。你只要问自己：“这个就是我真正的想法吗？这个引喻用得正不正确？”记住，每当你使用“我觉得好像”或是“这有点像”等句式时，你就是在使用引喻。此时你就要问能振奋人心的问题：“哪些引喻比较好？有没有更积极的引喻？”譬如说，如果我问你人生像什么，那么什么样的引喻比较好？你的回答可能是“人生是一场无休止的拉锯战”或“人生是场战争”。如果这是你的引喻，那么就会衍生出相应的观念（如原子和太阳系的联系），而你的行为就会在不知不觉中跟着这个引喻走了。

一个人所采用的引喻背后，有一整套相关的信念和法则。如果你认为人生是一场战争，你会被涂以什么颜色？你也许会说："人生苦短，结局便是死亡。"或者说："我一直生活在跟别人的斗争中。"甚至是："真是个狗咬狗的生活。"或者是："这是场硬仗，我迟早会挂彩。"所有这些信念都会在无形中影响你的一切信仰，包括待人、机会、工作、生活、奋斗乃至人生。同时它也会影响你的想法、感受和行为，从而决定你的命运。

人生是场游戏

不同的人有不同的普及性引喻。在我和唐纳德·特朗普的会晤中，我发现他经常将人生视为"考验"，要么站在胜利的顶端，要么站在失败的低谷。如果是这样的诠释，那么他的生活要承受多么大的压力啊。如果人生是场考验，那么其中必然艰辛重重，你可能要严阵以待，否则就会败下阵来。在另外一些眼里，人生就是一场比赛，其中可能有些乐趣，但这需要打败好多人，而赢家只有一位。

还有一些人把人生当做一场游戏，那么这场游戏是什么颜色？人生也很有趣，如果是这个想法的话就美好得多，其中虽然有些竞争，但是你也可以选择参与其中，或是冷眼旁观。或许有人说："如果人生是场游戏，那么必然会有失败者。"也会有人问："是否需要些技巧？"这就取决于你对"人生是场游戏"的阐释了。不过只要有了一个引喻，你的想法和情绪就会受它影响。

在特蕾莎修女的眼里，人生是神圣庄严的。你是否也有同样的想法？如果是，那么你就会更加珍惜人生，而不是视之为游戏。如果你把人生看作是上帝的礼物，那么你的人生是不是充满了意外之喜？如果你把人生当做是一场舞会，是不是有时候是踢踏舞，有时是独舞，有时是共舞，有时优雅有时欢快？究竟哪个引喻才能代表真正的人生？

这要视乎场合。在适当的时候加以运用，它们就会在关键时刻帮助你获得改变。要记住一点，任何引喻都是有双面性的，有其利必有其弊。

随着对引喻认识的加深，我发现如果一个人只相信一种引喻，人生境界必然会变得狭隘。前面提到的以太阳系模型来引喻原子的结构，确实解释了电子绕行原子核的现象，但是无法解释绕行轨道的变化。因此，如果我们想要拓展人生，就不能限于少数的引喻，而要视乎环境变化，选择积极的引喻。

引喻的应用范围非常广泛，几乎遍及人生的各个方面。比如说，有人说"又要辛苦一番了”，或者说“无休无止的工作”，那么他对工作的态度可想而知。有些老板把自己的事业看成是“资产”，却把员工视为“负债”，此种引喻之下，他会如何对待员工呢？有些老板把自己的公司看作一座花园，他会勤耕细作，精心照料，不断改进，这样才能获得收获。还有些人把工作视为是交友的好机会，大家可以合作来开创一番事业。我则把自己的企业看成一个大家庭，众人关系紧密，共同为美好生活而奋斗。

人生是绘画，不是算数。

——奥利弗·温德尔·霍姆斯

如果你把“人生犹如一场竞赛”改为“人生犹如一场游戏”，你的人生境界会发生什么改变？而如果你认为“人生是一个舞台”，你的人生境界又会呈现出怎样的不同？你的人际关系会如何？你的事业又会怎样？肯定是不一样的！不同的引喻会产生不同的认知感受，引喻的转变犹如杠杆中的支点，能够轻松扭转旧有的想法和做法。我无法告诉你何种引喻是好，何种引喻是坏。各位只要记住，当改变了普遍性引喻，你对整个人生的看法便会发生扭转。引喻就和字眼一样，其力量隐藏于它的简单性中。

几年前，我在亚利桑那州的斯科茨代尔开展一个为期两周的论证项目。到了研讨会的中期，一个人跳出来赤手空拳地“刺向”人群，并且声嘶力竭：“我要死了，我要死了！”一个坐在他前面几排的精神病医生喊道：“老天，他‘精神病’发作了！”不过我没有给他贴上这一标签，我只知道要立刻改变这个兴奋过度的男人的情绪状态。当时我还没有发展出普遍性引喻的概念，我只知道怎么做才是最好的，我走过去喊道：“快把它扔掉！用回你打字时候的东西，快扔掉！”这个人怔忡了一下，他停止了之前的所为，每个人都停下来，不知道接下来会发生什么。

几秒钟后，他的脸色好转，身体放松，呼吸开始均匀。我说，统统都扔掉。然后我问他觉得怎么样，他说：“感觉好多了。”我于是说：“那就坐下吧。”然后继续我的研讨会。每个人都哑然失声。老实说，我也有点出乎意料，事情就这么简单！两天后这个人来造访我，说：“那时候我完全不知道发生什么事了，只不过那天我刚好40岁了，迷茫无措。我感觉出离控制了，我被无尽的黑暗淹没了。但是当极地大暴雪出现时，万事都复苏明亮了，我的感受完全不同了，我的脑海里出现了新的想法。今天我就好多了。”之后他一直情况良好，就是因为用了不同的引喻。

到目前为止，我已经把如果运用字眼和普遍性引喻的力量来降低负面的情绪反应这一方法都告诉了各位。不过有时候也可以反向操作，特殊情况下可以加强负面的情绪反应。曾有一对夫妇来找我，他们的儿子又是吸毒又是酗酒。夫妇俩都认为必须要立刻制止儿子的自残行为了，但是同时又觉得不应该干涉他的私生活。最后促使他们痛下决心的是一位特殊的朋友，那位朋友之前也有同样的恶习，他只用了一个引喻，就坚定了这对夫妇的决心。他是这样说的："现在你们的儿子犹如被两颗子弹盯着脑袋，一颗是毒品，一颗是酒精，如果不立刻加以制止，他迟早小命不保。"

经他这么一说，这对夫妇不寒而栗，知道自己再不拿出行动就会失去这个儿子。他们之前并没有这样的迫切感，直到采用了新的引喻，他们才急切地要去采取行动。幸运的是，他们成功地使得他们的儿子戒除了毒瘾。由此可见引喻对于行动的重大作用。

给自己选择几个恰当的普遍性引喻

我用"触角"来让自己对普及性引喻更敏感。语言学家玛丽·凯瑟琳·贝特森曾说过："没有什么东西比引喻更能影响人了。"这句话颇有见地。

在我的一场《与命运有约》研讨会中，几乎所有人在会议开始前都向我抱怨一名妇女。她在接待处引起了一阵混乱，当她进入会议场地，她开始了任性的抱怨：先说房间太热，随后又抱怨太冷，又埋怨坐在前面的长得太高，如此等等，不一而足。当我开始演讲时，我甚至没法连着讲五分钟，因为她总是不停地打断我，试图找出我的话语里无用的地方，或者是不真实之处，或者是找一些例外。

于是我试图打破她的习性，不过我更注重于效果，而不是原因。突然我意识到她肯定有一些普遍性的信念或引喻，使得她如此纠结于细节，在她的生活方式里肯定有一些错误的地方。于是我问她："你这样做是为了得到什么？我知道你肯定有你的理由。你的人生信念是什么？是专注于细节，还是判断事情是好是坏？"她表示："我想我只是相信，小小的漏洞足以使轮船沉没。"如果你害怕溺死，那么你当然会对于寻找可能存在的漏洞会有些狂热。这就是这位女士对于人生的看法！

请问这一引喻得自何处呢？很显然，这位女士可能遭遇了一些小事，却使得她付出了很大的代价。她总是把热情倾注于那些她尚未发现的小问题上，而她自己甚至没有意识到。同样的，她认为自己糟糕的财务状况是那些小事情所引起的，于是她选择了这种引喻，防止自己在未来再经历这样的伤痛。

很显然，如果我不提供给她一个改变的杠杆，她就不会想要改变这些引喻。一旦我让她自己意识到这些引喻在她的人生中不断地制造痛苦，她就能作出改变，获得快乐。于是我帮助她打破旧有的思维模式，改变以往的引喻，帮她创造了众多看待自身和生活的新思维。

她综合了多种普遍性引喻——人生像一场游戏，人生如一场舞会。你可以发现她的变化，不仅仅是在对待他人上，也在于对待自身上——以往她总是试图在自己身上找那些小问题。这一改变，影响了她对待事物的方式，也是改变一个普遍性的引喻就能改变人生方方面面的一个例证，这些方面从自尊心到人际关系，甚至大到处理国家大事。

引喻的力量在人生中发挥了很大的作用，不过令人担忧的是，我们似乎从未有意识地去选择那些对自身影响颇深的引喻。你的引喻很可能是来自周围的人——你的父母、师长、同事和朋友，不知不觉之中你便加以引用，最后成为了习惯。

我们的一切认知，就是在寻找详尽的现象。

——梭罗

这些年来，人们问我的工作究竟是什么。我多次尝试使用不用的引喻：我是老师；我是学生；我是卓越人生的追求者；我是演讲者；我是国内畅销书作者；我是顶级的演讲顾问；我是临床医学家；我是顾问。——不过没有哪一个是完全正确的。人们给了我很多引喻，媒体视我为“导师”，不过我一直避免使用这一称呼。因为这个称呼预示着，很多人希望依赖我为他们创造改变，我避免使用这样的引喻。我不希望有这样的引喻。

有一天，我领悟到了“我是个指导者”。指导者是什么？对我来说，指导者是被指导者的朋友，他是真正关心你的，会尽自己的全力来帮助你。一个指导者会不时地质疑你，而不仅仅只是让你逃脱一时之困。

指导者因为自身的经历，有着相应的知识和经验，他们的优秀也是在于“指导”这个领域（本书推出后，都不需要我来教你了）。

事实上，接受指导的人或许本身就有突出的天赋。但是指导者长期以来关注于特定领域，经过他们指点一二，很快就能使你在某些方面和某些时刻表现突出。

有时候，指导者可以教给你新的信息、方法和技巧；他们告诉你如何去获得好的成果。有时候指导者甚至都不是教给你新的东西，他们只是提醒你在对的时候做对的事情，并迫使你去做。我想，我就是一个真正成功的指导者，我教人们怎么样能够快速并轻松地获得他们想要的。

人人都需要指导者，不管是高级管理者、大学毕业生、家庭主妇、流浪汉还是美国总统！当我开始使用这一引喻时，我对自己的认知立刻改变了。压力骤减，并感觉与他人的关系更亲近了。我不必“完美”或者“更好”，我享受了更多的乐趣，对他人的影响也更多元化了。

引喻拯救人生

我和贝基两人与马丁、珍妮特·西恩夫妇是好朋友，他们俩结婚已经将近30年了。我最欣赏的一点，就是他们不仅互相之间扶持，也尽可能地帮助其他家庭成员和其他需要帮助的人。众所周知，马丁是一个慷慨的慈善家，他们自己也不清楚平常帮助了多少人。这两人是一个整体，他们对于人类社会的引喻就是“一个大家庭”，因此他们即使是对完全陌生的人，也抱以深切的关怀和同情。我还记得马丁曾告诉我一个令人感动的故事。多年以前他在制作启示录的时候，机缘巧合之下改变了他的人生。之前，他对人生有一些恐惧，现在，他觉得人生充满了迷人的挑战，为什么？他的新引喻是“人生是神秘的”，他喜欢人类的神秘性，在他日复一日的生活中逐渐揭开了其中的神秘和可能性。

是什么改变了他的引喻？强烈的痛苦。在菲律宾动荡的时代，《启示录》开始拍摄。拍摄计划是从周一到周五。周五的晚上，马丁和珍妮特开车两个半小时，从马尼拉“撤退”。到了周末，马丁还要留下来在星期六的早上在进行拍摄（珍妮特已经答应去为一个机组乘务员买玻璃假眼，因为那个人太可怜了，买不起）。到了晚上，马丁就感觉很孤单、软弱和动摇，大汗淋漓，痛苦异常。第二天早上，他的心脏病发作，非常严重。

他的身体开始慢慢地麻木、失去知觉，他倒在地上，他凭借仅存的意志力，挣扎着爬到门口求救。他就躺在地上，他后来说那时候真的是濒临死亡，那一瞬间所有的事都平静而安宁。他看到自己穿过远方的湖面，他自言自语：“哦，这就是死亡啊。”然后他发现自己不再害怕死亡，但是他开始留恋人生！那一刻，他认识到人生本身就是一场挑战。于是，他的求生意志徒然增强，他拼尽全力，伸出手去抓住一些草。

他集中全力，慢慢地把草放到鼻子边，他几乎不能感受其他的事情。当他闻到草的那一瞬间，疼痛又开始了，他知道自己又活过来了。他继续与死神斗争。

当有人发现他时，他们都以为他死了。从他们的表情和话语，马丁怀疑自己是不是还能活下去，他开始没有力气。时间非常紧急，机组的一个优秀飞行员冒着生命危险，把他送往镇上的医院。

一到医院，他就立刻被抬到担架上，送往急救室。他潜意识中明显地觉得自己就要死了。在他虚弱不堪之际，珍妮特来了。开始时她只知道他心脏病发，后来医生坦白告诉她事情的严重性。她无法接受——但是她知道马丁需要力量，她知道自己必须破除他的消极情绪，她自己也需要。于是她集中精力，当马丁睁开眼时，她给了他一个大大的微笑，告诉他说："亲爱的，这只是一个电影而已！"后来马丁告诉她，那一刻他觉得自己快要去天堂了。多么好的引喻。那时候问题就轻松很多了，也在掌握之中了。"电影当然不会比心脏病更严重"，潜意识里，我觉得这个引喻更深刻。毕竟，你在制作电影时候的痛苦不是持久的，有时候导演会说："停!"珍妮特用这样一个引喻，打破了马丁旧有的模式，帮他集中精力，让他相信自己能够得救。

引喻的影响力不仅涉及个人，更是遍及整个社会乃至全世界。我们所选择的引喻，会影响到自身的认知，进而影响到个人的判断和行动。过去几十年里，人类探月的壮举，让人普遍认识了"地球太空船"这一说法。这个听上去不错的说法一用到环境保护上时，却不那么奏效了。为什么呢？因为人们对地球太空船无法产生情感联系。飞行员和宇航员经常把他们操控的飞机或飞船比喻为美丽的女性。他们会说"她是个美女"，而不是"他很帅"。在蓝天碧海中，这些流线型的物体如此灵活可不是大块头的男性所能媲美的。

战争中我们也经常使用引喻。海湾战争中，在开打之前，我们称之为"举起沙漠盾牌"；当下达作战命令后，就立刻改为"沙漠飓风"了。这种引喻的改变，是不是立刻让战争的性质就发生了变化？先前的代号是表示要包括阿拉伯国家免遭萨达姆的侵略，而之后的代号便如诺曼·施瓦兹柯夫将军所称，联军部队变成了"自由的飓风"，横扫伊拉克入侵科威特的势力。

铁幕降临到欧洲大陆。

——丘吉尔

字眼和事实相符

知道了引喻中隐藏的巨大力量后，还要知道如何在恰当的时候运用它。问题是，很多人把在工作中运用得很好的引喻也用到了生活中，结果问题百出。我认识一个律师，她发现当她把工作中运用得得心应手的引喻用到生活中时，她的丈夫跟她交谈时，感觉就像是在证人席上被质询，这在私人生活中当然不好。如果有个人是个警官，他回到家的时候还沉浸在职业中，他是不是会觉得其他人都在干违法勾当呢？

一个不恰当使用引喻的极佳例子，就是一位男士跟他的妻子貌合神离，并且小孩们觉得和他格格不入。小孩们不喜欢他总是深藏不露，颐指气使。你们知道他的工作是什么吗？是空中交通管制员。他的工作要求他调兵遣将，如果有紧急状况，他还得保持音量的平静，与飞行员进行沟通。这种疏离的态度在控制塔中发挥得很好，但是在家里未必就好了。请记住，一种引喻，在一种情况下可能合适（譬如工作环境中），到了另外一个环境（如与家人和朋友待在一起时）未必就合适了。

那么人们在个人关系中用到了哪些引喻呢？有些人喊别人为“老家伙”或者“老太婆”，有人喊他们为“独裁者”、“累赘”，有一位女士甚至称呼他们的丈夫为“黑暗之王”。有没有更积极点的称呼呢？

有很多人称呼他们的另一半为“爱人”、“更好的一半”、“人生伴侣”、“同行者”，或者“心灵之侣”。仅仅是一个引喻的些微改变，就能改善你们之间的关系。你可能对于“搭档”无甚想法，但是你肯定很喜欢“爱人”这个词。你所使用的代表你们之间关系的引喻，是不是也同样作用于对方对于你们之间关系的感受？当然了。一位女士参加与命运有约研讨会的时候，一再指称她的丈夫是“与我生活在一起的古怪人”。但是当她丈夫提起她时，总是称她为生命中的“真爱”或者“更好的另一半”或者“上帝的礼物”。当我对她指出这一点时，她被震撼了。她是一个可爱的女士，但是从来没有意识到自己采用的引喻多么的危险。于是我们一起为她和她丈夫之间的关系选择了恰当的引喻。

所有人都期待圣诞

我的一位朋友，尚无小孩，且视他们为“麻烦”。当他使用这一引喻时，你能想象小孩是怎么回应他的吗？然而，最近他在一家百货公司当圣诞老人——这是我们要求他这么做的——于是，好几百个“麻烦”来了，坐在他的大腿上。

这一次经历给了他对小孩的全新感觉，并长期改变了他的引喻，现在他称小孩们为“拥抱”！他的感受真的改变了！叫你的小孩“黄毛小子”通常不会让你很好地照顾和培养他们。务必使用正确的引喻，帮助你好好和他们相处——记住，你是在言传身教他们。

曾经有一个积极的普遍型引喻帮我度过了许多艰难时光，这也是众多个人发展讲师们经常引用的一个故事。这是一个石匠的故事，他是如何凿开一块大石头的？要知道他有的不过是一把铁锤和一支凿子。当石匠举起锤子敲下第一击时，一块碎片也没有，甚至连一丝凿痕也没有。然而他没有气馁，继续一下一下地敲，一百下、两百下、三百下，大石头依旧岿然不动。

石匠没有懈怠，继续敲他的石头。路人见他如此“冥顽”，不免发出嘲讽。然而石匠不为所动，他知道虽然现在尚未见效，然而也并非没有进展，只是不容易察觉而已。他又开始在石头的第一个地方敲，一锤又一锤，五百下，七百下，大概到了上千下，还是没有碎片，然而，石头裂成了两半。这难道仅仅是他最后一击的效果吗？显然不时，这可是他长期坚持敲击的结果。这一引喻令我颇有启发，持续不断的改善就如那把小铁锤，它能击碎人生路上的一切“大石头”。

多年前我人生的启蒙老师吉姆·罗恩曾经说过，我应该把人生看成是四季的变迁。人生多有不如意之事，有些人容易灰心丧气。不过吉姆教导我说：“人生有如四季的变迁，我们现在只是暂时处于冬季而已。”这个引喻太妙了。冬季过后是什么？那就是春天！太阳再次露出它的笑脸，大地回春，冰雪消融，你又可以在土壤中播下希望的种子，新的生命将会蓬勃生长，大自然再展丽姿；到了夏天，就要好好照顾幼苗，免得它们被烤焦；其后便是丰收的秋天，期间你可能会碰上狂风骤雨，所有心血都白费。可是如果你相信“人生犹如四季”的引喻，那么就会相信机会还在前方。

关于引喻改变人生的力量，最有力的例子来自于参加《与命运有约》的一位男学员，他有个外号叫“艺术大师”。（我要求每个人都为自己选一个名字，作为周末的自我认定。这个简单的练习能产生一些有趣的变化，那些人就会按照新标签生活。你想想，“闪电”、“爱”、“舞蹈家”、“奇才”，这些不同的标签会带来多么不同的行动啊！）艺术大师是个很有意思的人，他超重170磅。我发现他把超重和心灵美结合起来，他的信念是，当你超重时，只有心灵美的人才不会被此吓跑，愿意来理解包容你。真诚的人是不会介意的，而那些阴郁的人才不会来接近一个胖子呢。他说道："我知道这没有什么意义，但是我真的觉得这两者有关系。看看世界上那些肥胖的大师们，我觉得上帝偏爱胖子。"

我说："呃，上帝爱每个人，但我觉得他对待胖子的方式，就是把他们放到火上串烤。"他的脸色大变。当然我不相信我自己所说的，但是这是一个打破他之前脑中美好画面的有力方式。接着我问他："你的身体怎么样？"他回答道："完全没问题，跟辆车一样。"我说："这是一辆高质量的车吗？"他回答道："当然是！"

引喻果然发生改变了，他说自己是个真诚的人，所以我帮他选了一个相对应的引喻。我问他，假设他的身体不是一辆车，而是装着他的心灵的庙宇，他要怎么办。那一刻，他点了点头。你会发现他相信他的身体真的就是庙宇。他做出了一系列的改变，包括吃什么、何时吃、怎么吃，如何对待自个儿的身体。一个普遍性的引喻，就这么改变了他对自个儿身体的看法。

你会怎么对待一座庙宇？你会塞进去一大堆油腻腻的食物吗？艺术大师新产生的对身体的尊敬改变了他。在采用这一引喻后，他减重130磅。庙宇现在已经成了他的普遍性引喻，决定他的思维和行为。当他去超市购物时，他就会问自己："我要把这些装进庙里吗？"一旦他发现自己不由自主地走向以前吃的那些垃圾食品前，他就想象自己在火上串烤的样子，就会立刻退回来！艺术大师以前还经常把音乐开到很大声，导致周遭的人都担心他把耳朵震坏了。现在他再也不这么做了，他说："我要好好照顾我的庙。"你发现了没有，普遍性的引喻能够引发你的人生方方面面的改变？

毛虫化为蝴蝶的引喻

在我儿子六岁那年，有一天他哭着回家，一问原因，原来是他的一位好朋友不幸从滑梯上掉下来摔死了。我安慰他道："孩子，我知道你现在很难过，你很想念他。不过，你为什么难过呢？难道是因为你还是一条毛毛虫吗？""爸爸，我不明白你的意思。"他抬起满是困惑的脸。我的这句话已经打破了他先前的情绪状态，便接着说道："你现在的想法只是个小毛毛虫的想法。"这让他起了好奇心，追问我这句话的意思。

我轻声说道："孩子，小毛毛虫会不会知道自己什么时候死呢？"他立刻回答："我知道，是他们吐丝把自己包起来的时候。"我说："是，小毛毛虫把自己包成一个茧，可是如果你拿刀把他切开来看的话，里面已经没有毛毛虫了，只有一些黏糊糊的东西。不明就里的人还以为毛毛虫已经死了呢。实际上不是这样的，这是毛毛虫重生的开始，它会变成另外一种东西，你知道是什么吗？"儿子兴奋地说道："一只蝴蝶。"

我接着问道："那么其他在地上爬的小毛毛虫能看到这条毛毛虫变成蝴蝶了？"他说："不能。"我说："那么当这只毛毛虫破茧而出时，它会怎么样？"孩子说："他就飞走了。""是啊，他飞出来，沐浴在阳光下，晒干翅膀后便飞走了，以另外一种样子生存，不再是丑丑的毛毛虫的样子，而是漂亮的花蝴蝶了。那么它是不是更自由了呢？"孩子说道："是的，他更自由了。""他是不是更快乐了呢？""是的，他现在脚少了，更轻松了。"我说："你说得对，它确实比以前更自由更快乐，它再也不需要脚了，它能飞了。我想你的朋友现在就在飞翔。"

"孩子，我们不能决定别人什么时候变成蝴蝶，我们觉得不对的时候，上帝会知道正确的时间。现在是冬天，而你想要夏天，但是上帝有不同的想法。我们只要相信上帝，他比我们更知道如何变成蝴蝶。我们还在地上爬，我们不知道蝴蝶何时存在，蝴蝶在我们头上飞，不过至少我们知道它们是存在的。"这时，孩子脸上露出了笑容，他给了我一个紧紧的拥抱，然后快乐地说道："我敢说他已经是只美丽的蝴蝶了。"

引喻能改变我们对一切事物的认知，改变快乐和痛苦的意义，让人生朝着心中的方向改变。你要当自己是一位"引喻侦探"，选择引喻时要小心翼翼，要使自己的人生能不断往前拓展，变得更为丰富。如果你听到有人说出消极或自我设限的引喻时，你要小心，切不可按照他说的去想。要给自己一个积极的新引喻，这于己于人都有好处。

现在来做做以下练习。

1. 什么是人生，写下所有你已知的"人生就像……"的引喻。开动脑筋，调动每个脑细胞，说不定就能想出越来越多的点子。如果你当时身处困境，你就可能把人生喻为一场战争；而如果你正好春风得意，那么你就可能把人生看作是上帝的礼物。不管是什么，统统写下来。然后看着单子好好想想："这样的人生对我有何意义？"如果人生是神圣的，对我有何意义？如果人生是场梦，对我又有何启示？如果人生是个舞台，我又该扮演其中的什么角色？任何一种引喻，都有利弊两面。如果你把人生当做一个舞台，这就意味着你可以在这个舞台上尽情发挥才能，但也表示你只能戴着面具，而无法表现自己真实的一面。所以要选择好引喻，判断其利弊。什么样的引喻会让你的人生更快乐、更自由、更积极呢？

2. 写下一串跟人际关系或婚姻有关的引喻，看看这些引喻的利弊。其实，只要你多用心，就会获得好的引喻，否则你的头脑会告诉你：“这一点用也没有，它们荒谬至极。”引喻其实很容易获得的，更何况它的作用是如此便捷。

3. 找出各方面对你产生重大影响的引喻，譬如事业、父母、孩子、学习能力等。写下相关的引喻，并了解它们的影响。如果你写的是“学习就像玩乐”，那么你就会乐于求知了；反之如果你写的是“学习就像拔牙”，你自然会觉得很痛苦，这时就要尽快换个引喻。各位一定要记住，每个引喻都有利弊，要谨慎选择，小心使用。

4. 为人生的各个方面都找出一个更为有力的新引喻。从现在开始，至少思考出四到五个新的人生引喻。在前面我们已经有过相关的引喻，譬如人生有如上帝的礼物、人生有如游戏、人生有如舞会、人生有如野餐以及人生是场考验、人生是场战争等。你所想出的人生引喻，要以能激起你正面的情绪反应为佳。

5. 最后，在接下来的三十天里好好实践这些具有正面意义的崭新引喻。

当你掌握了新的引喻，扫去旧有的脚步，感觉就如同“云中漫舟”，直到你到达“九重云霄”。当你处于“世界的顶端”，你可以看到安乐富足、兴致盎然，知道你现在所感受到的快乐，不过是“冰山的一角”。控制好你的引喻，创造新的世界，一个有着多种可能性、富足、神奇和快乐的世界。

当各位能够掌握住所使用的引喻时，人生就会有另一重天地。现在，就让我们来看看下一步——

如果没有情绪，黑暗就无法转变成光明，冷漠也无法变成活力。

——卡尔·荣格*

第十一章 十大有力情绪

Awaken the Giant Within

* 卡尔·荣格(Carl G.Jung，1875～1961)，瑞士心理学家和精神分析医师，分析心理学的创立者。

他叫沃尔特，心地善良、待人得体，总是想要做正确的事。他的生活犹如科学般规律，凡事都妥妥当当，有条不紊。工作日每天早上6点30分准时起床，冲澡、刮胡子，吃早点、喝咖啡，7点10分抓起午餐盒（内装三明治和牛排）出门，驱车45分钟，8点整准时坐在办公桌前，开始做20年来一直做的事。

下午5点，他回到家。从冰箱里捞出一罐冷饮，随后打开电视机开始看起来。约一个小时后他的妻子回来了，他们便开始商量是吃上一顿剩下的饭菜，还是丢一块比萨到微波炉里。晚饭后，他看他的电视，她哄她的孩子洗澡、睡觉。9点30之前，他定会上床就寝。周末时间，他通常会整理整理院子、捣腾捣腾车子，或是补补觉。结婚3年来，沃尔特夫妇的感情虽然不能说是“如胶似漆”，但也算是过得顺顺当当——不过这可真像他的第一次婚姻。

你身边是否也有沃尔特这样的人？可能他就是你的好友。他们没有遭受过致命的打击，但也没有体验过极致的快乐。有人曾说：苟活于世，与长埋地下，不过只有几尺的差别。

一个世纪前，爱默生也曾说过：“多数人寂静地活在消沉之中。”现在已经是21世纪了，这句话似乎比当时更适用。

如果说在《激发无限潜能》一书问世后众多的读者来信中有什么发现的话，那就是——居然有这么多人处于无奈的状态，有些事情突如其来，心愿不能得偿，生活毫无乐趣。他们的内心有着极大的希望，希望能有更多的活力、更大的热情、更澎湃的激情。这些年来，我游历各国，结识了成千上万的有成就之人，他们一致认为人类当前最大的危机便是情感危机，即情绪上的“低迷”。如何让大家重新振奋、充满活力，是我们要一致努力的方向。

很多人都有一个错误的认识，认为情绪是无法控制的，它是我们的天然反应。这个错误的认识让很多人视情绪为病毒，一旦“心理体质”不佳就会遭其侵袭。有时候我们也把情绪看作是理智的“下等族人”，会拖累理智本人；也有人觉得情绪不过是对他人言行的直觉反应而已。这些看法共通之处是什么？那就是大家都觉得它琢磨不透，无法掌控。

有些人为了躲避情绪，会转而求助于那些更强烈乃至错误的东西，他们可能吸毒、酗酒、暴食、赌博等。他们滑入虚弱的失望中，为了避免“伤害”所爱之人（或者被人所伤害），他们镇压了自己所有的情绪，变成了一个机器人，最终摧毁了他跟外界的联系，并最终伤害了他所爱之人。

在我看来，处理情绪的方法有四种，只是众人采用的有所不同而已。

1. 逃避。没有人不希望避开痛苦。很多人想尽办法逃避自己所恐惧的情绪，更糟的是有些人竟矫枉过正，譬如说有人害怕被拒绝，就极力避开可能导致被拒绝的情况：逃避人际交往，不敢接受有挑战性的工作。如果是这样，那就掉进了大陷阱中，他们短期内避开了失望的可能，然而同时也失去了获得关怀和信任的机会，而这些很可能就是他们所期望的。没有人能够避开感知，一味逃避不是办法，从中挖掘积极的意义才是正道。

2. 否认。这是另外一种处理情绪的方式。通常大家不希望别人知道自己情绪糟糕，就会嘴硬：“我不觉得很糟。”同时，心中那股惶恐的情绪却使他一直念叨自己为什么就那么“衰”：为什么老有人爱占自己的便宜？为什么自己尽力了结果却很糟糕？为什么自己总是遇到倒霉事？总而言之，他们就是不改变自己的意焦和形气，“执著”地朝着负面的方向思考。对于遭遇不幸而产生的负面情绪如果一味地加以隐瞒，这不但于事无补，反而会让痛苦变本加厉。如果不及时处理负面情绪所带来的讯息，情况根本不会好转，很可能负面情绪会愈发厉害，逼得你最后不得不面对。因此否认不是处理负面情绪的好方法，而应该去了解它们，并积极加以解决——你将在本章中学到相关方法。

3. 屈服。很多人容易屈服于痛苦的情绪，甚至完全放弃抵抗，任由其蹂躏。他们根本就没想过要从中寻找积极的一面，反而一味地强调其威力，成为“鼓励的徽章”。他们甚至言之凿凿：“不要以为你能应付，告诉你，它的难度不是你能想象得到的。”这好像成为炫耀的资本，好像自己是在遭遇别人从没有经历过的困难。一个人如果经常这样，那可真是要命，如果不能尽早脱离这个陷阱，那么他的人生必然如他自己所想的那样潦倒不堪。其实，处理痛苦情绪最有效且最健康的方法，就是要发掘它积极的一面，那就是——

4. 学习与应用。一个有意义的人生，必须是可以控制和运用情绪的人生。情绪是不可能逃避的，也是不可能消除的，更不要试图视而不见，或是歪曲其本来面目；万万不可的是让它掌握了你的人生。那些可能带来一时痛苦的情绪，却是内心永恒的指南针，指引着人生的方向，引导你走向人生的目标。如果你不知道如何使用这个指南针，那就如同行驶在狂风暴雨中，找不到正确的航线。

许多治疗理论都基于一个错误的假设，即“情绪是我们的敌人”。如果想要痊愈，就得追根溯源。这实在是错得离谱，只要能立刻改变形气和意焦，打破旧有的模式，一个人就能破涕而笑。弗洛伊德的心理分析学说，一直想要挖掘过去那些“深藏的秘密”来解释现在的现象。但是大家都知道，如果你铁了心要去找某样东西，最终你必然能找到。同样的道理，如果你一直在寻找痛苦的成因、不幸的来源，那么你的大脑肯定会为你寻找到相关理由，为你的负面情绪自圆其说。如果你相信“过去不等于未来”，你的人生就会更加美好。

要想利用好情绪，有效的方法就是让“一切情绪都得以积极运用”，从情绪中好好学习、善加利用，开创更美好的人生。你自以为的负面情绪，实际上都可以成为你拿出积极行动的号角。为了改变你对负面情绪的认知，我建议各位从本章起将它改称为“行动讯号”。当你熟悉了各个讯号及其包含的讯息，负面情绪就不再是你的敌人，而是盟友，它们是你的朋友、伙伴和老师，指引你走出低谷，攀向高峰。当你学会了如何运用这些讯号，你就不会再徒生恐惧，而是勇于尝试，丰富自己的人生。要想达到这一境界，你就必须改变对情绪的惯有看法，它们不再是控制者，也不是理智的抢占者，更不是别人的怪念头；它们是行动的讯号，促使你立志获得更美好的人生。

面对负面情绪，如果你一味逃避，就可能会错失其中潜藏着的无价机会，错过其中的诸多讯息，失去对人生的控制，进而陷入到重重危机当中。所以各位一定要记住，只要在适当的时间和地点加以合理的运用，不管是哪种情绪对我们都很重要、都很有价值。

要知道，你当时当刻的感受就是一个上天珍赐的礼物、一个指南、一个支持体系、一个行动号召。如果你摒弃这些情绪，将它们从你的人生中驱逐走，或者你放任它们，任由它们控制一切，你就是暴殄天物。

现在我们来探讨一个问题，情绪究竟来自何方？其实，一切情绪皆源于自身，人才是情绪的创造者。很多人认为，自己所期望的情绪是需要等待的，譬如说，除非自己的愿望真的实现了，否则就不会有爱、快乐和信心等感受。我要说的是，不管什么时候，只要你愿意，你就能立刻获得你想要的任何情绪和感受。

在加州德尔玛市举办的研讨会，就有一个典型的例子。我把会场选在L’Auberge。这家四星级大饭店临近太平洋，风景秀丽，交通方便。酒店靠近火车站，每天有四趟火车经过，轰隆的火车声和汽笛声此起彼伏。有些学员对这时不时打断他们学习情绪的声音深感烦躁（那时候他们尚未学会转换词汇）。我决定利用这一良机，将烦躁化为乐趣。我大声宣布："从现在开始，各位一听到火车的呼啸声，就要大力庆祝，我要看到大家的快乐程度。你们有没有发现，即使是众人都兴高采烈的时候，也很少有人会率先表达出来，我们总是在观望别人的举动，或者说是'静候时机'。可是当你想要快乐的时候，难道还要看别人的脸色吗？当你需要表达的时候，你还需要等待吗？有什么规定非得A或B表达完了，才轮到你来表达吗？既然没有任何规定，为什么非要等呢？只要火车一来，我们要兴高采烈才好！"

我说完之后，每当火车驶过，整个会场就欢呼声齐响，学员们会从座位上跳起来，大喊大叫，外人还以为是疯子。这些人中有医生、律师、CEO，均是社会上公认的精英人士。当他们回到原来的位子后，彼此不禁相视大笑。大家都明白了一个道理：不需要事事都等人先出头，你都不需要任何理由，就能让自己快乐——你所需要的就是做"让自己快乐"这个决定。因为你就是你自己，你想要这么做。

如果一切情绪都来自于自身，为何不一直保持快乐？再说一次，那些所谓的负面情绪（实际上可称为行动讯号）一直在传递一个讯息，它告诉我们，你现在所做的并不起作用，因为你的痛苦就是你观察事物和使用程序的方式，特别是它已成为你表达需求和愿望以及所采取的行动方式。

如果说，以往的一些行为并没有获得期望的结果，那就必须要改变方式。要知道，认知是受控于意焦，受控于诠释的。如果能够改变当时的形气，或是提出更好的问题，就可以立刻改变自身的诠释角度了。

当然，沟通方式也很重要。也许是沟通方式欠佳，也许是你尚未表达自身的需求，又或者期望过高，未能如愿，结果导致沮丧、不快或自尊心受挫等负面情绪。其实这是一种行动讯号。如果你觉得自尊心受挫，这实际上是在告诉你必须改变沟通技巧，防止以后受挫；而沮丧的情绪是另外一种行动讯号，它在告诉你需要改变原先的做法，不要觉得一切无望或者无法掌控，或许是你需要在某一领域进行强化，让自己更有掌控感。

这就是行动讯号所包含的真正讯息，它不仅能促使你采取行动，也能改变你之前的想法、认知、沟通方式及行为。这些讯号告诉你，你不该是一只受困于屋内的苍蝇，拼命地撞向玻璃。如果不改变先前的做法，一味地坚持，只会让你一再受挫和失望。虽然痛苦的经验不好受，但它传递出的行动讯号，就在告诉你要改变现在的做法了。

掌控情绪的六个步骤

不管有多痛苦，若能按照以下六个步骤去做，很快就能打破消极念头，找出情绪中的有利之处，从而找出脱困的办法。以下就是这六大步骤：

第一步　确认你的真正感受

在情绪低落的时候，有很多人其实并不知道自己的真正感受，他们“遭受”了那些负面的情绪和感受的不断折磨。其实只要后退一步，问问自己：“此刻我的真正感受是什么？”如果你的第一直觉是“我很愤怒”，那就再问问自己：“我真的愤怒吗？还是其他什么情绪？也许我只是觉得有点难过，或者是觉得有些损失。”要知道，难过、受损跟愤怒是不一样的。花点时间，了解清楚自己真正的感受只是这些的话，那么他们对你的影响就不会像愤怒那么强烈了，处理事情也就更加得心应手了。

譬如，你心里想：“刚刚我觉得我被抛弃了。”你就得问问自己：“是我觉得被抛弃了呢，还是我爱的那个人让我有被拒绝的感觉？是我觉得被抛弃了呢，还是我觉得失望？”不要忘记，转换词汇的力量足以降低你的情绪强度。还有，如果你界定了自己真正的感受，你就能降低负面情感的强度，这能让你更容易从情绪中获益。

第二步　肯定情绪的功效，它能带给你支持的力量

万万不可“扭曲”情绪。一旦有了“这是错误的”这样的预设立场，你不但无法认清自己，而且更难以和他人沟通。幸好人的脑子一般也不是那么冥顽不化，当一套方法行不通时，大脑就会传递一个信息，告诉我们有些地方必须加以改变，这可能是认知方面的，也可能是行为方面的。如果我们相信情绪的益处，那么即使一时间未能完全理解它，它也会给我们带来积极的改变，走出内心的泥淖，顺利找出解决之道。一味地压抑情绪，非但不会减轻它的负面影响，反而会

变本加厉。要像对待小孩一样重视、欣赏每种情绪，你就会发现那些情绪能够立刻“宁静”下来。

第三步 注意情绪所带来的讯息

还记得改变情绪所产生的力量吗？当你真的为某种情绪困扰时，要想摆脱它，最有效的办法就是重新认识情绪的含义，以积极的心态去解决问题，防止重蹈覆辙。日后某种情绪上涌时，你要好好探究，去看看这个情绪带给你的是什么，当时你该采取什么行动才能扭转局面。

如果你觉得孤单，那就问问自己：“我真的孤单吗？这会不会是我的错觉？其实我有不少朋友的，如果我投之以桃，他们是不是也会报之以李呢？这种孤单的感觉是否在传递一个信息——我应该加强跟朋友们的联系呢？”

下面四个问题有助于帮你改变情绪：

“到底我真正的感觉是什么？”

“如果不想这样继续下去，那该怎么办呢？”

“这个情况我该如何处理？”

“从中我有何获益？”

只要对情绪有正确的认识，你就能长期获益无穷。

第四步 信心满满

确信自己可以立刻掌控情绪。掌控情绪最有效便捷、最简单快速的方法便是汲取过去相似的经验。如果过去已然成功，现在又有何难？综合过去的成功经验，加上新的认识，你定能制定恰当的策略。

如果现在你正处于某种情绪中，那么静下心来，回想过去类似的情形和你所采取的积极措施，以此为鉴，写下当时的行动，看看哪些可以立刻改变你的感受。你能为此提供什么支持？你改变了自己的意焦了吗？你对自己提问了吗？你的认知呢？采取新行动了吗？只要你有信心，就遵循过去的做法，必然会获得成功。如果你觉得沮丧，而过去你曾顺利消除了这种情绪，那么好好想想当时你做了什么。是出去跑了一趟？还是找朋友煲一番电话粥？如果那次的方法有效，现在不妨再加尝试，效果定然不会逊于之前。

第五步　要相信，你不但能掌控今天，亦能掌握未来

想要尽早掌握好情绪，就要有个好计划。一个简单的办法就是记住过去的成功案例，让过程铭刻于脑海中，并想象当时的行动讯号再次出现，看看、听听、想想你当时的处理方式。如此反复几次，你的脑海中就会建立相关的神经链，以后处理相类似的情形就能得心应手。此外，再写下三四种其他的方法，包括：行动讯号出现时改变自己的认知，表达感受和需求时改变自己的沟通方式以及改变相应的行动。

第六步　振奋心情，拿出行动

你已经完成了前五步——确认感受、肯定情绪、注意讯息、汲取经验、加以练习。现在就是最后一步了——振奋心情，拿出行动！振奋，是要让自己好好控制情绪；而行动，是为了证明自己的掌控能力。可别让自己陷入有力使不出的感觉。

现在你已经熟悉了这六个简单的步骤，不管是现在还是将来，你差不多就能掌控好自己的认知和行动了。

通过这六个简单的步骤，你就能很好地掌握你生命中的任何一种情绪。如果你在不停处理相同的情绪，这六个步骤就能帮你检查你的模式，并且如有必要，可以在短期内加以改变。一开始时可能有点困难，但是就像学习其他新事物一样，只要你勤加练习，就会越来越顺手。过去你认为是情绪的“地雷区”，不敢有丝毫差池，如今你就有了探测仪，行动起来就会笃定自如。

记住，处理情绪的最佳时机便是它萌芽之际，一旦等到它让你困扰不堪时，那就成尾大不掉之势了。我的信条是：“把怪物杀死在幼小时期。”只要你对这六大步骤善加运用，一旦行动讯号发出，你就能很快发现并能迅速处理情绪了。

十大行动讯号

单凭以上六个步骤，你就能改变大部分的情绪了。如果再加上以下情绪（或者说是行动讯号）带来的正面讯息，那么你就能运用得更加得心应手了。接下来我要与各位分享十个众人极力避开的情绪，而它们也可以促使你采取积极的行动。只看不动无法让你好好掌握情绪，只有不停地加以应用，才能从中受益。我建议大家对这个部分多看几遍，画出其中重要的部分，然后写在卡片上并随身携

带，用来提醒自己那些情绪对自己的真正意义，以及该拿出来的有效行动。一个好办法就是把这些卡片贴在车子的挡风玻璃上，这样平常开车时你就可以看到，若是碰上塞车心烦之际就更有用了，它可以提醒你如何以正面的心态去面对当时的情绪。现在就从这些基本情绪开始……

1. 不快。“不快”这种情绪并不强烈，不过也会造成困扰，产生诸事不顺的假象。

讯息：

厌烦、不耐、不安、烦心以及些许的尴尬，这一切都在向你透露出事情有点不对劲。有可能是你认为事情有些棘手，或者是你行动的预期落空。

解决办法：

处理不快情绪的办法很简单：

（1）运用本书所教的各种方法，改变自身状态；

（2）确定自己想要的；

（3）改进行动。对之前的做法稍加改变，看看能否改善你的情绪；或者改变之前的目标。

跟所有的情绪一样，“不快”若不及时处理，就会越来越严重。诚然，不快会让你有些痛苦，然而如果你因此而胡思乱想就更糟糕了。大家都知道胡思乱想中的痛苦要比实际情况所带来的痛苦强上不止十倍。在棋坛和武术界有句话很形象：“威胁要攻击远比攻击本身更让人难受。”当我们觉得自己可能遭遇痛苦时，特别是如果这种情绪很强烈的话，就会产生另外一种行动讯号——

2. 害怕。这种情绪的范围，可以从最轻微的关切到强烈的担心、焦虑、恐惧。这种情绪是有因可循的，所传递的讯息也简单。

讯息：

一个人会害怕，是因为对可能发生的事尚未做好准备。童子军的信条就是：“要做好准备。”要有勇气去改变可改变之事，用胸怀去接受不可改变之事，可悲的是很多人要么不敢承认自己的害怕情绪，要么就任由害怕折磨自己。这两种心态都无济于事，害怕也不会因此而消失。其实我们无须屈服于害怕，也无须过度悲观，当然也不能视而不见。

恐怖的夏甲

解决办法：

想清楚自己到底害怕什么，并做好心理准备，看有何处理办法。当我们尽了全力，做了完全的准备，却还是忐忑不安，就要从根本上入手——拿出应有的信心。一个人如果已经做好万全之策，那就无须害怕，事实上很多担惊受怕之事并不会成为现实。不过如果不幸被击中，你就有可能经受——

3. 难过。于公于私，对人际关系影响最深的就是难过。一个人之所以会难过，是因为他觉得自己失去了什么。而处于难过情绪中时，往往容易误会别人，我们是需要看看难过所传递的真正讯息了。

讯息：

难过所传递出来的讯息，是我们的期望落空了。有时候我们希望某人遵守诺言，而他却没有做到（你都可能没有告诉那个人你的期望，也不告诉对方他曾许下什么诺言）；这种情形就会影响彼此间的感情，导致信任危机。期望的落空，往往就会产生难过情绪。

解决办法：

（1）好好想想，也许事实上你并没有什么损失，很可能只是你“认为”自己有所损失，而事实上不过是别人的无心之过，或许连对方也没有想到他的行为对你造成了伤害。

（2）然后，好好衡量当时的情况，自问一下：“我真的有什么损失吗？是不是我太武断了？还是我太苛刻了？”

（3）要想从难过的情绪中脱离出来，还有一个办法就是和朋友敞开心扉畅谈一次。你可以说：“可能是我的误解，我以为你并不关心当天那件事，这让我很难过。你能告诉我当时你的想法吗？”只要双方能好好沟通，说出自己的疑虑，那么难过的情绪便会很快消除。

但是如果你不好好处理，就可能会恶化成——

4. 气愤。这种情绪的范围从轻微的不悦到愤怒、冒火、暴怒。

讯息：

一个人会气愤，多半是因为有人触犯了他一直坚守的原则和标准；也可能是他在跟自己斗气，因为他未能坚守原则。（第十六章将探讨这个问题。）不过，你要知道气愤这种情绪是可以立刻扭转的。

解决办法：

（1）要知道，你可能是完全误解了别人。别人违反了你的原则和规定，很可能是他的无心之过，他可能并不知道你的想法——即使是你认为他们本来就应该知道的一些东西。

（2）就算别人违反了你的规定和原则，并不表示你的规定和原则就是“对”的，即使你坚决拥护自己。

（3）问自己一个积极的问题：“从长远来看，他的行为是不是对我有帮助？”为了让自己不再生气，不妨再问自己：“从中我能学到什么？我该如何把我的原则和规定告诉他，好让他了解我，未来不再触及我的原则？”

譬如说，如果你生气了，就改变一下自己的想法——也许那个人真的不知道我的规定，或者改变自己的行为——提前告诉他：“这是我个人的隐私，千万不要跟别人提起，真的非常的重要。”

如果一个人一直处于气愤的状态，或者形势无法达到自己的标准和规定，就会导致——

5. 挫折感。挫折感的源头有很多种，当你觉得困难重重，当你觉得怎么努力也得不到回报，挫折感就产生了。

讯息：

挫折感其实是个很棒的讯息，一旦产生这种情绪，就表示你觉得自己可以做得更好。挫折感与失望可不一样，失望代表你想得却永远得不到，意即没有希望；而挫折感却有积极的一面，它表示你的问题有解决办法，只不过你现在的办法不起作用。如果想要达成目标，就要另辟蹊径。它告诉你处理方式必须更有弹性，那么你要怎么解决挫折感呢？

解决办法：

（1）将挫折感当成自己的朋友，多动脑筋，思考一下达成目标的新方法，以及你要如何灵活地使用这些方法。

（2）针对当时的情况注入新鲜力量，或者找人指点迷津，向他们请教如何才能得偿所愿。

（3）带着愉悦的心情去学习，思考一下所学到的东西可以如何帮助自己，如何来减少时间和精力的耗费，如何寻找到快乐。

还有比挫折感更具有杀伤力的情绪呢，那就是——

6. 失望。失望这种情绪若不及时加以处理，其后果可是毁灭性的。它会让你一直意志消沉，失去追求的动力。当你期望落空、心愿不得偿时，失望的情绪就会滋生。

讯息：

失望，是因为期望的目标未能达成、想得到的东西未能得到。这种情况下你就要调整自己的期望，使之合乎当时的状况，并迅速拿出相应的行动，这样才能从根本上解决失望这一情绪。

解决办法：

（1）立刻从失望的事情中加以学习，找出问题所在，这样才能找出对你有所帮助的办法，让你从跌倒的地方爬起来。

（2）设定新的目标，激发更大的动力，尽快获得进展。

（3）想想自己是否失望得过早了。一时的挫折并不代表永远的失败，第二章中比利·乔的故事就证明了这一点。正如我常用的一句话："上帝并非遗忘了你，他只是在等待最佳时机。"当你尚未得到所期望的，很可能是你正好处在成功的前一刻。如果你的目标不切实际，那当然免不了失望，就好像今天去到田里撒种，却想明天就见到果实一样——这显然不可能。

（4）不要随便下结论，以为一切已没有指望。多点耐心，在等待的日子里，好好想想自己真正想要什么，然后拟出切实有效的行动计划。

（5）处理失望最有效的办法，就是要对未来抱有积极的心态，而不是总惦念着过去的事。

当你极度失望时，这种情绪就很可能转化为——

7. 懊悔。懊恼、悔恨、自责等情绪也是众人避之不及的，然而它们也颇具价值，过程是痛苦的，然而却有其作用。我们来看看其中所隐含的讯息。

讯息：

懊悔情绪的产生，是因为你觉得自己违背了自认为最重要的原则。如果想要消除这种情绪，就得立刻拿出行动。第六章中曾提到，只要把痛苦和某事联系在一起，就能找到改变的杠杆。那么当你把痛苦和令你懊悔的行为联系在一起时，就会产生最有力的杠杆，从而改变那个行为。对很多人来说，懊悔也可能是他最有力的杠杆，促使他改变自己的行为。不过有些人非常嘴硬，怎么也不肯承认自己的懊悔情绪。这是毫无益处的，懊悔也不会因此消失，反而会变得更加强势。

一个人面对懊悔的另外一个极端反应，就是臣服于它，丝毫不作反抗地承受它的折磨与蹂躏。事实上，懊悔这一情绪的目的不在于此，它是在驱使我们采取改变的行动。可是大多数人不明就里，只因有过一次懊悔，便终身屈服于它。如果我们对违背了自己的原则而感到懊悔，那正是你在诚实地对待自己，只要不再犯就行了，这会让你自己追求更高的原则。一旦你对旧行为有懊悔感，并且总是有这样的感觉，那你就会改正了。

解决办法：

（1）承认自己确实违反了原则。

（2）痛下决心，依照自己的原则和规定行事，保证在日后不会重蹈覆辙。当你下定决心后，先前的懊悔情绪便会消失，甚至反过来成为你追求更高目标的动力。

要好好地运用懊悔这一情绪，不可被其所控制，虚耗宝贵的精力。有些人因为经常触犯自己的原则和规定，以至于自责甚深，结果就会导致——

8. 不中用。当我们觉得有事想做却做不来时，就会产生不中用的感觉。动辄觉得自己“不中用”的想法这是不对的。事实上，不中用也有另外的讯息。

讯息：

没有谁是万能的，当你觉得自己不中用时，那就表示你需要更多、更有用的资讯、知识、策略、工具和自信。

解决办法：

（1）问自己一个简单的问题："一碰上问题就觉得自己不中用，这种想法正确吗？到底是我不中用呢，还是这种思维模式需要改变？"如果你所认为的中用，就是在迪斯科舞厅大跳妙于迈克尔·杰克逊的舞步，这个想法也太不切实际了！如果你是这样的觉得自己不中用，那办法还需要我说吗？

（2）当你觉得自己不中用时，要勇于改进，也要承认自己并非三头六臂，只要你能时时记得CANI!，并且好好地加以实践，你很快就会消除不中用的感觉了。

（3）找一位可以效仿的对象，他得是你认为的不中用的那种人，从他那里获得经验。哪怕是很小的进步，都会扭转你不中用的想法，从而获得学习的乐趣。情绪是致命因素，如果一个人觉得自己不中用，他就对学习没有丝毫兴趣，看待事物总是战战兢兢，总觉得问题是"长期存在"、"问题在我"。其实并非如此，只不过可能是在该领域的积累不足，可是跟不中用完全搭不上边。其实潜力一直就潜藏在你的身上。

当我们觉得好像有数不清的问题、做不完的事情，这时就会产生这样的情绪——

9. 心力交瘁。痛苦、沮丧和无助——这些感觉会在你心力交瘁之时冒出来。这时你会觉得人生毫无积极阳光的一面，生活中尽是那些你无法控制的人、事、物，而你毫无能力改变。一个人一旦陷入这种情绪状态，他就会觉得世界充满了问题，即问题是"长期存在"、"普遍存在"及"问题在我"，他觉得无从入手。最后这个问题就越来越严重，乃至尾大不掉。

讯息：

当你有心力交瘁之感时，就好好思考一下，当时情况下究竟什么对你而言才是最重要的。之所以会产生这种状况，是因为你一时间想要处理好的事情太多了，希望一夜之间换新颜。心力交瘁是最伤人的一种情绪了。

解决办法：

（1）下定决心，从目前要面对的众多事情中挑出你认为最重要的。

（2）把这些最重要的事写在纸上，并按照重要顺序加以排列，这样你就会觉得诸事皆在掌握之中。

（3）从纸上列的第一项开始审视，采取行动直到成功为止。一旦第一项完成得比较理想，接下来你就有了动力，你就会觉得自己又有了控制能力，心力交瘁和沮丧的情绪也就消失了。这样，也就不会觉得问题是长期存在的了，解决办法也就源源不断了。

（4）如果你想要摒除心力交瘁之感，就尽量把意焦放在自己能控制的事情上，从中找出积极的意义，即使当时你未能完全理解它。

我们之所以会自信满满，是因为觉得自己能控制周围的环境。要是我们同时揽下太多的事，结果却是焦头烂额、四处碰壁，这时心理压力就会很大，也就免不了心力交瘁之感。不过只要摆对了意焦，优先列出能掌控的事情，然后一步一步地去实践，那么自然就能消除心力交瘁之感。

或许大部人最害怕的是与他人、与社会脱节，那种情绪就是——

10. 孤独感。任何使我们产生疏离、隔绝之感的感觉，都可以归到孤独中。你是否真的孤单过？我相信每个人在其人生中都必然有过这种情绪。

讯息：

当你有了这种感觉，就表示你要多与他人接触了，这表示什么呢？有很多人都认同是身体或心灵上的契合，特别是在心灵上的契合，否则即便朋友再多，孤独感还是存在。

解决办法：

（1）只要你伸出手，去跟别人交流，就立刻能消除孤独感。你就会发现周遭关心你的人不在少数。

（2）确认自己要跟什么样的人结交。你是想要亲密的关系，还是只需要简简单单的友情，或者只是想找个人聊聊，开怀一笑？你得先想好你内心真正的需求。

（3）孤独也不全然是件坏事，它在提醒你："我真的在意我的朋友们，我喜欢和他们在一起。不过我需要想清楚要跟他们建立何种关系，然后再采取行动。"

（4）行动起来，跨出第一步，伸出双手去跟别人接触沟通。

现在大家已经了解了这10个行动讯号。诚如你所见，每种情绪都在向你传递积极的讯息，督促你改变消极错误的认知，改变不当的沟通方式和行为。运用好书中的知识，时常加以练习，仔细寻找出每个讯号所带给你的积极意义，并好好做笔记和标注。

几乎所有的“负面”情绪都是上述10种情绪交错的混合体，而处理方式就是前面所说的6个步骤，要认真观察，找出它们的积极面。

好好管理心中那块花园。

——伏尔泰

把自己的内心、情绪和意念当做是人生的花园，如果你希望它终年枝繁叶茂、花团锦簇，那么就要播下爱、温情、感恩等种子，切不可播下失望、愤怒和害怕等种子。把那些行动讯号看作是花园中的野草，它们是号角，号召你采取行动。它们高声呼喊：“行动起来，把花园里的这些野草拔除掉，为那些‘健康’的植物腾出生长的空间。”要好好在自己的心园中栽种想要的植物，而对于野草要毫不留情地加以拔除。

到现在为止，我已经提供了十个优良的植物种子，供你在心园中栽植。如果你能够辛勤劳作、殷勤照顾，抱着满腔的期望，那么总有一天你能看到累累硕果。这些种子力大无穷，能让你的生活充满快乐、丰富多彩。现在就快来看一下吧，它们可是能有效医治十种“负面”情绪。

十大有力的情绪

1. 爱与温情。负面情绪一旦与爱接触，就犹如冰雪遇暖阳，迅速消融了。如果有人对你生气，你只要采取《奇迹课程》中那条核心信仰——所有的交流，要么用爱去回应，要么用哭喊救命——你就能容易对他们保持爱心。只要始终向对方施以爱心及温情，最后他们便会改变先前的负面情绪。

只要你有足够的爱心，就可以成为全世界最有影响力的人。

——埃米特·福克斯

2. 赞赏和感恩。在所有情绪中，我认为最有力的便是爱心，不过它通常以不同的面貌呈现出来。对我来说，赞赏和感恩也是爱。我喜欢通过想法和行动，主动表达我的感恩之情。我珍惜一切，不管是上帝赐给我的、他人给予我的、我自己所经历的。如果我们能长存感恩之心，人生中就会充满快乐。好好经营值得经营的人生，感激一切可感激的事吧。

3. 好奇心。请你怀有儿童般的好奇心，好奇心能够让人的生活不断成长。儿童是“神奇”的伯乐，他们是如此的钟爱神奇。如果你想要一个不乏味的人生，那就为生活插上好奇心的翅膀吧，这样你就会发现生活处处充满美妙，而这又反过来增强了你的好奇心。这是个环环相扣的过程，你有必要好好研究一番。发挥你的好奇心，那么就会发现“学海无涯”的美妙了。

4. 振奋与热情。任何事情，若是怀抱着振奋和快乐去做，就会乐趣大增，它们能够转“危”为“机”。热情具有强大的力量，能够推动我们更加快速地迈向人生目标。十九世纪英国著名首相本杰明·迪斯雷利就曾说过：“一个人要想成为伟人，惟一的途径便是要怀抱热情去行动。”如何才能有热情呢？很简单，只要你想拥有，你便能拥有。你可以运用形气：讲话要有力，眼光要长远，决心要坚定，追求要持续。不要只是坐着，光说不练。如果你只是趴在桌上、呼吸缓慢、昏昏沉沉，你的日子只会过得浑浑噩噩。

5. 毅力。以上的情绪都很有价值，但是你如果想要在这个世界上留下有价值的东西，就需要毅力了。毅力决定我们在面对困难、失败、诱惑时的态度，决定我们是颓然倒下还是坚强不息。如果你想减肥、想重振事业、想获得彻底的成功，那么一时的冲劲是不够的，你一定要有毅力才行，这才是行动之源，才能把你推向追求的目标。有毅力的人，他们的行动是贯彻始终的，有不达目的誓不罢休的气势。

毅力是人类意志的觉醒。

——笔者

毅力能够帮你成就大事，没有毅力的人只能收获失败和失望。勇气让人敢于冒险，而毅力则是勇气之源。一个人是勇往直前或是半途而废，就看他是否坚持训练他的毅力“情绪肌肉”。埋头苦干不代表就是有毅力，一定要根据实际情况的变化，适时改变方法。举个例子，如果你只要走两步路就能找到出口，那何必一定要钻墙再出去呢？有时候，单凭毅力并不一定就能成功，你还需要具备——

6. 弹性。要想成功，保持弹性的做事方法是必需的。所有的行动信号——

即所谓的负面情绪，它们所传递的信息就是在告诉你做事要更有弹性。选择了弹性，也就是选择了快乐。人生中总有些事无法控制，只要保持弹性，那么人生就能充满快乐和成功。芦苇会折腰，所以才能在狂风肆虐下存活。而一直挺着腰杆的榆树，结果却为狂风折损。

如果你能好好培养上述情绪，你就能获得——

7. 信心。不要轻易失去信心。如果你要一直保持信心，甚至对于未曾触及的领域也是如此，那么就一定要打心底建立自信。从此刻起，你要开始学习、想象并感受那份信心，相信自己的能力。不过也不可光做白日梦，幻想有一天信心会平白冒出来。当你有了信心，你就敢于尝试和冒险。有一个办法能帮你建立信心，那就是不断尝试使用它。如果我问你，你有信心把鞋带系好吗？你的回答肯定是信心十足的，为什么呢？因为这件事你已经做过千上万次了。同样的道理，如果你能不断从各方面练习自己的信心，有一天你就会发现，信心已经存在了。

要想自己能够从容处理各种事情，就一定要建立信心，千万不可胆怯，不可害怕。很多人因为害怕而不敢去做，还有一些人根本还没行动就退缩了。然而，那些建功立业的人，成功的根本原因就是因为拥有信心。在这之前，没有任何借鉴可参考，而就是信心，推动着人类不断前行。如果你已经建立了以上所有情绪，你就能感受到——

8. 快乐。当我在最重要的追求价值表内加上快乐一项时，大家都说："你与别人似乎不太一样，你看上去很快乐。"是的，我很快乐，不过我很少表现在脸上。内心的快乐与表面的快乐是不一样的。快乐能使你充满自信、生活开心、心怀希望、乐及他人，快乐具有能消除害怕、生气、挫折感、难过、失望、沮丧、懊悔及不中用的能力。不管你遭遇何事，只要在脸上泛出笑容，你的内心感受就会好很多。

让你表现得快乐，并不是要你盲目乐观，不去理会眼前的困难；快乐是要你保持快乐的情绪。如果生活中充满快乐，那么无论遇到什么困难，你都能从容面对。快乐，能削弱那些行动讯号所带来的痛苦。

如果要想让快乐轻松降临，你就需要耕耘——

9. 活力。活力是非常重要的，如果你的身体缺乏活力，就很难享受其他有力情绪。你要留意自己的活力是否充沛，因为一切情绪皆源自身体。如果你觉得有些情绪异于常态，那就赶紧从身体这个源头查起。譬如说呼吸，压力大时，呼吸就会不顺畅，这样活力就会被消耗殆尽。学习正确的呼吸方法，是维持身体健康非常关键的一环。

保持活力的另外一个方法，就是要让身体保持足够的精力。那要怎么做呢？要知道，我们每天都会消耗精力，因而需要适度的休息来补充失去的精力。你一天会睡上几个小时呢？如果是八到十个小时，可能太多了，研究表明大部分人睡眠只要六到七个小时就可以了。还有一个不同于常规的发现，就是静坐并不能保存精力，我们坐着也会觉得疲倦是不是？要想有精力，我们就必须“动”起来。研究发现，越是运动，身体就越能获得精力，因为只有动起来才能使氧气充分进入身体，才能激活所有的器官。只有身体健康才能产生活力，有了活力才能去面对各种问题。所以，我们一定要保持好活力，才能控制好各种情绪。

当你的心灵花园具备了这些有力的情绪，那么通过奉献，你就可以让大家来分享你的富足。

10. 奉献。多年前，我处于艰难时期，某个午夜时分我驾车飞驰在高速公路上，在心中不停地问自己：“要怎样才能改变人生？”突然有个意念闪过脑际，我如梦初醒，兴奋得难以自制。随即我把车开下高速公路，停下来，拿起笔在笔记本上写下了一句话：“生活的秘诀就在于奉献。”

作为社会的一分子，如果我们的言行不仅能丰富自己的人生，并能够惠及他人，那么人生是不是更加有意义呢？我会常常被那些追求人生最高价值之人的故事所感动，他们不存私心，乐于助人，带给人类社会极大的福祉。有一次，我看了《悲惨世界》的音乐片，主人公冉阿让的故事令我热泪盈眶——他为社会和他人付出了那么多。我们应该要每日一省，想想自己能为别人做些什么，而不是老想着自己能得到什么。

不过，为他人服务固然好，但也不要牺牲自己，毕竟舍身成仁就失去了奉献的意义。一个人能够独善其身并兼济天下，那是因为他理解了人生的真义，这不是金钱、名誉和夸赞所能给予的。拥有奉献精神的人生观是无价的，如果人人都能如此，这个世界必能更加美好。

十大行动讯号	十大有力情绪
1. 不快	1. 爱与温情
2. 害怕	2. 感恩
3. 难过	3. 好奇
4. 气愤	4. 振奋与热情
5. 挫折感	5. 毅力
6. 失望	6. 弹性
7. 懊悔	7. 信心
8. 不中用	8. 快乐
9. 心力交瘁	9. 活力
10. 孤独感	10. 奉献

好好耕种这些有力情绪，它们能让你的人生充满活力、不断成长，这是你以前都没有想到过的。让我们温习一下十大行动讯号和十大有力情绪，我不知道怎么描述它们的重要性，不过当你掌握之后就能明白了。要携带好那张写有所有行动讯号的讯息及解决办法的纸片，不时地去加以运用，并与十大有力情绪进行比对，便会发现十大有力情绪确实能有效治疗十大行动讯号。

如果你感觉不快，那么爱和温情能够很快地改变你的情绪。如果你感到害怕，那么感恩的心能把你拯救出来。如果你感觉难受，那么好奇心可以代替难过。如果你有愤怒之感，那么赶紧用兴奋和热情来代替，想想那些你已有的成就。毅力可以打破挫折感，弹性可以解决失望。当信心出现了，懊恼就会消失，因为你坚持你的新标准。快乐可以驱赶“不中用”的感觉，心力交瘁可以由活力驱逐。当你发掘自己能贡献他人时，你就不会有孤独感了。

现在请你做个练习，让你熟悉这些简单有力的情绪工具。

1. 在过去的两天里，如果你有过消极或是负面情绪，那就按照六大步骤去处理。先确定情绪的类型，然后再看看这些情绪中所包含的价值，判断是否需要改变认知和行动；最后，鼓足信心、拿出勇气、奋勇前行。

2. 行动讯号虽然有重要的功能，不过，如果它们没有什么机会使用那就更好了。除了十大有力情绪外，积极的普遍性信念也可以确保你尽量不出现负面情绪。比如，我曾经把孤独感从我的人生中赶走，因为后来我相信我从来没有被抛弃过。如果我爱的人要“抛弃我”，我就会紧紧跟随他们。（另外一个积极的信仰是：这些都会过去；爱是我生命中的惟一，其他的事情都不是必需的；世上无难事，只怕有心人。）

时时运用这些有力的情绪以及掌握情绪的六大步骤，就能将行动讯号转化为积极的行动。记住：你所有的感受，不管是好是坏，都是基于你对事物的诠释。如果你开始感觉糟糕，那就问问自己：“还有没有其他的解释？”这是你掌握情绪的第一步。

通过阅读本章，希望各位知道，不管是哪种情绪，你都能从中受益，都是你提升人生品质的一个机会，万不可将负面情绪当做是你的敌人。

其实它们是在告诉你，有些地方必须得改改了。如果你能有效运用这些行动讯号来提升自己的能力，你就切切实实地掌握了它们；要在它们萌芽之际就加以掌控，万不可等它们成长为参天大树。就像减肥一样，刚开始超重的那一磅是很容易减下来的，等到超重30磅（约合13.6千克），那就非得有很大的毅力不可了。

接下来的两周里，把注意力集中在享受从情绪中学习的那些过程。只要你选择了，你就能看到那个万花筒。不要害怕，坐上过山车，感受自己的快乐、热情及所有的情绪，告诉自己一切皆在掌握，包括人生、情绪和命运。我发现，有些人明明知道正确的做事方法，却不一定会去做，我们所需要的就是一个理由，去使用决定的力量，改变信念，获得杠杆，打破旧有模式，提出更好的问题，对于词汇和引喻更敏感。要想激励这些人，我们就需要知道——

只有心怀梦想，才有可能去实现它。

——卡尔·桑德堡*

第十二章

拟出自己期望的未来

Awaken the Giant Within

* 卡尔·桑德堡（Carl Sandburg，1878~1967），美国诗人、传记作家和新闻记者。

现在，你是否有了乐趣？你是否想要再回到孩童时光，充满幻想？你是否愿意好好把握人生，把上天所赐的能力、热情和才华成为自己真正拥有的？

到此为止，我已经教给各位很多东西了，其中大部分是可以立刻付诸实施的；少数也是可以暂缓一下，深埋心中，伺机而动。之前已经慎重讨论过“决定”的重要性了，现在你可以做个决定了，让美梦成真，让人生更美好。

很多人知道自己该做些什么，但是从来没有付诸行动。究其原因是缺乏令人心动的未来和目标。如果是存在这个问题，那么本章就给予了你前所未有的机会，进而付诸行动，实现心中美梦，达到人生的新高度，这有助于你创造能量和动力。

如果你仔细地看过本章，如果你好好地练习过并采取行动，那么接下来的内容将会让你对未来有信心，并保证你在最艰难的时刻不致信心丧失。如果你需要为人生注入新的灵感，那么本章你可一读再读，这是你获得乐趣和真正热情的机会。

接下来，就请大家释放自己的想象力吧，把那些“常识”扔到风中。重回童年时光，像孩子一样大胆表达出心中的想法，只要是衷心所愿，这些梦很快就会变成现实。

大家是否还记得阿拉伯故事《一千零一夜》？我最喜欢的便是阿拉丁神灯的故事。很多人应该曾经憧憬过手中能有这样一盏神灯，只要擦一下，里面就能跑出一个精灵，帮助你实现心中的愿望。其实，你身上就有一个精灵，它能实现的愿望可不止三个。

现在就是你抓住精灵的机会了，只要你决心去唤醒它，你的人生就能顺风顺水。只要你不限制自己的想象力，只要你下定决心，梦想迟早会成真，包括情绪、身体、精神、财务和各个方面，甚至结果会超出你的想象。不管你的梦想是立刻实现，还是随着时间的推移而逐步形成，惟一的要诀就是你的想象力，和你把它变成现实的决心。

伟大的目标带来积极的企图心

总有人说："汤尼，你的热情从那里来的？你是如此的成功，我就没有你的冲劲，我也没有动力。我觉得我很懒。"我通常会回答："你不是懒，你只是还没有明确的目标而已！"

最近我常常审视这个回答，发现我的兴奋和动力都来自于目标。每天早上我睁开眼，即使那时候因为缺乏睡眠而导致身体疲乏，我也始终都能找到动力，因为目标让我如此精神抖擞。它们让我起得早、睡得晚，充分发挥自身所长和所有，并让梦想成真。你也可以做到的，但是如果目标太小，就没法唤醒你。因此，第一步就是要制定一个更大、更有激励性也更有挑战性的目标。

经常有人跟我说："我的问题就在于压根没有任何目标。"这话说明他并不了解目标的真正作用。人心是永不满足的，总处于追求的过程中，我们总在避开痛苦，或者试图寻找方法防止掉入痛苦的泥淖；我们还在不断地寻求快乐。所以说每个人都是有目标的，只不过就像我在每章中指出的，很多人都在无意识的状态下围绕着目标行动。

遗憾的是，大多数人的目标只是"如何偿还那恼人的账单"，整日里庸庸碌碌，为生计奔波。一个人一旦落到了这般境地，就谈不上规划人生了。只要是目标就能够打开我们内心的巨大能量吗？不！我们要记住，有什么样的目标就有什么样的人生。目标就像是播在花园里的种子，不加留意就会野草蔓生，都不需要你劳神费力，就会长得又快又多。想要充分发挥潜能，那就需要订一个正确的目标，这样在追求的过程中你定能发现无数的机会，攀上另一个高峰。要记住，现在的你并不代表未来的你，不过目标却能决定未来的你，快给自己订一个宏伟的目标吧！

订出超越自我的目标，激发无限的潜能

订好的大目标，可能看上去无法实现。不过设定目标最重要的准则，就是这个目标能激发你，有些事能让你发挥出力量。我通常会设定一个目标，在当下看起来似乎没法完成，但是最后却能给我惊喜，那些不可能变成了可能。为了找出激励性，达成看起来不可能的目标，我们必须终止对于信念体系中关于我们能力大小的看法。

有一件真人真事令我印象深刻。主人公是个小男孩，生长于旧金山贫民区，从小就因营养不良而患有软骨症，六岁时双腿变形成弓字型，小腿更是萎缩严重。然而在他幼小的心灵里，一直藏着一个除了他自己无人敢信的梦——成为美式橄榄球的全能球员。传奇人物吉姆·布朗是他的偶像，每当吉姆在旧金山比赛时，这个小男孩便瘸着腿跑到球场去为偶像呐喊助威。他很穷，穷到买不起球票，当布朗在场内英姿飒爽时，他只有等在门外，直到全场比赛到第四节时从工作人员打开的大门溜进去，观看那剩下的几分钟比赛。

在他十三岁那年，有一次布朗队和四九人队比赛结束之后，他终于在一家冰淇淋店里与偶像面对面接触，一偿多年的夙愿。他落落大方地走到布朗面前，大声说道："布朗先生，我是你最大的粉丝！"布朗亲切地向他说了声谢谢，这个小男孩又说道："布朗先生，你知道吗？"吉姆转过头来问道："小朋友，什么事呢？"男孩自豪地说："我记得你创下的每一项纪录。"吉姆·布朗开心地笑道："真厉害。"这时小男孩挺了挺胸膛，眼神明亮，自信满满地说道："布朗先生，有一天我要打破你所创下的每一项纪录。"听完小男孩的话，这位超级明星微笑着说："有志气！孩子，你叫什么名字？"小男孩得意地笑了，说："先生，我叫沃伦索·詹姆斯·辛普森，朋友们都叫我O·J。"

我们成为什么样的人，做出什么样的成就，首先在于我有什么样的梦想。

——唐纳德·科蒂斯

辛普森日后的成就的确实现了他少年时豪言壮语，在球场上打破了吉姆·布朗创下的所有纪录，创造了属于他自己的一系列新纪录。目标是如此的强大，能激发出如此令人难以置信的力量，它能改变了一个人的命运，让这样一个行走都不便的人成为传奇人物。现在大家明白了，要想美梦成真，首先要订下目标，这是成功的基础。目标引导出你的想法，而想法决定了人生。

你的人生要如何阐释？你的生命要如何度过？答案就在你一直追寻的目标里。

把不可见变为可见

现在看看你自己，能看到什么？是不是坐在沙发上，周围艺术气氛浓厚，或者是通过电视大屏幕收看最新的节目？或者是你坐在桌边，周围有电话、电脑、传真机。这些曾经都只是人们心中的愿望。如果我告诉你，一百多年前，全球曾刮起一阵风潮，要把空气装进一个箱子里，让它变成声音和图片。你是不是觉得这是无稽之谈？然而，在今天，美国的每个家庭都至少有一台电视机（平均是两台），有人发明了它，并使图像显示更加清晰了。

目标仅仅作用于物质领域吗？不，其实目标在各个领域都能发挥作用。车子产生的原理，是因为一些企业想要研究出如何进行内部燃烧。我们今天遇到的能源问题，就有赖于今天的物理学家和工程师们的想象力和足智多谋来解决。而解决各种社会危机的方式，譬如种族仇恨、帮派的可怕蔓延、流离失所、饥饿，都需要你我个人的创造力和同情心。

为什么不每个人都设立目标

你此刻也许会想："好，这听起来很好，但是仅仅设立目标恐怕还不行。"这个说法我双手赞成。所有目标的设立，必须要有相应的计划来支持，并要采取大量持续性的行动来履行。现在你已经具备足够的能力了，如果你还没有振作起来，就是因为你还没有设定目标来激励自己。

是什么让你踌躇不前呢？在读本书之前，你肯定是知道目标设定的力量。不过你是否列出了清晰的目标，保证你能够在身体、情绪、精神、心理和财务上达到自己的目标。是什么阻止了你？对很多人来说，原因就是对于失望的不自知的恐惧。有些人设定了目标，却没有达成，由此导致了失望和对未来痛苦的害怕，他们就不再设立目标，他们不想自己的期望再次被打破。还有些人设立了目标，但是他们的个人的能力相对于目标来说还不够，就自惭形秽。或者他们做事缺乏弹性，只知道朝着之前的目标走，却不明白在他们身边有着更合适、更有价值的目标。

设立目标的过程就像你的视力，当你越接近目的地，你就越清晰，这不仅仅在于目标本身，所有的细节也都纤毫毕现。也许你觉得其他的东西可能更好，更能激发你的灵感，然后你就掉头转向那一个目标。可是有时候，由于我们谈得太广太远，却忘记了去接近人生更本质和真实的目标。

前进和奋斗的驱动力，其来源多种多样，有些孕育于失望甚至是悲剧中，有的则由那偶然的命运所点燃，生命的品质由此也决定于那些偶然的瞬间。对一些人来说，灵感是行动的根源，检视可行的地方，参与最佳的行动，并相信制定好的过程，能够帮助自己拥有更多的巨大的动力和因素。

很多时候，我们不知道自己到了什么程度，因为我们专注于追逐的过程。一个比较好的引喻就是当一个朋友告诉你你的儿女成长得有多快，而你着实吃惊地说：“真的吗？”这些也许就因为发生在你的眼皮底下，你就根本没有注意。其实你也很难看到自己的成长，所以我要告诉你一个简单的方式，现在你就花点时间，它将帮你打开上面说到的两个行动的动力。

昨天、今天和明天

有时候，我们很容易就迷惑于自己所到达的程度，或者说人生中哪些必须要实现。在以下几页中，你可以制作一个精确的计划，确定你在5年前在这10个关键领域的状况。尤其要在每个一领域中，给你自己从0到10分中打分，0代表你在这个领域中毫无建树，10代表你完全实现了自己的愿望。

第二步，给自己打分以后，写下一句话，描述一下你准备如何支持它们。譬如说，5年前，你的身体如何，你可能打了“7分”。然后你说：我已经不错了，不过还有地方需要改变；我超重了5磅，一周跑步两次，不过吃得不够健康，精力方面一般。

花5到10分钟来做练习，你会发现相当受启发。

五年前	分数	一句话
身体		
精神		
情绪		
吸引力		
人际关系		
生活状况		
社会关系		
心理		

五年前	分数	一句话
职业		
财务		
创造美好的未来		

现在，为了对比，我们来看看你在每个领域达到了什么程度，或者哪些地方失败了。基于现状回答相同的问题。换句话说，同样给自己打分，看看在这些领域里你今天的状况，然后写下一两句话描述今天你在每个领域想要达到的目标。

今天	分数	一句话
身体		
精神		
情绪		
吸引力		
人际关系		
生活状况		
社会关系		
心理		
职业		
财务		
创造美好的未来		

从中你学到了什么？你发现了什么？你是不是比你自己所认识的改进得更多？你坚持不懈了吗？感觉很好是不是？如果你没有达到自己的期望，或者你觉

得五年前的你在一些领域比现在做得更好，这也是个好消息。这可以促使你进行改变，免得时光白白流逝。记住，不满足也是成功的主要因素之一。

花点时间，快速记下你从这一组对比中所学到的东西：

___

___

___

___

___

___

___

___

___

___

___

___

___

现在，写下你未来五年的想法。同样给自己打分，同样给自己许下一些诺言。

未来五年	分数	一句话
身体		
精神		
情绪		
吸引力		
人际关系		
生活状况		
社会关系		

未来五年	分数	一句话
心理		
职业		
财务		
创造美好的未来		

达成目标的要诀

当你设立了目标，你就在立志于CANI!。其实你已经明白，每个人都需要持续不断的改进，这比不满足所产生的压力、一时的不适等都要有力。这是人生所必须有的一种痛苦，它能敦促你尽快拿出积极的新行动。

这种压力和悲伤完全相反，它是一种良性反应，它是一股积极向上的力量，推动你不断改变自己和周遭之人的人生品质，促使你深思熟虑，鞭策你不断前进。很多人试图逃避压力，然而没有压力的生活是无趣乏味的，无趣乏味则又让你抱怨不已。事实上，当我们有兴奋之感时，我们就会感到压力和紧张，不过这种压力并不重，只是会有刺激感。

施压和被施压是不一样的。压力（良性反应）激励你追求所愿，让你产生持续的改变。学习好好利用压力，让它成为你的良朋而不是死敌，成为帮助你收获人生硕果的利器。还有一点，压力的大小是可以引导的，我们也可善加利用。

最简单的办法之一就是把压力当成你的盟友，以模范为榜样，达成你的目标。如果你向众人公开宣布将会千方百计达成你的目标，那么你就会发现不管遇到什么艰难困苦，你都不会轻易放弃。很多时候你都会有疲惫迷茫之感，觉得问题无法解决，曾经的公开声明就会促使你前进，你的朋友也会用高标准要求你。这是一个有用的工具，一旦你遇到小小挫折，它就能帮助你奋勇前行。

失之东隅，收之桑榆

多年前，一位朋友告诉我他在斐济某一小岛上的梦幻生活。这样的美梦我已经听过多次，其实我也喜欢这样的生活。但我是个实践主义者，买座斐济上的小岛对我来说仅仅是一项投资，如果有一天世界动荡不安，那就是我们全家的避难天堂。于是我安排了一次“商务旅行”，与妻子去那里考察，看看是不是有什么好的投资机会。

这足足花了我两天来预备行程，不过没有什么可以阻挡我们去开垦处女地的决心。我们旨在寻找上佳的投资机会，便决定租了一架飞机，来到这与世隔绝的斐济群岛，寻找良机。

这一天过得异常刺激，我们先停在了包括“蓝色珊瑚礁”（有同名电影）在内的好几个地方，最后来到了计划中的位于北部的一个群岛。我们租下了惟一一辆可用的车，并在充满椰子味的“木槿花道”上飞驰了三个小时。

之后，在一处偏僻之地，我们在路边遇上了一位斐济女孩，她有着一头惹人注目的红发，我和妻子都很开心，想要给她拍照。不过为尊重起见，我们准备先征求她父母的意见。

我们开始寻找她的家，来到了一个海边的小村庄。到达那里时，好几位村民来迎接我们。一位大个子斐济男人径直向我们走来，脸上挂着大大的微笑跟我们打招呼，不是当地的语言，而是一口流利的英文，声音洪亮：“你好，我是乔，快来和我们一起喝卡瓦酒。”进入村庄后，一路上洋溢着欢声笑语，我被邀入一个有着三十个斐济男子的棚屋里参加卡瓦迎宾仪式。而按照当地习俗，我妻子则被留在屋外与当地妇女聊天。

我被众人的热情所感染，他们欢呼雀跃。屋内斐济男子们的笑容如此明亮、如此快乐。他们用“Bula，bula，bula”之语来欢迎我，意即“欢迎你，尽情欢乐吧，我们都爱你”。斐济男子们可以一连几个小时都喝Yanggona，大口大口地喝一种不含酒精的饮料卡瓦（看上去有点像泥浆水）。他们让我用椰子壳盛来喝，我试了一下，味道就跟它的外表一样，于是众人哄堂大笑。跟他们相处一段时间后，我的内心感受到了前所未有的宁静。

惊异于他们的快乐和活力，我问道：“你们觉得人生的目的是什么？”他们看着我，仿佛我在开国际玩笑。众人异口同声地说：“当然是快乐了，不然还有什么？”“这是真的，在斐济你没有不快乐的时候。”一个人回答，“我认为斐济人是世界上最快乐的人……当然，我没有去过别的地方！”这又引起一阵大笑。

随后，他们打破常规，把我妻子邀请了进来。他们点亮了村里惟一的煤油灯，弹起了乌克丽丽和曼陀铃。不久之后，整个村子充满了男女老少的欢笑声和歌声。这是我最人生中最难忘的经历。这个村子里的人对我毫无所求，他们只想与我分享他们认为的欢乐。

几小时后，我们带着内心深深的平静和安宁与村民告别。我们走进夜幕，心中充满了感激。我们安顿下来，这是一个私人所有的茅草屋，栖在火山岩上，周围郁郁葱葱的草木，月光洒在椰子树和棕榈树上，海浪在轻轻地涌。我们这一天美妙无比，村民们让我们觉得人生无比富有。我们原来的目标没有达成，但是通过这个旅程，我们得到了更美妙的礼物。

在这之后，我们又重返斐济多次。第一次去那里，我们希望找到投资机会，但是之后的几十次的旅行中，我们不再是去投资，而是要与我的斐济朋友们分享快乐。我们不再去购买土地。后来机缘巧合，我们买下了那马雷的一个大农场，就是我们第一次去的那个地方。它有121英亩大，3英里长，我希望能与更多的人分享这块魔幻般的地方。这块地方就像我的研讨会，改变众人享受人生的能力，让人变得快乐逍遥。而当人们来到这里，他们的转变也发生了，而我什么事也没有做！我只是坐在那里，看着人们从我眼前走过，从甜蜜的情侣，到退休的老夫妻，到身居高位、整日追名逐利的CEO，他们放松自己、返老还童。他们玩着各种游戏，捉迷藏、找东西，与当地居民打排球，在沙滩上骑马溜达或是加入当地的卡瓦仪式。

我喜欢看他们发现海底世界时眼中闪烁着的光芒，或者在阳光下畅饮时的无比快乐，或者是与斐济当地人参加完礼拜后的微笑。我不再想到我是在投资，我只觉得找到了一个能让我们发现人生真义的世外桃源。目标已经不重要的，一路上的人生已经丰富多彩了。

梦想人生

有些人在人生之路上丢失了愉快和欢乐。对他们来说，设立目标意味着：“有一天”，等他们完成某事后，他们才能享受人生的果实。事实上，如果我们决定现在就快乐，我们就能自动获得更多。目标设定后，方向明确、精力集中，我们要坚持奋斗，抓住每一个快乐的时刻。不要总是患得患失，要知道我们所向往的地方远远重于一时的得失。如果我们一直朝着正确的方向前进，我们的所得将会更多!

有这样一个人，他坚持自己的梦想，最终扭转了人生道路。我相信他的故事是在告诉我们，有时候一个目标虽然一时间未能达成，不过只要方向对了，最终就能获得更大的成功。这个人就是已逝的迈克尔·兰顿。他为何会受到如此多人的喜爱呢？因为他表现了这个社会最为崇高的价值：重视家庭、热心公益、正直不阿、不畏艰难、关爱社会。

兰顿照亮了许多人的人生之路，成为人人敬仰的英雄。他成长于一个不算很正常的家庭，父母整天争吵打架。父亲是个十分排斥天主教徒的犹太人，而母亲却偏偏是个十分排斥犹太人的天主教徒。他的母亲经常闹着要自杀，一发火便拎起衣架对他穷追猛打。

这种环境一直持续到他的大学时期，他经常不可抑制地面部抽搐、声音颤抖。这样的生活环境导致他身体瘦弱，行动畏葸。但是，日后他在那部热卖影片《草原上的小屋》里扮演了英戈尔斯家庭的一家之主，其坚毅、自信的性格打动人心。那么，是什么改变了他的人生？

那是他高中的一天，体育老师带着学生到操场上练习标枪。而就是这么一节普通的课，大大扭转了他的人生。轮到他的时候，他一下子就表现出平时战战兢兢的样子，怯怯懦懦地拿起了标枪。然而那天奇迹出现了，只见他奋力一掷，成绩却超出了所有人，足足多出了30英尺（约合9.1米）。就在那一刻，迈克尔对未来燃起了希望。日后他在《生活》杂志的一次采访中回忆道："那一天我突然明白，原来我也有胜人之处。当时，我便请求体育老师暑期的时候借给我这支标枪。整整一个夏天，我就在操场上掷个不停。"

迈克尔发现原来他的未来也可以如此美妙，于是他用尽全力去追求，成绩非常的惊人。暑假结束后返回学校，迈克尔的体格有了极大的改变。之后的整整一年，他加强力量训练，高三那年，他创造了全美高中生的标枪记录。这一成绩帮助他赢得了南加州大学的体育奖学金。套句他自己的话，就是他的人生从一只"小老鼠"变成了一只"大狮子"。很形象，是不是？

故事并未就此结束，迈克尔的神奇比例，很大程度上得益于一部关于参孙和黛利拉[①]的电影带给他的影响。他相信，自己的头发也跟圣经中那位大力士参孙一样是力量的源泉，头发越长，他就越有臂力。事实上，这个想法确实让他的高中生涯很辉煌。然而他的一头长发在50年代流行小平头的南加州大学显得非常突兀。有一次他被其他运动员强迫剃头，剪掉了满头他认为是“狮子”力量来源的头发。从此在校园中他不再被指指点点，但是先前的力量却也随着给他以“力量”信念的头发的消失而不见了，标枪成绩比以前少了30英尺（约合9.1米）以上。为了再创佳绩，他锻炼过度，结果导致严重受伤，被迫永久退出田径场，他也失去了体育奖学金。为谋生计，他不得不到一家工厂去担任卸货工人。他的梦想似乎就此终结，国际体坛巨星的愿望似乎只是永远的幻想了。

可能是幸运之神的眷顾，有一天他被好莱坞的星探发现，邀请他担任《鸿运当头》电视影片的配角。这是美国电视史上第一部彩色西部片，迈克尔答应加入，从此开始了演员生涯。凭着这部片子，他的星途一发不可收拾，先是演员，然后是导演，继而是制片人。“一扇门关上了，另一扇门打开了。”一个美梦的破灭往往是另一个未来的开始。迈克尔最初的梦想锻炼了他的体格，也磨炼了意志，这两者无意间为他未来更为耀眼的事业奠定了良好的基础。有时候我们要知道，机会往往乔装成失望而出现。

达成目标的要诀

如果说当初定下的目标遇到了挫折和失败，是不是要立刻改弦更张呢？当然不是，没有哪个人可以仅仅凭着对“成就”的兴趣就能成功的，必须要全力以赴。这些年里，我研究了许多人成功的原因，发现毅力是其中最为重要的一项因素，它对人生品质的影响力甚至远远超过了个人才华。大多数人不成功，就是因为那“一步之遥”。

人生是一场对毅力的考验，惟有坚持不懈的人才能获得最大的成就。毅力可以移山填海，持之以恒的人才能成功。有毅力的人，就是芸芸众生中那些坚持梦想、出类拔萃的人。

那些白手起家的人一直是我学习的榜样，他们化无为有，将心中的想法付诸

---

① 黛利拉：《圣经·旧约》中，参孙的情妇。她将参孙出卖给非利士人，在参孙睡觉时剪掉了他的头发，使参孙丧失了能量。

实践，这也是为什么我对诗人、作家、演员和企业家等推崇备至。有一个人，他充分发挥了自身的创造力，是个人成长和成功的典范，他就是曾担任索尼影业公司董事会主席兼总裁的彼得·古柏。该公司的前身就是鼎鼎大名的哥伦比亚电影公司。

48岁之际，彼得·古柏成为电影圈最为杰出、最受尊敬的人，他与搭档强·彼得斯是第52届奥斯卡金像奖最大的赢家，他们合作的电影有《午夜快车》、《雨人》和《蝙蝠侠》等。他们两人所创建的“古柏——彼得斯电影公司”于1989年以2亿美元的高价卖给了索尼，索尼希望这对双子星座能好好地经营公司所接手的哥伦比亚电影公司。彼得·古柏为何会在电影行业中具有如此重大的影响力呢？一是因为他独到的眼光；二是他那无人能及、永不放弃的毅力。

有一次我有幸接到他的电话，得知他是我的《个人力量》录音带节目的忠实粉丝。每天早上他都会听上一段我的录音带，这时他的身心都会得到激励。他感谢我带给他这一前所未有的礼物。经过这次谈话，我们成为了好朋友。

我发现，他的成就很大程度上归功于自身锲而不舍的努力，确定目标后决不轻言放弃。其实早在1979年，古柏和彼得斯二人就买下《蝙蝠侠》的拍摄版权，不过正式开始拍摄推迟到了1988年。在这10年间，许多人断言这部片子不会获得成功，众多制片公司主管直言该片没有市场，因为观众除了小孩，只有《蝙蝠侠》的书迷（扮演者迈克尔·基顿恰巧是蝙蝠侠迷）。然而古柏和彼得斯面对重重挫折、打击、失望和风险，没有退缩，坚持到底，终于完成了这部电影。其票房长期高踞冠军宝座，而由电影衍生出来的商品，所获得的经济效益更是高达数十亿美元。

古柏的毅力还表现在其摄制《雨人》一片的过程中。《雨人》的成功完全可说是出人意料，整部片子前后换了五位编剧、三位导演，其中一位还是大名鼎鼎的斯皮尔伯格。有些人希望古柏能够在片中加上一些打斗、谋杀或者是情爱的镜头来吸引观众，众人都认为没有谁会喜欢看一部全片只有两个人驾车横跨美国的对话过程，更何况其中一位还有心智问题。

然而古柏明白情感的力量，他一直坚持拍摄打动人心的影片，并知道如何去打动人心。他力排众议、不为所动，他要向世人展示一部以人间真情、兄弟互谅互解为主题的电影。很多好心人劝他，其中包括斯皮尔伯格，但是他坚持不妥协。结果在1988年，该片在奥斯卡金像奖上囊括最佳影片、最佳男演员、最佳导演和最佳剧本等四项大奖。坚持到底终会有收获，在好莱坞，古柏把每一部新片都当成是他的最后一部片子来拍，他深知一切都得戒骄戒躁惧。这种谨慎认真的心态，就让他一直傲立在好莱坞潮流的尖端。

有太多的人，因为害怕失败而不敢设定目标、追求目标；更糟糕的是，还有一些人设定了目标却又很快打退堂鼓。他们或许已经在追求目标的路上了，却缺乏坚持到底的毅力，在成功前的最后一刻放弃。这些人希望获得立竿见影的效果，却往往放弃得也很快。一个有毅力、能坚持的人，终会在竞争中脱颖而出，实现自己的心愿。他们会在过程中不断调整方法，但绝不会放弃目标。

借助资源锁定系统来达成你的目标

那么，彼得·古柏和迈克尔·兰顿的能力来自何方？是什么促使他们挖掘到实现目标和心愿的种种资源？我认为，这是因为他们学会了使用脑中的资源锁定系统(Reticular Activating System，简称RAS)。

RAS听上去有点复杂，不过实际运作过程却极为清晰。RAS的功能简捷有效，它决定了你将会关注哪些人事物，它是反映你内心的屏幕。要知道，我们的意识在同一时段只能聚焦在有限的信息上，这时候大脑就要发挥决定的功能。我们的大脑每天要从五大感官处接收无数的讯息，不过大脑会过滤掉其中绝大部分的讯息，并将意焦集中到你所认为的重要部分。所以其中大部分会被大脑过滤掉，只留下其认为有必要的。至于怎样来决定取舍，那就是RAS的主要功能，它会直接留意你的经历中有哪些相关信息。

举个例子。你是否曾经想要买部新车，那时候你是不是就会去留意相关的注意事项呢？那是什么呢？以前它们是不是就存在呢？答案显然为“是”，实际上买车注意事项已经储存在脑海中，只不过当你决定买车后，RAS就会明确找出跟目标相关的所需资源。这个速度极快，可以帮助我们随时留意身边的一切资源。

要想使RAS能够为目标提供充分的支持，我们就要对目标投以充分的关注，对目标的关注度越高，RAS就越能精确地锁定意焦之所在，而我们所需要的相关资源就会逐渐清晰。大家一旦明白了这个道理，那么目标的达成就不会那么困难了，只要你对自己的RAS投以信任票，它就会帮你指明方向。

爬得更高些！走得更远些。把星辰当成你的目标，让蓝天成为你的终点。

——威廉斯学院校训

1983年的某一天，我做了个练习，要改变人生，创造未来。我提高了自己的期许，并设定了一系列完整的目标。我坐在海边用心写下了自己未来要坚决摒弃的，以及未来要坚定追求的。这是个心愿，更是个目标，是它们塑造了今天的我。那天我奋笔疾书三个小时，把脑中所有的美梦都记了下来。我抛开一切设限，任何的可能性我都记录下来，包括我想象的行动、获取、创造、经验和奉献。这些目标的完成期限从一天到二十年，当时我根本没有考虑到未来是否能实现这些目标，我只是在那张纸上忠实地记录下我的心愿、我的美梦。

那是我梦想的开始。半年后，我与一群心理学者专家受邀赴前苏联考察，在从莫斯科到列宁格勒的火车上，我又对此作了一番修改。在一张前苏联地图的背面，我写了下自己在心智、事业、情绪、健康和物质上的长远目标，然后倒推出一系列具体目标和步骤。譬如说，要想实现我的最高目标，十年后我要成为什么样的人，九年后我要完成什么样的事，八年后如何，七年后如何，一直推算到眼前。我问自己：“今天，我该采取什么样的行动，才能走向我所选择的未来？”

那一天，我详细地写下了梦想中的一切，要娶什么样的妻子——具体到她在心智上、情绪上、身体上、精神上是什么样子；建立什么样的事业、住在什么样的房子里、获得什么样的收入、培养什么样的孩子。以住所为例，当时我的笔下，梦想的是一幢可以眺望大海的城堡式建筑，我的办公室是圆形的，上下分为三层。

一年半之后，在一次《生活》杂志的采访中，记者问道，你的人生何以在如此短的时间内发生了这么大的改变？我就拿出那张标注着各大目标的苏联地图，与现状进行一一核对，竟然发现居然差不多都实现了。当我写下这些目标时，心中其实没有把握，但是事实上，我真的娶到了我的“梦中情人”为妻，也住进了拥有三层楼办公室并可俯瞰大海的别墅——当时我就暗暗发誓要在短期内就开始追逐这些目标。

现在就迈出第一步

要想把梦想化为现实，你就要迈出第一步行动。当我们完成以下这些行动后，一个令人心动的宏伟未来将在你的眼前展现开来。快走出第一步吧！

目标分为四大方面：

1. 个人发展目标；

2. 职业/事业/经济目标；

3. 兴趣喜好目标；

4. 奉献社会的目标。

要给予充分的时间，下笔要快，不要停笔，不要去想目标的合理性和实现的可能性，想到就写下来。写的时候要问自己：“如果我真的可以得到，那么我的人生要拥有什么？如果要不失败，那么我就要怎么做？”先不要管要怎么做，更不要去质疑自己的能力，只要确认你真正的目标就好了。

如果这些目标出自内心，那么潜藏的力量就会如愿发挥出来。目标要恰当，不要芝麻绿豆都写上，例如梦想中的房子只要写成“梦中之屋、大花园、坐落于旧金山”就成了，可别写成“我要一座位于旧金山诺布山坡上的双拼洋房、纯白色流行家具、室内颜色搭配要协调，还要有一个维多利亚式的花园”，这留待以后补充即可。

写好了四方面的目标后，就要开始加强心理建设了。要对自己写下的目标抱着充分的信心，怀有强烈的期待。把自己想象成圣诞夜里的小孩，你在一家百货公司里，坐在圣诞老人的膝上。那时候会怎么样呢？孩子们毫无疑问会列出一长串的单子。他们会说：“我有好多愿望。我想要有个游泳池。不，要两个，一个给你，一个给我。”如果大人听到，很可能会斥责他：“胡说些什么？能在后院给你个浴缸比划一下就不错了。”具体情况再谈，此刻你要做的就是学学小孩子，释放你的想象力，解开以往的束缚，让它充分尝试各种可能。

个人发展目标

步骤一：在白纸上写下你期望能够改变人生和个人发展的一切。你想要如何增强体魄？你对于精神世界和社会交际上面的想法如何？你想要学习何种语言？你想学习速读吗？你想看完莎士比亚全集吗？你希望历练人生、达成所愿、掌握命运吗？你希望不再意志消沉或杞人忧天吗？你希望和过去曾闹翻的人讲和吗？你希望信仰更坚定吗？希望跟你和邻居更和睦吗？

写目标时，不要给自己的想象力设置障碍。那些目标可以是短期的，如一周或是一年；或是长期的，可以是二十年的。奋笔疾书上五分钟，要像个孩子一样，不要去想自己的想法会不会被人嘲笑，照实写下来，说不定一个怪异的想法却可能给你美好的人生。这里我有一些可参考的东西，看完之后你要坚定不移地进行目标的制定。

你想学些什么？

你想掌握什么技巧？

你想要拥有什么样的个性？

你想要结交什么样的朋友？

你想成为什么样的人？

你想要什么样的体魄？

每周或每天去一次按摩？

要把身体锻炼成什么样子？

加入一家健身俱乐部，经常去使用他们的器材？

要素食吗？

体力足够完成夏威夷的“三项铁人竞赛”？

你希望克服飞行的恐惧吗？

你希望克服公开演讲的恐惧？

你希望不再是个旱鸭子吗？

你希望学些什么？

能够流利地说法语？

研究《圣经·旧约》中的“死海古卷”？

能歌善舞？

学会伊沙克·帕尔曼的小提琴协奏曲？

你想拜哪个人为师学艺？

你希望成为一位国际交换学生吗？

步骤二：现在你已经有了令人振奋的个人发展目标，接下来就要制定时间表了。在这个阶段，你如何完成这个目标并不重要，关键的是要给出一个运作的时间架构。记住，目标是有期限的，否则只是梦而已。当你为这些目标订下了最后期限，你的脑神经便会在有意无意地把你带向目标，实现你心中的梦想。如果你想要在一年内完成某一个目标，那就在它后面写上“一”字；如果你想要在三年内完成某一个目标，那么就在它后面写个“三”字。以此类推，可以是“五”、“十”，可以一直写到“二十”。

步骤三：从一年之内的目标中挑出你认为最重要的那个，若能在一年实现内实现，将会带给你极度的快乐和振奋之感，同时你也会觉得付出是值得的。花两分钟时间，写下决心在一年之内完成这个目标的原因。为什么你如此重视这个目标？完成后你会获得什么？如果没有完成你会有什么损失？这些是否能说服你完成此目标？如果不是，那么就找个更好的目标或是更好的理由。

我今天的成就，得益于多年前订下的目标，我坚信如果我们找出实现这些目标的足够“理由”，那么就必然能想出实现这些目标的“方法”。目标使人振奋，但如果能发掘其背后的缘由，那就更能使人坚持不懈了。

事业经济的目标

下一步便是制定自己的事业经济的目标。

步骤一：写下你所希望的未来职业、事业和经济状况。你希望拥有的财富达到什么规模？你要站到什么样的高位？花五分钟写下你的目标吧，它可能价值百万美元。

你希望一年赚进五万美元？

十万美元？

五十万美元？

一百万美元？

一千万美元？

还是不计其数？

你对自己的公司有什么目标？

你希望公司上市吗？

你希望它成为行业内的龙头老大吗？

你希望自己的财富净值有多少？

你希望何时退休？

你希望投资回报多少，让你免于日复一日的工作？

你希望何时就能有可观的资产？

你的理财目标是什么？

你是否需要预算平衡、收支平衡？

需要一位理财专家吗？

你想做什么样的投资?你想要：

自行创业吗？

买些古币吗？

做运送尿布的服务？

投资于共同基金？

建立生存信托？

投资养老年金？

你希望为自己的孩子储存多少教育基金？

你希望存多少钱用来旅行和探险？

你希望存多少钱去购买自己喜欢的东西？

你的职业目标有哪些？

你希望为公司作出什么样的贡献？

你希望在工作上有何突破？

你希望当主管呢、经理呢，还是CEO？

你希望在业内能得到什么评价？

你希望能对所从事的行业产生何种影响？

步骤二：现在你已经写下了关于事业及经济的目标，接下来就要制定时间表了。如果你决心某一个目标要在一年之内完成，那么就在它后面写个“一”；如果是你决心在五年之内完成的目标，那就在它后写个“五”，以此类推。不要管目标是否真的能达成，也不要管期限是否合理，只要你有决心就可以了。

步骤三：从中挑出你决心在一年之内完成的目标，然后花两分钟写下原因，要尽可能详尽。这些原因会推动你前进，振奋你精神。如果这些原因还不足以让你心动，不足以促使你行动起来，那就需要换个更好地目标或是找个更好地理由了。

三、兴趣喜好的目标

如果你在经济上没有束缚的话，那么你希望能拥有什么呢？你想要去做哪些事呢？如果神灵出现在你面前，并许诺可以实现在所有的心愿，那么你最想实现的愿望是什么？

步骤一：花五分钟写下人生中希望拥有的、希望去做的以及希望经历的一切。以下是一些提示：

你希望盖、建造或买：

小木屋？

城堡？

海滩别墅？

双船身的帆船？

私人游艇？

海岛？

兰博基尼跑车？

香奈尔的浴袍？

直升机？

喷射机？

超级音响？

艺术珍品？

饲养着长颈鹿、鳄鱼和河马的私人动物园？

现实机器？

你希望参加：

百老汇舞台剧的首演？

戛纳影展的首映？

布鲁斯·斯普林斯廷的音乐演唱会？

日本大阪的能剧？

你希望能够：

驾驶安德莱地的车子去参加五百英里的赛车？

和塞拉丝、格拉芙、鲍里斯和伦德尔来一场网球赛？

参加世界杯棒球赛？

成为奥林匹克运动会的火炬手？

与迈克尔·乔丹进行一场一对一篮球赛？

与秘鲁海边的粉红色海豚一同戏水？

与好朋友一同在埃及的金字塔边进行骆驼比赛？

和雪巴人[1]一同攀登喜马拉雅山？

你希望：

成为百老汇舞台上的明星？

能在电影银幕上与一亲金·贝辛格的芳泽？

和帕特里克·斯威兹热舞一番？

和米哈伊尔·巴里什尼科夫跳场现代芭蕾舞？

有哪些异域风情你希望去游览？

---

① 雪巴人（Sherpa），又称夏尔巴人、谢尔巴人。是尼泊尔和印度锡金邦的山居民族，以“喜马拉雅山上的挑夫”著称。

你希望：

像托尔·海尔达尔一样环游世界？

去探访在坦桑尼亚研究黑猩猩而闻名的珍·古道尔[①]？

和雅克·库斯托[②]一同驾Calipso号出游？

露宿在法国的蔚蓝海岸？

驾游艇访遍希腊各岛？

观看中国的龙舟竞赛？

在曼谷的东南亚风情中跳舞？

到斐济去潜水？

在佛寺修道？

在马德里的林阴大道漫步？

向太空梭预订太空之旅的座位？

步骤二及三：检视你所写下的每一个目标，从中挑选出你最想要完成的目标，花两分钟写下理由。这些理由必须能够促使你尽快去实现这个目标，如果理由不够振奋人心，那就赶快换个更好的目标吧！

四、奉献社会的目标

这个目标可以说是所有目标中最振奋人心的了。因为实现后你就有机会青史留名、造福后人了。这类目标可以小到是教堂里的什一税或参加社区能源再生计划，也可以大到成立基金会去帮助弱势群体。

步骤一：花五分钟想想各种能奉献社会的可能性。

怎么才能做出奉献？可能是：

帮助流浪者？

---

① 珍·古道尔(Jane Goodall，1934~)，英国著名野生动物学家。她曾被美国《时代》周刊评为“20世纪世界最杰出的野生动物学家，还获得过联合国所颁发的马丁·路德金反暴力奖”。

② 雅克·库斯托（Jacques-Yves Cousteau，1910~1997），法国海军军官、探险家、生态学家、电影制片人、摄影家、作家，海洋及海洋生物研究者，法兰西学院院士。

收养弃婴？

给贫困者提供免费餐点？

志愿为盲人读书读报？

与服刑人员面对面沟通？

参加联合国和平工作团义务工作六个月？

访问敬老院中的老人？

你希望在哪些方面作出贡献：

保护大气中的臭氧层？

清理海洋中的垃圾？

消灭种族歧视？

阻止对热带雨林的大肆破坏？

你希望发明出：

以垃圾作为能源的汽车？

永动机？

把食物有效分到饥民手中的分发制度？

步骤二及三：如前所说，给每个目标定出时间表，从中选出一年之中最迫切去完成的事情，花两分钟写出充分的理由来解释你为何要在一年内完成这个目标。

没有比梦想更能实现未来的了，今天先有个骨架，明天便可以丰满血肉。

——雨果

现在你已经订有四个一年期的目标，它们令人振奋、理由充分。想想看，到时候如果你全部完成，自我感觉该是如何的美妙？你对人生的看法又如何？给你的目标找出充分的理由，那么你的行动计划就明朗了。

把它们贴到你日常容易看到的地方，如你的日记本、公司的办公桌，或者是浴室的镜上，这样你的刷牙洗脸的时候也能看到。如果你能在目标实现的过程中牢记CANI！，坚持不懈地加以改进，就能每天进步一点点。现在，立刻下定决心，发起行动，实现目标！

个人发展目标

事业经济目标

兴趣喜好的目标

奉献社会的目标

如何实现目标

当订好了令人心动的目标，找到了充分的理由，那么追求目标的行程便开始了。你的RAS会跟随这些目标和理由，主动寻找实现目标的各种资源。为了确保完全实现目标，你必须要调整神经系统，确信这些目标能给你带来快乐，每天至少两次审视目标，展开想象的翅膀，感受目标达成时的快乐。在这个过程中，你要充分运用视、听、触等感元，把自己沉浸到在美梦之中。

当一个人不断地把意焦聚集在这种情境之中，脑子中便会形成一条神经渠道，将现状和未来串联起来，帮你形成强烈的把握感。自信能让你找到合适的指导和榜样，促使你拿出切实可行的行动。所以不要虚度光阴，立刻行动吧

目标的意义

很多时候，当我们在追求目标之际，只想到怎么去达成，却忽略了它们对周围的影响。我们把目标的达成当成是终点，然而追求目标的过程是一个连锁反应，其结果往往跟原先的预料大相径庭。大家都知道，花朵的繁衍很大程度上受益于蜜蜂的传播，然而蜜蜂是生而为传递花粉的吗？当然不是，蜜蜂的本职工作是从花朵中汲取蜜汁，但是在这过程中，蜜蜂的脚沾上了花粉，当它飞到另一朵花上时，花粉就“顺便”传了过去，从而产生连锁反应，开出了色彩缤纷的花朵。

商人的本质是牟利，但他们为此成立的公司也为社会提供了就业岗位，帮助员工获得成长、提高生活水平。我们工作的目的是为了赚钱，却也因此得以让自己的孩子接受良好教育，日后有机会成为医生、律师、艺术家、企业家、科学家，并为人父母。这种连锁反应是生生不息的。目标不是终点，而是达到终点的手段，对于集中意焦、引导人生方向非常有用。追求目标，旨在拓展人生、获得成长。单纯的目标达成并不能保证我们永远的快乐。然而在过程中，我们会克服无数的艰难，这会让我们获得最真切最持久的成就感。所以我们要好好思考一个问题：“我要成为什么样的人，才能实现心中所想？”这是你自问自答中最重要的一个问题，答案决定了你的未来。

花点时间，写下一段话，来描述一下，如果你要达成你之前所写下的所有

目标，在个性、技能、能力、态度和信仰上你得具备什么特质？要想达成目标，行动是必须的，除此之外，要把梦想变成现实，还要想想自己得具备什么样的特质？好好思考，把答案写下来。

要想达成所有心愿，我得成为什么样的人

最重要的一步

我曾有过这样的经验，刚订好目标时豪情万丈，三周后就没劲了，自信更是荡然无存。你定义项目标后，第一步就是要把它写到纸上——可是大多数人都没有这么做——这样做才能让目标具体化。

写下目标后，最重要的一步就是行动起来，开创辉煌。我曾经采取的一个重要方式就是向成功的人士学习，从那些人身上我发现，首先要写下目标，然后再根据目标拿出具体行动，千万不可拖延敷衍。

在第二章里我曾经说过，一个真正的决定必然伴随着行动，而且是立刻实行的行动。现在你就要针对那四个要在一年之内达成的目标，立即采取行动——不要管行动到什么程度，最重要的是动起来，打个电话或拟份方案都可以，只要在接下来的十天里，每天都有持续的行动。要是你能做到，我敢保证这十天小小的行动必然会形成习惯，你的成功也从此起步。

如果你的第一号目标是一年之内学好爵士舞，那么就“先让手指头动起来”，不妨今天就去找个训练班，然后注册入学，安排好学习的时间。如果你的目标是一年之内买辆奔驰轿车，那么就让经销商给你寄出奔驰汽车的各种资料，或者当天下午你就自己去经销店考察试驾，进行了解。你不一定要马上就买，不过如果你清楚了解了奔驰的价格和性能以后，你的购买决心就会增强。

如果你事业经济的首要目标是在一年之内赚到十万美元，那现在就拟定计划，看看有没有已经成功的人可以给你建议，你是否考虑再找一份工作来增加收入；你得具备什么样的技能、是否要开源节流、是否该去创业，需要什么样的资源。

记住，每天你至少得想象一下达成那四大年度目标的成功感受，早晚各一次最好。每半年你得重新回顾先前所写下的目标，确定它们还在起作用。我想你也会开动脑筋，设立一些新目标，而对先前的目标则会做不同程度的增删。

另外，如果你没有后续目标，就长远来看，那么前一个目标的成功未必就是好事。一旦达成一个目标，就要立刻着手到下一个目标，否则就会觉得内心十分空虚，人生变得没有意义。经常有那些达成人生终极目标的人说："就这些？"那是他们再也没有值得攀登的另外一个目标了。

最典型的例子便是阿波罗登月计划的那些太空人。受训期间，这些人认真刻苦地学习，他们深知自己将要执行的是人类历史上前所未有的壮举：登上月亮这块满是神话的处女地。而目标实现之后，极度兴奋之下却是席卷而来的失落感，还有什么值得期待的呢？接下去将很难再找到像登陆月球这么富有挑战性和成就感的目标。不过，除了"外太空"的探险，或许我们还可以探索"内太空"，去挖掘那些尚未被人认为的人类的心灵和灵魂。

经常有些女孩子为了婚礼可以忙上几个月乃至一整年，全身心投入，全方位运用资源，所求的只是为了有个终生难忘的美好回忆。当婚礼的华彩慢慢隐去，年轻的新娘也如那些太空人一样失落消沉，人生中最期望的高潮过后还会有下一波的高潮吗？她必须要去期待更重要、需要穷尽一生去追求的夫妻关系。

当达成了内心深处的目标后，一个人该如何才能保持先前的兴奋和热情呢？那就要迅速制定一个令人心动的目标，才能把先前的兴奋和热情充分转移过去，从而保持自身的不断成长。

没有了期望，那么我们所做的只会满足所需，但程度仅止于"舒服"。如果缺乏了驱动力，人生就会停滞。精神的死亡往往先于生理的老化，如果我们能把奉献于社会当成是人生的永恒目标，人生就不会有失落感。寻找到帮助他人的途径，对那些亟需帮助的人伸出援助之手，我们的人生就会充满活力。在这个世界上，你永远不要担心没有地方让你付出时间、精力、金钱、创造力和爱心。

就以罗宾·威廉姆斯来说，他是已故的约翰·贝鲁西的好友，他一直致力于奉献社会，人生变得丰富而有意义。罗宾和他另外两位好友乌比·戈德堡和比利·克里斯托成立了一个救助流浪者协会，他们全身心投入到帮助街头的流浪者们。国际巨星阿诺·史瓦辛格全力支持奥林匹克残疾运动会，曾担任美国残疾复康委员会总统顾问，成为演艺圈中的楷模。这些成功人士都发现，真诚地奉献社会成为有意义的人生中的最重要的因素。

确保你的下一个美梦能够让你获得持续不断的进步，要牢记CANI!，要持久不懈地改进，这是你长保快乐最有效的方法。令人心动的目标是心灵的粮食，我们的精神和灵魂都需要成长。

促使你迈向成功的项目

现在，你已经有了能够激励你的目标，促使你积极向前，它们已经铭刻进你的脑海中了。那么你要如何具备把握感？第一步，清除横在路上的可能障碍物，立刻就行动；接着向那些对你要求更高的人做出承诺；在脑海中不断演练；不断想象目标实现时的场景，运用听觉、视觉、触觉等一切感元让你美梦成真！

最重要的一课

本章最重要的一环，便是要告诉大家“令人心动的未来”才能激发成长的意识。没有这种意识的人只能算是活死人。所以，令人心动的未来不是可有可无的装饰物，而是必不可少的基础，我们不仅要去实现，同时也要从中体验人生最真切的快乐、成长和奉献。

没有异象，民就放肆。

——《圣经·箴言录》29：18

我曾看过一篇报道，里面说到美国有不少人在退休三年内便会与世长辞。这个统计表明，如果一个人生活失去了目标，那么他的生存意志也会很快消失，这个人没多久也会成为行尸走肉。各种研究发现，有许多老人或病人都把他们的死亡拖过节庆之后。如圣诞节盼望与家人团聚，这一期望成为支撑他们活下去的最后一口气，节日一过他们便辞世而去，因为心愿已了。这种现象在世界各国都存在。例如在中国，农历新年或其他重大节日之前的死亡率都比较低，而节后死亡率就会飙升。

不管是18岁还是80岁，我们都需要具备挑战人生、挑战困难的勇气。桑德士上校[①] 就在65岁的时候，收到平生第一张社保福利支票——99美金，导致他很不满，强烈的不满。人生不应该荒芜虚度，而是要不断前行，做自己人生的设计师吧。

乔治·伯恩斯[②] 是位可敬又可爱的老人，他深知“令人心动的未来”的重要性及所能激发出来的潜力。有一次人们问起他的人生哲学，他说道：“你得起来做点事，不要一直躺在床上，毕竟躺在床上只会一事无成。还有一点，你需要有个目标，一个让你努力的方向。”当年届97岁高龄时，他还在不断学习，拍拍电影、上上电视。90年代之际他还答应最伦敦一家著名的出版社要在新世纪时出一本书（后于1996年去世——译者注）。可见，令人行动的未来能够创造多大的奇迹啊！

快快使用蕴藏于身上的能力，你知道如何激发它。是时候采取行动了，如果你只是随便翻翻本章，那就翻回去好好做练习，它们简单而有趣。第一步，写下你的四个目标；第二步，给出充分的理由；第三步，每天审视你的目标，想象实现后的快乐，坚持上十天；第四步，寻找榜样，帮助你拟定计划，实现目标。每一步都能动用起你的RAS来锁定所需的资源。如果你已订好了要追求的目标，那么就拿出行动来吧，美好的人生永远属于行动派。

接下来打开下一章，我将告诉各位如何排除万难，请看——

---

① 桑德士（Colonel Harlan Sanders,1890~980）上校：肯德基炸鸡的创始者。

② 乔治·伯恩斯(George Burns，1896~1996)，美国幽默演员，以嘲讽、恶作剧式幽默和标志性的雪茄而闻名。

习惯若不是最好的仆人，便就是最差的主人。

——纳森尼尔·爱莫斯

第十三章 十天心智挑战

Awaken the Giant Within

一以贯之……这不就是我们一直追求的吗？我们不可能一步登天，也不希望一会儿哭一会儿笑。我们也不希望只是偶然才站到高峰上，竞争是一场耐力赛，而耐力由我们的习惯形成。现在你已经知道，本书旨在帮你获得有效的知识，而不是为了告诉你一些故事或者有趣的信息，作为你饭后的谈资，然后创造些许的“个人发展”。本书的目的，也是我本人毕生追求的，就是要告诉大家如何获得人生的大改变。

要达到这一点，只要采取大量行动，建立新的模式，采用新想法，实施新做法。不过“知易行难”，习惯会造成阻碍。然而如果我们“创新”的频率越高，新的行为模式就越容易养成。书中已经强调多次，“知”是远远不够的，还需要“行”来实践。本章就要告诉各位如何养成一个走向卓越的习惯，并对自己和他人产生最大化的影响。

要想让人生进入更高境界，就需要明白一个道理：过去的行为模式即便为过去所证明是成功的，也不能保证一定会把我们带到理想的未来。无论是个人还是组织，最大的问题就是拒绝改变。现在，一定要有一个新的思维方式，才能顺应时代的要求，成就个人和职业上的新高峰。

因此，我们要克服内心的恐惧，控制好意焦；要打破旧有的模式，不要只盯着问题的表面，要把眼光和精力放在解决办法上，好好享受过程，这样才能得到持久的快乐。通过本书，大家已经掌握了让人生更为丰富、充实、快乐的方法，但是如果你不加以利用，那就会前功尽弃，这就跟买了一辆法拉利跑车却搁置不用一样暴殄天物。现在我来告诉大家一个方法，可以挣脱旧有行为模式，改变思考、感受和行为方式，使自己活力四射、积极向上。

我曾经陷入沮丧和愤怒的情绪中，似乎浑身都是毛病。在那时候，我很难去积极思考解决方式，毕竟我自认为“聪明”，而聪明人总是学不会阿Q精神，去积极地看待事物。我周围很多人都是这样的，他们总是很容易陷入沮丧情绪中。

那时候，我的情绪相当的负面，把事情想得特别糟糕，我把悲观主义当做防护罩，当做对失望痛苦的治疗。这是我最软弱无力的尝试：我一直想要避免再度失望，但是使用了这一方法后，虽然帮助我消除了痛苦，但也把我阻止在快乐之外。我找不到解决办法，似乎被封在悲观情绪的坟墓中，在那里既没有特别大的痛苦，也没有特别大的快乐，我故步自封，美其名曰为“这就是现实”。

事实上，人生是“种瓜得瓜、种豆得豆”。如果我们不想让花园中的野草生根发芽，我们的这一想法就会产生破坏力。出于恐惧，破坏的行为就会发生在这些人身上，他们总是想象花园里长满了草。领导人的方式就是平衡之道，他会微笑着看园中的野草，他知道这些草只不过是过客，只要他想，就能立刻把它们铲除。

不要把野草想象得过于负面，它们是人生的一部分，我们需要看到它们，认识它们，思考解决办法，并立刻采取行动消除它们的负面影响。掩耳盗铃不能解决问题，愤怒和恐惧也无济于事。这些野草在花园中年复一年地生长就是现实人生的一部分，只要铲除即可。要让自己轻松愉悦，不然你的余生会非常不安，因为未来会有更多的野草冒出来，你必须记住它们是人生重要的一部分。它让你精力充沛，身体强健，时刻保持警惕性，知道必须要怎么做才能保持花园的健康和繁茂。

对待心灵，我们也要像耕种花园一样，我们必须留意何时自己有了负面情绪，不要害怕它，也不要被它溺死。不过，要尽快地改变旧有的模式，并种上新的种子，获得精神、情绪、身体、财务、心智和职业上的成功。那么要如何打破这些模式呢？就去想想第六章中所说的NAC步骤。

1. 我们必须要决定自己想要什么。如果我们想要感受热情、快乐，并且控制自己的人生（毫无疑问这是我们想要的），你就会水到渠成地发现自己想要的。

2. 你已经获得杠杆。如果你看完本书后还没有建立新模式，那真的太浪费时间了；相反的，如果你真的从中学到了如何控制你的内心、身体、情绪、财务和人际关系的方法，你的感受会如何？消除痛苦、获得快乐的愿望会驱使你作出改变，把人生带入新的境界，为了达到这一点，你必须——

3. 打破限制自身的模式，最好的办法就是“心理飨宴”。你需要在一段时间内有意识地调整自己所有的想法，给自己一个机会，消除负面和破坏性的模式，因为这些模式会不可避免地对你的情绪和精神产生负面的影响。多年前我尝试过这个方法，确实有效，也非常有价值。

大约是在八年前，我偶然从伊迈特·福克斯的一本小册子中学得这一方法，里面有一个为期七天的调整过程，其特点就在于调整过程中心里不能有任何负面想法。这看上去过于乐观，方法也太过简单，所以一开始我只是抱着尝试的态度。然而随着调整的进展，我发现它的确有荡涤情绪的功效，这才引起我的重视，我兴趣大增，效果也出人意料的好。这个方法是福克斯先生于1935年所发明的，我稍作修改后进行大力推广。希望从今天、从本书开始，能够让大家更有效地改变消极态度和负面情绪。

你已经学会了许多能让你改变的方法，现在你就可以立刻付诸实践。不过有个简单的要求：立刻开始，在接下来的十天里，要严格控制自己的情绪和精神状态，摒弃一切消极和负面的情绪。

这听起来似乎并不难，那就试试看吧。有很多人一开始也是这样认为，但是随着调整的进展，经常不知不觉中便会浮现沮丧、懊恼、伤心、烦恼、害怕、忧心等种种破坏性的心理反应。

为何我们总会掉进这样的精神和情绪反应里，导致压力重重？答案很简单——我们总觉得这样有用。一个总是生活在忧心忡忡状态的人，他们的意焦总是会集中到那些最糟糕的设想中，为什么会这样呢？其实他们并不是想要忧心，而是为了找出解决办法。但是这样反而会使得情况更糟糕，更无助于找出解决办法，反而会让自己陷入恐惧和沮丧之中。

如果使用了本书中一些极为有效快速的方法，就能立刻解决你“忧心忡忡”的状态。例如可以从寻找解决办法的角度来提出“此刻我该怎么做才能使情况好转”之类的好问题，或者可以改变字眼，如把“忧心”改为“有点点关切”。

不过我首推从福克斯的方法中衍生出来的“十天挑战”心理调整术，这个方法能够让你在任何情况下都能保持高傲的情绪状态，一旦有负面情绪的苗头，就需要马上改变自身的形气和意焦，重返积极的状态。譬如说，在这十天中，如果你认为有人想要伤害你，可能就想要发怒，这时你就要立刻改，哪怕他真的做了伤害你的事。

那些可以改变状态的方法也是须臾不可忘。譬如提个积极的问题：“从中我能学到什么呢？”或是：“这样有什么好处？哪些地方还不够完美？”这样的问题能把你的意焦转向寻求解决办法上，从而很快把情绪转向正面的状态，先前腾起的怒气或沮丧便会消散。当然你还可以再想想其他类似的方法。

这么做的目的，不是让大家漠视生活中的各种问题，而是要调整好自己的精神和情绪状态，积极探讨解决办法并付诸行动。负面情绪的出现，是因为那些人一直把意焦放在自己无法控制的问题上，但是我们虽然无法控制海风的方向，最起码可以调整船帆，让船行驶在既定的方向上。

当我还在犹豫是否使用福克斯先生的“心理飨宴”的方法时，我认为一直处于积极状态下会让我受伤，因为在过去我一直是这样的，但是愿望并没有实现，我就很有挫折感。后来，我终于发现，只要忽略表面的问题，我立刻把意焦集中到解决办法上，这一意焦的改变使我得以更好地控制人生。那时候的我思如泉涌，我的需求和内心的答案立刻相契合了。

那些有着杰出成就的人有一个共同的特点，就是当他们处于情绪风暴中时，都能控制好自己。如何能做到这一点呢？他们都遵循了一个法则：放在“问题”上的时间不要超过十分之一，其余的时间都要关注在“解决办法”上，尤其不要把时间浪费在细枝末节上。更何况，人生本就没有多少件大事。

如果你已打算要进行十天挑战的心理调整过程，那么请记住，在这十天里，你所有的时间都要百分百地关注在解决办法上，一刻都不得浪费在“问题”上。“这么做会不会使情况恶化呢？如果我不去操心那些问题，情况会不会失控呢？”这个你不用担心，如果用十天的时间，把你所有的心思都放在重要事情上，找出解决办法，你定能将心情调整到积极正面的一面，困扰便会烟消云散。

十天挑战的调整过程一共有四个十分重要而简单的规定，如果你希望调整成功，那么就牢记它，实行它！

十天生理挑战

或许你会问：“到底要把意焦聚集在负面情绪上多久才算是‘沉溺’？”在我看来，只要有一分钟连续把意焦放在负面情绪上就是“沉溺”，这事最好不要发生，你不知道就这短短的一分钟会对你的调整效果造成多大的影响。我一直坚持一个观点：一定要将错误扼杀在萌芽状态，怪物长大了就不好控制处理了。其实，大概只要20~40秒的时间，你就能知道自己是不是陷入负面情绪了。

十天挑战之调整规定

规定一：接下来的十天中，你要摒弃一切消极负面的情绪反应，不可吐露出一词半句的带有消极或负面情绪的问题、字眼和引喻。

规定二：一旦你发现自己开始出现负面消极的情绪，就立刻运用前面所教的方法来改变这种状态，特别是可以首先打出第八章中提到的“问题解决之问”这一拳，提出诸如“这件事有什么积极的地方”或“还有什么不完满？”这样积极的问题。当你问出这类问题时，你心中便有了“一切都会很圆满”的认定，这样便可改变你的情绪状态。这种做法不是怂恿你不去面对问题，而是鼓励你改变情绪状态，这样你处理起来就会比较客观。

同时，这十天中，你每天早上都得提出自己的“清晨能力之问”，时间可选择在起床或洗澡前，动作一定要迅速，让自己的情绪在起床后快速调整到积极乐观的状态。同样，在每晚就寝之前，你还要提出“夜晚能力之问”以达到同样的目的。这些做法都旨在让你始终维持积极良好的情绪状态。

规定三：在这十天里，不要纠缠在问题上，而要坚持把意焦放在解决办法上。一旦发现自己遇到问题，就要立刻把意焦放在如何寻求解决的办法上。

规定四：若发现自己经常不自觉地陷入消极或负面情绪时，不要恼怒，只要做出改变即可。然而如果你沉溺于这种状态的时间过长，那么就会前功尽弃，第二天早上你得重新开始，再连着调整上十天。这个方式旨在保证你在调整的十天内不会沾染上哪怕一丁点的消极或负面情绪。

如果是我，我就会逼着自己在两分钟内回到积极正面的状态。事实上，两分钟已经足够让你察觉自己的消极状态了。如果负面情绪持续五分钟以上，那么整个调整过程就失效了。你要学会快速发泄掉负面情绪，趁着陷入负面情绪前，你就要将这些因素排解掉。

我第一次作此调整时，不到三天就按捺不住愤怒等负面情绪，等察觉时已经超过五分钟了，于是不得不重新来过。第二次我熬到了第六天，不过及时发现了自己的失常情绪，无需重新来过，而这一次我真的成功了，能够迅速把意焦聚集到解决办法上。

你也能够想象得到，这么做让人获益良多，在面对问题时，都能够从寻求解决办法的角度着手，藐视各种困难，始终保持持续的积极态度和正面的情绪反应。即使危机四伏，我也会把精力集中于寻找解决办法上。

如今，不管遇到什么问题，我都勇敢面对、接受挑战。在别人看来的棘手问题，我也不会踌躇不前，反而会转危为安。

我们养成习惯，习惯支配我们。

——约翰·德莱顿

在决定实施“心灵飨食”时，身体也需要做一次清理。在《激发无限潜能》一书中，我提出了十天生理挑战。把十天生活健康活力大挑战和十天“心灵飨食”结合起来，就能激发巨大的能力，在十天内将你的人生带入到另外一个境界。十天挑战的调整过程之所以效果颇佳，就在于它改变了惯有的消极态度，坚持让自己保持积极态度，这个过程会成为连续的讯号而传输到脑子里，最终形成神经链，让人在任何时候都能维持积极乐观的状态。

现在思路很清晰了。你开始强烈要求你的大脑寻找积极的模式。通过设立更高的标准，你会仔细思考，并开始发现，原来以前使用的无用且具破坏性的模式导致自己盲目且懒惰，这样你就对旧有模式产生排斥。重复使用这一方法后，即使你以后还会想起这些旧有模式，也不会重蹈覆辙。

各位要注意，如果你意志不坚定，或者没有信心完成这十天的调整过程，那不是说你不会产生消极或负面的情绪反应，而是因为缺乏耐心、半途而废，如果是这样，那就不要轻易尝试这个过程。如果出了问题你也没有决心从头再来，那这个十天挑战的调整过程也就不可能贯彻到底。这个“十天挑战”不适用于意志薄弱之人，它只有对那些有决心调整神经系统的人有帮助，让他们真正获得提升人生品质所必须具备的情绪反应。

做好决定来接受这十天挑战了吗？请深思熟虑，想清楚自己能否坚持到底。一旦踏上征程，你就得好好留意自己的情绪反应，控制好言行，把前面的所知所学充分运用到日常生活中，并使之成为习惯。这十天有助于你使用NAC方法来调整你自己，以获得成功。你要提出新问题，使用转换词汇和更积极的普遍性引喻，并从根本上改变自己的意焦和生活哲学。

我们的人生中总是有一些放纵的时候。如果你超重了，你可能放纵自己吃巧克力或者拼命吃比萨。刚开始节食，你就对自己说：“够了够了，我受不了了。”你要给自己制定更高的标准，让自己单纯、谦虚、谨慎。不过，是人都有自我放纵的时候，总有人觉得不能对不起自己。

有人因为愤怒就毁掉了自己最好的东西。有些人并没有把意焦集中在那些需要关注的东西上。我的问题是你需要让自己开始这十天的挑战，如果你不愿意这样，那是为什么？

是什么成了“拦路虎”，是不是下面三个原因？

第一个是“懒惰”。许多人是明知该采取哪些行动，也知道自己可以做得更多，可就是懒得实施。他们的人生宁可这样过：每天坐在电视机前，往嘴里塞垃圾食品，而身体和心灵却得不到成长所需的养分。

第二个是“害怕”。人都是贪图安逸的，即使有可能开辟新的人生，敢于冒险去追求的人毕竟是少数，结果人生就在庸庸碌碌中度过。可别让这样的情况发生在你身上。

第三个是“习惯”。每个人都有自己最“古老”的行为模式，很难改变。就像是已经设定好导航系统的飞机一样，我们脑中的就有设定好了的固有反应，那就是习惯。所以有些人碰到问题只会钻牛角尖，却不去找解决办法；有些人失败时只会一味难过，却不知道从中吸取经验教训；有些人犯了错误只会一味自责，却不懂得改进提高。

十天挑战的调整过程就是要让大家克服以上问题，获得长久改变。这实在是个上佳的CANI！机会。

完成十天挑战并非易事，妥协的习惯也不容易停止。如果你的意焦在于财务压力，那么害怕也不会令状况有所改善。如果你总是对你的配偶指责不尽，要继续这种指责当然容易。如果你的不安全感总是让你带上愤怒的面具，如果你不停地懊悔，如果你不满于自己的外表、财务状况，指责你的教育，这些状态也不容易改变。不过有很多的工具可以改善你的人生，我的要求仅仅是——开始使用他们。

相信我，这个练习的力量令你惊叹，如果你坚持住，就会发现四大好处：1）它能让你敏锐地发现绊住你的那些“坏”习惯；2）它能让你的脑子去寻找更为积极的好习惯；3）它使你自信满满地去扭转局面；4）也是最重要的一点，它能让你养成新习惯、树立新标准、产生新期待，从而拓展出不可思议的人生领域。

成功不是一蹴而就的。一开始的行动也许不易，但是会促成你形成良好的习惯，最后就会推动你轻而易举地在成功之路上行驶。这就像是火车开动一样，一开始得费比较大的力气，缓慢而行，后面就越来越快，越来越省力。新的行为模式的建立也是如此，一开始需要付出比较大的心力，但这不是在做无用功，它在为你积蓄前进的动力，只要坚持，你就能获得成功。

好消息是，这个调整过程不产生副作用。这可不像节食，如果你实在饿得受不了，还会倒回去暴饮暴食一顿；而如果你完成了这十天的挑战，日后你甚至可能“沉溺”于改变后的正面情绪模式里。如果你能顺利通过这十天的挑战，那么可以打包票，你必然会对先前的情绪和行为感到厌恶。万一你不幸“脱轨”，也不用太担心，运用前面所教的方法，让自己立刻回复到正轨上。记住，只要你能觉得十天调整能够成功。

如果你还想要借助于改变的杠杆，那就把你的决心告诉周围的人，让他们来监督你，你甚至可以找个志同道合的人一起共度这十天挑战。同时你还可以每天记录调整心得，日后你回头来看的时候，会觉得它是无价之宝。

最后，各位要谨记，不要浅尝辄止、小富即安，排除掉旧有的情绪和行为时远远不够的，你应该找到新的模式来取代。本书的各种方法和我这些年来的经验可以为你提供参考，快来做个勤奋的“读书人”吧!

领导人即是读书人

多年前，我的老师吉姆·罗恩便教导我，要坚持每天看一点有价值、有启发性和有“营养”的书，这甚至比吃饭更重要。他要求我每天看书时间不少于半小时，他正告我：“可以少吃一顿饭，切不可少看一次书。”他的这番劝诫成就了今天的我。如果各位想摒弃旧我，那么就请坚持读书吧！书中的知识深具价值和洞察力，能够拓展你的视野，为你提供人生所需的各种知识和工具，还可运用到十天挑战里。

至此，我们已经同行良久。要说现在最大的收获是什么，我想大概就是“决定”了。你也学到了不少塑造积极人生的想法和做法，现在需要回答的是：“我是否已经决定好运用所学的知识？”你不可能把这本书翻过了事吧？不会不想要积极自主的人生吧？现在就用行动来表达决心吧。只要把所学的运用起来，你就很快能实现以前所不敢企盼的梦想。

本章是对你个人的挑战。把它当成是拓展人生的机会，对自己的要求要超过别人的期待。现在就来练习你之前所学的吧。也是时候做一些改变了，如果你需要支持，那么告诉你一个好消息，本章就能给你。

现在，你已经万事俱备了。你掌握了一些基本的工具来下定决心、掌控自己的命运。现在让我们来学习主宰体系，控制自己的每个决定，用决心和毅力去收获未来。了解自己，你就能成就——

第二卷

学会控制——主宰系统

Awaken

the Giant Within

这是常识，我亲爱的华生。

——阿瑟·柯南道尔*

第十四章

终极影响力：你的主宰系统

Awaken the Giant Within

* 阿瑟·柯南道尔（Sir Arthur Conan Doyle，1859~1930），英国小说家，因塑造了成功的侦探人物歇洛克·福尔摩斯而成为侦探小说历史上最重要的作家之一。除此之外他还曾写过多部其他类型的小说，如科幻、历史小说、爱情小说，还有戏剧、诗歌等。

我平生最爱的一件事，就是去探索人们行为的成因，引导他们过上高品质的人生。其实，在我们每个人的行为背后都有一些特定的因素，例如核心的信念、所提的问题、使用的引喻、心范和价值体系等。正是因为我了解了对这些因素的影响力，使我得以在短时间内找出使人改变的有效方法。每一天我都像柯南道尔笔下的福尔摩斯一样，仔细搜集每个人独特行为的蛛丝马迹，然后把它们拼起来，找出是哪些因素在操控他们的行为，可以说我就是个地地道道的私家侦探。其实每个人的行为都是有迹可循的，就像开枪后必然冒烟一样。

有时候，这些行为的蛛丝马迹需要你深入去探究。不过人类行为千奇百怪，若是没有一个法则去依循，就很难有头绪。我有幸找到了这样一个法则，从而能够成功地找出影响人们行为的各种因素。如果你也能明白这个法则，就能了解他人行为背后的原因，从而改变他们的行为。

就像物理和化学有定律一样，人类的一切行为受控于主宰系统。主宰系统由五大部分组成，我们对于周遭的诠释和反映，都受控于这五大部分，它们就像化学周期表，我们每一种行为都可分解成最基本的成分。物质都是由基本元素组成；同理，我们的一切行为也都可进行这样的分解，这样就能了解一个人行为的动机。人的各种行为就是由上述五大部分组成，不同的组成形成了一个个独特的个体，有的组合产生出上佳的效果，有的则平平庸庸，还有的就凄凄惨惨。

当今世界日新月异。每天我们身边都有无数的事发生，每个人都有自己的处理方式，那么他们的方式是怎么来的呢？知道其中原理的人可以说是少之又少；而能明白我们日常决定的影响力的人更是那简直是凤毛麟角。本书第二部分就是要向各位阐明这套道理，协助各位控制自己的主宰系统，可以当即做出让人生更美好的决定。

了解了别人主宰系统，你就能很快了解这个人的本质了，不管这个人是你的配偶、孩子、上司、同事，还是先前只是陌生人。这真是天赐良机：得以知道驱使一个人（也包括你自己）去追求所希望的目标的动机，很有意思是不是？当你看到一个人有某种行为反应，能够明了其不为他人所知的原因，你会不会觉得自己很了不起？

了解一个人行为背后的原因非常重要。一个小孩哭闹，并不一定就是不听话，也可能只是因为困了；丈夫下班回家发了顿脾气，不一定就是夫妻感情出现了问题，很可能是他工作压力比较大，这表示他需要你更多的关爱。人的行为就像股指一样不停变动，我们不能因为某天它跌了数十点就觉得股市崩盘；同样的道理，也不能因为某人的单一行为便对他下定论。一个人的行为并不等于他/她本人。

了解一个人的关键，就是了解其主宰系统，这样你才能理解他的行为。日常生活中，周遭事物有何种意义，我们应该采取何种行动，都有一套系统的处理过程。要记住，同一件事对不同的人有不同的意义，就是因为大家的认知不同、观点不一。

拿网球来说。对你来说，球发出界意味着你没有发好球；但是在你对手眼里，你这球发得太好了；而在裁判眼里这球发得没有好坏之分，只不过是“场内”或“场外”而已。通常一个球发出界了，发球者会是什么心理呢？绝大多数人的感觉是负面消极的。从“这个球发得真差”变成“今天我大概发不出什么好球了”，结果球果然发得越来越糟。这一来他的“消极”列车就越跑越快了，一步步从“今天我大概发不出什么好球了”变成“我永远发不出好球”，再到“我根本就不是个网球好手”，再到“我一事无成”，最后就变成“我一无是处”。这个自我认知的转变过程显得有些荒唐，后果却是很严重的。然而这在人生中是非常普遍的现象。如果我们掌控不好算念过程，就会导致人生陷入“自我摧残”的恶性循环中了。

成功的人生来自于积极的算念

我发现众多成功榜样人士都有一个共同的特征，那就是他们对于周遭事物都有积极的算念。看看那些成功人士，包括商业、政治、法律、艺术、人际关系、体育还是精神方面，究竟是什么让他们登上了成功的巅峰？是什么让盖瑞·史宾斯检察官在15年里没有一次败绩？是什么让天才老爹比尔·考斯比一站上舞台就能赢得如雷般的掌声？又是什么让安德鲁·韦伯的音乐如此动听？

归结起来，他们的成功均源于积极的算念。史宾斯曾经深入钻研人性，深知情绪和决定对一个人的影响力。考斯比多年来一直研究人的核心心范、信念和心则，并以贴近生活的人、事、物为题材，逗人发笑；韦伯则长年浸淫于音乐旋律、管弦乐、编排和其他音乐元素的研究和编写，因而能写出动人心弦的旋律。

再来看看洛杉矶“国王”冰球队的明星球员韦恩·格雷茨基。韦恩·格雷茨基曾是全联盟最高得分纪录的保持者，他是如何做到的呢？难道是因为他身材最高大、体格最健壮、速度最快吗？可以说，这些都不是主要因素。那么他是如何稳居当时联盟第一把手的呢？据他自己分析，他与众人的不同之处在于，在场上大家都是追着球跑，他却是先观察，看好冰球滑动的路线，选择恰当时机，扼住要塞。要达到这等功力，必须要有很强的算念，能够在瞬间估算出来球的速度、方向以及周围球员的战术和体力，这样他才能抢占最佳的得分位置。

约翰·邓普顿爵士是世界上最顶级的理财大师之一，专门从事跨国投资，其投资赚钱的能力无人能出其右。1954年邓普顿基金推出之际，如果当时有人投资1万美元，如今就会变成220万美元。如果你想请他当你的理财顾问，1000万美元的资金就别想了，交给他理财金额高达10亿美元的客户也有的是。是什么让邓普顿爵士成为理财大师的呢？他的回答干脆利落：“因为我拥有能估算出任何投资的实际价值的能力。”他的投资眼光极为准确，不管经济情况如何混沌、市场如何波动，他的算念始终精准。

财富是有效算念的结果

过去几年我采访的投资顾问，包括彼得·林奇、罗伯特·普莱切特和巴菲特，帮助他们进行财务方面的算念。巴菲特引用了他的良师益友本·格雷汉姆的一个有力的引喻：对于市场波动，有一个引喻，就是把它想象成一个热心的叫做市场先生的家伙，他是你个人事业的合伙人。他的性情中没有稳定这一项因子，为什么？

悲观地说，这个可怜的家伙有着无法治愈的情绪问题。有时他感觉非常良好，而我们只看到能够促进商业的有限因素。当他陷入一种情绪，叫做超高卖出价，你必须要压制住他那无节制的兴奋；而有时候，他又陷入悲观当中，无论是对事业还是对整个世界，那个时候他的名字叫做超低价，因为那个时候他担心你对他不再有兴趣。不过就像舞会上的灰姑娘，都需要一个警钟，并且要知道万事都会变成南瓜和老鼠。市场先生是在服务你，不是在指挥你，这个认识对你很有用。如果有一天你发现它很愚蠢，你大可忽略它，或者占一下它的便宜。但是如果你被他所影响，那损失就大了。实际上，如果你不确定是否比市场先生更能理解和评估自己的商业，那你就玩不转这个游戏了。很明显，巴菲特的投资决定，跟那些只担心市场起伏的人非常不一样。就是这一与众不同，也令他获得了大不一样的回报。

就因为他们不同常人的算念，让他们获得了成功。如果你看到有人在某一领域成就非凡，那肯定是因为他有好的算念，知道如何掌握状况、采取行动。算念的用途广泛，除了打冰球和理财，还可以运用到饮食上，决定你的寿命长短和身体健康状况。而在如何教育孩子上的糟糕的算念可能造成一生的痛苦；同理，如果你不知道别人的算念，那么你们两人之间的浓情蜜意就可能中断。

目标是算念的基础，它自始至终都在引导我们做出选择，达成目标，获得所求。不过追求目标的过程颇为复杂，掌握起来比较难。在此我来介绍一套我自行研究出来的方法，方便各位轻松掌握自己算念的形成过程。下图包括了算念形成的五大要素，其中有些已被大家熟知，其余的我们将一一进行介绍。图中各位可以看到有个箭头朝上，并指向两个对称的圆形箭靶。此图表明了主宰系统操控算念形成的过程。接下来我就来做详细解释。

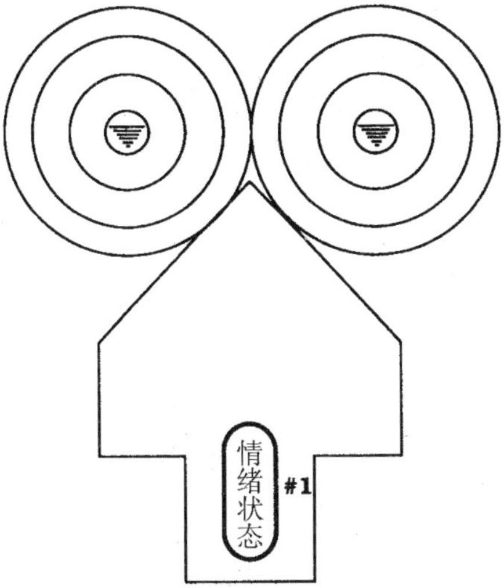

1. 影响主宰系统的第一个要素，是当时的心理状态及情绪。相信大家都有过这样的经验，有时候某个人的一句话可以使人哭，而某个人的另外一句话可能让你笑。为什么会这样？这一切取决于个人当时的状态。如果你当时处于恐惧担忧的情绪当中，那么晚上窗外的一个脚步、开门的吱呀声所带给你的内心感受，必然迥异于你兴奋、快乐时的感受。你当时可能躲在墙角发抖，也可能会冲出去跟人拥抱，这取决于你对这些声音所作的算念。如果你当时处于振奋的情绪状态，那么所作的算念也必然是积极的；如果情绪沮丧，那么算念也必然是消极的。

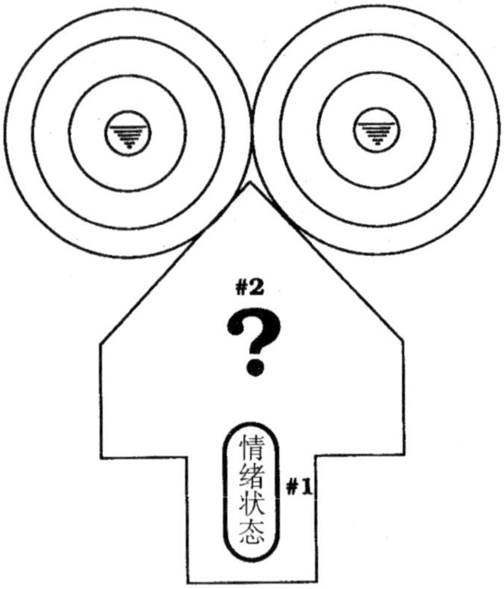

2. 影响主宰系统的第二个要素是对自己提出什么样的问题，问题决定了我们最初的算念。日常生活中，一旦发生状况，脑中便会自动浮现出如下问题："究竟发生了什么事？对我影响如何？是好还是坏？如果是坏事，我要如何降低它的破坏性？是不是可以避开它？如果是好事，我要如何获益？"是什么决定你邀请某位朋友？这取决于你当时向自己所提的问题。如果你问："认识这个人真不错！"这时你的内心就会有冲动去认识这个人。不过如果你总是问："他要是拒绝了我该怎么办？万一他给我难堪呢？我该如何自处？"如果你的内心有这样的问题，你的算念就会趋于退缩，从而错失与人结识的良机。

你会把什么食物放进晚餐盘中？这取决于你向自己提什么问题。如果你问自己："吃什么才能比较快？这样我可以很快吃完就离开。"这样一来，你挑选的食物可能是需要经过多重加工的垃圾食物。如果你问自己："吃什么才能吃出真正的健康？"你所挑的一定是水果、果汁、蔬菜、沙拉这类的。你会去吃巧克力棒还是喝杯鲜榨果汁，这取决于你当时对健康所作的算念。在这个算念形成的过程中，你经常提的问题扮演着重要的角色。

3. 影响主宰系统的第三个要素是价值观。我们的情绪有着各种价值，它们地位各异，譬如我们都喜欢快乐，讨厌痛苦。但是每个人的心中对于快乐和痛苦的定义各有不同，这就反映在个人的价值观里。譬如稳健保守的作用，有的人喜

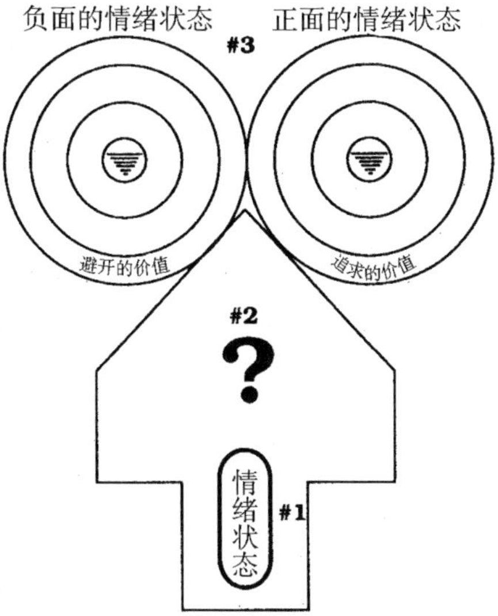

欢，有的人就讨厌，因为在他过去的日子里，这种作风束缚了他的脚步，令他丧失大好机会。有些人希望事业成功，可是到该行动时却又放不下身段，结果梦永远只能是梦。这种价值观上的矛盾及冲突，会使得一个人畏畏葸葸，拿不出行动。

一个人的价值观会决定人生中的每个决定。下一章我将会向各位介绍两种形态的价值观，一种叫做“追求价值观”，另一种叫做“避开价值观”，前者包括爱、成长、欢乐、成就感等，是我们一直想得到的快乐情绪；后者包括挫折、沮丧、愤怒、屈辱等，则是我们一直想要避开的痛苦情绪。这两种情绪犹如图里的两个箭靶，引导我们的人生走向。

4. 影响主宰系统的第四个要素是信念。信念分为两个层次，较高的那个就是我们所称的信念，它保证了我们对自己的感受、对个人、对人生及周遭之人有把握感；较低的那个叫做心则，这是追求价值所必备的条件。譬如说有人认为：“如果你爱我，就不能对我大声说话。”这就是一条心则，是他用来判断对方爱不爱他的根据。心则不一定是理性的，但是一旦被采信，就会影响个人的认知，进而影响到算念，至于原本的事实反而不重要了。还有一些如“成功，就是能赚上几百万美元”或“你要是个好爸爸，就不会跟孩子起冲突了”，这些不当的心则都会影响我们的人生方向。

信念决定了我们对事物的期望，主宰了我们的算念。当算念无法带来期望的结果，那样我们就会痛苦，反之，就会快乐。可以说，信念是一切算念的核心因素。

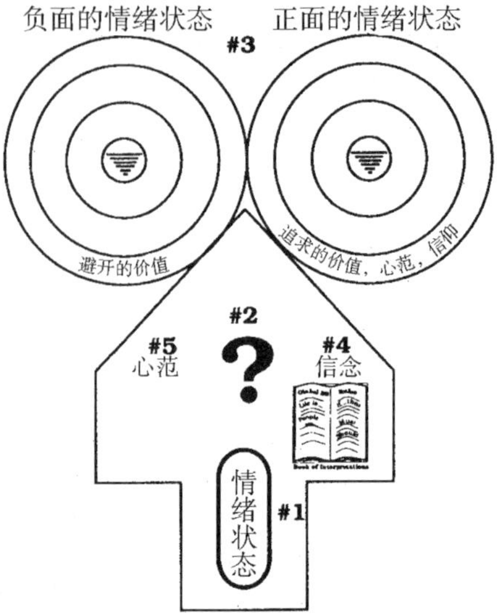

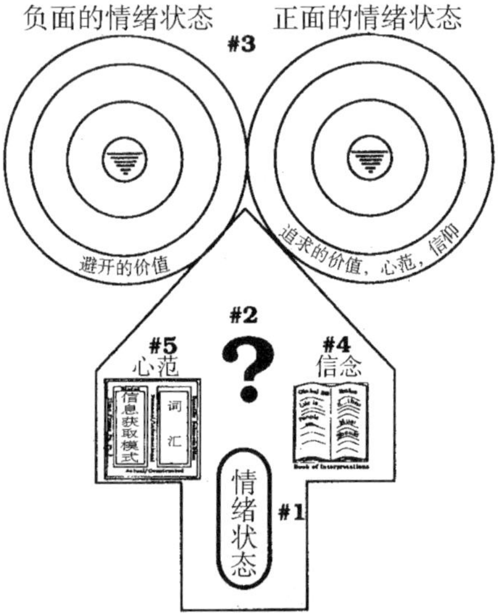

5. 影响主宰系统的第五个要素，就是我们脑中丰富的知识和经验，它们在我们的决定过程中起到参考的作用，这些被称为心范。心范既包括个人经历，也包括虚构的东西，两者一起构建出个人信念，并引导个人做出决定。当某事发生时，你就会拿来跟脑中的心范做比较，看看它们对自己而言是好还是坏。以打网球为例，一个球发得好不好，要跟什么做比较呢？是跟朋友的球技比？还是跟自己以往的糟糕记录比？还是跟自己的巅峰状态比？一个人在做决定时，心范总是会显得不足。你选择了什么样的心范，就决定了此事的意义、个人的感受和下一步的行动。

心范深刻影响着我们的信念和价值观，那么它们是如何发挥作用的呢？譬如说，一个缺乏亲情的生长环境和一个备受呵护的环境，对一个人的成长会有多么不同的影响？他们的信念和价值观各如何？他们对于他人和机遇的看法又是如何呢？

如果你在16岁的时候就有过学习跳伞的经验，那么你对于冒险的看法跟一个无此经验的人肯定不同，这肯定影响到两者对于新观念、新事物和新技能的态度。那些在专业领域有所成就的大师，较一般人拥有更多的心范，因此他们知道在什么状况下可以获得成功、避开挫折。邓普顿在投资领域积累了数十年的经验，他在这方面的心范远远多于其他人，成功也就水到渠成。

如能不断增加心范，那么成功的概率就能大增。不过不管经验是多是少，也不管最终有多少被采纳为心范，它们最终都会形成信念或心则，要么使你振奋，要么令你消沉。各位谨记，我们每天都要抓住机会习得新心范，以增强积极的信念、建立有用的价值观、提出新的问题，全力追求目标，得到梦想人生。

智慧并不取决于经验的多寡，而在于对经验的领悟度。

——萧伯纳

多年前，我第一次听说德韦恩·查普曼，他外号“猎狗”，以抓获多名多年来逍遥法外的重刑犯而闻名。我非常好奇于他的神奇能力，终有一天实现了与他会面的夙愿。经过一番交谈后，我才知道他追捕犯人的动机，不是简单的逮捕归案，而是希望帮助他们重新做人。他的动因是什么呢？这要从他的自身遭遇说起。

在少不更事的时候，他交友不慎，加入了一个名叫“魔鬼信徒”的飞车党。有一天，这帮人正在进行毒品交易，争执之际，一人拔枪射杀了另外一人，众人被吓得一哄而散。事后德韦恩被捕。他虽然不是杀人犯，不过按照德州法律，从犯和主犯一样要被量刑。最后德维尼被判以重刑，要脚戴镣铐，服役数年。在狱中的几年，他吃尽了苦头，后悔不迭，深刻明白自己当时的信念、价值观和心则是错误的。午夜梦回之际，他不断进行自我反省，下定决心改过向善，并对狱中所学的各种经验加以运用。

出狱后的几年间，德韦恩在换了不少工作，最后决定成立私家侦探社，不过一直艰难经营。有一次他结识了一名法官，这位法官告诉他一个赚钱之道，就让他运用在监狱中所学到的技能，去追捕一位在丹佛市屡次犯案的强奸犯。这名强奸犯十分狡猾，警方追捕下来一直未果，从而设下巨额悬赏。法官建议德韦恩找出该案犯的下一步行动及躲藏地，德韦恩欣然领命，并在三天之内完成了使命；与之形成强烈对比的是，警方为此奔波了一整年，却一无所获。

这个案子让德韦恩声名鹊起，之后找他办案的人络绎不绝，经他缉捕的犯人差不多是一天一位，这几乎是个无人能及的成绩。德韦恩有着高超的算念，而这些算念的资料源自他服刑时的伙伴，他搜集了有关罪犯的信念、价值观、习惯心则和人生心范的资料，进而洞察他们的想法，准确预知他们的行动。一言以蔽之，德维尼充分了解了罪犯们的主宰系统，让他们纷纷“自投罗网”。

两种改变方式

若想要改变人生，有两种方式可以实现：一是改变自己的感受，一是改变自己的行为，当然也可以两者兼而有之。比如，如果你害怕当演员，那么我就能帮你进行调整感受，让你不再害怕。或者我们作出第二种改变：普遍性改变。这两种改变方式跟改变电脑功能颇为相似，前一种改变方式是改变电脑的操作系统，后一种改变方式是改变软件程序。改变后，当你按下电脑键盘，屏幕上所出现的资料就会跟之前的截然不同。同样的道理，如果主宰系统得以改变，那么对周遭环境就会产生截然不同的看法。

如果你有志于向演艺界发展，却又害怕被观众拒绝，要想改变这种忧虑和恐惧，可以尝试改变“观众拒绝我”的感受；更为彻底的办法就是采用新信念：“情绪由我自己掌控，外人外事皆不能左右我，一旦发现自己失去掌控，那就需要立马改变这种状况。”如果你能百分百采用这个信念，那么，不仅之前的恐惧感能够消除，愤怒、挫折感和不中用等感觉是不是也能一扫而空了呢？从此你就成为自己命运的主人了。

另外你还可以改变自己的价值观，把奉献排到显著位置，这样即使有人不接纳你，你也不会在意，只会一心想要为他人服务。如此感人的奉献态度会让你发现，最后观众就不会拒绝你了，你的内心将会充满快乐，这也许是你从来没有感受过的。还有一个例子就是戒烟，如果你不是把抽烟当成一种享受，而是把健康和活力放到前面，那么抽烟的习惯便会迅速消失，而且抽烟会被其他行为所取代，例如注意起自己饮食和呼吸情况。这一切都是为了能够支持你“提高自己的健康和活力”的价值观。

本书第二部分着眼于普遍性改变，因为只要改变主宰系统中的任何一项要素，就能大大影响我们的思考、感受以及行为。不过如果你只改变其中一个，那么必定有考虑不周的地方，有的算念也考虑不到，有些信念大脑无法接受。普遍性改变对于人生有着重大的影响。

只要拿走了原因，现象也就消失了。

——塞万提斯

有一个故事我很乐于与大家分享：有个人站在河边，忽然间看到有人在湍流中浮浮沉沉，大声呼救。见此情形，他纵身跳入洪流当中，费力把那人救了上来，并帮他人工呼吸、包扎伤口，打急救电话。尚未缓过气来，他又听到从河里传来两个人的呼救声，他又跳入河中，救上来两位妇女。哪料他还没来得及喘口气，又传来了四个人的呼救声。

一番折腾之后，这个人筋疲力尽了，人是救了一个又一个，可是呼救声不绝于耳。如果他能沿河往上游走上短短一段路，就会发现原来有一群人不断地把人丢到河中。只要找到症结所在，他就不需要不停跳入河中救人了。

同样的道理，了解主宰系统，我们就不会疑惑于一些行为了。在我的众多课程中，为期三天的《与命运有约》研讨会可谓是最好的课程。我把学员人数从一节课2000人限制到200人。在三天的课程当中，我和助教共同努力，帮助每位学员正确掌握自身的主宰系统，让他们在短时间里明白自己的感受、想法和行为的成因，学会如何改变自己的人生。更为重要的是，他们开始设计自己的主宰系统，以达成终极人生目标。他们是如何设计自身的价值观、信念和心则的，使自己能有效地追求目标，而不是半途而废呢？

在整个课程当中，我们问的最重要的问题如下：“是什么样的价值观控制着我？如何才能知道获得想要的价值？我有哪些心则？”这个课程的学员有国会的参众议员、《财富》杂志500强的CEO们、电影明星等。他们成就很高，却都存在着相同的困扰，那就是要如何面对失望、挫折感、失败以及其他自己无法掌控的问题。

我们的感受和行动取决于算念。然而，很多人根本就还没建构起他的算念系统。而在我的三天课程里，学员的改变绝非言语能形容。他们能在短短的三天内按照自己所想、所感受的方式转变，是因为掌握了神经系统，从而掌握了个人的体验。他们的神经系统进行了重新设定，列出了事情的优先顺序和重要程度，这不仅改变了情绪，甚至连身体状况也有所改观。本书并非要用来取代《与命运有约》课程，而是希望能把这套课程的一些技巧教给各位。随后几章所教的，如果你能运用纯熟，必能产生书中所说的改变。

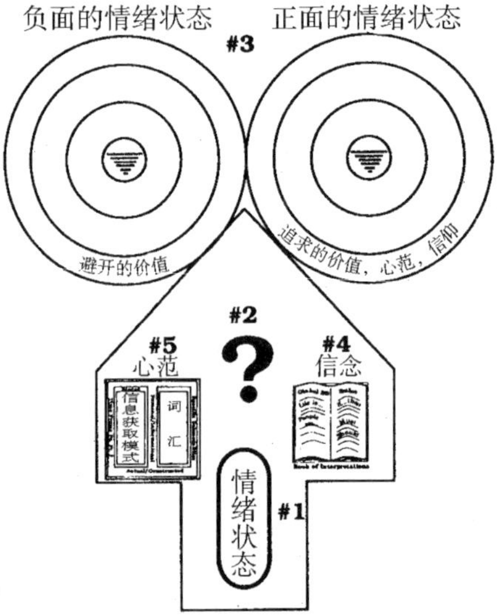

测试你所学到的

为了测试出主宰系统的运作过程，我要问你几个敏感的问题，以打开你的思考阀门，帮你确认你是如何利用这一系统来做决定的。首先回答以下四个问题：

1. 你最值得回忆的是什么？

2. 如果只要杀掉一个无辜的人，就能让全世界的人免于饥饿之苦，你会不会这么做？不管答案如何，都请说明原因。

3. 如果你撞坏了一辆昂贵的保时捷跑车，但是没有任何目击证人，你会主动留下字条，请车主见状后联系你吗？不管是哪个答案，都请说明原因。

4. 如果你吃下一大碗蟑螂，就可赢得一万美元奖金，你会不会尝试？不管哪个答案，都请说明原因。

现在来看看答案。

回答第一道题时，你动用了五大算念要素中的哪一个？每个算念的产生，必然是先问了自己一个问题。你很可能就向自己提了这个问题。

答案是你从心范中挑选出来的。在众多记忆中，你最好挑选出一个自认为最重要的回忆，但如果你有这样的信念："每个记忆都是弥足珍贵的。"或"要是硬挑出一个，那就表示其他的都不重要。"就可能就对你回答第一个问题产生阻碍，因为你根本就挑不出来。由此可见，主宰系统不仅主宰了我们的算念，也主宰了算念的过程，甚至决定我们要不要做出算念。

再看第二道题，很难回答的一道题。每次，总有学员给出一些比较尖锐的问题。有些人会说："我一定会这么做！"因为他觉得全世界人的命远比一个人的命来得重要。在他的观念里，如果死一个人可以拯救千千万万的人，那么这个人的死就是值得的。但是也有人反对，他认为每一个生命都是珍贵的，这也是一种信念。还有人的回答更特别："我会这么做，我愿意当那个无辜者。"还有的人想法就更"超然"了，他们认为要顺其自然，如果那个国家在闹饥荒，那就任其人民忍饥挨饿。非常有意思的过程，对于同一个问题，不同的人有不同的反应，原因就在于个人所选择的五大算念要素各不相同，所存储的资料也不尽相同。

至于第三道题，有些人说："那当然会。"这是因为在他心目中最高的价值是诚实。另外也有人说会这么做，他的理由是不想良心不安，这是他最想避开的。还有人说："我才不会留下字条。"他的理由是："我的车子也曾被撞坏了好几次，可是没有人留下过字条。"这个答案就来自他的心范，而这个心范是基于"以其人之道还治其人之身"的信念。

现在来看第四道题。可想而知大部分人都不愿意尝试，因为在他们的心范里，蟑螂是非常恶心的，怎么可能去吃呢？然而当我把奖金提高到十万美元时，课堂上有点骚动了，有几个人举起了手。先前他们根本不考虑，这个时候为什么愿意试了呢？他们的算念系统怎么了？原因有二：1）我的问题变了，虽然仅仅变了一个数字；2）众人愿意为十万美金去尝试，因为这笔钱可以为他们解决不少问题，相比之下咽下一碗蟑螂的痛苦还是可以忍受的。

但如果把奖金提高到100万呢？提高到1000万呢？课堂里的学员几乎无一例外地举起了手。他们认为拿到1000万美元，这辈子就可以衣食无忧，不用奔波劳苦了，吃一碗蟑螂的痛苦根本就不算什么。然而还是有人就是不愿意试，不管我怎么加钱，他们就是不愿意，回答是："活生生的东西我怎么吃得下？"或："想到它们会在我胃里爬来爬去我就受不了。"还有人说："我逢蟑螂必杀，它们太讨厌。"还有一位的想法更令人叫绝，他说吃蟑螂一点也不困难，不过他并不是为了钱，而是因为好玩。因为在他的国度里，人们把蟑螂和其他一些昆虫当做是美味，对他来说，吃上一碗蟑螂易如反掌。可见，不同的人有不同的心范，也有不同的算念。很有意思的事，是不是?

现在是时候了

研究主宰系统的五大算念要素时，要牢记一点：就是不要算念过头。

人们总爱分析来分析去，但是什么时候才会停止算念拿出行动呢？譬如说有些人就时常喜欢搞些算念，芝麻绿豆大小的事都要弄得像个大工程，难道他们的生活方式里就没有"行动"这个算念吗？那是因为在他们的算念里，"行动"本身就是个大工程，里面程序复杂，他们望而却步。

本来简简单单地去做个运动，他们的算念却蔚为壮观：1)起床；2)找件合身的运动服；3)挑双合适的运动鞋；4)把必需品放进旅行袋里；5)开车到健身馆去；6)停好车；7)上楼；8)签名；9)把私人物品锁进柜子；10)穿上运动服；11)终于开始运动、骑脚踏车、大汗淋漓；12)把上述动作倒着重来一遍。

有些人的算念就很简单。他们想要去海边戏水，一想到这个念头就跳上车飞驰而去，根本没去想该有哪些步骤。在他们的眼里看来，整个过程就是一个算念，只要决定去不去，不需要那些小步骤。有时候把算念分得太细会劳民伤财，需要把各种小算念合成一个大算念，这样你的行动就会得到想要的结果。

本章我们对主宰系统的五大算念要素进行了分析，如果把它们当做整体来看，就会发现很有意思，也希望你能对这些道理加以运用。在接下来的几章中，你有机会找出杠杆，获得前所未有的改变。

现在就开始吧，我将教你们什么是算念系统，并建立新的持续积极的主宰系统。至此大家已经认识到了情绪和提问的力量，接下来我们就去看看算念的第三要素——

神经链调整术——主宰系统

改变心理学

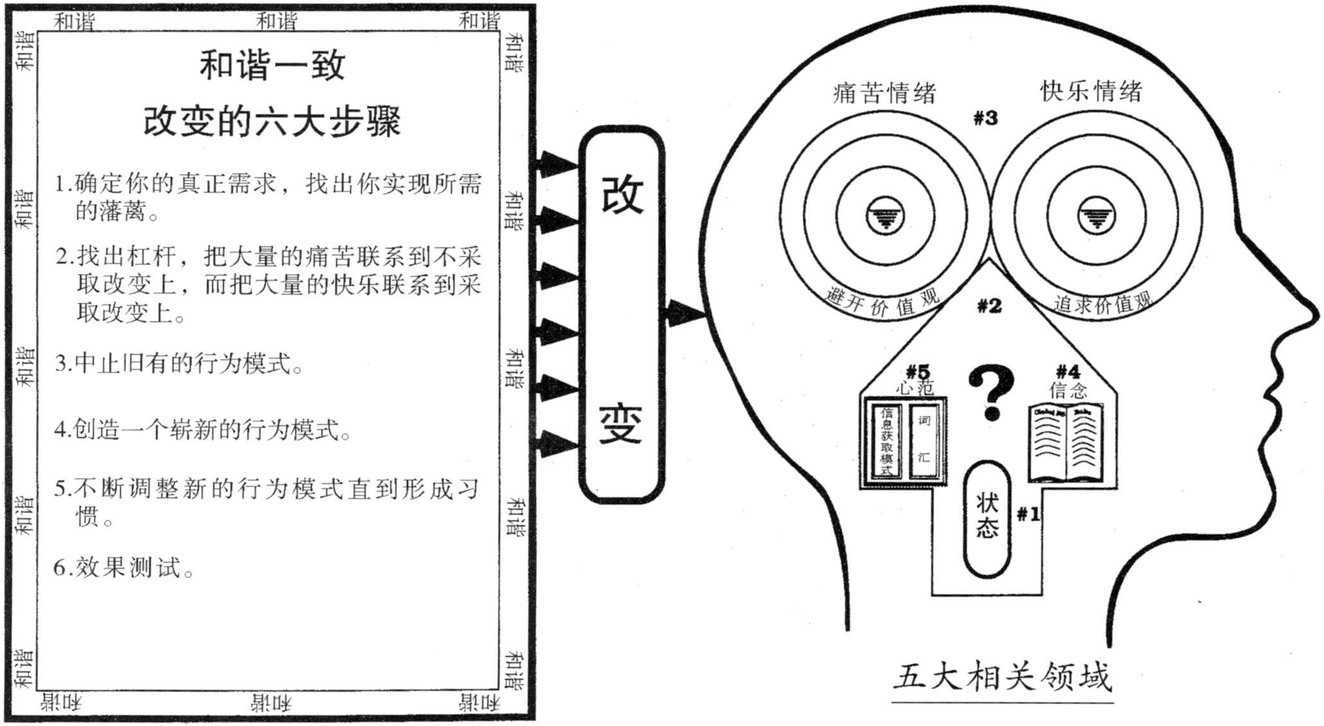

一个人若没有超越环境的想法，就做不了什么大事。

——布鲁斯·巴顿*

第十五章 人生价值观：个人指南针

Awaken the Giant Within

* 布鲁斯·巴顿（Bruce Barton，1886~1967），著名的BBDO广告公司的创立者之一。

勇气、决心、坚毅、奉献……在达拉斯，当罗斯·佩罗向那些亲手挑选的突击队员进行演讲时，他在队员们的脸上看到了这些神情。1979年初，伊朗发生政变，反美狂潮席卷伊朗大地。就在帕洛特这番讲话之前没几天，他公司驻伊朗首都德黑兰的两位代表被伊朗人逮捕下狱，对方索要的保释金高达1300万美元。

外交谈判破裂，佩罗决定自行采取营救行动。他召集了一组精兵强将组成突击队，由传奇人物陆军上校“蛮牛”西蒙斯统领，准备深入伊朗后方进行突击。在此构想下，帕洛特迅速集合了一群拥有特种作战能力的高手组成人质救援队，这些人都在德黑兰呆过，帕洛特为之取名“飞鹰”，意即他们将“发挥自己的战技，誓将完成目标，不惜付出任何代价”。

如果突击成功，这支队伍会得到丰厚的报酬，当然这个任务危险度也极高。这个行动是完全自发的、秘密的，失败的可能性很大，甚至会有人员伤亡。那么到底是什么驱使帕洛特不计后果地去冒这个大险，敢于迎接这一巨大的挑战呢？那就是根植于他内心深处的价值观——勇气、果敢、义气、关怀和决心——促使他发起这个大胆无畏的行动；同样也是这些人生价值观，促使他创立了EDS公司，从最初的1000美元，发展成今天价值数十亿美元的大公司。佩罗能够成功，是因为他知道怎样作出正确的算念，挑选适当的人去执行。他有一套自己的挑人准则，严格审查他们的价值观，凡是符合他的高标准的，他就放手让他们去做。

现在，他和他的队员们处于人生的终极考验中。帕洛特号召大家深入伊朗，竭尽全力、发挥潜能，把家人救回家。整个救援过程和种种险境均已记载在那本《鹰翅行动》。这桩英雄式的救援行动，在历经各种艰险后终于成功，队员们带回了帕洛特心中最宝贵的资产：员工。

性格是个人人生的守护神。

——赫拉克利特

价值指引决定，决定造就命运。一个人若想要成为领导者，就必须明确自己的价值观，并严格按照价值观行事。各个阶层的精英人士，不管是企业家还是教育家，均无例外。《春风化雨》这部影片就讲述了特立独行的数学教师海梅·埃斯卡兰特如何教育学生的故事。

你是否也像我一样，被埃斯卡兰特超常的热情所感动？他以诲人不倦的精神，改变了学生们的命运。在别人眼中，他的学生痴痴傻傻，学习能力差，但是埃斯卡兰特却千方百计地让学生从心底建立起自信，最后这些学生出乎众人的意料，在学业上都获得了优异的表现。埃斯卡兰特的教育精神和努力不懈，让学生们认识到了价值观的惊人威力；认识了信心和决心的威力；认识了磨炼和合作的力量。他们知道，命运掌握在了自己手中。

他注重身教甚于言传，他常常以身作则，让学生们从新的角度去审视达成目标的可能性。这种教育方式，不仅让这群被认为毫无可能通过微积分考试的“笨”学生们成功闯过考试，更是让他们认识到只要改变先前的信念，设定更高的价值标准，他们的能力就会获得更大程度的发挥，人生就会获得更大程度的改变。

要想有不凡的成就，只有一个办法，就是像帕洛特和埃斯卡兰特那样，先找出生命中最重要的价值观，然后遵照这些价值观去过每时每刻。这其实并不难做，只是当今社会能做到的人却不多，绝大多数人不知道他们人生中最重要的是什么，他们扯东扯西，他们的世界如同一团杂草，他们从不知道该坚持什么。

如果我们不清楚人生中什么是最重要的，什么是应该坚持的，那又怎么知道该如何为自尊心、自信心建立基础？又怎会知道该作出有效的决定？如果你曾有过不知所措、无法下决定的棘手情况，原因就是你不知道当下最重要的价值是什么。所以大家要牢记一点，一切决定都源于价值观。

当你知道人生最重要的是什么，做决定就变得相当容易；反之就很难做抉择。那些成就杰出之人往往能够当机立断。那是因为他很清楚什么是人生最重要的价值。帕洛特就很清楚自己该怎么做，知道怎么让自己最重要的价值观来主导人生，因此能够当机立断，他的价值观就是人生的指南针，指引他克服人生中的种种危难。埃斯克兰特后来离开了洛杉矶，转而到北卡罗莱纳州去工作，因为他实在无法再忍受洛杉矶当时的教育制度，他知道在那里根本就没有评定教师教学表现的恰当标准。

谁是美国最受尊崇的人士呢？自然是那些坚持原则、公开表明自身价值观并奉守价值观的人。一个人若能坚持自己的信念，就必然能获得众人乃至持不同观点的人的尊敬。“知行合一”方能有所成就，当一个人能把他所坚信的理念化为实际行动，就能发挥出强大的力量。如果你去看一看约翰·韦恩、罗斯·佩罗、鲍伯·霍伯、杰瑞·刘易斯、马丁·西恩、拉尔夫·纳德、诺曼·卡森斯及沃尔特·克朗凯特等人巨大的社会影响力，就会发现他们拥有相同的特质，也就是这些特质造就了他们的巨大影响力。

沃尔特·克朗凯特所主播的夜间新闻曾与他的观众们共同度过了生命中的重要时刻，不管是悲伤或是高兴之际。约翰·肯尼迪总统被刺及阿姆斯特朗登月之际，沃尔特·克朗凯特当时都坐在主播台上，向当时的人们报道其中的每一个细节。他就像家人一样，观众对他无条件信任。

在越战之初，沃尔特·克朗凯特以标准的方式进行报道，只是忠实地播报战地记者采访回来的新闻。然而，在他亲身造访越南、亲历越战现场以后，他对这场战争的看法转变了。秉着诚实正直的价值观，他喜忧皆报，并开始陈述自己的观点。不管你是否同意他的观点，不容否认的是他让众多美国人开始反思越战的意义，而反越战运动的主力已经不再是少数年轻激进的学生了，而是“沃尔特大叔”们。

越战曾引发了美国社会空前的讨论，那不是简单的对错问题，而是整个社会价值观的冲突。不管怎样，摆在眼前的事实是大量美国士兵上前线，战死在那个本与自己无关的战场上，而很多人根本就不明白参战的意义。由此可见，政客们各异的价值观一直是平民百姓巨大痛苦的根源。水门事件是另外一个例子，当时令不少美国人愤慨。尽管如此，美国依然强大，这全有赖于无数人奋勇直前、追求崇高价值，将不可能化为可能，把全民的生活层次带往更高的一个标准；不管是鲍勃·格尔多夫关注于非洲的农奴问题，还是爱德华·罗伯茨动员必要的正直力量来改变人们的生活质量和身体健康。

每次一个价值观诞生，存在的万物就产生了新的意义。相反每一个相关的死亡，就意味着一部分意义的消失。

——约瑟夫·伍德·克鲁奇

价值观这股无形的力量控制了我们的人生方向，时刻督促我们对前进方向作出决定，最终决定了我们的一生。这就是现实情况，不仅仅对我们个人适用，公司、组织乃至整个国家均如是。

美国的强大，有赖于开国元勋们的那些价值观——自由、抉择、品质、同舟共济、勤勉、奋斗、竞争、繁荣、独立等。也就是因为秉持着这些价值观，他们才能克服重重的难关，保持国家的繁荣不衰，得以让我们享受今天的美好生活。这些传承下来的价值观，使美国国力不断增强，为全球的美好未来贡献自己的力量。

国家之间不同的价值观，是不是会形成不同的社会面貌？试想，如果先辈们的价值观不是追求稳定与合作，那么这个国家会变成什么样？这片广袤的土地会是怎样？

在企业中，价值观的改变也时常发生。IBM的崛起壮大，就得益于创始人汤姆·沃森自身的理念。在公司成立之初，汤姆便订下了明确的经营原则，不管生产什么产品、提供什么服务、追求什么目标，每个员工都要牢记什么才是公司成功迈向未来所必须坚持的最重要的原则。也就是汤姆·沃森所订的这些原则（亦即他的个人价值观），将IBM发展成为全球最大的企业之一，获得“蓝色巨人”的美称。

能从上述事例中学到什么呢？无论是工作还是生活，乃至世界大事，我们都要清楚地知道人生中最重要的价值是哪些；不管发生什么事，都要坚守这些价值。要坚持始终如一的生活态度，不要计较一时得失，也不要担心因为坚守原则而得罪人。即使当雨下到我们的游行队伍上，也要坚持我们的原则。因为人生真正的幸福只有一条路，那就是按照自己的价值观去生活。

不过，如果我们还不明白自己的价值观，那就不要胡乱行事。许多人成天追名逐利，却不知道自己想要怎么样的人生，这不啻是个大悲剧。追逐物质永远无法获得满足感，只有当你确认了真正的生命价值，才能最大程度地发挥内心的潜能。

不管是什么样的价值观，它们都是人生的指南针，指引着你最终的人生走向，创造着你的人生。当你走到十字路口时，它就会引导你做出决定，采取行动。这个指南针若是使用不当，就会给你带来挫折、失望、沮丧，甚至黑暗；若你使用得当，它就会带给你无穷的力量，让你的人生充满自信，不论身处何地都能积极乐观，这是众多成功人士所拥有的共同特质。

如果你不确知自己的价值观，那就准备受苦吧

保持快乐人生的惟一正途，就是按照正确的价值观生活，否则会遭遇诸多苦楚。许多人因为错误的价值观，导致日子过得潦倒不堪，譬如抽烟、酗酒、贪

吃、吸毒、颐指气使、看电视上瘾——这些都是欠缺正确的价值观所引致的坏习惯，结果人生过得糟糕不已，乃至毁灭。

问题到底在哪里呢？原因就是沮丧、愤怒和空虚等负面情绪。可是人们明明知道这些是坏习惯，对自身毫无益处，为什么还要沉溺其中呢？最根本的原因就是人生缺乏方向，一旦内心感到空虚孤独，就要寻求外界的刺激，特别是那些立刻见效的方式。久而久之就养成了习惯，最终自己被这个习惯所绑架，成了它的奴隶。要想改变这个习惯，我们就要透过表象看本质，寻找根本原因。譬如一个人酗酒，不是因为酒有多么好喝，更可能是因为心中有解不开的结，如果再深入一层，那就是他的价值观出了问题。许多人是因为心情郁闷，为了消气而酗酒的，日复一日，完全是因为他们不知道生命最重要的价值是什么。

快乐，来自于你遵循自己的最高价值标准的生活方式。当我们的行为符合了自身价值观，内心就会满足，充满欢乐。真正的价值并不会从食物、烈酒、闲逛中产生，而是生命本身就充满了富足，无需再从外面获取。若不然，你的人生就像是圣诞早晨服药蒙头大睡一样浪费。

想想这是个多么有意思的问题！在“是什么塑造了今天的自己”这一点上，我们还昏昏欲睡。在理解拥有清晰价值观的重要性上，我们还处于非常幼稚的阶段。今后，我们应该坚守正确的价值观、摒弃错误的价值观。要知道，我们的每一个决定都由价值观所引导，半点不由人。

如果我现在要求各位从自身的价值观里，挑出最重要的十项价值并写下来，然后按照它们的重要性一一进行排列。我敢说能够真正好好地完成这个任务的，大概一万个人当中顶多只能找出一个（而这绝无仅有的一个人可能就是参加过《与命运有约》的研讨会）。如果你不是那惟一的一个，那么你凭什么认为自己能做出正确的决定呢？你又凭什么认为你的决定就能带你到所期望的目标去？如果你看不见箭靶，那么射出的箭又怎能命中靶心？同样的道理，如果你想要人生过得富有意义，那就需要清楚知道自己的价值观。

今后，如果你处于犹豫不决的状况，无法做出决定的时候，你就要审视自己的价值观了，看它是不是出了问题。譬如有一个新工作等着你，前提是你要从一个城市搬到另外一个城市，这时你要做何抉择？这可能会带来诸多不便，可是这个新工作待遇高，发展空间大，你会作何决定呢？你的决定因素，一定是取决于你所重视的东西，到底是安定呢，还是成长？是安稳呢，还是冒险？

那么，是什么决定了你对冒险和稳定的衡量？可以说，价值观是一个盛满了各种“价值”的大袋子，它们是生活经验的积累，伴随着你的一生，其中有惩罚也有奖赏。当你还是个孩子时，每当你的言行符合了父母的价值观，他们就会夸你奖赏你；反之，他们就会罚你骂你，甚至是冷落你。当你上学念书后，如果学业品行都如了老师的意，他们就会夸你赏你，反之就会贬斥你。当你踏入社会，周遭的朋友或上司也是如此。所有这些都对你的价值观的塑造起到了深刻的影响，甚至于现实生活中和电影里的英雄和恶人，也都会影响到你的价值观。

今时不同往日，经济已是每个家庭生活中最举足轻重的因素了。为了谋生，许多家庭都是双职工，这就瓦解了传统中的角色教育，在他们的价值观塑造上有了缺陷。虽然学校和教会还保持教育功能，但是影响力式微，这时候电视便乘虚而入，填补了其中的空当。可以说，电视确实是个“好保姆”，它可以让人在电视机前一天平均呆坐七个小时；而它的内容不受限制，无论好坏都被灌输进孩子白纸一样的心灵，这个影响极为惊人。

不是只有父母才能扮演好教育子女的传统角色，但是他们与孩子的关系最为亲密。如果父母能够明确自己的价值观，并遵循着生活，那么孩子们也就有了最好的榜样。

什么叫做价值观

当我们说某样东西有价值，我们就赋予了它某种程度上的重要性；当你喜欢某样东西，那就表示它在你心中具有一定的价值。这里我要特别指出人生的价值观，这才是生命中最重要的东西。在个人的价值观里，有价值的东西分为两类：一种是终极意义上的，一种是工具上的。如果我问你：“你认为最重要的价值有哪些？”你的回答或许是“爱、家庭、金钱……”在这里，“爱”就是终极意义上的价值，因为它能引发你的情绪；而家庭和金钱就是工具上的价值，他们只是一种渠道，帮你达成“爱”这一终极价值。

如果我问你：“家庭能给你什么？”你的回答可能是：“爱、安全感和快乐。”那么这些就是你心中的终极价值，也就是你心中真正想要追求的。同样的，在提到金钱的时候，如果我问你：“对你而言金钱真正意味着什么？它能给你带来什么？”如果你的回答是：“自由、影响力、奉献能力和安全感。”从中就可以知道，金钱只过你达成更深一层价值的工具，让你能够长久体验生命中的重要价值。

我已经把孩子哄上床了，我不想他们看到这一幕。

有那么多人没有弄清楚“终极价值”和“工具价值”之间的差异，结果尝尽苦头。人们常常在那些“工具价值”上耗费心力，结果从未实现过真正的愿望。惟有“终极价值”才能使你的心灵得到满足，让你人生更为丰富，更有成就感。在我看来，人生最大的悲剧就是过得浑浑噩噩，不知道生命中真正有价值的东西是什么。有那么多人在拼命追求、实现目标后依然内心空虚，感叹道：“人生难道只是如此？”

这里有个例子。有一位女士，她心目中最重要的价值就是关爱他人、奉献自己，她曾认为律师这一职业较为符合她的价值观，便去当了一名律师。随着工作经验的积累，她在律师界声名鹊起，最后成了所在律师事务所的合伙人。

在成为律师事务所的合伙人之后，她的工作方式发生了变化，导致她也不得不改变关注点。她需要花更多的时间在律师事务所经营管理上，她成为了业内最成功的女性之一，然而她的内心并不快乐——因为她再也不能和客户进行频繁的接触。如今的她再也不用扑在具体业务上了，而是不时地主持或参加会议，以推动律师事务所未来的发展。这位女士已经达成了自身的目标，却失去了生命中最渴望的价值。那么你呢？是否也有过这样的经历，穷尽力量去追求的仅仅是工具价值，而非终极价值？想要获得内心真正的快乐，就一定要分清何为终极价值、何为工具价值，并要确保自己追求的是终极价值。

追求的价值

我们一直都在追求使自己快乐的东西，而在种种价值中，总有一些我们更为看重的。哪些情绪状态是你最为看重的？哪些情绪状态能给你带来更多的快乐？是爱还是成功？是自由还是亲密？是冒险还是安全？

那些能使我们快乐的东西，我称之为“追求的价值”，它能激起我们“渴望拥有”的情绪。你的人生中最渴望去经历哪些情绪？以下所列的，是我在所主持的研讨会中问起这个问题时学员们的回答：

1. 爱 ______________________
2. 成功 ______________________
3. 自由 ______________________
4. 亲密 ______________________
5. 安全 ______________________
6. 冒险 ______________________
7. 力量 ______________________
8. 热情 ______________________
9. 舒适 ______________________
10. 健康 ______________________

上述这些情绪的价值是受到众人肯定的，不过在个人心目中它还是有轻重之分的。可以说，每个人都有自己的价值体系，上面所提到的十项价值每个人的排列顺序也不尽相同。当一个人需要做出决定时，其排列顺序就会主导他的思考，有的人会把舒适排在热情之前，有的人会把自由排在安全感之前，有的人则会把健康排在成功之前。

在此暂停一下，好好想一想上述这些情绪，按照重视程度进行排列。等你想妥当了，就在每项后面的空白栏上写下它的序列号。

与名誉相比，性格更值得你关注。因为性格才是真正的你，名誉只是别人对你的看法。

——约翰·伍登

做完这个练习后，你学到了什么？让我知道你的答案，就会给你一些有用的建议。说从你的排列中我可以清楚地认识你，譬如你的最高价值是自由，随后是热情、冒险和能力，就可以知道你的决定为何会不同于别人。如果一个人把冒险摆在第一位，他的决定肯定与把安全摆在第一位的人不同，他们所选择的汽车、度假方式、所从事的工作等等都会不一样。

任何价值都会影响你的人生方向。从过去的经历中我们得知，不同的情绪，会给不同的人带来不同的感受。有些人喜欢诸事都在自己的掌控之下，为了这一点，他就会加倍努力。这个想法主宰了他的所有行为，他跟哪些人交往、了解那些人在做什么、采取什么样的生活方式。可以想见，一旦他觉得事情脱离了他的控制，他就是不舒服。

相反，有些人却对诸事都要掌控在自己手中痛苦不堪。这样的人喜欢自由、喜欢冒险，他们所做的决定和前者截然不同。还有其他的例子，譬如喜欢服务他人的人，其所做的决定跟喜欢指挥他人的人就会不同，前者的想法大多是“我能帮上什么忙”、“我能奉献什么”。他们所追求的跟那些一心想着如何掌控他人的人是完全不同的。

一旦你知道了自己的价值观，就能明白自己为何会选择这样的人生方向。而一旦明白了自己的价值体系，知道各种价值的排列顺序，也就知道为什么会有左右为难、内心苦苦挣扎的时候。举个例子，一个人如果把自由这一价值放在首位，而将天伦之乐放在次位，那么当两者发生冲突时，他就会陷入左右为难的困境。

我记得在我辅导的一位学员身上，就不时发生这种左右为难的状况。他在不断追求杰出成就，而一旦达成目标，他就会感觉孤独，迫切渴求别人的关怀。但是当他追求亲密的关系时，他又害怕自己被套牢，失去自由。这就导致他不敢跟别人走得太近。结果他的人际关系总是若即若离，这就是两种价值观冲突造成的后果。

在我的指导下，他的价值体系先后顺序稍微改变了一下，人际关系一下子获得很大改观，他不仅更受人欢迎，各方面的表现也一如既往的杰出。你看，只要改变一下价值的先后顺序，就能发挥出那么大的能耐。

当你知道了自己的价值观，就能更清楚自己应该采取的行动，而不至于东走走西看看。同时，了解别人的价值观也相当重要，特别是那些跟你关系密切的人的价值观，一旦了解了以后，就等于知道了他们的人生指南针，知道了他们做决定的过程。

你一定要了解自己的价值体系，最靠前的那些价值才能为你的人生带来幸福。所以，把各项价值好好进行排列是非常重要的一步，这样你的日常行动才会符合这些价值；如果不能做到这一点，你就无法获得梦想的人生，生活也会变得空虚，幸福感就更无从获得。

我的女儿茱莉，她的生活经常能按着自己的价值观进行，因而日子过得很快活。她极具艺术天分，演戏、跳舞、唱歌样样都在行，是个演艺小天才。16岁时她便参加了迪斯尼乐园的表演选拔赛。她认为只要录取就可达成她“有成就”这一价值。她真的很优秀，在现场击败了七百位女孩，赢得了出场迪斯尼“夜间游行”的合约。

得知这个消息时，她兴奋得不得了，我和她妈妈以及众朋友都为她高兴。我们以她为荣，也准备以后周末要经常开车去看她的表演。但是迪斯尼乐园安排的表演秀十分紧张，不仅周末有，连晚上也有。当时茱莉的学校尚未放暑假，为了遵守这个合约，她每天下课后要开上三个小时的车，从圣地亚哥赶到洛杉矶的迪斯尼乐园，然后进行好几小时的排演和表演，之后再拖着疲惫的身子深夜开车回到圣地亚哥。第二天早上她还要早起，准时去学校上课，睡眠不足导致她经常爬不起来。这样日夜不休的生活使她苦不堪言，还有表演时她还穿着笨重的戏服，可以想象她的热情很快就冷却下来了。

情况更为糟糕的是，对茱莉来说，这么紧张繁复的工作安排大大侵占了她的私人生活，占据了她以往跟亲朋好友的欢聚时光。我开始注意到，从接下这份工作后，她情绪低落的时候越来越多，有时候连帽子掉到地上都能引她落泪；她的抱怨也越来越多——这完全不是往日的茱莉了。压垮她的“最后一根稻草”，是有一次我们全家要去夏威夷三个礼拜，参加我的研讨课程的颁证仪式，而因为迪斯尼乐园的这份工作，她却不能与我们同行。

终于在某个早晨，茱莉崩溃了。她满脸泪痕地来找我，满怀沮丧、不快和困惑。在六个月前，她因为得到了那份不可思议的合同而异常兴奋，今天迪斯尼乐园却成了她的梦魇。如此短的时间，却产生了如此大的转变，为什么呢？因为迪斯尼的工作占据了她太多的时间，剥夺了她与家人朋友共聚的时光。过去，茱莉经常协助我的各种研讨会，并从中获益良多，如今却因为迪斯尼的工作而使她失去了这个学习和成长的机会。每年，从全美乃至世界各地来参加我的研讨会的人成千上万，与这些学员的交流令茱莉大开眼界、成长迅速——而这些都不是迪斯尼乐园的表演工作所能给予的。

能在迪斯尼乐园表演是她长期以来的心愿，能满足她心中“成就感”这一价值；但是这份工作却让她无法参加我的研讨会，这让她内心矛盾不已，不知如何是好。

为了帮她解开这个心结，我陪着她坐了下来，让她静静地想一想自己认为的最重要的四个价值，她的思考结果是：1）亲情；2）健康；3）成长；4）成就感。在获知了她的价值体系以后，我就有信心让她自己做出决定，一个对她有帮助的决定。于是我问她：“这份工作能带给你什么？它对你有什么重要之处？”她说一开始得到这份工作，她非常兴奋，因为这样她就可以交到很多朋友，得到很多掌声，这样就能满足她的成就感。

但是半年之后，茱莉发现迪斯尼乐园的表演没有带来成就感，她没有感受到成长的机会，她觉得还会有成就感更大的事可做。最后她颓然道：“我身心俱疲，不仅危及健康，同时也丧失了跟家人共处的诸多机会。”

我接口道：“那么是不是考虑做个小改变，看是不是对你有所帮助？你可以考虑辞去迪斯尼乐园的工作，这样就能多点时间陪陪家人，还可以一同去夏威夷。你觉得如何？”我一说完，她顿时笑靥如花，冲我嫣然一笑：“就照您说的，我很乐意跟你们一块去，这样我还能多抽点时间陪陪男友。我可以重获自由了！我要好好休息、积极运动，恢复先前的身材。这样在学校也能表现更好，也会有成就感，我要把成绩维持在4.0。我还有其他的途径获得成长，我真开心！”

这段话清楚地表达了她的下一步骤。之前她非常痛苦，因为在得到迪斯尼乐园的表演机会之前，她的价值体系中排在前面的三项分别是亲情、健康和成长，这些她都已经拥有，却不曾留意，反而去追求排在后面的成就感。迪斯尼乐园的工作虽然使她获得了一定的成就感，却导致她失去了自己最为重视的前三项价值——亲情、健康和成长。

像茱莉这样的情形很普遍。我们必须记住，排在价值体系最前面的价值才是我们要致力去追求的，它们才是我们人生中最重要的东西。同时大家要相信，我们是有能力兼顾所有价值的，不会顾此失彼。

这件事还有最后一个问题要解决，虽然茱莉决心辞去迪斯尼的工作，但是这让她觉得很痛苦，因为在她极力避开的事情中，有一项就是半途而废。我非常赞赏她这一点，在我看来，轻言放弃的人是成不了大事的。如果只是因为这份工作有一定的挑战性，我是不会赞成她放弃的，反而会鼓励她继续努力。不过迪斯尼乐园的表演显然不是这样，于是我建议她不如把这份工作当成礼物，留给候补者。

我跟茱莉说："孩子，如果你是第一顺位候补人，如果'在位者'突然不做了，这样你就得到了上台表演的机会，那时你的心情会如何呢？你是不是可以把现在这份工作当成礼物送给其他人呢？"在茱莉的观念里，爱包括付出，而我的这个建议刚好与之符合。于是她不再把放弃这份工作当成是半途而废，反而很乐意地接受了这个建议。

这次关于价值体系的讨论令她受益匪浅益，更为重要的是她就此掌握了新的方法，能够准确引导自己去达成目标，同时也不会牺牲其他的价值。她的决定让她的快乐失而复得，而且不久之后她就在圣地亚哥找到了工作。

痛苦的教训

对于一些情绪，我们乐意去追求，因为它能带来快乐；而另外一些情绪我们却极力想避开，因为它会带来痛苦。在我第一家公司成立后没多久，我忙得焦头烂额。当时我正处于事业发展初期，既要到处开课，又要处理公司各项事务，用分身乏术来形容一点也不夸张。

祸不单行，公司二把手又做出欺骗我的事，不得已之际，我只好另寻一位已执行副总，我把公司业务发展的期望放到他身上。我需要了解每位应聘者的价值观，所以在面谈时我设计了这样一个问题："你觉得人生中最重要的是什么？"有很多人的回答是："成功"、"成就感"或"出类拔萃"，但有位应聘者说了个有意思的字眼——诚实。

这话我当然需要考证。事后我从相关人士那里了解他的过去，大家都说他是个"再诚实不过的人"，为此他甚至会牺牲自己的利益。由此我断定这个人正是我想要的。进公司后他非常称职，没多久公司就要扩张招人了，这位执行副总向我推荐了一位合适的人选，我便安排跟他面谈。

当我与这位史密斯先生面谈时，他对答从容，展示了出色的专业知识，照他所言，我将不用像现在这么忙，可以抽出更多的时间去筹备更大的研讨会，让更多的人受益。当时我忙到一年中有大半年在外地举办研讨会。这位先生还打包票，如果不能做出更好的成绩，他就不支取薪水。这让我眉开眼笑，当即决定聘任他，与执行副总一起经营公司业务。

经过一年半的发展，公司蒸蒸日上，我的研讨会也越办越大，一年出差在外的时间有3/4，我的上课技巧也越来越纯熟，课堂效果越来越热烈，帮助的人也越来越多。然而，突然有一天，我发现自己竟然背了75.8万美元的债务。我知道，出娄子了！到底发生了什么事，我的公司居然入不敷出？最后终于找出了病源——是管理出了问题。很明显我用错了人，导致公司和自己都遭受损失。

更糟糕的是，在这一年半里，史密斯竟然挪用了多达25万美元的公款，他不但用这笔钱购买了一辆新车，还买了新房子。我真是出离愤怒了，他竟然是这么一个中饱私囊的人。但是愤怒对我自己毫无益处。如果我用这样一个隐喻“我背上有点痛”和“他想要谋杀我的第一个小孩”，这对降低情绪有何好处呢？

然而，最令我费解的就是我那个再诚实不过的副总，他明明知情却为何不告诉我？后来我才意识到他一直在提醒我。要知道人不光是在追求快乐，也在逃避痛苦。我的CEO一直试图告诉我他对史密斯先生的担忧。那次我在外主持了三个月的研讨会后刚回到公司，当下他就来见我说史密斯这个人不好，我便问他有什么证据，他回道：“公司搬新家，他硬是要了一间最大的办公室。”就这么一桩小事他还来告状，我没好气地说：“听着，这个人是你带来的，怎么处理随便你。”说完我便拂袖而去。

其实我应该意识到自己让他不好受，他也是恪尽职守来对我如实相告。不过当时我又累、压力又大，根本没有心思去细想他的“话中话”。之后他还是为了相同的事来找过我一次，我反讥说他若真的诚实，就应该跟史密斯当面对质，而不是来跟我告状。随后我便跑到史密斯的办公室嚷道：“他对我说了你这些话，你们自己对一下。”史密斯当下是什么脸色大家都可以想象到。

回过头看这件事，我很能明白执行副总当时为何不以实情相报。因为如果告诉我实情，就相当于说是告诉我他引荐了一位手脚不干净、贪污了公司25万的人进来，这让他会很难受，所以他决定暂时隐瞒真相，看日后有无补救办法。

回头来看，我之所以这么生气，是觉得CEO为了逃避对质，把一件很简单的实情复杂化了，而实际上他只要告诉我实情就好了。不过对他来说，虽然诚实很重要，但是内心舒服也非常重要，这就导致他不敢对我实情以告。不过当时我也没有问史密斯是否挪用公款，那么他没说，理论上也不算违反诚实原则。如果我问起的话，他一定会告诉我实情的。

史密斯事件虽然使我愤怒，让我在经济上和感情上都蒙受了损失，不过也给我上了宝贵的一课，让我对人性有了更清楚的认识，更明白了快乐和痛苦这对孪生兄弟的力量，不仅帮助了自己和家人，也让朋友们受益匪浅。

避开的价值

要记住一点，不管我们做什么决定，脑子里首先衡量的是这个决定是究竟是把我们引向快乐还是痛苦。我们的脑子总在不停地思考、评估每个决定所带来的影响，而评估的基础便是价值体系。譬如说我邀请你一起去跳伞，如果在你的避开价值体系中排名第一的是恐惧，那么你显然会拒绝我的邀请，是不是？然而如果你的避开价值体系上排名第一的是被轻视，而你觉得你不接受邀请就会被我轻视，那么你即使很害怕，也可能会接受邀请，放胆从飞机上纵身一跳。当痛苦链接到情绪上时，决定就会受到影响。

哪些情绪是你一直最想避开的呢？当我问起我的学员时，他们列出了如下条目：

1. 被拒绝 ______________________
2. 愤怒 ______________________
3. 挫折 ______________________
4. 孤独 ______________________
5. 沮丧 ______________________
6. 失败 ______________________
7. 被羞辱 ______________________
8. 不安 ______________________

我在重复一遍问题：这些情绪是不是都是你想要避开的呢？显然是的，因为它们都会带来痛苦。那么是不是可以说，有些情绪是不是更让你痛苦、你更想要避开的呢？在你的避开价值体系中，哪个是你最想避开的？被拒绝、沮丧，还是被羞辱？这个问题的答案将决定你的种种行为。

在采取进一步行动前，不妨停一下，按照你心目中最想避开顺序，对那些情绪状态一一进行排序。

我希望我们能够成立一所能让我们的足球队引以为傲的大学。

——俄克拉荷马大学

上面这张顺序表说明了什么？譬如说，如果列在避开情绪表第一位的是被羞辱，那么你就会明白为何你一直想避开那些可能会使你被羞辱的场合；如果第一位是孤独，你就会去主动结交更多的朋友，让他们喜欢与你相处，长此以往你就会发现自己好朋友越来越多了。

自我矛盾的根源：价值观的冲突

来看看价值体系对个人的影响。如果你最想要追求的价值是成功，而最想避开的价值是被拒绝，这两种价值会造成什么样的冲突呢？如果一个人想要获得成功的快乐，却又想要避开遭人拒绝的痛苦，那么他肯定无法获得长久的成功，而且必然会吃尽苦头。为什么这么说呢？这就是之前我一直在强调的一条法则：人们想要逃避痛苦的程度远大于追求快乐。可是如果你真希望获得成功，怎么可能避免被拒绝的风险？

难道你不希望更为丰富的经历吗？即使你是一个诚实正直的人，每天行善积德，也难免被人误解、批评——这个人可能压根连你的面都没见过。不管你是想要成为一个作家、一位歌手、一名演说家还是一介商人，都存在被拒绝的可能性。理智告诉你要想成功，就必须要接受被拒绝，然而潜意识中还是把被拒绝当成最大的痛苦，然后你就自我安慰说追求这种成功不值得，如此反复，就算最后获得成功，也已经精疲力竭。

我看到经常有人为了成功付出了巨大精力，却在最后关头无故放弃，这对于个人发展、情绪状态或是体力上可谓是大浪费。究其原因，很多就是因为价值观上的冲突。他们的脑子一边说：“往前冲！”另一边却又说：“这样做要吃大苦头了。”这样进两步、退一步，导致他们一无所成。

1998年总统大选之年，我发明了“加里·哈特症”一词。哈特当年是民主党角逐总统职位的热门候选人之一，他在美国社会的发展和种族平等等领域颇为擅长，可是他个人价值观上的冲突却导致公众跌破眼镜。他难道很糟糕吗？当然不是。他只是在个人价值观上存在着剧烈的冲突。哈特自小就上教会，一直被教导要过圣洁的生活，连跳个舞都是罪过；然而在现实生活里，他又喜欢过着沃伦·比蒂（译注：好莱坞著名的花花公子）式的浪荡生活。价值观上的矛盾导致他被选民厌弃，在政坛失去立足之地。

你能想象聪明如哈特，竟然会对媒体说：“想要抓我把柄的，就冲我来好了！”然后他就真的径直去找情妇了。作为国会议员，哈特的一举一动都广受关注，根本就不可能我行我素，他现在竟然这么狂妄，真是脑子进水了。不过如果你能明白是他的价值观出了问题，就不会奇怪了。想想看，两个方向相反的价值观会把他拉到什么地方？我们的脑子无法同时伺候两个价值观截然不同的主人，总要丢掉其中一个;而要丢掉的，就是那个会给你带来痛苦的价值。

现在，我们已经知道公众人物都曾经历过价值观的冲突，那就不要再去“审判”他们了。之所以会出现价值观冲突矛盾的现象，就在于此人没有建立好自己的价值体系，没有自己的原则和主见，容易随波逐流，成为墙头草。

如果有了困扰，那该怎么办？只要采取两个步骤即可加以改变：

第一步，确认自己的价值观，以便于理解自己现在的行为模式。是什么驱使你不断前行，又是什么引导你躲避？要好好审视你的价值观列表，你就能发现造就你的现在和未来的那股力量。

第二步，要确定自己想要的人生，然后从价值观列表中找出相应的价值，并按照这些价值生活。

如何找出你现在所持的价值观

现在就让我们来进行第一步的工作。之前我曾让各位做过练习，把我给出的价值进行排列。你只要心存这句话：“到底什么才是我人生中最重要的？”那么就很容易找出各种重要价值。做这个练习时万不可限制自己的思维，要尽量做到全面。是爱？是奉献？是健康？还是自由？想清楚后再按照重要性逐一列出：

什么才是我人生中最重要的

____

第一步是要找出自己的追求价值列表。我在做练习时的表是下面这样的：

我旧有的“追求价值”表

热情
爱
自由
奉献
有能力
成长
成就
快乐
风趣
健康
发挥创造力

当我审视这张价值表时，开始明白自己为何会从事目前的工作。我是一个极有热情的人，大家都觉得我很有震撼力，我觉得那就是我的热情。我爱我的家人、爱我的朋友，希望能与他们分享研讨会上的精华。我希望获得心灵的自由，惟有如此我才会觉得自己对他人和社会有所贡献，自己也才能拥有更强的能力。由此我获得成长，有所成就，充满乐趣，身体健康，富有创造力。在明白了价值表上各项价值对我的意义后，多年来我就一直遵循着这张表生活，而它们也丰富了我的人生。

接下来还有一点，它长久地改变了我的人生质量。

改变价值观，改变你的人生

在经历了史密斯挪用公款事件之后，我便飞往斐济散心。我需要平复一下思绪，梳理目前的状况，更为重要的是要决定下一步的计划，想想如何扭转目前的不利局面。抵达斐济后的第一个夜晚，临睡之前我问了自己一个很重要的问题：“到底影响人性的是什么？控制行为的又是什么？”这个问题取代了之前的那个消极的问题：“这种倒霉事怎么就让我碰上了？”

当我第二天早上8点醒来时，满脑都是好点子。我立刻走到酒店大厅，拿出纸来奋笔疾书，一直从早上8点写到下午6点30，完全处于忘我状态，熙攘的人群丝毫影响不到我。最后写到胳臂都酸了，手指头也肿了，好点子还是源源不断地涌出来。就是这股点子涌泉让我受益匪浅，借此我开发出了包括“扭转命运的技巧”和“神经链调整术”在内的好几个课程。写完之后，我再回看自己所写的东西，简直就是鬼画符，几乎认不出来了。不过那些点子已经铭刻进了我的脑海，从中我发掘出了自己的事业空间；我发现自己可以开发出一个课程，帮助人们调整神经系统，找出人生目标的先后顺序，然后帮助他们找到做出正确决定的方法，获得梦想人生。

如果是单纯的让人们认识自身的价值观、调整自身的价值体系，并不是什么难事，但是我们不能不考虑后续问题。如果一个人的“追求价值体系”中，排名第一的是安全感，排名第十五的是冒险，那么我们做一下对调，把冒险放到第一位，结果会如何？他的人生会发生什么转变？是小小的变动，还是惊天的扭转？

可以确定的是，不管是思想上、情绪上还是行为上，这个人的人生在各方面都会发生改变。我想象不出还有什么方法能使人发生如此神奇的改变，事实上在人类历史中这种情况时有发生。例如圣经人物索尔在前往大马色途中的遭遇，那一番与神的对话改变了他的一生，也创造出了基督教的世界。

这种一百八十度的扭转真的能够做到吗？我们来做个实验，实验对象就是我自己。我列出了自己的价值体系。我第一时间告诉自己：“这些价值都是最棒的，我热爱这些价值，它们造就了现在的我。”当时我心里虽然这么想，但还是在不时提醒自己，价值观并不等于全部的我，它只是我的一部分。目前的这些价值并非全都是理智的选择，现在我知道了它们在我心目中的地位，我需要仔细辨认哪些会带来快乐，哪些会带来痛苦。如果我想要重振自己的人生、构建出理想中的人生价值，那究竟要怎么做？

我们并未给你建造出天堂，也未建造出人间，更未建造出朽与不朽；因此你要运用选择的自由和光荣，把自己当成一个雕塑自己的工匠，尽可能雕塑出自己喜欢的样式。你将拥有想象不到的判断能力，使自己重生成更高层的生命，那个神圣的生命。

——米兰多拉的讲道（摘自《论人的尊严》讲题中上帝对亚当所说的话）

当我认识到自己的决定可以扭转人生方向时，我的内心充满了难以言喻的兴奋。我开始审视自己的价值观，并问了自己一个问题："如果我想要创造自己的命运，要成为我期待的最好的人，要实现人生的最大价值，我该拥有怎样的价值观？"

我认为目前我所拥有的价值观让我受益匪浅，不过，还有没有什么价值是我漏掉的呢？于是我想到了"智慧"，这还不在我的列表中。我觉得自己显然是个聪明人，但是还不是特别聪明，否则我就不会做出那些愚蠢至极的决定，包括对于CEO的选择。

我意识到，除非我能够把智慧融入神经系统中，成为其中非常自然的一部分；除非我在做决定时能够提前想到后果，我才不会再三遭遇失败。我必须把智慧列在"追求价值表"的前茅，随后我又想到了另外几个有助于我的价值，我就把它们列到了价值体系表中。

然后我对自己问了一个以前从没想过的问题："要想达成人生终极目标，我必须剔除哪些价值？"我首先想到了"自由"。我开始思考，到底我要什么样的自由呢？按照当时的情况，我是一个完完全全自由的人。如果我生活在一个不自由的国度里，我的想法可能会有所不同，不过现在我想不出我还要怎样更自由，于是我决定把"自由"一项从表中删除。神奇的是，当我把它从表上删除后，我却感受到了真正的自由。

于是我开始思考每一项价值，明确它们对我的真正意义。我开始问自己："如果我把这个价值放到这个位置上，我能得到什么好处？"我先审视"热情"一项，我问自己："热情放在这里有什么好处？"我的答案是：热情能带给我动力、振奋、活力和对他人的影响力，这让我的人生更为丰富。

随后我又问了一个让我自己吓一跳的问题，一个我从来没想过的问题："把热情摆得这么靠前，对我会有什么坏处吗？"彼时答案似乎很清楚。当时我刚从丹佛市的研讨会回来，身心俱疲，这也是我这么多年来第一次有这种感觉。健康一直位列我的追求价值表之内，它对我一直很重要，不过我并未把它"名列前茅"。

那些列表上的东西你都会觉得很重要，但是还有很多东西没有放在单子上。在我的观念里，只要吃得好吃得对，就能获得健康。我的运动并不多，我的休息也不充分。在这种不停透支体力的情况下，我的身体必然无法硬挺下去，最后即使没垮也不会很健康。我至今还记得那一天，我感觉自己毫无健康可言，我把自己扔进了马不停蹄的研讨会、不断消耗心力的生活中，我觉得自己的热情慢慢消退，我不再充满爱心，也不再对他人有影响力。我意识到，自己虽然一直把热情列在表的最前面，却经常累得够呛，导致我的人生目标最终也会受挫。

最后我问自己的问题是："怎么样的排列顺序才可以达成我的终极目标？"而不是"什么对我最重要。"于是我重新进行了排列，最终就得到了这样一张表：

我的新追求价值表

健康/活力

爱/慈悲

智慧

生活有劲

诚实

热情

感恩

风趣/快乐

改变既往

学习/成长

成就感

努力做到最好

投资

奉献

发挥创造力

这张看上去不甚起眼的表，对我却有着重大的意义。重新排列这么一张表，我可是经过了一番挣扎，甚至有些担惊受怕。在排列顺序的过程中，对我来说最大的困难是不知道如何处理“快乐”和“成就”这两项。我之前的价值排列表依次是热情、爱、自由、奉献、有能力、成长、成就，然后才是快乐；“快乐”的排名是比较靠后的，在我心目中并不十分重要。于是我开始嘀咕：“如果把‘快乐’提到‘成就’之前会如何？”

说实在的，这个问题会让我有些害怕。我担心如果我安于快乐，可能就会失去冲劲。我就不会有什么成就，也产生不了什么影响力，更不要说对他人有所贡献。毕竟我对自己的肯定来自于做出一番成就。我思前想后了两个多小时来决定是不是要把追求快乐放到“成就”的前面。最后我终于下定了决心。回想起这段复杂的思考过程，我不禁一哂。

在此我要告诉各位的是，我主持过成千上万场《与命运有约》研讨会，大部分学员都可以说是事业有成，然而“快乐”却成为他们最害怕的追求之一，因为他们都认为如果把快乐排在前头，就会失去冲劲和动力。不过我的心得却是：如果你重视快乐甚于成就，那么你就能“快乐”地发现自己的成就。就是这一顺序的调换，大大地改变了我的人生，这可真是妙不可言。我不但没有失去冲劲，反而觉得自己状态甚佳，希望能获得更大的成就。

在完成这张追求价值表后，之前的种种忐忑、愤怒、不安不复存在，我获得了前所未有的宁静和信心。我确信自己已经完全准备好，即将走向未来的美梦。我不再跟自己较劲，也不再苦苦纠缠于“自由”。我知道如何跟他人建立更为亲密的关系，如何为他人付出更多的爱。我知道怎样才能有所成就、身体健康、充满活力、聪明睿智。我只是改变了人生价值体系中各项价值的排列顺序，却马上感觉到了身体上的改变。

同时我也注意到，如果想要有个成功的未来，那么我就万万不可沉溺在某些情绪中，它们会产生诸多不良影响，其中一项情绪便是担忧。我发现自己经常为公司的经营操心，希望公司能长期维持下去，防止关门大吉，结果弄得身心俱疲。那时我认为只要多操点心，我就更有动力和热情，其实不然。公司经营固然需要用心，但是要适度，尤其重要的是要拿出行动，这样才会对事情有帮助。当我不想再为公司的事操心，就必须尽全力防止自己产生担忧的情绪，如不加以克制就会越陷越深。有鉴于此，我给自己订出了一张避开价值表。

等我从斐济飞回美国后，我已经非常清楚自己的方向。我的改变让众人跌破眼镜，回公司的第一天，同事七嘴八舌地跟我说："你怎么了？怎么像变了个人似的？简直是脱胎换骨。"之后，我把自己在斐济的构想一一运用到同事身上。可以说这就是产品上市前的测试，以此来查漏补缺，以便在未来研讨会上加以运用。这就催生了《与命运有约》课程。

本书的目的，就是为了尽可能扩大有关塑造命运和神经链调整术的技巧的覆盖人群，我希望你能立刻加以应用。要记住，我们确实能够设计自己的未来。

请赐给我美好的内在，好与我的外在相称。

——苏格拉底

现在你是不是已经知道如何掌握价值观这一主宰系统的第三个要素了，那就来看看简单的两步：

第一步，找出你现在的价值所在，按照其重要性进行排序。这一步可以让你知道什么是你最想要的（即追求价值），什么是你最想避开的（即避开价值），这样你就能理解自己现在为什么会这么做而不是那样做。它使你得以了解内心的"快乐/痛苦"系统，过上快乐的人生。

第二步，如果你有机会控制方向盘，那就要控制好它的走向，同样的，如果你有了自己的价值观，就能扭转命运。问自己一个新问题："要想实现梦想中的人生，需要有哪些价值？"找出这样一张价值表，花心思进行排列，针对你的梦想人生，看看哪些价值应该丢弃，哪些你之前没有的价值又可以增加。

或许你自己还在疑惑："我究竟要什么样的人生呢？"如果你还不明白，那就翻回到第十二章，在那一章我曾问过你，如果你想达成目标，你需要成为什么样的人；如果你要成为那一类的人，那么你得拥有什么价值观呢？哪些该增加哪些该丢弃呢？

譬如说，你有没有能力去处理恐惧、挫折、被拒绝的状况？在你的追求价值表上，你是不是会添加上勇气一项？当有享乐的机会在面前时，你是不是会被诱惑？你能否把这些放在一边，多去关心孩子，多去陪伴他们，而不仅仅是一个物质的"供应者"？

当你更新完那张价值列表，就表示完事了吗？显然不是，那不过是你在一些纸片上写了一些字而已。如果你没有把它作为人生中新的指南针，那这张纸就什么也不是；如果你慎重看待它，那么它就会成为你做决定的一个基石。

要想在本书中全面阐释我的研讨会中的调整术比较困难，不过各位要牢记调整杠杆的功效。有许多参加《与命运有约》课程的学员，他们之所以能够在各种场合坚持不懈地按照价值表所列出的去生活，就是因为他们让周遭的人知道他所追求的是什么，这对他们起到了监督作用，督促他们全力去追求更新、更高的人生。

所以你也可以运用这个杠杆，加强追求新价值的决心。那么，日后一旦一对孩子发脾气，凑巧经过的朋友就会提醒你："你的价值表里，不是有一项是不发脾气吗？"

我触及那未来，所以我教。

——无名氏

《与命运有约》研讨会备受推崇，是因为当学员们从中学会了按照自己的价值体系生活，就会前后判若两人，就像是周五早晨的雀跃和周日晚上的忧虑，这种强烈的对比让人振奋不已。当一个人的本质改变了，奇迹也就发生了。一位学员硬是被他妻子拖到了课堂上，当我们谈到价值观和改变的可能性时，他坚持说："我的价值观不需要任何改变。"他排名第一的价值观，就是自由！他拒绝"被迫"做任何不想做的改变，这导致他坚决拒绝做任何改变。

最后我对他说："你当然不用被迫做任何改变，我也知道你是自由的，那么你也会乐于加上一些价值观，这些价值观很可能有助于提升你的人生品质，甚至可能影响你的命运。"过了一会他说道："也许弹性值得一加。"下面的人立刻鼓掌。"很好！"我说："那么弹性要放在哪个位置上？"于是我们从下往上数，结果弹性被排在了第四位。

就在这位先生把新的价值观加上时，一位脊椎推拿治疗者的学员，就坐在他身后，他突然站起来大声说道："你们看到了吗？"房间里的众人一下子都注意到了，那位男士在我们眼前开始发生变化，由于他采取了新的价值体系，他整个人看起来放松多了，他的坐姿变了，呼吸也顺畅多了，他的表情也显得很轻松。由于弹性这个新价值观的加入，他的整个神经系统都发生了改变。

随后我再问到："还有什么其他的价值要加上的吗？"他想了一会儿说道："也许是……宽容？"他的声音有些迟疑，人群中又爆发出一阵笑声。这位先生一开始满身敌意，现在却来了个一百八十度的大转变，当他把宽容放到价值体系中，很明显地可以看到他更多的转变，包括他的态度、呼吸、面部肌肉和手势。在接下来的日子里，众人都惊讶于两个新增的价值所造成的戏剧性的转变，那位男士的声音柔和多了，面部表情放开多了，并开始跟以前从来不接触的人接触，三年之后，自由甚至已经从他的价值表上消失了，他和妻子的关系也更加融洽了。

我们的习惯造就我们。

——亚里士多德

生命总在不停地实践我们的价值体系。有一次，我乘坐飞机，碰上了那位令我遭遇重重危机的史密斯先生，他就坐在我后面。一见到他，我的怒气直往上冒，要知道，在碰到他之前，我差不多有两年的时间没怎么生大气了。他低头看着杂志，没有发现我，这时我脑海在翻腾：我该怎么办？要当面给他难堪吗？要么干脆坐到他身边，瞪着他，瞪到他无地自容？坦白说，我并不觉得这些是好问题，但是我还是要秉持诚实这个最高价值观，我还是会告诉你我的这些想法。

就在这时，深扎在我内心的价值观代我决定了行动。我打开笔记本，第一页上就写着我的价值体系。最上面一行是："我的人生中，最重要的价值就是要爱和慈悲。"嗯，"还有智慧。"

嗯，"接下来是要生活有活力、要诚实、要热情、要懂得感恩、要风趣、要有成就……"就这么看下来，我的心情很快就开始转变，原先愤怒的情绪已经消失了。我的价值观在关键时刻提醒了我：我想要成为什么样的人，成就什么样的事。它们睁大眼睛看着我，要求我做一个表里如一的人。到这个时候，接下来的行动就水到渠成了。

待飞机降落，我站起来走向他，诚恳地对他说，他所做的事情我虽然迄今都无法释怀，不过我却不想报复，我还要由衷地祝福他。说完话，我就转身下了飞机，留下他在后面瞠目结舌。我的心里舒畅极了，我真的克服了内心的压力，真的按照自己的决定去行动。当一个人真心按照自己所相信的去做时，就能获得莫大的快乐。

就当是送个礼物给自己，这是一种能塑造你命运的力量，用心地去做练习，确定所持价值的优先顺序。

那么，当你拥有了价值观，是否就能照此生活呢？你可能拥有一个非常了不起的价值体系，让你的人生光彩夺目，但是你不一定会快乐，除非你明白一种力量——

朝着更高的标准前行，而不仅仅是为了达到别人对你的期望。

——比彻*

Awaken the Giant Within

第十六章

心则：不快乐吗？这就是原因

* 比彻（Henry Ward Beecher，1813~1887），美国基督教公理会自由派牧师、废奴运动领袖。

写下这些文字时，我正住在夏威夷的凯悦大饭店，举目眺望那深邃蔚蓝的太平洋。来此地我是为了观看日全食，北美洲要再想看到这等奇观得等到2017年。贝基和我凌晨5点30就起床了，跟着其他几千位观光客一同等待日全食奇迹的出现。

众人都挤在最佳观测点上，我倒是开始自得其乐地观察起这群偶然间聚集到这里的人来：他们有的是来谈生意的，有的是阖家出游的，有的是带着望远镜来的科学家，有的是在火山口扎营过夜的旅游爱好者，还有的是父母告诉他们有奇观可看的孩童们。他们来自世界各地，花费数千美元，为的只是亲眼目睹这个持续不过四分钟的天文现象。我们这是在干吗？只是为了找一块“暂时有阴影”的地方吗？我们太无聊了是不是？

6:28，好戏登场。空气中弥漫着焦虑的等候气氛，众人又期待奇迹的发生，又害怕期待的落空。在这个奇特的早晨，连天气也有些反常，云层慢慢聚合，天空变得灰蒙蒙的，众人都在担心看到日全食的可能性有多大。看着众人担心不已、又期待又害怕的神情，我倒也觉得颇有意思。他们来到此地，可不是仅仅为了看到太阳被月亮遮住，而是要体验白天中的黑夜，体验太阳光完全被月亮挡住的感觉，体验那四分钟的奇迹，体验置身于黑暗中的滋味。为此起了一个名字——“完全的黑暗”。

7:10，云层已经越积越厚，突然间，太阳撕开了厚厚的云层，透出一些光亮，偏食开始了。霎时人群之中掌声雷动，群情振奋。没多久周围的云又聚拢过来，涌到了一起，云层越来越厚，最后完全吞没了整个天空。此时已接近日全食了，世界陷入完全的黑暗中。显然，我们是看不到月亮遮住太阳的场景了。

突然之间，几千号人都跑到之前搭建的电视大屏幕之前，坐下来在电视上观看这场全国转播的日食来，跟世界上其他地方的人完全没有差别。就在那一刻，我抓住时机观察众人的情绪反应。众人的心则如下：事情必须按照自己所期待的样子发生。

这时我身后有个人开始发牢骚："我花了4000美元，一路奔袭来到这里，没想到却只看了一场4分钟的电视转播。"离我不远的一位妇人也说道："真没想到我们竟然没法亲眼看到这场奇观。"但她那个活泼的女儿却兴奋地跟她说："妈妈，还在日食呢！"而坐在我右手边的一位女士说道："这真是太不可思议了，我居然能躬逢其盛。"

随后，奇迹发生了！电视上，月亮背后的最后一缕阳光终于消逝，刹那间我们都被黑暗所吞没。这完全不像平常的夜幕降临时天空漫漫沉入黑暗，而是一瞬间完全暗下去。人群有些许的骚动，随后又逐渐安静下来，鸟儿飞入丛林，四周寂静无声，这真是一个美妙的时刻。黑暗中大家席地而坐，一动不动地盯着电视屏幕，没多有就有人开始做出怪异的举动，纷纷拿出照相机对着屏幕拍起照来。顿时我们又陷入了明亮中——不是阳光，而是那些闪光灯。

就在那一刻，完全的黑暗过去了。最神奇的那一刻来了，月亮后面的一丝阳光一下子蹦了出来，我们一下子又回到了白天，这让我产生一种错觉，似乎扫除黑暗并不需要多少光线。

阳光正在慢慢返回，许多人却已经开始起身离去。这就让我费解了，毕竟日食还没有完全结束，而刚才有那么多人抱怨老天不帮忙，既然千里迢迢跑来了却要错过这一生难求的机会；也有一些人还留在原地聚精会神地看着，不愿错过每一时刻，感受那种兴奋和快乐之感。更有讽刺意味的是，在之后的15至20分钟内，风一下子就把厚厚的积云一扫而空。

日食还有少许的残留，每个人都能清楚地看到，而现场观众却已经所剩无几。大多数人带着一肚子的抱怨回到房间，他们的期望落空了。我开始访问众人，藉以了解他们对此次日食的感受。很多人说观看此次日食是他们一生中宝贵的经验，其中一位孕妇摸着自己的大肚子，说日食让她觉得自己跟未出生的宝宝关系更亲密了，她来这里是来对了。众说纷纭中，我留意到信念与心则对人的影响力之大。

更让我觉得吃惊的是，这些人所追求的，仅仅是短短四分钟的完全黑暗。可是细细思量，这种奇迹跟太阳每天早上升起相比有什么区别吗？你能否想象这样一个场景：每天早上，世界各地的人一大早就起床，眼巴巴地望着天空，期待太阳的升起。如果每天全世界的新闻都在热烈报道太阳升空的每个过程，而每个人的话题都是太阳出来的奇迹，这又会是什么样子？如果CNN每天开播的第一句话是：“早安，各位！今天奇迹又发生了——太阳升空了。”你会有什么反应？你不会不希望太阳升起，可是对这个你也不会有什么大反应对不对？那是因为太阳升空是司空见惯之事，每天发生的奇迹，它就不是奇迹了。

在大多数人那里，“物以稀为贵”是必备心则之一。但是究竟怎样才算稀少呢？这就完全由个人决定。通常人们不会稀罕周围常见的东西，这种心则决定了每个人的反应。在这场观日食的行动中我们可以看到，有人因为没有看到日食而气得当场砸了自己的相机；也有人十分珍惜当时的那一刻，把它当成人生中的宝贵经验，并在往后的岁月里不时回忆咀嚼，与众人分享。

我们对于事物的感受并不取决于事实本身，而取决于我们的阐释，而阐释又是由我们的信念（特别是心则）所控制，基本点就是一切都得按照使我们快乐的方式发生。决定我们的痛苦和快乐的特定信念，我称之为心则。如果对于心则的影响力懵懂未知，那很可能就无法获得任何快乐；反之，如果对心则的力量详加了解并妥善运用，那么它对我们人生的影响力将在本书所提到的各种力量中排名首位。

在深入了解心则之前，我要问你一个问题：“如果要让你快乐，必须要发生什么？”是希望有人抱你、亲你、与你亲亲热热、告诉你他有多喜欢你吗？是希望挣得100万美元吗？是希望高尔夫球技高超吗？是希望得到上司的褒奖吗？是希望心想事成吗？是希望开着名车去参加盛宴，结交众多名流、为众人所羡慕吗？是希望一天能跑上五英里吗？究竟什么才能使你快乐呢？

事实上，快乐根本就不需要借助什么，你不需要日全食才快乐，任何理由都不需要，你就可以立马快乐起来。想想看，假如你赚得了100万美元，你很快乐，但是快乐并不是那100万元带给你的，而是你的心则在告诉你：“当我能赚得一百万美元，我才允许自己快乐。”因此当你真的赚得了100万元，就会给脑子传递一个讯号，于是脸部的肌肉反应发生改变，接着是脚部、身体、呼吸，乃至于整个神经系统，从而你会感受到一种叫做“快乐”的感觉。

想想看，观看日食的那一天谁是最不快乐的人？那一定是对出现日食期望最高、心则最强的人，因为他的心则告诉他，只有日食出现了才会快乐。那么可以断定，那天最感到失望的无疑是现场的科学家，以及一些自认为喜欢科学的游客，因为他们期盼了好久，一切都是为了那短短的四分钟。

不要误会，我不是在怂恿你不要对任何事情都抱有高期待。多年前我曾领悟了一个大道理，从而大大改变了我的人生。我认为，一旦我们想把快乐建筑在自己无法掌握的事物上，那么痛苦就不可避免。如果不想生活在终日的痛苦和恐惧中，我就要更聪明些，于是我重新调整了自己的心则：从今往后，只有在恰当的情境下，我才能让自己快乐或痛苦，我要好好控制自己的心态、身体和情绪。对于日全食这种奇观，我和妻子都非常希望看到，当然我们去夏威夷不完全是为了日全食，主要还是为了主持一个为期三周的研讨会，不过为了参与这一天文盛会，我们把行程提前了几天。

我们很是能自娱自乐。这并不是因为期望值低，事实上我们还是很期待看到日全食的。只不过当天我们对于快乐的定义和心则是这样的：不管当天发生了什么事，我们都要好好享受那一刻、那一时。因此不能说我们没有期待，只不过我们下定决心，不管发生什么事，我们都要享受快乐。

如果你赞成这个心则并在生活中加以运用，那么你看待事物的角度是不是就很不一样了呢？当我把这一心则与他人分享时，有些人的反应是："是啊，你只不过是降低了标准罢了。"其实不然，要知道，这反而是提高了标准，这意味着无论发生什么事情，你都能"岿然不动"，坚持自己对快乐的追求和品味，也意味着你想要更聪明、更有弹性、更有创造力地来引导自己的意焦和算念。或许对你而言，最重要的心则就是让自己能拥有更丰富的人生。

在上一章，你已经学会了如何排列自己的价值体系，修正人生方向。在此你还必须了解一点：有没有达成所追求的价值，其感觉完全取决于个人的心则。也就是说，你的心则先界定了"达成"的范围，当所得到的结果是在这个范围内的，才可算是达成目标。

如果你把快乐列为追求的目标，但是如果你的心则如果没有认定"快乐"的范围，那么我敢说你会永远得不到快乐。世事易变，我们的心则，一定要帮助我们去适应人生、享受人生、获得成长。这对于决定何时快乐何时痛苦，是非常关键的一点。

法官和陪审团

每个人的心则和标准各不相同，它控制着我们的感受、行为和反应，至于最后我们会采取什么样的行动、成为什么样的人，就取决于我们采取什么样的价值观。此外，你的那些认定什么是好的、什么是坏的、什么是应当做的、什么是必须做的信念，这些其实都是心则，它对情绪和行为的影响更大。

心则会随时触动我们的神经系统，引发快乐或痛苦的情绪。这就像是我们的脑子里有个微型法庭，心则就是其中作最终裁决的法官及陪审团。它来判决我们是否符合所持的价值观、感受是好是坏、是快乐还是痛苦。如果我问你：“你的身体健康吗？”你会怎么回答呢？这取决于你所订的健康标准，以及你的身体是否达到这个标准。

现在我再问你另外一个问题：“你是不是一个好恋人？”这时候你的答案就取决于你的心则给好恋人所界定的范围，以及你是不是在这个范围之内。你可能会说：“是的，我是个好恋人。”那么只要我再来问下一个问题，就能知道你的心则：“你怎么知道自己是个好恋人？怎样才算是好恋人？”甲可能这么说：“我就知道我是个好恋人，因为当我和对方谈情说爱时，她们都说我很行。”乙可能这么说：“我知道我是个好恋人，我老婆就这么说。”丙可能会说：“我知道自己是个好恋人，因为当我在调情时觉得很惬意。”(竟然全然不管对方的反应？)也许还有另外一个答案：“不晓得。”

当然还有人觉得自己不够格，难道他们“真的”不是个好恋人吗？是不是因为他们的心则不对？这个很重要。经常有些人不认为自己是个好恋人，只不过因为另一半没讲他是个好恋人。事实上也许她们都很满意，只不过表达的方式不符合他们的心则，结果他们就觉得自己不是个好恋人了。

这种实际上已经获得肯定、却自觉没有得到的情形，并不仅限于恋爱和人际交往，对于成功、能力、安全感、智慧等各个方面，我们也往往会做出不当的判断。可以说，无论是工作还是休闲，我们生活中的每一件事都受到那个法官/陪审团的控制。

现在观点已经很清楚了：心则控制了生活中的种种反应，而心则的形成没有标准可言，就像主宰系统的其他元素一样，心则也对人生起着主导作用。个人过往的经验（如惩罚和奖赏体系）不仅影响了价值观的形成，也涉及到对心则的界定。事实上，当我们形成了一些新的价值时，也一定会产生相关的信念，并会为了达成价值观而采取一系列行动，这样心则就会不断地增加。当新的心则出现了，我们就会去倾向于剔除相冲突的旧心则。有些人之所以会生出新的心则，就是为了推翻旧的心则。

大家是否会疑惑，今天还在引导自己的心则，到了明天是否依然合适？过去从中受益的心则，现在是否就成了累赘？我从小坚守至今的心则，是否根本就是一个错误？

任何傻瓜都能订出同条规则，而每个傻瓜也会服从它。

——梭罗

心则是思考的捷径，帮助我们确认该有的行动，那么当我们遭遇挑战时，就能很快作出判断、采取行动。当有人对你笑，如果你还在心里反复思考该如何应对，那是不是很烦人？如果那时你内心有了一个心则，认为有人对你笑表示他心里很快乐或者态度很友善、也或许表示他很喜欢你。如果有人对你皱眉，那可能表示他心情不佳，你最好跟他保持点距离。当然，也有不同的心则，也许他不但不会避开，反而会认为："如果有人情况不佳，我该去帮助他们换换情绪。"

混乱还是整齐

沟通大师葛雷格里·贝特森在《朝向心智生态学》一书中有一则颇有意思的故事，那是多年前他与女儿之间的对话，在此我节录了一小段。

有一天女儿走到他面前，问了一个好玩的问题："爸爸，为什么东西总是很容易就乱了？"

贝特森便问道："宝贝，你说的'乱'是什么意思呢？"

女儿回答道："爸爸，'乱'就是指没有摆整齐。来看看我的书桌，东西都没有固定的位置，那就是乱。昨天晚上我可是花了好长时间才把它们摆整齐，可就是没办法保持好。它们太容易弄乱了！"

听完女儿的抱怨后，贝特森就跟女儿说："那什么是整齐，你摆给我看看。"于是他女儿便开始动手整理，把书桌上的东西都摆放好，然后说道："爸爸你看，现在它整齐了，可是没法保持很久。"

贝特森又再问她："你看，如果我把你的水彩盒往这里移动十二英寸，你看好不好？"

女儿回答说："不好，这样子书桌又要乱了，你最好让桌面维持'规矩'的，不要出现那些'越轨'的情况。"

随后贝特森又问道："如果铅笔移动下位置呢？"

“你又把桌面弄乱了。”女儿回道。

“如果我把这本书打开呢？”他继续问道。

“也是乱。”女儿回道。

这时，贝特森笑了，告诉女儿：“宝贝，那不是东西容易弄乱，而是你心中对乱的定义‘太多’了，但是对于整齐的定义却只有惟一的一个。”

很多人都定下一大堆使自己不快的条条框框，但缺乏使自己心情好的条目，因此他们会被痛苦纠缠得动弹不得，就像是罩上了一张大网，越想挣脱却束缚得越紧。痛苦也是如此，越想逃避却越逃避不了，而且，众人对于快乐的界定却又是那么狭窄。

在参加《与命运有约》研讨会的学员中，有一位是典型例子。他是《财经》杂志评选的某500强公司的高级员工，在公司备受下属爱戴，在家里跟妻儿关系很融洽，身体也非常健康，甚至还是位长跑健将。当我问他：“你觉得自己成功吗？”他严肃的回答令人大吃一惊：“不！”“你要怎么才能觉得自己成功？”（记住这个问题，如果你想要了解别人的心则，这个问题能令你如愿。）

以下是他定义成功的心则和条件：年薪必须达到300万美元（当时他的年薪是150万美元，此外还包括200万美元的分红，只不过他不把这个包括在年薪里）；体重不能超过标准体重的8%（当时他超了9%）；对孩子要有耐心（他有五个性格迥异的孩子)。各位可以想见，同时有这么多苛刻的标准，他要奋斗到什么时候才会觉得自己成功？他有可能觉得成功吗？

还有另外一位学员，他是研讨会里的老面孔了，他活力四射，不管是研讨会还是人生，他都抱有很大的热情。我问了他同一个问题：“你觉得自己成功吗？”他对我微微一笑；“当然！”接着我又问了另外一个相同的问题：“为何你觉得自己成功？”他笑着对我说：“这很简单，只要我能够翻身起床，看到自己还好好地活着，我就觉得成功了。”

众人顿时大笑。他接着说道：“每天，只要还能站在地上，就算是好日子。”他的这条心则马上就成为学员们最喜欢的一句话。如今每次上课我都会告诉学员，只要每天能掀开被子起床，我们就是成功的。

如果你跟那位高级职员一样心则订得不当，那么即使你赢了，也会感觉自己是个失败者——因为你用错了“计分卡”。这不仅对你自己不公平，对你的另一半、孩子、同事和周遭其他的人也不公平。如果你的心则系统会经常使你感到沮丧、愤怒、伤心或失意，或者没有对快乐、成功等制定清晰的心则，就会对你的待人处世方式造成负面的影响。此外，你是否留意到，我们经常会用自己那套心则去衡量别人，虽然藏在心里不说出口，可是却希望别人的行事能符合我们的心则，是不是？如果你的心则不能使自己快乐，也会给别人添堵。

为什么有那么多人给自己订下如此苛刻的规定呢？这可以说是这个国家的风气。我们害怕如果不订下严苛的规定，自己就不会去努力追求成功，但是这种想法真的有道理吗？如果你要想自己努力发奋，并不一定就要定下这么几近苛刻的心则。如果一个人的心则太严太紧的话，他就会发现不管自己怎么努力，都很难达到这些心则，结果无力感就越来越重。我们当然需要运用目标的力量订立心则，固然这能促使我们努力、不断前进，不过一定要记住，订立心则的底线就是要让自己快乐。

你的心则是帮助你，还是压抑你

订立心则，是为了要督促自己拿出行动、付出努力，并获得快乐，它可不是用来限制自己的。奇怪的是，我发现有相当多的恋人给彼此的关系订下一些不可能做到的心则。譬如说，有些人给“相爱”订下的心则是：“如果你真爱我，那么就应该听我的话，不管我叫你去做什么，你都会去做。”或者是：“如果你真爱我，那么就算我对你大发牢骚、横加指责、脾气暴躁，也该心平气和地接受。”这怎么可能呢？！这样的心则在恋爱关系中公平吗？

有一位参加《与命运有约》研讨会的女士告诉我，她真心希望找到一位情投意合的男朋友，可是每当结交一位男士没多久，她就没法跟他继续交往下去。于是我问她：“那么什么样的男士才能让你喜欢？”于是她一一列举了自己的条件，这一下子就显示了她的问题所在。她竟然觉得如果一位男士喜欢她，那么不管她怎么拒绝，他都得锲而不舍地追求她，这种男士才能使她心动。在我看来，她要的恐怕不是一个真心喜欢的男士，而是一个脸皮超厚的人。

她的第二条心则就更有意思了，如果那位男士持续追她超过一个月，她就对他失去尊敬，所以猜猜发生了什么事？有些人被拒绝了，但还是在追求她，不过大部分人在短期内就放弃了。因此，她的恋情从来没有成功过。当然，还有少数人的坚持获得了她一时的青睐，不过通常不超过一个月，她就对对方完全失去兴趣。她发现对方也很难跟她相处超过一个月，因为没有人会喜欢她的喜怒无常。

你是不是也有这样一些完全不合理的心则呢？有些人如果事先不掌握情况走势，内心就缺乏把握感；而另外一个人，如果先前没有相关经验，就对自己缺乏信心。如果我的心则也像他们一样，就不可能今天的成就。我大部分的成功来自于自信，即便先前我什么都不是，也没有获得过成功，但我就是相信自己能做到。对于信心，我的心则是："如果我决定要让自己有信心，那么就当自己是有信心，这个信心就会助我成功。"

另外一个有趣的心则是"胜任"。有些人对此所订的心则是："如果几年内成绩都不错，那么就叫做胜任。"另外有些人的心则是："只要成功过一次，就是胜任。"还有些人的观点是："如果有过类似的经验，就可算是胜任。"看看，不同的人想法真是千差万别，至于谁对谁错，就没有一定的标准了。

你是否已经意识到，信心、快乐、把握和行动等的心则，对人生会产生重大的影响。

订出你能赢的游戏

在上一章，我们曾花了不少时间来探讨价值观的确立。我也已经说过，如果不先建立起达成这些价值观的心则，你就感觉到自己已经追求到这些价值。在我第一次为自己建构人生发展方向时，我只知道价值观，对心则却一无所知，因此，我不知道自己是不是走在正确的方向上。直到了解了心则，我才明白我们之所以会痛苦、会快乐，全是因为心则在控制着我们的情绪。之后我便开始研究如何更有效地运用心则。

我发现，很多人之所以过得痛苦，是因为他们自身严苛的心则导致他们远离了快乐，却靠近了痛苦。下面是一位名叫劳丽的女士的追求价值表，这是她在《与命运有约》研讨会现场写下来的。

乍看之下，大家都会觉得她所写的这些价值很好是不是？在你看来，她是不是一个一心追求被人喜欢、健康和自由的人。然而你再仔细看看上面这张表，就会发现其中存在不少问题。

劳丽旧的追求价值表

被喜欢

健康

安全感

自由

成功

被接纳

成就

合谐

尊敬

正直

诚实

乐趣

劳丽的第三个价值是安全感、第四个价值是自由，这两个价值能够和平相处吗？而事实上就是这两个价值让劳丽纠结不已，痛苦不堪。别人的任何一句重话都会让她受不了，结果她只得离群索居。没有一位治疗师能指出病因所在，只是一味探讨她的行为、恐惧和情绪，却没有检查她的主宰系统，没有去发掘她对周遭事物的算念。

于是我开始发问，旨在找出她每个价值的心则："要怎么样才能使你觉得？"就以被喜欢这个价值来说，她的答案是："我必须要感觉我得到了爱，像我的信仰都被众人所认可，只有完美时我才会觉得自己被爱。我必须是个好妻子好母亲。"

这下我找到了她的问题所在。被喜欢是她追求价值列表里的第一项，也是她认为的快乐的最大来源，但是她的心则又限制了她的快乐范围，除非她能符合如上所说的标准，可是这又不是她能掌握的。如果一定要让别人接受自己的观点，才能获得被人喜欢的感觉，那难度也太大了。因为不同的人观点和想法是不一样的，即使相同那也只是碰巧而已。

要如何知道某个心则对自己有益还是有害呢？可根据以下三点进行判断：

1. 如果某个心则是你做不到的，那么它就是有害的。如果你的心则订得过于复杂、脱离实际、不合常理、没有方向，以致你无法达成人生目标，那就是有害的心则。

2. 如果某个心则导致你对于达成目标毫无把握，就不是一个有益的心则。如果你要求别人的反应一定要如何如何，周围的环境一定要如何如何，那就是无益的心则。譬如说，一群人坐着等看日食，一定要求天气状况良好，能够清楚地观测到日食，否则就不会快乐，可是天气是无法掌握的，期望很可能会落空。这种心则就是有害的。

3. 如果某个心则带给你快乐的概率很小，带给你痛苦的概率却很大，那么它就是有害的心则。

那再来看看劳丽那希望能被人喜欢的心则，是不是以上三条都符合呢？就以她“我被众人接受和认可”的心则来说，这是个根本不可能圆满实现的心则，因为这不是她个人能够决定了，这还牵涉到外在条件——这点她根本无法掌握。可以说，她的这个心则很容易招致失望，如愿的机会却很小。

以下是她的价值规所对应的心则：

劳丽旧的追求价值及心则

被喜欢：我必须要感觉我得到了爱，像我的信仰都被众人所认可，只有完美时我才会觉得自己被爱。我必须是个好妻子好母亲。

健康：符合我的严格标准的食物才能吃；我必须完全没有病痛；我的身体必须比其他朋友好，并且得是他们学习的榜样。

安全感：每个人都要喜欢我；每个认识我的人都得认为我是好人；我得确定不会发生核大战；我得比现在更有钱。

自由：我必须能掌握工作的要求、时间、薪资和大家对我的意见；在金钱方面，我必须能够花得随心所欲。

像劳丽拥有这样苛刻心则的，达成追求价值的可能性有多大呢？她的健康心则——符合我的严格标准的食物才能吃——合理吗？劳丽吃素，对于素食的要求非常高，而且只要加过工的素食她就不沾，她真的非常挑剔。那么这么做后，她比其他人更健康的可能性有多大呢？可能性不大，除非她天天在特别护理下。

劳丽旧的避开价值及心则

被拒绝：如果我的观点不被人所接受，我就会觉得自己被拒绝；如果别人的知识比我丰富，我也会觉得自己不如人。

失败：如果别人不觉得我这个人不错，我就会觉得自己是个失败的人；如果我帮不了自己，也帮不了家人，我会觉得自己做人很失败。

愤怒：如果我的努力不受重视，我就会有发怒的冲动；当并不了解我的人对我品头论足，我也会生气。

这些避开价值的心则同样会让她不好过，很容易招致负面情绪，却难有正面情绪。如果仅仅因为别人不接受自己的观点，便觉得自己不如人，那她真是没有一天有好日子可过了。回想一下，在我们的身边，是不是经常有人并不了解你，却对你品头论足、指手画脚的？这种情况如此普遍，劳丽的心则怎会不招致痛苦呢？如果我们好好分析她的心则，就会发现她最大的痛苦来源于他人，他人就可能不会接受她的观点，或者不喜欢她，或者不了解她的人对她品头论足，难怪她总是远离人群。最后我跟她讲："如果一个人拥有这样的价值观和心则，她多半会有溃疡。"她不好意思地说："确实，我就有溃疡。"

劳丽的经历并不是个例，像她这样的人并不少见，通常是因为他们的心则过于苛刻。不过你也不要笑她，如果你好好审视一下自己的心则，会惊讶地发现自己也好不到哪里去。《与命运有约》研讨会吸引了众多成功人士来参加，他们所拥有的专业能力和影响力，可以说是鹤立鸡群。在别人看来，他们是非常成功的，但是他们的内心并不快乐，他们缺乏成就感，究其原因，要么是他们的价值观有矛盾，要么是抱持的心则不恰当。

解决办法

解决办法其实很简单。我们都必须为自己的人生设计一套算念系统，其中包括对自己有益的心则，使你避开负面反应，获得正面的情绪，引导你向自己希望的方向持续前进。当然，那些令人痛苦的心则也未必全无好处，有时候压力也是动力。譬如说如果没有玻璃杯这样一个有限制的容器，我们就不能盛饮料喝。我们每个人都有其掣肘，一方是来自于这个社会，一方是来自于个人本身，要想有突破，就必须要先调整自身，这样才能够更顺利地体验到人生的快乐。当一个人一直保持快乐的状态，他就会善待他人，而蕴藏于身上的潜能就能得到充分发挥。

那么，我们的目标是什么？一旦确立了所追求的价值，下一步就要找出证明目标实现的证据。在追求过程中，若是看到了这些证据，就证明目标达成了，这时的快乐才有意义。除此之外，我们还得制定出一些心则，以引导我们朝着追求的价值前进。这些心则必须是在自己掌握范围内的，这样我们才能掌握主动权。

根据以上的要求，劳丽改变了之前的价值观顺序，并更换了旧有的全部心则。以下是她的新价值观和心则：

劳丽新的追求价值及心则

被喜欢：要想被人喜欢，就要先去喜欢别人；要想关心别人，就要先接受别人的关心。
健康：当我觉得自己感觉神清气爽时，就表示我很健康。
乐趣：当我觉得过程很快乐很开心，我就获得了乐趣。
感恩：我很感谢上苍赐给我的一切。
自由：能够按照自己的想法过日子，也可以选择自己想要的快乐方式，这就是自由。

值得注意的是，乐趣也成了她的必选之一。这不仅改变了她自身的生活，同时也增进了她与丈夫及女儿之间的关系。不过心则的改变威力更大，因为如果订立的心则是无法做到的，那么即使追求价值改变了，收效也相当有限。

这位女士是怎么做的呢？

这位女士的做法，就是调整了自己的神经系统，全盘掌握自己的人生。我们都必须记住，是否能保持完整的自我，就看能否掌握环境变化。劳丽新的心则，让她牢牢掌握了自己的人生。

她的“被喜欢”的心则是否可行呢？当然可以；那么情势掌握在谁手里呢？就是她自己。因为现在的她，任何时刻都能自行决定爱人或被爱，现在她能够掌控“喜欢”了，她知道自己得到了最高的追求价值。那么该何时行动呢？当然每一天都可以。因为她可以用各种方式去爱他人，这些人包括她自己、家人、朋友，甚至于陌生人。那么她关于健康的新心则呢？如今她可以掌控自己的健康了，因为她随时都会感觉很棒。这个价值不仅可行，如果她能经常去体验，是不是会强化她要更加健康的想法呢？

此外，劳丽还订出了几个新的避开价值，她认为，要想成功，就不能有不当心态和拖拉的个性。要记住，我们希望从之前的束缚中挣脱出来，我们要能轻轻松松就能获得快乐，而不要过于容易陷入痛苦。

劳丽新的避开价值及心则

不当心态：我要防止把自己最大的快乐和成功寄托于别人对我的接纳上。

拖延个性：我要防止事事都期待自己和别人完美了才行动。

在劳丽新的避开价值中，她不再寄望于别人对她是否接纳；而拖延的心则，则是基于它的完美主义，这就导致了痛苦，如果有可能不完美，她就宁可拖着不开始。这两个价值和心则的改变，给她的人生带来了不可想象的改变。

现在有一项任务，各位要根据在上一章中制定的新的价值表，分别为新的追求价值和避开价值制定相关心则。前者要越多越好，后者则越少越好。下面我列出了自己的追求价值及心则：

我的部分追求价值及心则

健康与活力：不管什么时候，我都要感觉精神集中、身心均衡、精力充沛；不管什么时候，我都要从事那些能让我增强体力、耐力和灵活性的工作；不管什么时候，我所做的事都要有益于我的健康；不管什么时候，我都要食用水分充沛的食物，遵从自己的健康理念生活。

友爱与谦和：不管什么时候，都要对家人、朋友友爱谦和，甚至对陌生人亦如是；不管什么时候，都要注意有没有谁需要我的帮助；不管什么时候，都要努力爱自己；不管什么时候，都要想办法提高别人对我的评价。

学习与成长：不管什么时候，我要学习有用的新知识；不管什么时候，都要尽量增强自身能力；不管什么时候；都要去思考新的可能性；不管什么时候，都要让自己越来越有效；不管什么时候，都要朝积极的方向去努力。

成就：不管什么时候，都要谨记自己所订立的人生价值；不管什么时候，都要设法把目标付诸实践；不管什么时候，都要努力学习，为自己、也为他人创造价值。

你可能会说："这不就是个游戏吗？难道我只要制定好好呼吸的心则，就能够满足健康这一价值吗？"你当然可以制定得这么简单，不过如果你能把这个设计得更有吸引力一些就更好了，这样可以促使你愿意更加努力去追求人生目标。你可能又会说："如果没有痛苦在驱使，我们还会去追求成功吗？"这点你完全不用担心，因为如果你不使出全力，就会尝尽人生的苦头。不过，你也不需要制定出让自己一直难受的心则。

社会学中有一种观念叫做“民族优越感”，持有这种观念的人，相信只有自己这个民族的心则、价值观和理念才是最好的。这是个极为狭隘的想法。每个人的想法和心则各异，没有好坏对错之分，只看它所起的作用是积极的还是消极的。事实上……

每次生气都是为了心则

想想上一次你冲人发火的情形。你是真的生这个人的气，还是对其言行生气？抑或是气愤于他没有完成你交代的事？抑或是他触犯了你的某条心则？没错，其实每次对某人的怒气，基本上都是因为他触犯了你的心则，可能是有人做得不对或是根本没去做而违反了你原先的期望。

譬如，有些人对于“尊敬”的心则是：“如果你尊敬我，就不会对我大声说话。”有着这样心则的人，如果有人突然对他提高了音量，他就会觉得别人不尊敬他，这种触犯他心则的行为甚至会招致他的怒气。如果一个人的心则是：“如果你要我尊敬你，那么你就要听听我的真心话，不管它是好听的还是不好听的，我不过是想要好好表达我的情绪罢了。”你能想象这样两个心则完全不同的人会发生多大的冲突吗？

以上所说的情景，是我和贝基交往初期时发生的一个插曲。我们都认同要相互尊敬，然而对于“尊敬”的理解，却是大相径庭。为什么会这样呢？因为我们的成长环境截然不同，我从小被教育要实话实说，哪怕是做错了事也要直言不讳，为什么会这样呢？因为我们的生长环境不同。如果被发现说了假话，那就要到墙角罚站，直到低头认错。

而我妻子的家教显然与我完全不同。从小父母就教她：“如果没有什么好消息要说，那就什么也不要说；如果你尊敬那个人，你就不能跟他大声说话；如果有人对你呼呼喝喝，那么维持自尊的最好办法就是起身离开。”由于对“尊敬”心则的截然不同，导致我们俩争执四起，简直要疯掉了，几乎闹得分手。

心则决定一切——去哪里，穿什么，要成为什么样的人，什么是能接受的，什么是不能接受的，结交什么样的朋友，是该快乐还是该伤心。

有些人的“安慰”心则是：“如果你是为我好，那就让我自己呆着。”而另外一些人的心则是：“如果有人不开心了，而你又关心他，你就该立刻去安慰他一下，想办法帮帮他。”这就会导致冲突。两个人都是为了表达关心之情，但是不同的心则导致了不同的行为。如果你没了解情况就贸然行事，结果很可能适得其反。如果你生某人的气，原因可能不在于他的行为，而是你自己的心则。知道这一点能让你停止责备，那么以后如果你生气，就可以问问自己：“我是要硬着来，还是可以智取？”之后你可以跟对方当面谈一下，你可以这么说：“很抱歉我刚刚那样对你，这是因为我们在这件事上心则不同。”先前我以为如果你尊敬我，你就会________，我知道这不是你的心则，那么你告诉我你的心则是什么，你要如何表达你的尊敬（或爱、关心、关切等）。

一旦了解了对方所需，那么处理起来就得心应手得多了。不管是公事还是私事，只要我们把心则沟通清楚，然后按照商量好的去做，都可以在短时间内获得改变。这就有如比赛，如果连规则都没弄清楚，又怎么可能赢得比赛？

改变心则的难点

你是否有过这样的经验，一切规则都清清楚楚，却突然冒出个意外闹得人仰马翻。人就是有办法弄出例外，借此推翻前面所订的规则。一个典型的例子便是打棒球。如果我们决定要来一场，于是我问你：“你知道玩法吗？”你拍着胸脯答“是”。接下来你就开始说了：“我们要打九局，九局结束后哪一队的分数高就哪一队胜出。一定要踩完所有垒才算得分，三人出局就要互换攻守位置。如果你击出高飞球却被我接住，就算出局。如果我没接着，就是安全。”

于是，比赛开始了。一切都很顺利，直到第九局的下半局，此时双方还在拉锯状态，我方两人在垒、一人出局。我击出了一个内野高飞球，我心里盘算着：如果对方接住了球我就出局了，比赛就算结束；如果对方漏掉，我就安全上垒，而其他垒上的队友就有机会得分，我们就能获胜。我一边想一边往一垒跑，你也跑去接球却没成功。我兴奋不已，我安全上垒了，队友也得分了——我觉得我们应该赢了。

这时候你却跑过来说：“不，你们出局了！”我傻眼：“你说什么？是你没接到球！按照规则，如果你没接到球，我就算安全上垒。”而你却说：“没错，但是这不包括两人在垒，一人出局的情况。如果是这种情况，那么即使我没有接到球，你们也算出局。这是例外。”

我抗议道：“你不能在这个时候再改规则！”你的回答是：“我没有改规则，这是众所周知的内野高飞球规则。”我转头问队友，他们都说没听说过这种规则，而你的队友们都说有……结果我们为此大打出手。每个人都会相当重视自己的心则，也都认为自己是正确的，如果他发现有人在为个人利益玩弄规则时就会特别生气。而人与人之间的冲突大半也缘于此。

> 前后矛盾的谚语：
> 要跳之前多看看。举棋不定，错失良机。
> 料多汤不佳。二脑胜过一个脑。
> 小别胜新婚。离久情疏。
> 老狗难学新把戏。学习永远不嫌晚。
> 邻院草永远绿过自院草。敝帚自珍。
> 省一文钱就是赚一文钱。人死财散。

事实上，就是因为信念和心则的冲突，造成了人生中的诸多困扰和争执。以感情为例，一方说：“要让我爱你，除非你记得拧上牙膏盖。”另一方却说：“要我爱你，除非你不再对我大声说话。”这些都是微不足道的小事，却往往对双方关系造成毁灭性的影响。要避免这种情况，就必须要明白自身的心则并不等于事实，它纯粹是臆想出来的，只不过日久成习惯，但并不代表就是正确的。心则的订立要以促进人与人之间的感情为原则，而不是破坏。往后我们如果碰到与别人发生摩擦，就要问问自己这句话：“什么才是最重要的？是双方的感情，还是各自的心则？”

假如你所信任的人背弃了你，你就怯于跟其他人交心，很可能是因为你有这样的心则：“跟人走得越近，就越容易受伤。”与此同时，你的最高价值是“爱”，那么你的心则就应该是：“只有与人交往，才能获得爱。”由此可见，两者之间存在很大的矛盾，你的价值观和心则处于针尖对麦芒的状况。那该如何是好？首先，你要承认一个事实，“应有”的心则和“已有”的心则之间确实存在冲突；第二步，你要把对自己没有帮助的心则与痛苦联系起来，并以对自己有用的心则来取代。无论公私，如果你想要拥有良好的人际关系，你就必须——

与人沟通你的心则

如果你希望掌控人生、成就事业、成为一名杰出的谈判家、对孩子有影响力、与妻子亲密有加，那你必须好好去挖掘他们的心则，同时也要告之以自己的心则。如果你不清楚解释你的心则，那么他们未必会按照你的想法行事；同样的，如果你不愿意退一步去接受别人的心则，那就不要指望让别人接受你的心则。

要想跟他人建立感情，首先要做的就是让对方知道自己的心则，同时也尽量去了解对方的心则。为此，通常我会问自己："哪些事情有必要进行？沟通才会对我们的感情有所帮助，要多久沟通一次？哪些事必须谈？"

举个例子，我有一位颇具知名度的朋友，在一次闲聊中，他居然跟我说他没有多少朋友。我诧异道："真的吗？你确定没有多少朋友？我倒是觉得你周围有不少人关心你，是不是你的心则让你删除掉了一大堆可以成为朋友的人？"他说："可是我不觉得那些人是我的朋友。"我又问道："那要什么样的人才能成为你的朋友？"他说："坦白讲，我也不知道。"

在我的引导之下，他表示自己很重视的价值之一便是友谊，他的心则是：如果是朋友，那么至少一个礼拜要与他联络两三次。"这是个很好玩的心则，"我心想："我的好朋友遍布全球，平常大家忙得不可开交，几个月都难得碰一次。我又要经常主持研讨会，一上课便是从早到晚，在这段时间打来的电话可能有上百通，但我根本就没时间接。然而我们都还是好朋友。"

于是我问他："你觉得我是你的朋友吗？"他回答道："嗯，从理智上来说你是，可是有时候我又觉得不像，我们之间的联络实在太少了。"这时我已经明白他对朋友的定义了，我对他说："我从来不知道这一点，不知道这一点对你如此重要。如果能让大家知道你这条心则，我相信一定有不少人愿意经常给你打电话。"对于友谊，我的定义很简单：要成为别人的朋友，就要不计得失地去爱他，帮助他。当他向你求救时，我们要立刻伸出援手；当你和某人成为朋友了，那么即使长时间没有联络，彼此的友谊还是长存。就是这么简单，也没有为什么。我朋友众多，只要对方诚心与我结交，那么他就是我的朋友，他会好好地爱我、关心我，我也会这样对他。或者如果你我看法相同，那么我们也是朋友。

与他人沟通你的心则是非常重要的，不管是关于爱、友谊还是事业。不过，就算你先前讲得很明白，日后是不是就不会产生误解呢？这不太可能，因为有时候你可能漏掉某一项，也有可能对方并没有完全理解你的心则。为了避免此种误会，你就要经常与人沟通，不要只想着自己。

有些心则你万不可冒犯

我越是研究心则对行为的影响，其中的奥妙就越吸引我。在个人所持的心则中，有一些自己绝对不会去触犯，而对另外一些心则，却时不时地碰触一下……每当这种时候，他们的心中并不好受，却还是自顾自地一犯再犯，这是为什么呢？

一番研究之后，答案昭然若揭。每个人心中所重视的价值有轻重缓急之分，越是重要的就越会去追求。心则也是这样，有些心则在我们心中分量极重，一旦触犯就会招来极大的痛苦，因而我们从来不会去触犯，这种心则我称之为“特级心则”。如果我问你：“有什么是你绝对不会做的？”这时你的答案就是特级心则，那是你绝对不会去触犯的东西。为什么呢？因为那样会非常痛苦。

还有一些心则是不想去触犯，我称之为“个人标准”。虽然触犯了这种心则心中也会不好受，不过也要看具体情况，有时候我们会在短时间内破坏它一下。这两种心则的差异就在于一个是“必须”，一个是“应当”，就如某些事我们一定得做，某些事一定不能做，某些事应当做，某些事不应当做。“一定要”和“一定不要”的心则就属于特级心则，而“应当”和“不应当”的心则就属于个人标准。这两者都会对我们的人生产生不同程度的影响。

太多的“必须”心则会让一个人负荷过重。我曾经有一个项目，是要了解多成员家庭的。我问父母们：“保持家庭和谐的要素是什么？”每个人都传达了同一个信息：不可有太多的心则。这么多的人、这么迥异的性格，如果心则过多过繁，那简直要把人逼疯。如果你有一大堆的心则，那么在生活中就会经常被“触犯”，这种情况会给你造成很大的压力，不仅影响自己，还会影响到外在的事物。

想想当今社会的妇女和她们的心则。有一个名词叫做“女强人症候群”，当今的妇女，在各个方面都希望能够出类拔萃、表现出众：她们不仅要照顾自己的丈夫、孩子、父母和朋友，还要保持美好身材，同时还要走出厨房、迈出家门，去改变世界。她们还肩负起防止核战争爆发的使命，或是成为呼风唤雨的商界女皇。看看，这么多的心则，她们的压力得有多大？这么多的“特级心则”，真的能保证她们成功吗？

当今社会，不仅妇女生活在重压之下，对自身要求越来越高的还有男人和儿童。如果我们给自己定下太多的“特级心则”，就会对生活失去热情，人生也越发无聊。我们不需要那么多的游戏规则，自信当来自于“我能控制全局，而不是让全局控制我”。如果给自己订的心则过多，那么对环境的掌控力自然就弱了。

在婚姻关系里，有什么“绝对不可”的心则吗？很多人会说：“绝对不可以有婚外情。”然而在有些人的观念里，这就变成了一个“不应该”的心则，他们会说：“不应该有婚外情。”这两种心则的差异，是不是会在他们未来的婚姻道理制造潜在问题？可能性很大。夫妻间矛盾频生，并不是因为他们没有达成一致的心则，很可能是没有分清楚什么是“绝对不可”，什么是“不应该”。有鉴于此，要想与另一半关系和谐，就不仅需要了解双方的心则，还要明白什么是“绝对不可”，什么是“不应该”。

要想达成自己的目标，一定要有一些“必须”的心则，用以督促自己拿出行动、坚持奋斗。我的一位朋友，身体非常健康。她为自己的健康制定了一系列的“必须”心则，相对来说“应该”的心则就很少。我问她：“如果要想长保健康，有哪些事是绝不能做的？”她说：“绝对不能抽烟，绝对不能暴饮暴食，绝不能吸毒，绝对不能不每天运动。”

接着我又问道：“那为了健康有哪些事是必须做的呢？”于是她列了一长串：“每天至少要运动半个小时，吃健康的食物，每天早餐只吃水果，营养必须均衡，每周骑自行车运动不少于50英里……”最后我问她有哪些“应该”的心则，她就说了一点：“我应该增加运动量。”

这位女士有一位体重超重的朋友，我也问了她相同的问题。她白了我一眼，居然说自己没有任何“绝对不能”的健康心则！但是她有一堆“必须”的心则，如她必须要吃得饱、睡得好。然后我有问她有没有“应该”的心则，她的回答是：“当然有！我应该吃得更好，我应该运动，我应该好好锻炼身体。”她还列了一个“不应该”的心则单子，如：不应该吃肉、不应该暴饮暴食等等。这位女士知道自己有一大堆“应该做”的事，却几乎没有“绝对不能”的心则，因而无法造成强烈的痛苦，也就不能产生足够的改变杠杆。

如果你凡事喜欢“拖”，很可能是因为过多使用了“应该”的心则，譬如“我应该开始做这件事了”或“我应该开始锻炼身体了”如果你都把它改成诸如“我必须开始做这件事了！”或“我必须开始锻炼身体了！”等“必须”心则，你就会立刻调整神经系统，采取必要的行动。

记住，每个人都需要在神经系统中构建心则体系，它能帮我们在复杂的环境下不断前进，激励我们继续努力，让人生获得成长和拓展。你的目标，就是要在“必须”和“应该”心则间做好平衡。

心则的重列

现在，就以下几个问题进行回答，答案要尽可能周全，这样有助于你制定正确的心则。

1. 对你来说怎样才算是成功？

2. 对你来说怎样才算是被爱——跟你的孩子、配偶、父母以及其他你觉得重要的人？

3. 对你来说怎样才能有自信？

4. 要怎么样你才觉得自己是全方位的出类拔萃？

现在，再来审视一下你所订立的心则，同时问问自己：“这些心则合适吗？它们是不是很难让我快乐，却很容易招致难受？”是否要等到129次以后你才能感受到爱？是不是一两次拒绝就会让你觉得被奚落？

如果你的心则是这样的，那么最好马上改掉，用能够令人振奋的心则加以替代。那么到底什么样的心则才能让你获得成功和快乐呢？这时就需要你了解制定心则的要点：所制定的心则必须是你能掌握的，这样你就不会受制于环境和他人；同时也得订得让自己很容易得到快乐的感受，而且不会轻易招致痛苦。

心则引你朝向价值观。要创造一切的可能去获得快乐。譬如：“只要我付出爱，或是与所爱的人在一起，或是对陌生人微笑，或是与老朋友闲聊，或是发现有人在帮我，或是我赞美那些爱我的人，我就能感受到爱。”知道你在做什么吗？你是在做你喜欢做的事！

有着种种让你感受到爱的心则，轻松感受快乐，让万事皆在心灵掌控之中，这样你的感受就不会取决于他人他物了，无论何时，无论何地，你都能感受爱。此外，我还要与你分享一个心则：当你在制定心则时，需要放松，尽可能地放开自己。如果你过去曾因制定不当的心则而吃亏，那么何不大笑三声就此畅怀呢？这样对你重新制定心则会有莫大的帮助。

现在，你还得去发掘周遭之人的心则。找找孩子在家时候的心则如何，在校的心则如何，游戏时的心则又如何。我敢打赌，你定会为自己的发现大吃一惊。你还可以问问另一半的心则，以及父母、老板和下属的心则。有一件事要明确：如果你对别人的心则一无所知，那就难保不吃苦头，因为你可能在无意中触犯他们。如果你对他们的心则有所了解，就能预知他们的行为，真正满足他们的需求，促进彼此间的感情。

记住，最积极的心则，在任何情况下你都能自得其乐。

在前几章，我们已经探讨了主宰系统的五大算念要素，了解了情绪状态的重要性，知道了如何以提问来引导意焦和算念，知道了价值观和心则对人生的影响。现在就让我们来看看这五大要素的成分——

人的心智一旦延伸，就再没有可能还原。

——奥利弗·温德尔·霍姆斯*

第十七章

心范：人生的网络

Awaken the Giant Within

* 奥利费·温德尔·霍姆斯（Oliver Wendell Holmes，1841~1935），美国历史上著名的法官、法学家。

伫立在航空母舰的飞行甲板上，年轻的海军中尉眼睁睁看着一架飞机失控坠落，机翼折断，拦腰横扫过几尺外的一个人。这突如其来的一幕吓得他惊恐万分，直到长官大吼一声："快来人，找把扫帚赶快把这些尸骸扫掉。"这时他才回过神了。来不及细想，中尉立刻从命，和战友们一起打扫尸骸，清扫飞机跑道。

那一年，乔治·布什（老布什）19岁，除了直面战争的残酷，他别无选择。后来，他经常回忆起这段经历。他说，那突如其来的死亡深深震撼了他，同时他也学会了如何面对死亡。

不久之后，他又经历了一件对他人生造成重大影响的大事——奉命轰炸南太平洋的一个小岛上的日军雷达站。日军在岛上建有一座战俘营，其指挥官素以凶残闻名，布什和他的战友们都听闻过他的累累暴行。此人处决犯人后，会割下部分肢体丢进战俘伙食的汤里，在战俘们毫不知情地把汤喝进肚子里，他再告诉他们实情。

当布什驾驶着飞机飞临轰炸目标的上空，他下定决心要摧毁这个雷达站，切断其与外界联系的途径，使之孤立无援。但就在投弹之际，他的飞机竟然被高射炮击中，机舱内烟雾弥漫，但是布什咬紧牙关，誓死要击中目标。关键时刻，他终于瞄准了雷达站并投下炸弹，正中目标，摧毁了发射电波的天线。然而，由于飞机受损严重，他不得不下令弃机，掉头飞向大海。轮到他跳机时，舱盖打开得不顺利，结果布什整个身子被吹向机尾，被扯破了一角的降落伞还套住了他的头。降落伞的部分功能丧失，导致布什降伞过程极为不顺，直到落水前一刻才切断降落伞。挣扎着浮出水面后，布什发现自己额头受伤、血流不止。环顾四周，不远处就是刚自动撑开的救生筏，他急忙游了过去。等攀到筏上，他又发现由于之前碰到机尾，里面所预存的清水及罐头早已破损。

还有更糟糕的事——潮水正一步步把他推向刚才轰炸过的小岛。若是被日军俘虏，他将遭受的待遇简直不可想象。眼看着离那沙滩越来越近，恐惧在内心不断滋长。就在那时，他看到水面好像有什么东西。起初他以为是幻觉，后来发现原来是个望远镜。难道真的要成为日军的俘虏了吗？

当潜水艇的巨大身影浮出水面，赫然出现在他面前时，布什终于看清楚那竟然是一艘美国舰艇！他终于获救。不料更大的危险却在后面。就在营救布什之际，日军发现了动静，于是火速派出几艘潜艇前来进攻，发射深水鱼雷。“脊鳍号”赶紧潜了下去，潜艇被震得摇摇晃晃，可是它除了在水中保持绝对的静止，什么也做不了。水手们只能默默祷告，祈求上天保佑，别让潜艇被炸弹炸毁。

当然布什最后是脱险了，不仅如此，他之后又多次顺利完成多次轰炸任务，成为美国的“二战英雄”。后来他回忆说，那次险中求生，是他人生中极为重要的经历，促使他潜心思索自己的命运、过去以及未来。

布什在第二次世界大战中的经历对他的性格、命运及自我认定产生了什么样的影响呢？很明显，这段经历构成了布什的基本信念及价值体系的网络（我称之为心范），指引着他未来人生的发展方向。40多年后，布什成为美国总统。这些心范赋予布什明确的人生方向，让他决定要终身“与邪恶对抗”；这些心范也为布什建立起充分的信心，让他深信，只要全力以赴、坚持不懈，就能克服一切障碍，达成所愿。约50年后，当萨达姆进军邻国科威特，布什在那间美国总统办公室里沉思对策时，各位可曾想过，当年的那些心范对他的决策产生多大的影响?

如果我们对于有些人的行为有所疑惑，不妨去回顾一下他们的经历，从中找出一些特殊且具有重大影响力的心范，也许能找到一些线索。心范是构成主宰系统的第五大要素，是构建信念、心则和价值体系所不可或缺的基石，是浇筑主宰系统这座大楼的混凝土。如果一个人曾经经历过大风大浪还安然无恙，他所拥有的克服逆境的心范无疑会使他具备强烈的信心，来面对人生中的各种挑战。

一个人所拥有的心范数量越多、质量越高，那么潜在的选择就会越多，能够让我们更容易看清事物的本来面目、清楚自己该采取的行动，从而做出更好的算念。之所以说是“潜在”选择，是因为心范虽然构成了信念的基础，但人们通常不知道如何通过选择心范来加强信念。譬如说，一个年轻人可能对自己的球技自信满满，可是他不一定有同样的信心面对历史课。如果他以面对历史课的心态来到球场上对阵，那他势必蔫头蔫脑的，无法充分发挥自己的球技，很可能会无功而返乃至大败而归。

是什么决定了我们对于心范的选择？这就取决于当时的情绪会影响到哪一项储忆——也就是储藏的记忆、情绪、感受和情感等。如果当时我们处于恐惧状态，就只会想到过去的恐惧经验，结果就越想越恐惧，形成一个恶性循环（“恐惧”到“恐惧的心范”再到“更加恐惧”）。

再举个例子，如果有人做了对不起我们的事，这时从我们的记忆闸门中涌出来的，就尽是这人曾对不起过我们，但不会去深思其中的原因，更不会想到他曾经的好，这样一来，越想就会越往牛角尖里钻。所以说，我们的人生取决于人生态度，以及另外一个有影响力的因素，那就是心范系统。心范有助于我们了解自己的能力，了解自己是否能承担起当前的状况，至于具体是什么问题其实并不重要。

在整个做决定的思考过程中，心范无疑扮演了极其重要的角色。它不仅让我们明白要做什么事，同时也让我们预知行动之后的结果。与布什相比，萨达姆的心范是什么呢？前面已经说过，萨达姆小时候不仅在身体上经常招致父亲的毒打，在精神上，他的叔父又经常挑起他对伊拉克的英国大地主们的仇恨。在布什成为广受赞颂的战斗英雄时，萨达姆却在学习如何用谋杀和鼓吹去控制他人。

多年来，萨达姆不断试图推翻伊拉克当时的政权，挡其道者必遭谋杀。在他的心目中，一时的挫折、他人的流血丧命都不算失败，他坚信自己最终必能获得成功。即使是海湾战争的失败也不能让他退却。果然，在42岁壮年之际，他终于铲除掉一切对敌，成为伊拉克的统治者。

在很多人心目中，萨达姆是个不折不扣的怪兽，然而伊拉克人为何这么支持他呢？因为在伊拉克人民的心目中，萨达姆是位爱民的总统，他致力于改善居住水平、提升教育质量。除此之外，伊拉克的儿童从小便被灌输萨达姆是位英雄的观念，他的肖像无所不在。在受控制的电视上，伊拉克人看到的都是他最好的一面。

萨达姆的这种心态，难道仅仅是跟他儿时被虐待的心范有关吗？当然不是。很多人都有过类似的遭遇，但是后来却成长为富有爱心和同情心的人，他们乐于助人，以己度人，希望别人不要再遭遇痛苦的命运。同样地，当初与布什在同一条船上的战友们，是否有人承受不了熟悉的人骤然离去的痛苦，而以此为心范，并认为人生虚妄了呢？决定信念的不是心范本身，而是我们对心范的阐释和组织。

那么哪些心范对人生的影响最大？这取决于我们决定加强哪些心范。萨达姆一心想要推翻当时的政权，建立起自己的统治；而布什则致力于“做正确的事”，奉献、帮助需要帮助的人。如此迥异的“加强”就是他们命运各异的基础。

何谓心范

我们生活中的所感所知、所闻所见都储存于脑中，构成一个庞大的数据库。我们对于心范的选择，有时候是有意识的，有时候又是无意识的；有时候心范是亲身的经历，有时候又只是“道听途说”而已。心范跟经验一样，当它们储存于神经系统中时，总是有一定程度上的增减或扭曲。心范也不全然是真实的经验，有的甚至没有在现实生活中发生过，仅仅是个人幻想而已。

许多时候，一个人选择某种心范，目的只是为了支持自己的信念。我曾在第四章中说过，信念是一种把握感。打个比方，假设你曾成功地战胜过一项挑战（可能是一次考试，也可能是生意经营），这就可以作为你“聪明”的心范。信念就像是桌面，而心范就是用以支撑你“聪明”信念的“桌脚”。

在我们内心，需要有足够多的心范来支持我们的行为：我们是自信的还是心虚的，是无私的还是自我的？关键在于要让心范为你所用。

就让我们既可能地扩大心范可使用的范围吧，并对自己的能力和未来都充满积极的自信。

世间的知识只能求之于世间，衣柜里是找不着的。

——查斯特·菲尔德

有一位拾金不昧者，他在街头捡到一只袋子，里面装有35000美元，他及时找到了失主，把钱分毫不差地还给了他，自己却分文不取。众人对于他拾金不昧的精神交口称赞，但是他却谢绝了媒体采访，因为他觉得物归原主本就是应该的。失主是位68岁的老妇，袋内的钱是她毕生的积蓄，若不是这位拾金不昧者的义行，她的老年生活该如何度过？这位好心的先生为何要拒绝媒体的褒奖呢？原来他的心范使他有这样的信念：做分内之事，却希望受到表扬，这是十足的沽名钓誉。因此，谢绝媒体采访并非一时起意，而是因为长久以来他便是这么认为的。

人生，就是一个人各种或悲或喜的经历织就的一大块布，而心范就是通过个人主宰系统（包括情绪状态、提问问题、价值体系及信念）所裁剪出来的各种花样，它们都会影响人生中的各种决定。只要活着，这块人生的布匹就会不断织下去，而你可以按照自己的想法来裁剪心范。一个人睿智与否，从他对心范的裁剪方式便可看出来，是要裁成一片好让自己躲藏的窗帘，还是裁成一张可以带你遨游天空的魔毯？你是否考虑过好好审阅各种人生经历，从中挑选中出让你的人生丰富而积极的部分？

在第四章中曾经提到过，心范的最大价值，就是让我们的行动比较有把握。如果没有心范，我们就会生活在恐惧和怀疑中。如果你手中的书突然莫名其妙地飘到五英尺远的地方，你的反应应该是非常害怕吧，因为你的生活中可从没发生过这样的事，你对此毫无经验和认识。为什么一个小孩会爬到烟灰缸边，抓起里面的烟屁股就往嘴里塞呢？就是因为他还没有形成烟屁股不可以吃的心范（当然不排除有大人也不清楚这回事）。

我要问一次，你是如何运用自己的心范呢？是从积极振奋、有助于你达成目标的方式呢，还是会沉溺于以往的消极经验？会不会产生“要倒大霉”、“每次总碰壁”或“我没资格被爱”等消极信念？

不管面对何种情况，个人的心情往往会受所选择的心范的影响，内心总将当时的情况跟那个心范相比。譬如说一位商务人士住进旅馆，他对于所住房间的感受完全取决于他过去的经验。其实我们所采取的心范很多时候是主观的，或者是被阐释过的，这就导致我们失去客观判断。

我十分推崇《与命运有约》这套课程。在这个课程的课堂上，我们能够经常看到心范影响行为的各种案例。在研讨会开始之际，我会要求学员填写一份问卷调查，写下觉得对自己影响最深远的五项经验。答案通常很有意思，即使是相同的心范，也会在她们心目中形成截然不同的意义。就以遭遇强暴、性骚扰及被遗弃来说，有些人将原因归咎于家庭不幸或生活贫困，从而对人生失去信心和追求；但也有一些人从此发奋学习、乐于助人，不断成长、不断拓展，让生活过得丰富而美好。

萨达姆的暴虐性格固然要归咎于幼年时的不幸遭遇；可是有类似遭遇的人不止他一人，著名脱口秀主持人奥普拉·温弗瑞女士幼年时曾遭遇强暴和虐待，但是她的节目却打动了无数人的内心。她坦然面对过去的悲惨遭遇，并治愈了无数人的创伤，数百万美国人觉得她非常亲切，因为她了解他们，因为她也曾有过种种痛苦。

我们因思想而跃腾，因视野而攀升。

——奥尔森·马登

除了个人的实际经验，想象也是心范的来源之一。各位还记得罗杰·班尼斯特四分钟跑完一英里的记录吗？当时，没有人相信人类可以突破这一身体极限，达成这一目标。然而班尼斯特却做到了，他运用想象来建立心范，在心中一再闪现自己在四分钟内跑完一英里的画面，寻找打破纪录的感觉，直到自己真的创造出能够打破纪录的把握感，而这种感觉比那些不相信纪录能够被打破的人还要坚定。信念就像桌面，需要有桌脚撑着才能站立，班尼斯特就是因为有了足够的心范来支持他的信念，最后终于做到了众人不敢想的事，打破了大家认为不可能被打破的纪录。

我们一定要牢记一点：人类的想象力远比意志力要强上十倍以上。班尼斯特就是因为充分运用了想象力，为他的信念“桌面”安装上了足够的“桌脚”，从而信心十足地缔造人类史上前所未有的纪录。想象，能带领我们超越往昔的把握和视野。

日本索尼公司创办人盛田昭夫曾寄给我他所著的《日本制造》。犹如人的命运，索尼能有今天的成就，是因为做出了一连串的正确决定。在《日本制造》一书中，盛田昭夫揭露了他这一生所作过的最重要但也最令他难以做出的决定之一，那就是拒绝了宝路华[①] 公司向索尼采购十万只晶体管收音机的订单。当时这种收音机才刚刚发明出来，索尼公司的月产量只有区区一万台，宝路华的这个订单相当于索尼公司月产量的十倍，这是个多么大的数字啊！然而盛田昭夫经过深思熟虑后，最终还是忍痛放弃。

那么他为什么会放弃呢？原因很简单，宝路华公司想把这些收音机冠上自己的品牌。在盛田昭夫看来，如果答应这笔交易，索尼固然能获得大笔订单，销售额可以一下子攀到高峰，但是这些都是暂时的利益，日后世人只会记得有个宝路华，而索尼，却无人知晓。

宝路华公司的高管们压根没想到索尼公司竟然会拒绝他们，盛田昭夫发出豪言壮语：“五十年之后，索尼的成就不会低于宝路华，我知道我所发明出来的这种收音机会世人皆知。”

在其他合伙人看来，盛田昭夫做出这一拒绝的决定肯定是脑筋有问题。但是盛田昭夫为何如此有把握感，胆敢放弃这么诱人的丰厚利润呢？那是因为在他的

---

① 宝路华由美国一位来自波希米亚的移民约瑟夫·宝路华(Joseph Bulova，1851~1936）于1875年创立，当时名为“J.宝路华公司”(J.Bulova Company)。后来在1923年公司重组成为“宝路华手表公司”(Bulova Watch Company)。

心中，早已为索尼描绘出成长蓝图，创造出所需的心范，接下来只要锁定意焦，制定目标，拿出行动，以坚定不移的信念贯彻始终，最终定会获得成功。今天，索尼公司不仅在电子业傲视同侪，年营业额高达923亿美元（2008年数据——译者注），经营范围更扩及电影（收购了三星和哥伦比亚两家电影公司）、音乐(收购了CBS唱片和哥伦比亚唱片两家公司)，在全球成为“品质”的代名词。

有了信念，我们在遭遇挫折、面对失败的可能时便有了支持的力量。如果爱迪生在第一次失败后便放弃了尝试，或者即使是尝试了一百次的失败后他还是放弃了，那么什么时候才会有电灯呢？他坚持了下来，虽然失败了好几千次，但是他依然坚持不懈，这是整个世界的福音。本来，每一次失败的尝试，都可以作为自身想法不切实际的有利证据，但是他不做此想，而是相信每一次的失败都是向成功又前进了一步。大家要记住，不要把过去的经验当做车子的后视镜，完全靠它来指引方向。你要从中加以学习，而不是陷在失败之中，要集中在那些让自己积极的事上。

读书能滋养心灵

不要把心范的来源限制在个人的亲身经历和想象上，你也可以借用他人的经验也当做心范。早些年我曾多方研究有成就、有贡献及有影响力人的传记，得出一个结论：这些人的成就并非因为有好的背景或条件，而是源于他们对自己所做的事有把握感，能够矢志不渝地进行追求，最终才会获得成功。于是我参考了这些人的心范，并针对自己的理想人生，建构出核心信念。

我的好朋友科菲上尉曾被囚禁于北越战俘营七年之久，大多数时候他是被单独囚禁，几乎与世隔绝，无法与外界进行联络沟通。但他没有因此崩溃，因为他有着丰富的内心世界。在孩提时期，他背诵了不少诗歌故事，这让他在被囚期间有了回忆的材料，从而创造出与客观环境截然不同的内心世界，并借此忘记日复一日的折磨。

要想挖掘心范所储藏的宝藏，要想体验真实经验和虚构幻想的魔力，你并不需要忍受囚禁之苦，只要多多接触文学、故事、神话、诗歌和音乐，多看书、多欣赏电影、多听录音带、多参加相关课程、多与人交谈、多吸取新知识。这些都蕴藏着强大的能量，或许其中之一就能改变你的一生。

阅读名著的妙处在于，你能够获得不同于以往的角度，根据作者的构思，去经历前所未有的美妙时刻。当你出现在阿尔丁森林时，你就是莎士比亚：当你泛舟于金银岛时，你就是罗伯特·路易斯·斯蒂文森；当你坐在瓦尔登湖旁聆听大自然的天籁之音，你又变成了梭罗。你开始像他们一样地思索、感受、想象，你也吸收了他们的心范，这种经历直至你翻阅完那本书的最后一页——这就是文学的魔力。同样地，一出好戏、一首好歌也具有这种威力，而借助于这些典范，我们也会希望不断地拓展自己的心范。

一直以来，我都认为看戏是很浪费时间的事，原因在于我以前看的都是糟糕的剧目。直到有一天，我和妻子一起去看了雨果的《悲惨世界》音乐剧，那是我从未看过读过、也从未听过的好剧，我被深深地感动了。从此我便对戏剧产生了迷恋之情，以后凡是经过纽约，只要有时间，我总会去看上一场。

想象力比知识更重要。

——爱因斯坦

有一个让我受益匪浅的信念，那便是“没有不好的经验”，这一信念足以让我从容应对人生。在艰困处境前我能甘之如饴，欢乐时光中我淡然处之。不管遭遇如何，只要我们积极去面对，总会从中找出宝贵的经验教训。或许只要一个想法就能改变我们的视野，拓展我们的人生境界。

高中时期，我曾为了参加有关个人成长的课程，甚至去四处凑钱。朋友们都觉得很奇怪：“为何你一再去参加那些相同的课程呢？”我的回答很简单：我相信学习的力量。世界处于不断的变化当中，每次上课总是能够学到新东西，再加以温习，我就能熟悉掌握和运用所学的知识与技巧。所谓“温故而知新”，每次当我回头去看已经学习的东西，就会孕育出新观念、找到新心范、产生新诠释、拿出新行动，从而获得全新的人生境界。

参照他人，审度自身

有些心范固然能够提升我们的视野，但也有些使得我们不敢举步。不管是何种性质的心范，都会对我们的人生有促进作用，帮助我们用全新的角度来审度自己。不管你觉得自己的人生有多糟糕，你总会发现其实还有人比你更凄惨。

在我为时九天的高级课程里，其中一天我定然会邀请一个人作为特别来宾，进行现身说法。这些受邀者在身心上都曾受到过重创，最后却能冲破困境，有所成就。我的好友马奎·戴维斯年轻时颇为不羁，曾在酗酒后跳河，谁知那条河很浅，水深不过两英尺，结果当场摔成瘫痪，颈部以下终身无法动弹；另外一位好友戴克斯曾遭遇火灾，全身皮肤灼伤，双目失明，但是他排除万难，最后成为一名律师。这些曾经遭逢不幸的人，以他们的亲身经历告诉我们，人生是多么美好，活着是多么快乐；就算严重如同“废人”，也能够成就一番事业。

研讨会当天的主题简单而深刻：“我一定能行！”之所以邀请这些特别来宾，目的就是要让学员们与他们进行面对面的对比。一比照他们的悲惨遭遇，以及之后的勇敢面对，学员们就会明白，自己的问题实在是芝麻绿豆。在那一刻，与配偶的冲突、孩子糟糕的成绩单、工作的繁忙、目标的失败等等，一下子都烟消云散了。

如果你开始有点得意忘形，也可以用新的心范来约束自己。如果有人处境凄惨，肯定有人更凄惨；如果一个人春风得意时，肯定有人更如意。当你认为自己已经达到了顶峰，抬头一看，“一山还比一山高”。这就是奇妙的人生，驱使我们不断成长、不断拓展。

拥有了新的心范，就能大幅提升自己。你可以去研究一位精神领袖的讲话，看他们是如何忽略旁人的冷嘲热讽，“咬定青山不放松”，持续付出自己的关爱。你也可以研究一下那些成功的商业人士，看看他们是如何积累起惊人财富的。有一次经历让我记忆犹新，那是与建筑业兼酒店业大亨克里斯·汉密特初次晤面的经过。当时我和妻子有幸成为他新居的第一批造访者，那是一幢位于夏威夷的别墅，当时市值高达7000万美元，奢华到难以用笔墨形容，单单那扇大门就花了100万美元。如此铺张的一幢别墅，可能会招人非议：“这可真是奢侈。”但是从商业和经济发展的角度来看，这样的大手笔大大开拓了我们的眼界，它告诉我们：几乎没有什么事是不能达成的。

当下我便想起了自己位于圣迪亚哥太平洋边的别墅。那栋别墅花了我400万美元，但其整栋的价值可能还不及克里斯这幢别墅的大门和阶梯的价值。我当然也希望有更大的房子、更宽敞的庭院以及更多之前想都不敢想的东西。不过和克里思夫妇会面后的一个最大发现，就是他们待人和蔼亲切，他们盖这幢别墅不是为了炫富，而是要创造一个鼓励人们积极向上的环境。

将心范进行对比，是改变认知和感受最有效的方式之一。每当我工作到精疲力竭、对未来有些迷茫之际，就会想起数年前参加过我的研讨会的一位学员。他为人谦和文雅，却惨遭飞来横祸，招致丧命。在他45岁生日的前一天，他去加油站加油，结果却碰上了两个刚刚刑满释放的恶棍。这两个刚刚获得人身自由的人，却觉得与监狱内管吃管喝的生活相比，狱外实在辛苦。于是他们决定采取点什么行动，好重返监狱——杀掉下一位来加油的人，不管他是谁、什么年龄、性别如何，见人便杀。不巧的是，那位学员恰巧在那时出现。就在他加油之际，被两个煞星从背后重击致死。

问题接踵而至。这样的突发事故导致了一个家庭的破碎，留下妻子一人带着四个年幼的孩子。我闻知此事时震惊不已，简直不敢相信这么凄惨的事怎么会发生在这个好人身上，我更无法想象如果这件事发生在我或家人身上该怎么办。如果你们碰上这样的事又会如何呢？我一直希望能有帮上他们的地方，于是我打电话给他的遗孀，表达我的哀悼慰问之情，同时也真诚传达了希望能够帮助他们的热忱。

如此不幸之事，会让很多人痛不欲生，甚至陷入偏执的状态，会让人觉得人生虚妄，这个世界满是坏人，不管你平时如何行善积德，只要哪一天不幸碰上恶魔，一切都归零。既然天道不公，那么行善积德又有什么意思呢？

我竭力鼓励这位不幸的女士为了她的孩子们可以振作起来，从这桩惨事中解脱出来，尽量能够回到积极的状态。出乎意料的是，她远比我们想象的要坚强。她告诉我，这件事固然令她痛苦万分，但是更重要的是，当报纸对此事加以报道，来自四面八方的关怀、安慰和帮助如潮般涌来，她收到了雪片般的信件。尽管这些人身份各异，甚至与她素不相识，但都对她表达了真挚的关怀和情意。

她告诉我："我认识到，如果我认为世上没有好人、命运不公平的话，这不但会毁了自己，还有我的孩子们。我是很难过，但是我相信自有天道，这样我才能坚持下去。"

这位女士明白，只有以此信念作为心范，她才能激发出生存的勇气；也因为她相信可能是上帝的安排，她也才能从巨大的悲痛中走出来，鼓起活下去的勇气。

这是一位多么坚强的女士！她的孩子又是多么的幸运！她告诉孩子们："听着，孩子们，你们要记住那些好人，记住他们给予我们的关怀和帮助。世上毕竟还是好人多，坏人是少数的，而这些坏人更加需要帮助。你们的爸爸一生都信仰上帝，如今他已经去了更美好的地方。他在世时没有虚度光阴，现在他虽然离我们而去，不过我们还在，我们要好好地生活，遵循爸爸的脚步前行。要记住，爸爸的过世是为了提醒我们要好好生活，我们不要以为他已经远离我们，事实上他一直与我们同在。”

只有用心才能发现真相，只靠眼睛是看不见的。

——圣·埃克絮佩里[①]

越是逆境，能所获得的经验教训就越多，“失败是成功之母”的说法并不假。大家不妨回顾一下自己曾经历过的最惨痛的遭遇，你是否会发现这些遭遇其实对人生起到了一定的积极作用。也许你遭遇公司的无理辞退或是遭遇抢劫，或是出了车祸，不过你却因此下定决心、或是觉醒，人生因此获得成长，自己对于社会的贡献能力也大大提高了。

当然，有些境况并不容易找到正面积极的意义。但当你看到这一页时，你已经不再是菜鸟一只，如今的你知道如何拓展想象力、如何调整神经链、如何控制情绪、如何集中意焦、如何提出问题。假如你不幸在幼年时遭受虐待，现在你可能就会对儿童遭遇的观察和感受非常敏锐，并下定决心扭转层出不穷的虐童现象；如果你成长的环境是专制独裁的，那长大后的你也许就会奋起反抗，为自己也为他人争取自由；如果你觉得自己过去缺乏关爱，如今你也许就会敞开胸怀，付出无私的爱。也可能是因为上述的不幸遭遇，促使你调整人生方向，做出新的决定，最终改变了自己的命运。福祸相依，也许生命中最悲惨的时刻就是人生大转机的到来之际。

对此你可能会表示异议：“不是的，汤尼，我生命中的有些事毫无积极意义，那些伤痛令我无法释怀。”你说得没错，如果你成天认为自己受到了伤害、被人占了便宜，认为自己无力回天，那么痛苦必然会长期伴随着你。记住一点，“损失”是“想象”出来的，整个宇宙中，没有什么东西会无故消失，它只是变成了另外一种存在方式。如果你一直觉得自己陷在伤痛里，那是因为你一直将它与痛苦联系在一起。你不妨这样想：“尽管迄今为止我都无法理解所发生的事，不过我相信上苍，等到时机成熟，我就能理解的。”

心范有限，人生也就有限。如果你希望拓展人生，那就需要拓展自己的心

---

① 圣·埃克絮佩里（Antoine de Saiot-Exupery，1900~1944），法国作家，代表作品是童话《小王子》。

范，要多动脑筋、多加尝试、多去经历未曾经历的事。记住，灵感不会主动来敲门，你必须积极去寻找，好的想法和经验才会到来。

主意无穷，经验无限

为了拓展心范，我们来打一个比方，用来衡量生活和各种可能性。你要跳出条条框框，想想看，我们所处的银河系中有着亿万个星球，而整个宇宙又有着亿万个银河系；换言之，一个银河系中就有亿万个太阳，而每个太阳又有一群行星围绕运行，这是多么壮观的场景。地球每绕行银河系一圈就要好几亿年，这又是何等漫长的时光啊。人类寿命（按照平均寿命90岁来算）与此相比，真是渺小如芥子。我们的一生只不过是时间长河里的一个小点，然而我们却成天价担心贷款是否付清、车子该买什么样的、下次会议有何进展。这一切若是跟宇宙的时空相比，实在是渺小至极。

在我看来，草的一叶并不比宇宙的运转来得渺小。

——惠特曼[1]

我一直不断地增加和改进自己的心范，同时计算机里的GIGO一词也不断提醒着我，它表示无用（信息）输入、无用（信息）输出（Garbage ln，Garbage Out）之意。每一天都会不断有新的资讯、观念、主意、经验和感受进入脑子，我们必须把守好心灵的大门，我们必须把守好这个心灵的大门，凡是能够丰富人生的事物才可进来，能增加人生“可能性”的心范方可存入。如果要帮助孩子获得成长和开拓，就要引导他们去经历有用的事物，让他们知道自己有能力面对未来，获得积极正面的人生。

同时，我们也要留意他们的人生，让他们明白有些心范会摧毁人生。记得我听过一首饶舌歌，描述一个女孩被割喉并被尸奸的经过。像这种歌如果一播再播，进入到包括儿童在内的每个人的耳朵，会对心灵造成何等恶劣的影响？我并不是说听了这首歌人们就会去效仿，而是要告诉大家，这类歌就是腐朽的垃圾。我并不主张审查制度，但是作为公民的一分子，你我都有权利也有责任知道每个心范的意义，以及它们对生活的影响。

---

① 沃尔特·惠特曼(Walt Whitman，1819~1892)，美国诗人，代表作品《草叶集》。

拓展心范，拓展人生

对于上天所赐予的一切，我们都可以用积极的方式来加以运用，当然主动性是必不可少的。我能有今天的成就，就是因为我拥有丰富的心范，那是我不断努力的结果。每一天，我都尽可能拓展自己的心范，我用短短的几十年时间积累了前人数百年的经验，为什么这么说呢？因为我只要用一个月的时间，就可以吸取别人要花上好几年的时间才能吸取的经验。

从17岁开始，我便开始努力往这个方向发展。我广泛地阅读书籍，获取丰富的心范。我很早就认定：领导人，即是读书人。书籍能把我带入另外一个天地，在那里我能遇见林肯、爱默生，他们都是我心灵的导师。我知道，书能解答我遇到的各种问题。大家想想看，几百本的书，能够提供多么丰富的心范啊！而我也可以有更多的选择去帮助他人。我不断追求各种心范，因为我知道如果内心不能获得充足的养分，我便会把时间耗在充斥着各种参差不齐的新闻的电视和报纸上。如果这就是我信息的主要来源，那么我跟那些庸庸碌碌的人就没什么两样了。

要想深刻了解人生和他人，要让自己掌握尽可能大的选择权，最有效的方式就是尽量去接触各种不同的心范。在我很小的时候，突然有一天我发现自己长期以来只去一所教堂，而且大部分之间只接触一种宗教信仰。到了高中，我拿到学校的新闻奖学金，到加州理工大学去参加一个为期两周的课程，周日我们的指定作业是写一篇关于教堂礼拜的文章。

当我与同伴走入社区，思索着该往何处走的时候，我发现自己竟然下意识地就朝我熟知的教派走去。途中我们经过一所摩门教堂，好几位同学连声说摩门教徒“可怕”。我觉得人们有些武断，我一定要自己去看看，随即进入那所摩门教堂。一场主日礼拜下来，我发现他们也跟我们一样爱上帝，惟一不同的是他们有几条教规和我们的有出入。

这就是我的宗教之旅的开始，之后我独自一人展开了为期约一年半的探索之旅，到了十八九岁，平均每月我会有两三次去参加其他教派的聚会。这些教派包括：路德会、天主教、浸信会、圣公会、卫理公会、犹太教、佛教等。在深入了解这些宗教后，我学会了尊重所有的宗教信仰，自己也过上了真正的信仰生活。虽然我对他们的某些教规、教义持有异议，但是起码要比以前多了份认识和了解。

如果你想要拓展人生，那就行动起来吧！去探索你人生中的未知。去潜水吧，去看看奇妙的海底世界，认识那些千奇百怪的水中生物，看看在全新环境中的自己。去跳伞吧，当你站在12500英尺高的飞机舱门口向外望去，你知道自己待会儿就要纵身一跃，以120英里的时速向下直坠，你有充分的信念去这样做吗？然而惟有这一跳才能让你知道信念的重要性。

你还可以去参加直升机驾驶课程。我敢保证，这会让你的人生发生深远的改变。甚至你还可以去参加为期四天的赛车训练课程，你将会知道什么是极限，什么叫万事皆有可能，这些都不是你可以从之前的人生经验中能想象得到的。如果你很少听过交响乐，干脆找个时间好好听上一曲；如果你以前排斥摇滚乐，现在也可以尝试欣赏一下。要永远多给自己一些选择。若是哪一天去看望朋友，不如就顺道去探望儿童医院里的病童。要是结识了新朋友，不妨跟他闲聊人生。跟人相处时，你一定要了解别人的习性，设身处地为对方着想，你的人生也会获得改观。

你还可以多去接触其他民族的文化，尝试从他们的角度来看世界。你可以去斐济群岛玩一趟，与当地居民一起庆祝他们的节日。你还可以去参加辖区警局所办的“载陪”计划，坐在他们的巡逻摩托车后座，逛一圈自己的社区，听听他们闲聊甘苦。

记住一点，如果想要了解他人、欣赏他人，最有效的办法就是分享他们的心范。也许你可以找个时间重返学校，开拓一下内心世界，读点生物学、生理学、社会学或是人类学的知识，这将让你对人体构造和社会变迁有更多的认识。这能使你对人体构造或文化变迁有更多的认识。记住，你的人生之所以停滞不前，很可能是因为心范不足限制了人生，只要拓展心范，人生境界也就豁然开朗了。

为了拓展心范，我曾经作了许多的尝试，其中不乏刺激和启发，如果各位知道了也会有兴趣尝试。不过，你也无须为了获得新的心范而逐一进行尝试。你不一定非得到非洲蛮荒之地去狩猎才能得到某个心范；事实上，也许你只要走到街角，伸出援手，帮助一位流浪汉，你就能获得一个新的心范。我们每多出一个心范，哪怕那个心范只是听闻一件新事物，只是跟别人一席谈话、看一出电影或参加了一次研讨会，甚至于就是本书的某一页，都可能增加我们对世界的认识。

要想发现“可能”的疆界，惟有不断跨越，直到走进不可能之地为止。

——阿瑟·克拉克[①]

现在让我们来好好梳理一下对人生影响最重大的那些心范。我们来做一个练习，列出对人生最具影响力的五个心范。你不仅要描述获得这些经验的过程，还要说明它们是如何影响你的。如果你写下来的心范会造成负面影响，那就要立刻换个角度阐释，这个角度可能是你从未想过的。一定要记住一点：种瓜得瓜，种豆得豆，人生中的一切结果皆事出有因，它们也必然有积极的意义。有时候我们可能过好几年才会恍然大悟——原来内有玄机和价值。然而人类的哪一项经验不是如此呢？哪一项经验不是因为其中的价值才留存下来呢？

当你审视梳理时，列在纸上的应该是都对你的人生产生过积极影响的，那么请你想一想，哪些新的心范是值得你去追求的。你不妨问问自己：“为了能获得最大的成功，为了达到理想的人生，我需要哪些心范呢？”如果你希望拥有良好的人际关系，那就去向其中的佼佼者学习，发掘一下他们持有何种信念，又是什么心范让他们获得了良好的人际关系。如果你想要让人生更快乐，或者对社会贡献更大，你也需要去寻找新的心范。

现在不妨想象自己还有哪些有意思的心范，也许你不一定“需要”它们，但是不妨尝试着找出一些能让你感觉愉快、心情舒畅的心范。我曾去学习武术，是因为我发现他能控制情况，在跟跆拳道大师李俊久[②]学习了八个月的跆拳道之后，我不但获得了黑带的头衔，同时也学会了凝聚注意力之道。由此我认识到，如果经过严格的训练，能够在跆拳道领域迅速有所成就，那么其他方面我也可以做到。这个心范给了我极大的力量，事实证明也确实如此。那么，你该知道自己要如何行动了吧？

一旦你脑海中有了想要追求的心范，那么接下来你要做的就是为每个心范订出实行的期限。你想要何时开始学习西班牙文、希腊文或是日文？何时去搭乘热气球？何时去参加乡亲们的唱诗班？你想为家人提供哪些价值不菲的心范？是带

① 阿瑟·克拉克（Arthur C.Clarke，1917~2008），他是一位伟大的科幻作家，与艾萨克·阿西莫夫和罗伯特·海因莱因并称现代科幻“三大巨头”。克拉克创作了超过100部科幻小说，其中包括与著名导演斯坦利·库布里克合作的著名的小说和电影《2001：太空漫游》。

② 李俊久（1932~），著名韩裔美国武术家、跆拳道大师，被称作“美国跆拳道之父”。李俊久是李小龙生平与之有过密切交往的美国武坛名宿之一。

孩子去参观史密斯学会[①]，还是简简单单地坐着跟家人们闲谈些众人已知的心范？你甚至可以跟老一辈们聊聊他们过去的人生，让他们把几十年来的宝贵经验传承给我们的年轻一代。

有一个心范我认为非常有用，并常常与家人分享，那就是要在感恩节的时候给那些无依无靠或者不愿意住进收容所的人分送礼物。我小儿子杰基参加这个活动时的场景至今还历历在目。那是他第一次参与这一活动，我们济助的地区在加州海滨郡的一个公园。在那里，我们看到一位老人躺在无门厕所的地板上，他身上盖着从垃圾桶里翻找出来的破布。杰基对他的大胡子有点好奇，不过也有点害怕。我把一个装有食物和各种用品的篮子交给杰基，鼓励他道："去吧，把这个篮子交给那个人，并祝他感恩节快乐。"杰基提着那个跟他自己差不多高的篮子，有点畏畏缩缩地走了过去，轻轻地把它放在那个老人的身旁，杰基碰了碰他并低声说道："感恩节快乐！"突然间那个老人霍地坐了起来，一下子抓住了杰基的手，我大惊失色，就在要扑上前去之际，就见那个人捧着杰基的小手亲了又亲，低哑而感动地说道："谢谢你的关心。"各位可以想象，对于一个四岁的小娃儿，这是何等难忘的一个心范啊！

记住，就是这些特殊的时刻塑造了我们的人生，我们必须去追求、创造这样的时刻，这样才能提升自己，而不是蜷缩在小小的一方天地中，成为井底之蛙。

现在，就从椅子上站起来，全情投入到美妙的人生中。展开你想象的翅膀吧，尽情翱翔，去探索各种可能，经历各种丰富的生活。现在就开始行动！你想要追求什么？想要探索什么？想要成为什么样的人？不要停留在"想"的阶段，拿出行动来，享受探索的乐趣！让我们一起来发掘神奇的改变吧——

① 史密森学会：世界上最大的博物馆和研究机构，包括19个博物馆、9个研究中心和国家动物园。

若无伟人，便无伟业；若无雄心，便无伟人。

——戴高乐

第十八章 自我认定：拓展的钥匙

Awaken the Giant Within

本书与各位所探讨的，就是关于信念对于个人的冲突。信念是主宰系统的重要一环，对个人的算念有着深刻影响。信念会引导我们做出结论，并主宰我们所有的行动和感受。不同层次的信念会对我们的人生产生不同程度的影响。

有些信念非常特殊。譬如说，你对你的某位朋友抱有什么样的信念和观感，你就会把相关的意义链接到他的行为乃至与他有关的方方面面。如果你认为他是一个友善的人，那么即使有一天他“失控”，你也不会认为他有什么不对，这就是信念的作用，它主宰了你对那位朋友的认知。可是如果别的人也有相同的行为，你的看法可能就不一样了。这些信念只是对某个方面产生影响，譬如你和这位朋友之间的关系。

然而有些信念对人生的影响是全方位、长期性的，这样的信念称为“普遍性信念”。譬如说对人性的普遍看法，不仅决定了我们的待友之道，也影响到对陌生人的看法。这种信念会深深影响着个人的事业、人与人之间的信任感、婚姻及各种人际关系。

对于“缺乏和丰富”的普遍信念，会决定一个人在时间、金钱、能力和精神方面的态度。如果你认为我们所生活的世界资源有限，譬如金钱有限、时间有限、爱心也有限，那么就会生活得谨小慎微，惟恐有一天不够用。这种资源有限的信念，还会影响到你对邻居、同事、财力和机会等各方面的看法。

不过，要说到影响力最大的，还数核心信念。它们控制着我们人生中的重大决定，原因就在于这些核心信念决定了我们的“自我认定”也就是对自我身份的认定。

我们能否做好一件事、能否做出成绩，事实上跟我们拥有的能力并无多大关系，真正起到作用的是我们对自身的观感。如果你觉得自己无法做某件事，你可能不假思索就会回答“我根本做不了”，或是“我不是那样的人”，这样你就把自己给限定死了。这也不全然是坏事，你不会觉得自己是个谋杀者，不会觉得让别人占了便宜。还有一点很重要，我们不仅要认识到自己会什么，还要知道自己不会什么。

究竟什么是自我认定？其实很简单，就是对自我下的“定义”抱有信任感，就是这个定义决定了“独一无二”的自己。这个定义无所谓是好是坏，也无所谓是否与众不同。但是对于“自我”的定义太过于顽固，就会给自己的人生设置藩篱。

每个人的能力都是固定的，至于能发挥、运用多少，就取决于我们的“自我认定”。譬如说，如果你认定自己是有能力的、有才华的，那么你就会充分发挥出符合这一认定的一切天赋。不管你认定的自己是个“窝囊废”或“疯子”，还是“赢家”或“风云人物”，这些认定都会对你的能力的发挥产生或好或坏的影响。《课堂中的皮格马利翁》一书描述了一群学生因为相信自己有天分，在短期内成绩就有了惊人的表现。

专家们在研究学生学习成效时一再地发现一个规律：老师对于学生的看法，会对学生“自我认定”的形成过程产生深刻的影响，从而影响到学生能力的发挥。曾经有过这样一项研究：先告诉一群教师，他们班上有哪几位是资优生，他们的任务之一就是要让这些学生有更为杰出的表现。正如所预期的，那几位学生的表现在班中果然名列前茅。而事实上，并没有证据显示这些学生的智商超群，甚至有几位的智商还是中下程度，只不过这个研究假定他们是资优生，造成了教师们的错觉，结果教师们真的把这些学生教得出类拔萃了。

这种影响力并不仅限于教育，别人对我们的观感往往决定了他是如何对待我们的，并不管我们真正的个性是什么。譬如说，如果有人认为你是个骗子，那么即便事实上你是个老实人，也没有作过恶，但是只要你有点风吹草动，他就会对你疑神疑鬼，以为你有什么不良企图。大家要记住，我们每个人都有无穷的潜力，只要我们能够改变自我认定，就能充分发挥出来。

在第四章我曾跟各位提到玛瓦·柯林斯女士，她成功扭转了那些孩子的信念，让他们认定自己与他人一样拥有相同的智慧和天赋，从而掌握自己的命运。

伟人常在去世后，功绩才为人们所怀念。

——爱默生

不管“自我认定”正确与否，我们经常会对此坚信不疑；也就是因为钻了这样的“牛角尖”，对我们的人生造成了重大影响。

纵观我们整个人生，便会发现，我们所遭受的许多痛苦，是因为没有坚持所致，如果当时能够坚持到底，往往就会收获许多快乐。回想一下，对于那些说的是一套、做的却是另外一套的人，我们会给他们贴上什么标签？是伪君子、变色龙、墙头草，是“这种人毫无原则，没有立场，不可信赖，也不值得信赖”。这样的标签你希望被贴到自己身上吗？

毫无疑问，各位的答案绝对是“不”！相反，如果我们坚持自己的想法，在公开场合表明立场，告诉大家你是怎么想的，你会采取什么行动，那么就会对你形成鞭策作用，让你暂时把个人私利放在一边，时刻牢记对他人许下的承诺。

确实，如果你能够坚持原则、站稳立场、信守承诺，那么你就会获益良多。我们会怎么形容这样的人呢？是忠诚可靠的、是可以信赖的、是值得托付的。这样的标签肯定是你所希望的吧。当你能够做到表里如一、一以贯之，你就能获得快乐、避开痛苦了。

故步自封是褊狭人士的自我作践。

——爱默生

前面曾说到皮格马利翁效应，它虽然有积极的一面，但也不乏消极作用。譬如说，你硬是要觉得自己的脑袋不灵光，那么这个信念就会真的控制你的脑子，它就真的不灵光了。这跟学习方法错误而导致成绩差是不一样的，因为如果碰到这种情况，只要有好的老师在一旁指点，学习成绩很快就能提高了。

可是对于改变自己，改变自我认定，绝大多数人都认为简直是不可能的事。这也就是何以我们会常听到人们这么说：“我就这副德性了！”若是秉持这样的人生态度，那简直就是在扼杀各种机会，从而觉得问题是长久存在且不可改变。

一个吸毒者，若是有心，就会有戒除毒瘾的可能。虽然真的行动起来不太容易，但是一旦成功，那就是长久的成功，从此不大可能再犯。相反，如果那个人觉得自己无药可救，那么就算进行强制戒毒，一段时间后他还是可能再犯，为什么会这样呢？原因就在于他的自我认定是“戒不掉毒瘾”。大家是否还记得我在第四章里曾说过，信念会让人“一叶障目”？一旦确定某个信念，就看不到其他的，就算是“其他的”显而易见也没用，甚至还会为那个坚信的信念而拼命。那些不相信自己能够彻底摆脱毒品的人，就是因为这个信念，可能永远就在毒品的控制之下了。

其实他的吸毒行为并不是必然发生的，但是他不敢面对事实，反而把问题归结到毒品上。一个人一旦认定自己是个什么样的人，就会在神经系统中构建起相关的神经链，这个神经链会控制他的行为，导致他一吸再吸。他的这一自我认定的杀伤力要更甚于毒品。

那么原因在哪里呢？大部分人对于陌生事物总会心存恐惧，因此大家都在不断地寻找一种“确定感”。一旦一个人有了不确定感，内心就会产生痛苦。对于我们所熟悉的事物，就算明知有痛苦还是会去忍受，却无法重新开始去面对一个陌生的环境和事物。可惜的是，当今世界变化极快，上一刻还熟悉的人、工作、环境或资讯，下一刻就会变得陌生。因此，如果没有确定感，面对外界时可能就不知所措了。

如果你对自己的认识不深，那么面对问题时你会作何决定？你会如何构建价值体系、选择信念、建立心则呢？你如何判断一件事是好是坏？还是对此置之不理？再做一个假设，如果一个人认定自己是个毒瘾难戒的吸毒者，那么在帮助他的路上面临的最大阻碍是：到底要如何改变他的自我认定，是戒毒者吗？但是这种做法并不能改变他的自我认定，而仅仅是描述了他改变后的样子。

那么是“不再吸毒”吗？这也不管用，因为那只能改变表面问题，日后此人可能会重蹈覆辙。然而如果给他一个全新的自我认定，譬如说是个“基督教徒”、“回教徒”、“犹太教徒”或“佛教徒”，甚至是“领袖人物”——不管是什么，只要跟“毒品”无关——那么他的行为就会立刻发生改变。当自我认定发生了改变，那么为了支持这个新身份，他的行为就会跟着发生改变。

这个道理也适用于肥胖者。当一个人认定自己是个“大胖子”，自然就想努力节食。短期间内他可能会获得一定成效，但是他的“大胖子”的认定，却会指挥他的行为，最后的结果很可能是恢复先前的体重，因为这个结果跟他的自我认定相符合。人生非常奇妙，自我认定不管是好是坏，我们的人生最终都会跟着这个认定走。

获得真正的改变的惟一途径，便是对自己进行重新自我认定。以之前所提到的那位吸毒者为例，要改变他“我是个戒毒者”的自我认定，而要改为“我是个健康人”或是“我是个自由人”或是“现在我是个”。不管如何重新认定自我，要牢记一点：不要跟毒品有任何联系。日后如果又有毒品摆在眼前，他的直接反映就不会是要不要吸毒，而是直截了当地回答：“我才不是那个吸毒的人，那已经是过去式了。”

那些体重超重的人，也必须将他们的自我认定从一个大胖子转变为“有活力、健康的运动员”。这一自我认定的转换会全方位改变他从饮食到运动的行为，这就能为他的体格身材带来长期持续的改变，配合他的新自我认定。不要认为这是简单的文字游戏，实际上它能对人造成本质上的影响。

事实上，自我认定上的一点点改变都能使得整个主宰系统发生变化。再以那个吸毒者为例，一个人之所以会去吸毒，就是因为他的算念系统与常人迥异，包括他的长期感受、对自己所提的问题、引导行为的价值观、构建信念的心范等。一般人的自我认定基本上是比较正常的，例如认为自己是一位领导、一个爱人、一位运动员或是一位义工。这些因素并非都对自我认定有重大的影响，不过其中一些还真能全面改变主宰系统。

如果你在人生中一直尝试做某些方面的改变，却又一再地失败，那肯定是因为你所期望的行为或情绪上的改变与你的自我认定不相符，要表里如一才会产生期望中的改变。自我认定的改变、转换或拓展，可以迅速改变人生品质。

自我认定是如何形成的

你的自我认定，是长期思索后的结果，或者只是听信了他人之言？是历经洗礼后的结果，还是糊里糊涂地接受？你选择的那些长期行为对你的自我认定起到了什么样的作用？

你会为了帮助一个素不相识之人而愿意承受抽取骨髓之痛吗？大部分人当下就会大声拒绝：“完全不可能！”不过1970年的一项研究显示，如果因为信念的改变而重新进行自我认定，那么许多人会愿意接受这项手术的。

研究显示，那些实验对象一开始被要求做点小小的承诺，随后被要求做两件小事，让他们觉得如果不奉献点什么就是“违反人性”。这时候就有不少人开始了新的自我认定，他们把自己当做是“奉献者”，只要他人有所需，他就乐意无条件地提供帮助。一旦产生了这个念头，这时候再要求捐赠骨髓，几乎每个人都会欣然答应，愿意付出时间、金钱乃至身体的痛苦，这就是“奉献者”这一新的自我认定的作用。由此可见，没有什么能比自我认定更能主宰情绪和行为了。

也许你会发问：“自我认定不是受限于个人经验吗？”其实不然。自我认定并非受限于个人经验，而是受限于对个人经验的诠释，要如何认定自己，取决于个人的决定，你要把什么套在自己身上呢？你贴上什么样的标签，就会朝什么样的方向发展；你对自己的认定，就决定了你的人生。

最大的痛苦——自我认定危机的种子

按照常理，自我认定和行为应该是一致的。如果一个人的行为出现与其自我认定相冲突的情况，就可以称之为“自我认定危机”。当一个人出现自我认定危机时，他就不知道何去何从了，从而质疑先前信念的正确性，做事没有了方向，这使他愈发心惊胆战、痛苦不堪。

很多人到了中年，就会出现“不惑”的情况，他们对未来惶然无计，对现状手足无措，这就是中年危机。这些情况的出现，多半源于那些中年人明明已经年届不惑，却还觉得是自己是年轻人，而事实上他们的年龄摆在那儿，他们的头发开始花白，周遭朋友话题不离中年，这一切他们都不希望见到，却又不得不去面对。为了维持住先前的“年轻”的自我认定，他们想方设法来证明这一点：买时髦的跑车，频繁变换流行发型，闹婚变、换工作等。

如果这些人能够认清真实的自我，又怎么遭受这样的危机呢？自我认定要是与年龄和外貌扯上关系，那就必然会给自己带来痛苦，因为随着岁月的流逝，这两者都会改变。如果我们能把自我认定的范围扩大，那么这个危机就能避免。

这个情况也发生在企业身上。影印业领头羊施乐就曾遭遇过一次企业形象转换的危机。当时正值个人电脑初露峥嵘，俨然有领导未来的趋势，施乐试图凭借领先的科技实力，打入这个令人振奋的新市场。于是公司投入将近20亿美元的研发费用，发明了一系列的创新产品，其中就有“鼠标”的前身。

可是，为什么一开始气势如虹的施乐，日后却无法跟苹果和IBM抗衡呢？原因之一在于，从踏入市场之初，施乐就没有引领行业发展的自我认定。就以它自我认定的“图像”来说，这是一个圆滚滚的修道士，这就限定了他们当时在这个尖端科技行业的发展能力。虽然施乐影印出来的东西栩栩如生，但这并不表示它也有能力开拓高科技领域，更何况是极为讲究速度的计算机业。施乐是消费者心目中的世界一流的影印机制造公司，但是对其在计算机领域的实力，消费者实在没有多大信心。当消费者把它的图像和不具备快速处理资讯的印象链接起来时，大家就能明白施乐在计算机领域铩羽而归的原因了。

营销专家和图像设计专家都认为，企业标志就像一个过滤器，他们通过这个图像来传递自己的购买信息，他们想知道这是个什么样的企业，这个企业的内涵是什么。当进行大笔消费后，他们希望知道自己为之付出的企业是什么样的。当施乐将计算机制造融入自我认定之际，其他电脑厂商早已一路向前，迅速占领市场。最后，施乐决定维持旧有的自我认定，并对其加以运用，那就是将影印机进行计算机化，专心投入到自己擅长的领域。

今天，施乐的新形象已经众所周知了——电视广告上快速移动的画面，绘图机、硬件、软件、通信网络，最后以“施乐……文件公司”作为介绍施乐的结语。这个扩大后的自我认定，调整了施乐的企业文化，从而发掘先机，占领更大的市场。

在中文里，Crisis译作危机，它具有双重意思，一是危险，一是机会。

——约翰·肯尼迪

要改变某些行为对于众人来说并不困难，但如果要求他改变自我认定就不容易了，甚至可能招致敌意。自我认定是最根本的信念，一旦触犯了这个底线，就会产生无法忍受的痛苦。有些人坚守自我认定，甚至为此不惜性命。十九世纪法国大文豪雨果的名著《悲惨世界》，就以戏剧化的方式阐释了这一道理。

为了拯救忍饥挨饿的家人，主人公冉阿让偷了一条面包，结果被捕，判了几年徒刑。在此期间他虽是服刑，可是在心中他并不承认“贼”的罪名，因为他是为了家人的生计迫不得已去偷窃的。刑满出狱后，他四顾茫然而不知何去何从，好不容易找到一份工作，却不断招致旁人的歧视和责难——因为他有前科。

走投无路之下，他不得不认命，被迫接受了被外界硬生生贴上的标签。既然大家都把他当做贼，他索性就当个真正的贼。有一次，饥寒交迫之际，他被一位好心的神父收容，不但给他吃的，还留他住了一晚。他的“我是贼”的自我认定促使他偷了神父家中一组贵重的银器，然后摸黑溜走。不料路上碰到警察盘查，被发现不但犯有前科，背囊里居然还有神父的贵重财物。如果被认定是偷窃的话，冉阿让必定会被判终身劳改。

于是警察把他带到神父那里对质。谁也没想到，神父坚称那些银器是自己送给冉阿让的，还说冉阿让漏掉了一对银烛台没带走。冉阿让万万没料到神父会这么说，更让他惊讶的是，待警察离去后，神父不但没追究，反而真的把银器送给了他，并劝他重新做人。

这让冉阿让困惑了：为何神父会相信他会浪子回头？为何不干脆把他投入大牢？他只记得神父对他说，彼此是兄弟。他从此不再为罪名所挟，他是个正直的人，更是上帝的子民。神父这番话让冉阿让十分震动，他一下子扭转了先前的自我认定。于是他撕掉了服刑的证明文件，搬到另外一个城市，从头开始。当他换了新的自我认定，行为也就跟着改变，他热心公益、乐于助人，很快成为当地的名人。

然而，有一位警察却不相信冉阿让，他就是沙威。他紧盯冉阿让，想要把他绳之于法。后来沙威被革命分子抓住，并被交到冉阿让手上时，冉阿让本有机会将他除掉，可是他却选择了宽容，放过了沙威。在过去的这些年内，沙威一直想要缉拿冉阿让，最后却发现冉阿让是个好人——比自己还好的好人。这下沙威觉得自己才是真正的坏人，因为他一直在逼害好人冉阿让。在无法面对自己的"新认定"情况下，最后，纵身一跃，跳进了汹涌的塞纳河。

他最苦恼的便是没有了方向感，觉得自己像是失了根的浮萍……噢！多可怕的一件事！跨出了步伐，却不知道自己的路在哪里，最后只有退了回来。

——摘自雨果的《悲惨世界》

你到底是个怎么样的人

这句话虽短，学问可不小。如果不先做好自我认定，讨论就难以为继。现在，我们先就关于"你是谁"来做一个自我认定——你到底是个什么样的人？界定的方式有很多种。一种是从情绪方面入手（我在恋爱中、我很平静、我很紧张），一种是从职业角度入手（我是个律师、我是个医生、我是个牧师），一种是从职位角度来说(我是总经理、我是科长、我是领班)，一种是从收入来说（我是小富即安、我是个百万富翁），一种是从角色来说（我是个母亲、我是五个女孩中的老大），一种是从行为来说（我是个赌徒），一种是从拥有的财物来说（我有一辆车），一种是从引喻来说（我是个快乐天使、我是个依人的小鸟），一种是从对外的反应来说（我是个无用的人、我是个特别的人），一种是从宗教信仰来说（我是个犹太教徒），一种是从容貌来说（我很漂亮、我很丑、我很老），一种是从个人成就来说(我是1960年春田谷高校的才艺小姐)，一种是从过去经历来说（我是个失败者），还可以从"我不是"的角度来说（我不是个半途而废的人）。

朋友和同伴们的自我认定也会影响到我们。好好观察一下你的朋友们，在他们的自我认定上，你是不是看到了你自己的自我认定的影子？如果你的朋友充满爱心、善解人意，那么你也很可能会“近朱者赤”。同时，时间对于自我认定也有很大的影响力。你是以过去、现在还是未来作为认定自己的标准呢？多年前我潦倒不堪，但是当时我对未来充满了希望；这些年来我坚持不懈，积极行动，丝毫不敢耽搁。于是，现在的我正是当年我所期待的。

还有一点很重要，当你在回答“我是谁”这个问题时，一定要记得让自己放松，要有好奇心，要内心踏实。一旦分神，你的答案很可能就会出现偏差。随后你来个深呼吸，好好地放松心情，不要去想那些会让你害怕、操心的事。用好奇心来探讨自己是怎样一个人，不过不要苛求万无一失或是独树一帜，你只要坦然地问自己：“到底我是个什么样的人？”想到什么就写什么。要反复地问自己这个问题。每问自己一次，就如实写下所想到的答案，就这么样一步步深入探索，一直找到你觉得最贴切的答案为止。你是如何认定自己的呢？真正的你拥有什么特质呢？你如何看待自己？你在自己的人生中扮演什么角色？

通常如果你缺乏踏实感和好奇心，那就很难得到这个问题的正确答案，因为恐惧和犹豫会影响到判断。比如说，当你对一个尚未做好心理准备的人劈头盖脸来一句：“到底你是怎样一个人？”往往对方会有以下两种反应：

1. 发愣。这个问题会让许多人困惑不已，摸不着头脑，因为他们从来就没有认真想过答案。

2. 随意、表面化的答案。这是一种本能的自卫。有人甚至会直截了当地反问：“我就是我，难道还会有别的不成？”我经常发现，有些人被问到一个问题，特别是具有情绪性的问题时，他多半会先在心里嘀咕以下个问题：

首先，他会问自己：“这个问题我能回答吗？”如果他不能确定自己是个什么样的人，很可能就会回答：“我不知道。”或者就是随便给个答案。人有时候并不认识真正的自己，却又惟恐被别人看穿。

然后，他会这样想：“这里面是不是有什么陷阱？回答这个问题对我有什么好处？”

让我来回答你这两个问题。第一个问题是，你当然知道自己，只要你花点心思好好想想，就能找出真正的答案。不过首先你要相信自己，这样答案才能水到渠成。记住要把它们写下来。第二个问题是，一旦你知道自己是个什么样的人，你马上就能得到改变自己行为的能力。

如果你愿意花时间，情绪状态也尚佳，就可以得到完全符合你本人情况的答案，这也是我的期待。

我思故我在。

——笛卡尔

现在就请你花点时间好好回答这个问题——“到底我是怎样一个人？”从两千多年前的苏格拉底到近代的萨特，有多少哲学家思考过这个问题。现在请你平静下来，拿出好奇心，深吸一口气，然后慢慢地呼出来，问问自己：“到底我是怎样一个人？”

我是——

____

____

____

____

____

____

为了帮你自我定位，你要牢记一点：自我认定的目的，只是为了要把你和别人区分开来，你无须和他人比较，也不一定要与众不同。下面的几个练习相信你会喜欢。

1. 翻开字典，找找自己的名字，看看有多少个解释。是短短的三个词语，亦或是纷繁如史诗？不管怎样，现在请你把字典里的解释写在下面。

字典对我名字的定义

____

____

____

____

____

____

花点时间，写下所有的解释。完成后就接下去做第二个练习。

2. 如果你要设计一张身份证，来阐释真正的自我，你会在上面列哪些资料？哪些又会被你删去？要不要放上照片？要不要加上一些重要数据，如身高体重等体貌特征？个人成就？情绪？信念？喜好？志愿？座右铭？能力？不要害怕多花时间在上面，要尽可能展示真正的你。

我的身份证

____

____

____

____

____

____

现在来看看你所写的，你是如何描述自己的？这张卡片就是你的人生故事，对此你有什么感觉？我希望此刻你能花点时间，带着真挚的感情，好好观摩一下自己。如果你发现自我认定带来的是痛苦，就请记住：任何的自我认定都只不过是你自己的判断，你拥有随时改变的力量，只要你愿意，就可以马上改过来。如果你明白自我认定的演变过程，那就有机会拓展自我认定，从而改变整个人生。

自我认定的演变

我的朋友黛布拉，她活力充沛、酷爱冒险。她曾经告诉我一个关于自我认定转变的故事。她说："我从小就是一个胆小鬼，不敢参加任何运动，凡是可能受伤的活动我一律躲得远远的。"在参加过我的几次研讨会后，她有了一些新的运动经验（譬如潜水、赤脚过火和跳伞），知道只要给自己一定压力，她也可以进行一些运动。不过她虽然有此想法，但是这些心范还不足以使她形成有力的信念，改变旧有的自我认定，最多她觉得自己是个"有勇气高空跳伞的胆小鬼"而已。在她的观念里，她觉得改变还没有发生；可是事实上已经开始转变了。她说很多人都羡慕地说："我真希望自己也能有你那样的胆量，敢于尝试这么多冒险刺激的活动。"大家的夸奖令她很开心，夸赞之语听多了之后她就不由得开始怀疑以前是不是小看了自己。

“最后，”黛布拉说道，“我开始把痛苦跟胆小鬼的想法联系在一起，我意识到‘胆小鬼’信念限制了我自己，我决心不再把自己当成是胆小鬼。”事情可不像说的这么简单，事实上她的内心斗争异常激烈，一方是朋友对她的看法，一方是她的自我认定，这两者并不相符。后来又碰上了一次高空跳伞，她立志要将它当成是改变自我认定的机会，要从“我可能”变成“我能够”，而让“想冒险”的企图转变成“敢于冒险”的信念。

飞机攀升至12500英尺的高空，黛布拉看到那些跳伞经验比她还逊色的队友，多数人极力压制着内心的恐惧，却要费劲地装出兴高采烈的样子。她告诉自己：“我过去就是他们那样的，而现在的我已经不再是他们中的一个，今天我要好好表现表现。”她运用了队友们的恐惧，来强化出自己所期待的新角色，看着新队友，她在心里说：“那就是我过去的反应。”随后，她惊讶地发现自己似乎重生了，她不再是个胆小鬼，而成为一个勇于冒险、富有能力、享受人生的女性。

于是她“身先士卒”，第一个跳出机舱，下降时她一路高声狂呼，活力四射、兴奋异常。她能够打破自我设限，关键在于采取了新的自我认定，非常希望能够好好表现，成为其他跳伞者的榜样和领导。

黛布拉的转变非常彻底，新的心范使她一步步淡化旧有的自我认定，从而作出决定，去拓展更多更大的可能。那么当机会降临时，新的自我认定马上取代了她自己也不想要的旧有的自我认定。她的成功转变，就是因为这个最后的杠杆。她自我认定的演变虽然简单，却行之有效。这一新的自我认定后来不但影响了孩子、丈夫，还扩展到生活的方方面面，如今她已经是一位真正的勇于冒险的领导者。

当然，你可以不断地更新自我认定。大家可以想象儿童充满想象力的内心：前一天他可能是扶弱济贫的蒙面侠佐罗，后一天就可能变成希腊神话里的英雄赫拉克勒斯；今天很可能他已成为一位老祖父，成为现实生活的主角。可以说，自我认定的改变是人生中最有趣、最神奇和最自由的经验。这就可以解释为何那么多人会企盼万圣节或新奥尔良市的狂欢节，因为在这两个日子里他们能够丢掉平日的自己，而改换成期望的另外一个自我。这个暂时的自我会让他们生出勇气，去做那些平常不敢做的事，而那些事跟他们平日的自我认定不相符。

事实上，那些原本不敢做的事完全可以随时随地去做，只要我们能重新认定自我，或者就是释放“真实的自我”，那就像是斯文的克拉克·肯特脱下眼镜和西装，摇身一变就成了超人。当我们改变了自我认定，就很可能就此克服了贴在身上的关于行为和经历等一切标签。

重新改造你自己的力量

现在，就让我们拓展人生吧!

如果你对现在的自我认定不满，那么就开始行动加以改变吧！可从以下四个步骤开始来改造自己。

1. 写下你所期望的自我认定所需要的条件。在列这张单子的时候，你要显示出改变的决心。哪些人身上有你艳羡的特质？他们是否可以成为你的榜样？想象一下，把自己融进这个新的自我认定中，是怎么呼吸的、怎么走路的、怎么说话的、怎么思考的、怎么感受的。

2. 如果你确实想要拓展自我认定和人生，那么就从此刻起，有意识地思考自己的未来。要兴奋起来，像孩子一样。详细记下你今天的决定和对未来的期待。

3. 制定与新的自我认定一致的行动方案。在制定这个方案时，你需要特别留意自己所结交的朋友，要确保他们对你的自我认定是起到强化作用，而非削弱作用。

没有什么事能比拓展自我认定更令人愉悦的了。这些年来最令我欣慰的事情之一，就是亲眼目睹长子泰勒的蜕变，他从一个只是对驾驶直升机颇富兴趣的“菜鸟”，到跟着我学习成为一个熟手，进行成为职业驾机者。他可以自由地翱翔在蓝天之上，而不像大多数空谈者那样只是在做美梦，这对他的自我观感会产生多大的影响啊！

4. 这是最后一步，你要把新的自我认定告知众人，最重要的一点是，你要让自己明白，每天你都要用这个新标签来提醒自己，长此以往你就会调整成新标签所表示的样子。

你未来的自我认定

完成这个练习后，你还需要继续完善自我认定，不断拓展自身，制定更好的心则。当今世界变化莫测，如果你想要提高生活品质，就要不断拓展自我认定。你需要时时留意会影响自我认定的各种因素，留意它们对你的作用是积极的还是消极的；你还需要掌控全局，避免重蹈覆辙。现在我很好奇的一点是：现在的你，还是当初刚拿起这本书的你吗？

我就在一直不断地完善自己。经常有人会有些不解，为何我会有这么大的自信去尝试各种新事物。也经常有人问我："这么多的成就，你是怎么做到的？"我觉得最大的原因在于我看待事物的角度与众人不同。很多人在有了自信后才开始行动，而我是一开始就逼着自己有信心，内心笃定后能力也就随之而来了。这就是为什么过去的心范不会给我的自我认定造成限制。

如果你问我今天是个怎么样的人（明天可能我又决定改变了），我可能会说我是个可能性创造者、乐趣探索者、成长推动者、人生指引者、热情制造者，但绝不是一个激励家、传教士或领航者。我是美国的一名心理学家，是一个教练、一位企业家、一名丈夫、一个朋友、一位爱人、一名父亲、一个艺人、一位电视名人、一名畅销书作者、一位著名演说家、一位黑带高手、一名直升机驾驶员、一个国际商人、一位健康咨询顾问、一名流浪者协会义工、一个慈善家、一位教师、一名挑战者、一个安慰人心的人、一位推动善行的人……同时，我也是个爱玩、好动但也谦逊的人！我一直珍惜自己身上可贵的地方，而那些不完美之处，让我知道自己有成长的空间，但绝不是性格上的瑕疵。

你我都应该拓展对自我的认定，不要让贴在身上的标签成为限制自身发展的藩篱。凡是在现有认定基础上有所增加的，我们都要有实现的决心和信心——这就是信念的力量。

如果我们能发挥所有能力，就会让自己大吃一惊。

——爱迪生

我希望自己能够欣赏人生百态，并一直有意拓展这方面的能力，因而便一直找机会追求特殊的心范。数年前我心血来潮一时起意，去参观了位于纽约贝尔孚医院的太平间，就是这样一次偶然的经验对我造成了巨大的冲击。我的医生朋友弗莱德·卡文接待了我，他是那间医院的首席心理学家，他曾对我说如果要想了解生命，就得先去了解死亡。我和妻子怀着好奇心走进了他的办公室，坐定后，他要求我们在观看过程中保持沉默，有什么问题等参观结束后再提。

怀着忐忑懵懂的心，我和妻子紧张不安地跟着弗莱德走下楼梯，进入了无人认领的停尸间，其中大部分的死尸是流浪街头的贫民。当他拉出一个装着尸体的金属盒，打开尸袋时，我不由得冷抽了一下。这里躺着一个“人”，可是我一时却觉得空空如也。我妻子也吓了一跳，她出现了一个幻觉，以为自己看见尸体突然动了一下。弗莱德说，我妻子的这个反应很正常，因为我们很难接受一个不会动且没有生命迹象的人体。

随着弗莱德打开一个又一个金属盒，同样的感觉一再冲击着我：盒子里空空如也，肉体虽在，人却已逝。这些人都逝去不久，体重与生前差不多，不管他们的身份如何，现在都已灰飞烟灭。我们这个人并不就等于我们的肉体，当人死了，留下的是肉体，消失的是那些肉眼看不见也没有重量的自我认定，有些人称之为“灵魂”。

我们要记住这一点，当我们活着时，我们这个人，也并不完全等同于我们的肉体、我们的过去或现在的行为。这次经历让我不由得对生命充满了不尽的感激，再也没有比这样强烈的对比所带来的冲击更大的了。后来我与作家韦恩·戴尔会晤，告诉了他当时的感受，他引用了一句话：我们不是拥有精神经验的人，而是拥有人的经验的精神生命。

自我认定是体验的基础。我认为真正的自我认定是“尽在不言中”的。我们是灵魂、是精神，记住真正的自我，对万事充满憧憬。一旦我们顺着精神体验去行事，我们就不会陷入生活的纷扰之中。我们都深知自己与上帝同在。

每个人都是必然存在的；每个人都是自由自在的——人人拥有天生的人权；人人都有永恒的自由；人人都是神圣不可侵犯的。

——沃尔特·惠特曼

日后如果你冒出“我永远没办法”或“我就是不行”这种话语时，先掂量一下后果——你这是不是在给自己设限呢？如果是的话，那么就要反其道而行，利用这个机会来拓展自我。别光想你没法做那件事，而要相信自己能做好它，然后采取行动，并使之成为新的心范。以后你若再对自己的能力产生怀疑，这个心范可以让你气定神闲，知道自己的能力其实远远超过所想。

你可以自问自答一下："我能超越得更多吗？我会超越更多吗？我想要成为什么样的人？"诚然，人生总不会尽如人意，但是你要排除万难，全力以赴，去实现自身的价值和梦想。你要告诉自己："我一定要达成那个目标，因此，不管是呼吸方式、走路方式及待人方式，都要与之相符。"如果我们想要成为那样的人，我们就得下决心去进行成为那样的人的思考、感觉及行为，最后你的目标可能真的就实现了。

现在你已经站在了人生的十字路口，是你做出重大决定的时候了。不要再踌躇于过去，想想现在的你，你到底希望成为什么样的人？过去已然成为过去，重要的是现在，你想要成为什么样的人。慎重思考这个问题，你会做出扭转人生的重要决定。

对于主宰系统的探讨要告一段落了，要记住一点：如果想要改变人生，不一定要面面俱到，只要改变五大算念要素中的一项，整个人生就会获得大改观。譬如说，你只要改变习惯性的提问方式，那就能转移意焦，进而就改变人生；如你改变价值体系，那么人生方向也就马上获得改变；若是你能保持积极振奋的形气，你的想法和感受也会大不相同；你还可以改变自我认定，或者改变某些信念，还可以增加一些心范，作为支持自己的新的经验。上述方法均有助于你进行改变，不过最有效的还是拓展自我认定。

进行自我改造、重新给自己认定自己的过程中，你需要时时温习本书。在此我提个建议：不要太严肃，要放松，冒险会为你带来愉悦，让你每天的日子都过得新鲜无比。

接下来，就要开始一项长达七天的挑战了。每天我会让你做一项小小的练习，敦促你运用之前所学的知识。这样你就可以验证所学到的方法和工具是否管用。现在就让我们开始——

第三卷

七天塑造人生

Awaken the Giant Within

Awaken the Giant Within

第十九章

第一天——情绪决定命运：惟一的成功

目标：控制好你的情绪反应，要开始有意识地关注日常生活的各种经验。

要想获得真正的成功，情绪方面的成功是不可或缺的。虽然字典中可以用来描述情绪的词语超过三千个，不过大多数人一周中所体验的情绪状态平均不过十多个，这不仅没有真实反映出我们情绪的状况，反而对自身的意焦和形气产生了诸多限制。

本书一直在探讨如何掌控情绪，各位也已经学会如何可以快速有效地将情绪状态调整到自己所期望的状态。现在你应该已经明白，要想从根本上改变行为，就要先改变情绪状态。因此，从此刻起，你就要制定一个计划，消除惯常的负面情绪，并多去体验积极的情绪，提高人生品质。下面这个列表就包含了各种改变情绪的技巧：

· 形气
· 意焦
· 提问
· 次感元
· 转换词汇(字眼)
· 信念
· 期望的未来
· 价值体系
· 心则
· 心范

· 引喻
· 神经链调整术
· 自我认定

今天练习的目的很简单，就是希望你知道自己目前的情绪状态，运用以上的方法技巧消除自己不想要的情绪，每天都过得开心。

眼见始为信，感知方为真。

——托马斯·富勒①

今日任务：

1. 写下平均一周所经历的所有情绪。

2. 写下引发这些情绪的状况和事件。

3. 针对每个负面情绪，从上述技巧中挑出合适的几项加以运用。你需要改变形容自身遭遇的字眼吗？你需要改变自己的情绪状态吗？你要问自己新问题吗？一定要把意焦集中在解决办法上，而不是一个劲地挑毛病。

在第一天里，你要尽可能抛掉那些长久以来困扰你的旧有的负面情绪，并代之以令人振奋的新的积极情绪，同时对之不断加以调整，直到成为习惯。如果做到了这一点，明天我们就能掌握自己的——

① 托马斯·富勒（Thomas Fuller，1608~1661），英国神学家、历史学家。

第二十章

第二天——健康决定命运：是痛苦的监狱，还是快乐天堂

Awaken the Giant Within

目标：现在已经学会了如何调整神经系统，并产生相应的行为，获得期望的结果。本章你得学会如何锻炼肌肉系统、调整新陈代谢，让自己身体健康、精力充沛。

为了打破世界纪录，他连续11天，每天长跑21个小时，只睡3个小时。无论是精神上还是体能上，这都是一个很大的挑战，他要走出旧有的生活状态，去积极地追求人生目标。多年来，他努力锻炼身体，刻意磨炼意志，为了证明众人身上都蕴藏着无限的潜能，他在11天又19个小时里，跑了1000英里，平均每天是84英里（约合134公里)，打破了吉尼斯纪录。这就是史都·米特尔曼，他的事迹证明，如能掌握调整身心之道，就能为常人所不能为。他以亲身经验证明，人类拥有惊人的能力，只要我们不断正确提高对自己的要求，几乎都可以心想事成。本章旨在跟各位分享史都·米特尔曼获得空前成功的秘诀。

这些年来，我一直潜心研究众多伟人的成功奥秘，在生活上也一直关注如何使身体健康。一开始研究这个领域时，我发现不少专家的观点互相矛盾，让我有点不知所措。每当碰到这种情形，我的解决办法就是看每种观点所引发的结果，也就是看他们是不是能做到自己所主张的，如果不能的话，我就不会采用那套方法。譬如一位自己体重都超重40磅（约合18.1千克）的医生，却告诉病人该如何正确减肥，那就很难取信于人。同样的，如果一个自诩为健身专家的人，却一脸憔悴、浑身是病，那我也会怀疑他的那一套是不是胡说八道。

第一次听说史都·米特尔曼的事迹时，我真觉得不可思议。尤其当有人说，他完成1000英里（约合1609公里）的壮举时，气色甚至比起跑时还要好，不但丝毫没有受伤，甚至脚底连个水泡也没有，我更是觉得难以置信。到底是什么神奇的力量，使他小宇宙爆发，把体能发挥到极致，却不受一点伤？那肯定是史都做了周全的准备，他不但拥有运动生理学、社会学和社会心理学的硕士学位，同时还在哥伦比亚大学进修运动生理学博士学位。他的壮举证明了一点：那就是健康和壮硕是不一样的，这个差别在吉姆·菲克斯[①]那本《跑步大全》里没有提到过，而这本畅销书也没有给他带来健康。

大部分人并不知道健康与壮硕的差别，所以他们虽然坚持锻炼，然而腰上却还是有着壮观的“游泳圈”，这让他们沮丧得想要放弃锻炼。还有更糟糕的，那些运动至上的人，一直以为自己的做法是正确的，可以让身体更健康，却没想到只是把自己弄得更加疲倦、伤病更多、情绪更糟。

那么健康跟壮硕之间到底有什么差别呢？壮硕是指“体能足以从事运动比赛”，而健康则是指“身体各个部分——包括神经、肌肉、骨骼、消化、循环、淋巴、内分泌等系统——都处于良好的运作状态”。很多人把壮硕当做健康，实际上它们完全是两码事。一个人如果能够健康和壮硕兼得，那当然是最好的了，不然则一定要把健康放在第一位，至少身体健康对人的好处更多。反之，如果为了获得壮硕的体格却赔上了健康，那可真是得不偿失。

同时具有健康和壮硕当然是最佳状态，这需要训练自身的新陈代谢。就像脑子得多动，肌肉要多练，史都和教练菲利浦·玛菲顿博士都证明，新陈代谢也是可以锻炼的。从常理来看，跑了1000英里，史都必然会“撞墙”，然而事实上这个情形在他身上并没有发生，即使他一天跑了84英里。史都的那套方法可不像你看到的那么简单，里面的学问可大着呢，它能使你活力充沛、生活品质提高，最终获得健康的身体。

健康与壮硕的最大差异，在于前者是获益于有氧运动，后者则是无氧运动。前者表现在持久力上，后者则体现在爆发力上。就像字面意思所表示的，有氧运动在进行时需要消耗大量的氧气，是一种持续性的温和运动。我们身上的有氧系统包括心脏、肺脏、血管及有氧肌肉。良好的饮食习惯和适当的运动就可以使有氧系统活跃起来，燃烧身上的脂肪，为身体提供能量。

无氧运动则是指能产生爆发力的运动。它以燃烧肝糖作为体力的来源，这就不会使身上的脂肪减少。我们燃烧脂肪的能力是遗传的，有些人天生就拥有高效率的有氧系统，他们有着众人艳羡的体质，不管吃什么都不会发胖。

大部分的运动不是有氧的，便是无氧的，而运动强度则决定了你是在运用有氧系统还是无氧系统。走路、慢跑、长跑、骑车、游泳、跳舞等运动对两种系

① 1977年，“慢跑之父”吉姆·菲克斯的畅销书《跑步大全》引发了健身革命。1984年，菲克斯在一次慢跑中由于心脏病突发而猝死，此后，有关慢跑有益健康的质疑开始悄然兴起。

统都有好处，心速低的运动有氧系统活动就大，而心速高的运动无氧系统活动就大，后者通常包括网球、壁球、篮球等。

今天大部分美国人都处于无氧运动的状态。他们每天都得面对各方压力，应对各种要求，这对他们的运动选择也有一定的影响。结果身体是锻炼了，新陈代谢大半却是属于无氧运动式的，也就是说他们运动所消耗的体力来自于肝糖的燃烧。当一个人体内的肝糖降低到一定程度，无氧运动式的新陈代谢就开始燃烧血糖提供体力，这就会破坏健康，减弱活力。

无氧运动会消耗血糖，而体内的血糖有2/3是用来供应神经系统，当血糖不足时，身体就会出现头痛、头晕等问题。下列症状就是因为无氧运动过度造成的：疲倦、运动伤害、低血糖、沮丧、焦虑、脂肪过多、月经前症候群、血液循环和关节等问题。

现在的日常生活模式，通常都是有氧运动过少、无氧运动偏多，这影响到了全民健康。当今社会是一个工业化社会，科技发达，人们的活动量越来越低。回想以前，需要自己亲手去做的事何其多。而做事的活动量减少，就需要我们进行运动以增加活动量。只不过很多人虽有此心，却很少有人因运动而受益，即使运动员也不例外。众人都期望在最短的时间内获得最大的收益，结果虽然把身体练得壮硕了，却没有带来健康。这正好印证了我前面所说的：壮硕并不等于健康。

解决办法其实很简单。史都・米特尔曼的成功秘诀在于他很好地平衡了壮硕和健康，两者要齐头并进。玛菲顿的研究认为，所有的运动，首先必须要建立一个有氧的基础。要先持续一段时间纯粹的有氧运动，完全排除无氧运动。时间短则两个月，长则八个月，只要坚持不懈，身体的有氧系统就能得到强化，接下来就可以进行每周一到三次的无氧运动。只要能够适当地建立好有氧系统，不仅可以使你成为一位优秀的运动员，更能燃烧多余的脂肪，增强免疫系统，让你精神更加充沛，远离伤害。换句话说，当你能够自如地进行有氧和无氧运动，就可以调整好体内的新陈代谢，健康与壮硕就能兼顾了。

有了有氧运动的基础，就可以产生充沛的活力和耐力。记住，一旦加强了有氧系统，身体运送氧气的能力也会增强，每个器官和系统都能获得足够的氧气，就能源源不断地为活力和健康提供源泉。

但是大部分人似乎对此都懵懂无知，一股脑地扎进无氧运动之中，导致心脏承受过重的负荷。千万要记住一点，如果有氧系统没有先建立起来，那么任何无氧运动都会损及自身的耐力。很多人向往拥有壮硕的体格，常常自以为是地把心速练到极限。理论上来说，一个人的心跳极限是220减去他的实际年龄。例如一个年届30的人，他的心跳率极限应该是每分钟190下。

如果长期处于这种心跳极限的运动状态，那就必然有损身体健康。也许获得了壮硕，却付出了健康的代价。犯这个错误的人是谁呢？就是我自己。我常逼着自己的心跳率达到极限，会跳上跑步机，把速度调到最高，然后一口气跑上20分钟；或者是在一连好几个礼拜没跑步的情况下便出去跑步，一跑就是5英里以上，之前没有任何暖身运动。之后我会两腿酸痛，走路都有困难，而我却一意孤行，认为这样会更有益于身体健康。因为我相信一句俗语："不入虎穴、焉得虎子。"可是这种做法的后果便是让我对运动爱恨交加，因为平时运动量不足，所以每次运动后我就会肌肉酸痛，而肌肉酸痛又会让我逃避运动，常常拖到不得已时我才会想去运动，而每次运动却又过量；然而为了弥补之前的运动不足，我却又运动过量，又会造成肌肉酸痛。如此恶性循环，不曾停止。

后来我明白，如果身体状态没有调整好便马上投入无氧运动，会对身体造成极大的伤害。因为无氧运动需要血液向肌肉供应大量的氧气，这就可能导致肝肾等重要器官缺氧，从而引发伤害，当事者若不加注意，这些器官就会功能失常，乃至衰竭，这对健康的影响极大。

要想保持这些重要器官的健康状态，就必须注意对新陈代谢的训练，这就需要长期坚持有氧运动，这样才能燃烧脂肪，缩减腰围；而无氧运动的燃烧血糖是无法减肥的。有氧运动最大的好处之一，就是能防止动脉栓塞而引发心脏疾病。

有些人极力避开脂肪，结果却适得其反，造成身体变本加厉地储存脂肪，结果危及健康。他们以为挨饿能够减肥，却不料饥不择食，往嘴巴里塞的食物中的脂肪含量甚至比节食前的饮食更高，结果导致体重反弹。这也就是我们这个社会为何如此孜孜不倦地要减"那多出的十磅"。

当有人说他想减掉十磅，我就会反问他："要减掉十磅什么？"因为人们所作的运动减少的通常是肌肉和水分，而非脂肪。可能你目前的体重与十年前相比没什么两样，但并不表示你的健康堪比十年前。因为如今脂肪已取代了当年的肌肉，而肌肉又比脂肪重，如果你现在的体重和十年前相仿，那就表示你身上的脂肪多了。这样麻烦也就来了。

既然我们想要限制脂肪的摄入量，避免肥胖，那就来进行有氧运动，促进新陈代，燃烧脂肪。“正确的”脂肪摄取量是因人而异的，那得看他是如何消耗身上的脂肪。在羡慕别人拥有能燃烧脂肪的新陈代谢机能的同时，难道你不希望自己也拥有吗？其实只要愿意调整自己，你也可以做到的。

那要如何来促进新陈代谢机能、燃烧脂肪，使身体活力充沛、耐力十足呢？如何来运用本身的知识让自己的人生丰富多彩呢？我先要同时透露好消息和坏消息。好消息是，你只要每天依循简单的步骤，就能够达成上述的期望；坏消息是，从此你不能再走老路，把家务活算进运动量，也不能只开着球车一洞一洞地打高尔夫球，因为这些都不是有氧运动。短跑也不是有氧运动，它会使细胞瞬间缺氧，燃烧肝糖和/或血糖，而脂肪还留存体内。

氧气是对人类健康影响最大的因素。每天我们大约要吸进2500加仑（约合9463立方米）的空气来供应身体各个组织所需。细胞欠缺了氧气，就会衰弱乃至于死亡。我们体内约有七兆五千亿个细胞，它们提供了身体所需的基本能源三磷酸腺苷（ATP），维持我们的日常生理活动。所有的细胞都需要氧气来燃烧葡萄糖，产生三磷酸腺苷，以维持人体所需。

现在大家应该清楚了，运动时氧气不可不足。如果你想知道自己的运动是否从有氧状态进入无氧状态，有个简单的衡量方法，就看运动时能否开口讲话。如果能的话就是有氧，如果不能的话就是无氧；呼吸要清晰稳定，而不是上气不接下气；感觉上来说，有氧运动即使是累也会觉得舒畅，无氧运动则会产生压迫感。我们若是以从零到十来划分，“零”代表轻松自如，“十”代表极为吃力，那就看看你属于几。最好的运动状态是处在六至七之间，如果超过了七，就表示运动状态已经从有氧状态进入无氧状态了。

要想增强有氧能力，有特定的方法。首先，建议你最好带上心跳测量仪，然后逐步暖身，直到调整到最佳的有氧区域（见下页“计算出你最适当的心跳率”）。

暖身运动主要有两大好处。第一，可以使囤积在体内的脂肪慢慢流进血液中，这样就能消耗脂肪，防止血糖燃烧。这一点很关键，如果你不曾进行暖身运动，那么即使做的是有氧运动，也无法在细胞内让氧气燃烧脂肪。暖身运动过程中，要注意心跳，不要让它超过极限的一半。第二，防止抽筋。通常暖身运动会进行十五分钟左右，这能够让身体里的血液慢慢分散到有需要的地方，防止血液产生瞬间抽调而伤害到重要器官。这一点很重要，要知道运动目的是为了健康与

你需要多加运动了。给我个肉饼，多加点洋葱！

壮硕，而不能伤害到身体。

其次要注意的是，有氧运动至少要维持20分钟以上，以30分钟至45分钟为佳。

有氧训练时最合适的心跳率可以采用以下公式计算：

计算出你最适当的心跳率

180–年龄=最佳心跳率（这时刚好是从有氧进入无氧状态）；

如果你大病初愈或还在吃药，最佳心跳率要减10下；

如果以前你不常运动、刚受过伤、停止训练一段时间，常常感冒或有过敏症，最佳心跳要减5下；

如果你已经连续运动了两年没出什么问题，每年感冒也不超过两次，那么维持公式计算出来的心跳率；

如果你已经连续运动了两年没出什么问题，还参加过比赛，没有过运动伤害，那么最佳心跳要加5下。

在进行任何体能训练之前，务必先向医生咨询。

第三，运动后要花12~15分钟来调息。你可以选择慢走，也可以做些温和的动作。如果运动之后急速停下来，那么大部分血液会留存在运动的肌肉当中，无法平均散布到全身，以进行正常的循环，无法供应氧气、运送养分和排放废物，最后就会导致血液里的毒性增加。

很多人不大进行运动，主要原因有两个：一是认为没时间，二是觉得会导致肌肉酸痛。不过如果按照我之前提供的方法去做，就会有两样好处：

第一，你会喜欢上运动，因为只有快乐没有痛苦；

第二，你会感受到前所未有的活力。

如果你担心运动太花时间，那可以考虑将时间最大化利用，譬如说，你可以一边暖身一边听录音带、看书/看个电视新闻、做一做清晨能力之问或夜晚能力之问、审视一下信念和心则。史都·米特尔曼曾教过我如何拟订训练计划，他建议一开始最好每星期3次运动，每次包括15分钟的暖身、20分钟的有氧运动及15分钟的调息，然后根据自身身体状况适度延长运动时间。

那么有氧运动是惟一可用的运动方式吗？当然不是。不过健康和壮硕是我们进行运动的目的，我们不但要培养出体力，同时也要培养出耐力，而无氧运动是会消耗耐力的。所以当你开展有氧能力的增强训练时，遇上了瓶颈（通常发证在开始后的2~4个月），这时不妨做点重量训练等无氧运动，以增强体力，这要依个人的体质和体能而定。如果你正在海滩慢跑，突然想要快跑，那就跑吧！

要智慧地看待自己的身体，随时关注身体的变化，好面对各样体能上的挑战。史都的表现证明：即使到了壮年，耐力依然可以维持和改善。老年时就要更加注意健康的生活方式，就算有些人天生就有善于燃烧脂肪的好体质，速度和体力上天赋异禀，也需要好好调整自己的身体反应，才能提升耐力和活力。

我们不会被年老所限，我们只会更自由。

——史都·米特尔曼

运动跟娱乐一样，最令人振奋的就是它能成为一种嗜好。也许目前你在逃避运动，可一旦发现了正确运动的乐趣，你很可能就会着迷。研究发现，一个人若能持续运动一年以上，那就极可能成为终身嗜好，即使中间停顿了一段时间，只要再度接触，就会继续进行下去。身体的健康，会带来情绪上的快乐，也会让体能的发挥得以淋漓尽致。因为新陈代谢的调整，连带着也训练了神经系统，从而让身体有活力，人生有品质。我们的生理跟心智、情绪、财富和人际交往都有密不可分的关系，对它们产生一定程度的影响。

青春之泉

我们的社会，对青春和活力有着图腾般的崇拜，这从电影《魔茧》里那些为追求长生不老、青春永驻的老夫老妻身上就能看出来。在我们的身边，有多少人在想方设法延长自己的“青春”。然而真正的青春之泉就在我们自己身上，那就是人类生长荷尔蒙，简称作HGH。HGH能够刺激组织生长，保持肌肉坚实和弹性，维持骨骼、组织和器官的健康。从呱呱坠地起，一直到30岁左右，在入睡后和清醒前的一个半小时中，HGH都会自然地分泌于血液之中。之后，随着年龄的增长，HGH的分泌量也逐年降低，到60岁时差不多30%的男性就停止了分泌。而女性的分泌期要比男性长一些，因此女性一般较男性更长寿。HGH也是一种具有疗效的物质，在过量运动或身受重伤之后，身体就会分泌HGH。如今，HGH已经可以人工制造，并提供给患有侏儒症的孩童使用，以刺激他们的生长。

那么如何让身体自然分泌HGH呢？要想快速持续地分泌HGH，就要进行适当的运动。你至少要重复进行同一项运动长达到35到45秒钟，譬如说举重。佛罗里达州迈阿密的一所实验室就有惊人的研究成果，他们找来60岁老人作为实验对象。这些老人有10到15年未曾有过肌肉运动，他们在试行举重之后，发现竟然还拥有20多岁年轻人的肌肉群，其力量并不小。

这是怎么回事？那意味着就算是你已经年届古稀，仍然有可能像二三十岁的人那么健壮！你不仅可以继续进行有氧运动，还能进行一定量的无氧运动。需要注意的是，你要充分供应身体所需的养分，少吃糖、盐、肉及脂肪来毒害身体。有个好消息，21世纪的美国人，约有24%的人寿命超过65岁。我们如果现在就开始好好控制自己的身体，那么将来就会是一个健康有活力的人，让人生有意义，对社会有贡献。

今日任务：

1. 分辨出健康与壮硕的区别。这点你已经做到了。

2. 下定决心成为健康之人。我希望你已经这么做了。

3. 了解自己所处的状况。你现在是在做有氧运动还是无氧运动？燃烧的是脂肪还是肝糖？找人来帮你检查一下，或者从以下问题中寻找答案：

早上起床后觉得疲劳吗？

运动后觉得饿吗？

运动后是否觉得精神恍惚？

不管怎么运动，肚子上“游泳圈”依然存在？

运动后是否有酸痛现象？

如果答案皆为“是”，那就表示你是在做无氧运动。

4. 买一个轻便的心跳测量仪，价格尚可，绝对是个划算的投资。

5. 制定计划。根据我前面所说的，开始进行为期十天的有氧计划，调整新陈代谢、燃烧脂肪，引发活力。行动就从此刻开始。

6. 如果你想延长十天挑战，那就去看看我的第一本书《激发无限潜能》第十章“精力：卓越之源”。

7. 把运动列入自我认定中。惟有坚持终身运动，你才能收获丰富的生命果实。

现在，让我们更进一步，更加促进——

Awaken the Giant Within

第二十一章

第三天——关系决定命运：分享与关怀

目标：大力促进个人人际关系融洽。藉由融洽关系成功的六大基本法则，加深与亲朋之间的情感联系。

无人分享的成功是毫无价值可言的，人类是渴望心灵交会的族群。本书所阐释的，就是关于融洽的关系对于人格塑造、价值体系、信念及人生品质的种种影响。尤其是今天的这个练习，旨在提醒各位融洽关系的六大要素。以下就是这六大点。

1. 如果你不清楚周遭人的价值体系和心则，那就有苦头吃了。人与人是可以互相友爱的，然而不管是有意还是无意，若触犯了他人珍之重之的心则，双方关系就会紧张，甚至导致冲突。要知道，人与人之间的不快，皆源自双方在心则上的不合，越是亲密，冲突就越难避免。去了解对方的心则，尽可能在事前避开冲突与不快的发生。

2. 融洽关系中的最大隐患，就在于各人都希望对方能“取悦”自己。但是，如果想要保持恒久的融洽关系，就要把它看成是一个付出而非索取的过程。

3. 要想使融洽关系更融洽，就需要不断发现问题并及时解决，这是人生的不变真理。在人际关系中，会出现一些警讯，警告当事人要及时处理问题，避免情况恶化。我的好友芭芭拉·德·安吉利斯博士，在其著作《如何相亲相爱一辈子》中指出了融洽关系被破坏的四个恶性阶段，但如果能事前预知，就可预先化解，以免问题不断膨胀，以致恶化到无可救药的地步。

第一阶段，反感期：融洽关系遭遇问题的第一阶段被称为反感期。大家大概都碰到过这种情况：对同伴的言辞举动不爽、反感或觉得“眼不见心不烦”。譬如在一个聚会中有人讲了个笑话，你却觉得心烦意躁，这就是反感期的现象。这个阶段双方要尽量好好沟通，然而大多数人都不会这么去做，结果情绪就会恶化成——

第二阶段，动怒期：如果反感期的问题没有处理好，就会演变到动怒期。这时你对同伴的言行不止感到厌烦，更会动不动就发火。其中一方会有意逃避，这样双方的关系就会产生隔阂，彼此之间仿佛隔了一道壁垒。动怒会破坏感情，如果不好好沟通，及时制止事态的恶化，情绪就会演变成——

第三阶段，嘲讽期：当怒火累积到某种程度，就会想方设法证明对方的错误，然后用言辞或动作来攻击羞辱他，企图激起其怒气。到了这一步，你会觉得对方的一切都是莫名其妙的，这时候不仅在情绪上产生分手的念头，在肢体上也不愿意再有接触。如果情况继续恶化，为了避开痛苦，双方就会到——

第四阶段，陌路期：如果有一方发现发怒是徒然的，冷嘲热讽也不起作用，这时候就会对对方采取不理不睬的方式，以期减少痛苦。当双方没有任何感情可言时，同居一室的两人只能被叫做“室友”了，融洽亲密的关系差不多就结束了。不明就里的人可能还以为双方已雨过天晴，事实上完全不是那么回事，外人没有看到双方的暗潮汹涌。

要如何避免这四个阶段呢？很简单，就是要把问题摊开来，彼此充分沟通，尽可能了解对方的心则。为了避免冲突和矛盾的扩大，避免争端的扩大，说话千万不要夹枪带棒，应该婉转温和。说话切忌夹枪带棒，例如要避免说：“我真受不了你这么做！”而应改为：“我比较喜欢你那样。”要学会压制怒气，养成停止争辩的能力，以免情况恶化到不可收拾，甚至到最后忘了最初争执的目的，只是为了吵赢对方。

4. 要时刻把融洽的关系列为生活中的首要追求。否则一旦有紧急事情发生，很容易就会把融洽关系抛诸脑后，最后导致感情变淡乃至消失。不要倦怠于双方的熟悉感，也不要习惯了对方的热情和付出，便忽略了感情。

5. 根据我和贝基的相处经验，若要使关系长期融洽亲密，就是要有一个信仰，相信明天会比今天更好。记住，任何时候都不能放弃这个念头。前面已经说过，有什么样的意焦，就有什么样的体验，如果一直害怕彼此会分开，那么这件事很可能就会发生。

逻辑是这样的，如果你希望双方的关系可以天长地久，就永远不要去做威胁关系的事。“如果你这么做，我就要离你而去。”这句话万万不可说出口，因为一旦说出口，就开启了分手的可能性，它会引发动摇感和恐惧感。一些恩爱厮守了大半辈子的夫妇在接受我的采访时均表示，她们熟悉彼此，不论如何生气或者受伤，对于关系本身还是十分信任的，更不会威胁说要终止携手相伴的诺言。我们要把意焦放在如何维持双方的亲密关系上，而不是一味地担惊受怕。

6. 每天回想对方的可爱之处，加强与对方长相厮守的念头，时时保持相亲相爱的感觉。你要不时地告诉对方：“人生有你，夫复何求。”要尽量与对方分享共同的人生体验；要从内心感觉在一起的喜悦；要不断地制造惊喜和快乐。不然，习惯成自然后，日子就会过得平淡无奇，再也感受不到双方在一起的快乐了。所以要去寻找制造惊喜的时刻，使你们的关系充满意外之喜，羡煞旁人。

充实的心灵包容一切；空虚的心灵排挤一切。

——安东尼奥·波契亚

今日作业：

1. 找个时间跟另一半谈谈，找出彼此最重视的事，譬如什么是双方的最高价值，如何才会让你们觉得那些价值获得了实现。

2. 要达成一致：相爱远比争吵重要。如果双方各执己见，争执不下，那么就要提醒自己冷静下来，等到觉得情绪平复，可以冷静地解决争端时再继续讨论。

3. 找出一种方式——双方都认同的中止争端的解决方式，以便在怒目相对时使用。如此一来，不管当时有多愤怒，至少还有缓冲的时候，也许笑一笑就能让火气消去一大半。采用一些怪异搞笑的举动或措辞，就可以当场化解火暴气氛。这是双方之间的小秘密，可以形成心锚作用。

4. 当产生反感时，尝试用婉转的言词去沟通、化解。譬如，你可以这样说：“我知道，也许有些要求过分了，但是你的做法真的让我很不愉快。”

5. 安排定期的晚间约会，最好一周一次，至少也要一个月两次。双方轮流做东，用浪漫制造一个愉悦的惊喜。

6. 每天一定要跟对方来个至少三分钟的拥吻。

这就是今天的任务，立刻行动，体会其中的乐趣，你一定会获得超乎想象的回报。坚持CANI！法则，坚持改进的步伐。要想获得一个美好的未来，前提是——

第二十二章

第四天——财务决定命运：小步快走来致富

Awaken the Giant Within

目标：掌握理财的五大基本要点，进而掌控未来的财富。

金钱，这个人生中莫大的诱惑，让那么多人不惜抛弃人生中最宝贵的东西，胆敢作奸犯科、违法乱纪、牺牲与亲朋欢聚的时光，有时甚至牺牲了健康。人生中各种各样的快乐或痛苦，归根究底都和金钱有关，它是衡量生活品质最重要的标准之一，凸显出贫富之间的差异。

有些人虽然装着对金钱不屑一顾，然而财务压力每天都会影响我们的生活。尤其是那些年迈之人，缺钱会导致生活资源的匮乏。对有些人来说，金钱简直是万能的魔法；然而在另外一些人眼里，金钱却代表着欲望、骄傲、嫉妒，甚至于是蔑视之源。到底哪种看法才正确？它是美梦实现的保证，还是罪恶频现的根源？它是有用的工具，抑或是攻击的武器？是自由、能力、安全感的来源，抑或仅仅是达成目的的手段？

客观地说，金钱仅仅是一种交换媒介，让我们所创造的价值得以简便自由地进行交换和分享。所以，金钱的出现，有助于大家专心于自己的领域，而不必去担心所生产的东西是否可以以物易物。

正是因为金钱在日常生活中的重要性，一旦我们觉得手头紧缺，情绪就会大受影响：焦虑、恐惧、不安、担忧、愤怒、挫折、丢脸、心力交瘁，不一而足。东欧的剧变，一大原因就是经济停滞、财政紧张。细细想来，有哪个国家、哪个企业、乃至哪个个人不曾有过金钱上的压力？

不过，有不少人以为只要有钱就是万能的，这个想法大错特错，钱多并不意味着自由就多。同样，也不要自以为是地以为越有钱个人发展空间就越大，越能为自己和他人创造出更大的价值。

那么，为何大多数人都赚不到大钱？要知道，美国可是被人誉为遍地是黄金的国度。有人在自家车库里激发灵感，创造出个人电脑，后来营造了年营业额达亿万美元的企业帝国。可为何大多数人庸庸碌碌？是什么推动我们去追求财富？我们的祖先致力于追求自由、人权、幸福，为了理想而掀起独立战争，建立起今天这个强大的国家；可是为什么有95%的老人，在为国家和社会贡献毕生精力后，却孤苦无依，得不到国家和家庭的照顾呢？

可以说，我已经找到了积累财富的秘诀。其实，致富并不是件难事，很多人做不到是因为理财基础有漏洞，价值体系和信念相互冲突，而计划又笨拙不堪，失败几乎是意料中事。各种理财诀窍很难用一章的篇幅就能说尽，不过如果你能掌握一些简单的基本道理，就能很快掌握理财的重要秘诀。

首先，我们从回忆开始。之前我们曾经提到过信念对行为具有控制力量。那么多人未能致富，根本原因是金钱观不清晰，不懂赚钱之道，不懂金钱之义、不懂花钱之法，等等。第五章曾谈道，大脑的判断，取决于对于避开和追求对象的判断。而金钱常常传递给大脑含糊的信息，从而导致判断的结果也模糊不清。我们对自己说，金钱意味着自由，意味着我们可以获取喜爱的东西，意味着可以去达成一直以来的心愿，意味着能过上更悠闲的日子；与此同时，我们却觉得，要想赚更多的钱，就要工作更卖力、牺牲更多的私人时间。然而，等到有时间享受时却已年老体衰，甚至我们会担心，因为财富的积累，会招来批评、引来觊觎。如果是这样，那又何必呢？

这些个负面的联想，也会延伸到他人身上，有人甚至会产生仇富心理。有些人看到别人发了大财，就会觉得他是占了其他人的便宜。如果你看不惯别人有钱，你的脑子会接收到哪些信号？有可能就是“有钱并不是件好事”之类的念头，一旦产生这样的念头，我们就会在潜意识中告诉自己——钱多害人。如果一味地怨恨别人的成功，你就会一直得不到企望和所需的财富。

无法致富的第二个普遍原因，是很多人对金钱高山仰止，认为赚钱很复杂，就找了专家来代劳。让专家代劳固然可以，但要想清楚后果，如果把这事完全依赖他们，一旦那出现问题，责怪就会出口。不过如果你了解自己的财务状况和理财方法，那你就掌握了命运。

书中所阐释的，基于一个理念：我们了解自己的心智、身体及情绪的运作，我们有能力掌控自己的命运。理财之道也是如此，我们要认识它，不能因为其复杂就退缩了。一旦你了解里面的基本道理，理财就变得轻松自如了。现在，我要告诉你第一步，就是要调整神经链，要有这样一个认识：如果拥有财富，就可以为家人贡献良多，从而获得内心的充实。

第三个问题，就是受有限观念的影响，这会造成很大的压力。大多数人都认为我们生活在一个“有限”社会中：土地有限、石油有限、房屋有限、机会有限、时间有限。这样的生活理念，就会导致他们产生这样一个观念：有赢就有输。在他们的世界里，人生是个零和[①]游戏。果真如此的话，致富就只有仿效20世纪初的经济掠夺，尽可能独霸市场，自个儿占有95%的利润，只留5%给别人。

事实上，这套方法如今已不管用。我的好友保罗·皮尔泽是位声名卓著的经济学家，毕业于宾州大学沃顿商学院，因“炼金术”理论而扬名，其《点石成金》一书颇值得阅读一番。书名就反映了他本人的信念和理论支持：我们生活在一个资源丰富的世界里。他指出，当今世界是已经不再是一个资源有限的时代，资源的多寡取决于科技的发达程度。

在Power Talk音频杂志的一次采访中，保罗告诉了我一个重要的例证，证明资源的价值和运用完全取决于科技，因此科技决定了产品和服务的价值和价格。在1970年代，众人都认为石油即将告罄。1973年之际，人们不惜排队几个小时，只为给汽车加油。根据当时电脑分析，专家们断言全球石油储量约为7000亿桶，按照当时的消费速度，可供35年至40年使用。保罗说，如果当时估计没错的话，到1988年石油储量应该跌到5000亿桶。然而根据1987年的调查显示，我们的石油储量较1973年整整多了30%，1988年，石油储量约为9000亿桶，这还只是有据可查的资料，尚未勘探出来的石油储量则高达2万亿桶，其是否可开采要看新科技的发展。

是什么导致了石油储量的巨变呢？原因有两个。一是石油开采技术的进步，二是科技提高了石油利用率。1973年之际，有谁会想到竟然有人发明了电子燃油喷射系统，并在汽车上广为使用，这一下子让燃烧效率提升了两倍以上。而且，电脑芯片只需花费25美元，而之前的汽化器售价却高达300美元！

这种科技一出现，就相当于一下子将汽油供应量提高了两倍，立刻扭转了石油供应相对不足的情况。事实上，将通货膨胀因素和燃油效率的提高都考虑在内的话，汽车单位里程的油耗成本已经是历史最低点了。今日我们所处的世界，大到企业，小到个人，都遭遇到所谓的能源问题，寻找替代能源以解决目前的困境已成为燃眉之急。为了工厂、汽车和飞机等的运作，全球的科学家都在寻求石油的替代品。

---

① “零和”是博弈论的一个概念，意思是双方博弈，一方得利必然意味着另一方吃亏，一方得益多少，另一方就吃亏多少，双方得失相抵，总数为零，所以称为“零和”。

保罗认为，得克萨斯州亨特兄弟公司的垮掉，说明以往的市场操作策略已经失灵。亨特兄弟试图垄断白银市场，达到翻手为云、覆手为雨的目的，殊不知这正好埋下了覆灭的种子。最重要的一个原因是，全球最大的白银消费企业是柯达，该公司为了软片的显影大量使用白银。而随着亨特兄弟白银售价的不断提高，柯达被逼研究出新的显影技术，从而大大减少了白银的用量，逆转了供需关系，造成供远大于求，售价狂跌，最后亨特公司不得不关门大吉。

今日社会，一些原本极有权势之人，由于沿用了老旧的经济策略，结果错误迭出，亨特兄弟公司就是个反面典型。请记住，科技能化腐朽为神奇，能变废为宝，物质的价值由科技来决定。试想，百年前若是地里冒出了石油，这块地必被人们废弃，然而今天，由于科技的发展，这块地却成为财富之源。

保罗表示，真正的财富来自他所称的“经济炼金术”，这是指一种把无甚价值的东西变成具有重大价值的东西的能力。中世纪的炼金术，就是指望把铅变成黄金，虽然一一失败，却奠定了化学的基础。今日的富人们，可说是实打实的现代炼金术士，他们熟谙于如何把不显眼的东西变得贵重，并从中获取经济利益。想想看，电脑速度惊人，而它的原料不就是沙子吗？因为晶片是用矽做成的，而矽是沙土的主要成分。换个角度来看，那些能把点子转换成产品和服务的人也正是在运用炼金术。由此可见，财富源于大脑。

现代炼金术可谓是亿万富豪们的致富法宝，比尔·盖茨、罗斯·佩罗、山姆·沃尔顿和史蒂芬·乔布斯都有这样的能力，把点子、资讯、系统中隐藏的价值组合成有用的东西。正是这种创造价值的能力，帮助他们建立起了惊人的经济帝国。

要想财富恒久远，需要掌握以下五个基本道理。现在就让我们来学习掌控自己财富命运的方法吧。

1. 要想更富有，首先要知道怎样创造财富。来回答一个简单的问题：此刻的你，是否有办法可以用相同的时间赚得多一倍的钱、多两倍的钱、多十倍的钱，乃至于多一千倍的钱？完全没有问题，如果你能想出比现在的公司或同事超值一千倍的点子。

致富的关键就在于要凸显更多的价值。如果你能拥有更好的技术、更强大的能力、更专业的知识、更多的智慧、更少人掌握的技能，能创造出更多人所需要的东西，你就有可能赚得更多。要想增加收入，最重要最有效的一点，就是要创造出一套能持续提高人们心目中的真正价值的方法。为什么医生的收入就比看门人高？答案很简单，因为医生的工作创造了更高的价值。先前他为学得医术而付出很多，最后能以医术治病救人；而看门人的工作则比较简单。人人都会开门，而要开启生命之门，就一定要找医生了。

为什么企业家可以获得如此多的财富？那是因为他们更能创造价值。这种价值主要分为两种：

第一种价值，客户使用了该企业的产品，提升了生活品质。因为其具有提升生活品质的价值，企业得以赚取利润，可是很多企业盯着利润，却把价值这一经营的真正目的抛诸脑后。利润固然关系到企业的兴衰，犹如人的吃睡一样重要，可那并不是企业存在的最终目的。企业存在的真正目的，是以自身所生产的产品及提供的服务，去提升消费者的生活品质。如果企业能长期保持这一点，利润自然就会来；反之即使有利润，那也只是暂时的。无论是企业还是个人皆如是。

第二种价值，企业可以创造就业机会。员工有了工作，他们的孩子就可接受更好的教育，长大后从事医生、律师、教师等职业，为社会创造更大的价值，而他们也能将所赚的钱用来消费。这是一个循环的价值链。罗斯·佩罗在谈到致富之道时说：“我对国家的贡献，就是创造了就业机会，这方面我做得不错。上帝也知道我们的需求。”而贡献越多，所得也就越多。

不是只有企业家才能创造价值，只要坚持不断地吸收知识、习得技能，提升自己，拥有更多的能力，你也可以做到，这也就是为什么人要不断进修。我在二十多岁之际就成为富翁，是因为我习得了某些特别的技巧和能力，知道怎样瞬间改变人生品质，并以最有效的方法在最短时间内传授给尽可能多的人。我得到的回报是，不仅仅结交了许多朋友，更为自己创造了财富。

如果你想在现有岗位上赚得更多，最简单的方法之一就是问自己：“我如何能在这家公司里更有价值？我如何能在更短的时间内创造更大的价值？我如何能大幅增值？有没有办法降低成本提高品质？我能否做出新系统？有没有新技术可以用来更有效地生产商品或提供服务？”如果我们能帮助他人投入更少，而产出更多，真正地让他们获利，那么我们的收入也就会相应提升。

在《致富之路》研讨会中，学员们都要想方设法来提升价值，增加收入，我会要求他们思考是否还有什么资源没有利用起来，关键问题包括：我要如何去帮助更多的人？我要如何帮助得更深入？我要如何提高产品和服务品质？总有些人说："我已经工作了十六小时了，我怎么可能再去增加价值？"记住，你聪明如斯，我也不是要求你工作更拼命，我只希望你能善用新资源，增加更多的价值。

我熟识的一位按摩师，他的店位于圣迪亚哥，生意兴隆，顾客盈门。他的收费已经很高了，而且顾客不断。不过他还是想要进一步提高收入，于是便动脑筋想有没有双赢的方法。后来他采用了一种团队经营的方式，就是跟有资质的按摩师合作，当他自己忙不过来时，就把顾客介绍给别的按摩师，自己从中抽取介绍费。他的这个做法果然奏效，工作时间不变，而收入却增加了一倍，同时又帮助了顾客，并照顾了那位按摩师的生意。

财产安全提上日程，等下你就会觉得安心了。

亚利桑那州凤凰城有一位顶级电台广告女销售，她的行销策略是，不仅在电台时间行销，同时也密切留意是否能为当地厂商发掘机会。譬如说，每当她知道有新的购物中心成立，就会代表购物中心出面跟潜在厂商联络，让厂商知道这个能很快进入市场的机会；随后她又会跟购物中心联络，说她是一群厂商在电台的广告代表。试想一下，购物中心听到这些时会不会很想看一看这群厂商的名单呢？

这套策略颇具效果：1）为广告时段提升了价值，让厂商与顾客的接触机会更多；2）她比同行向厂商提供了更多的服务，所以厂商就算不买下全部时段，但也会买下部分时段，结果形成价值回馈价值的循环；3）她的方式并不花费时间，却使她在厂商心目中的价值超出其他的电台广告销售，这一点就反映在她的收入上。

如果你已经在一家大机构上班，也可以创造出更多的价值。有一位女士，在医院负责申报病人保健，她发现作为医院收入主要来源的收件手续处理很慢，于是她便思索改进收件手续，发现效率竟然可以提高4~5倍。她立刻跟主管报告，并提出如果她能让效率提高5倍，是不是就可获得50%的加薪。主管表示，如果她能保持一段时间，就可以调薪。结果，她真的做到了，不但收入获得了增加，也赢得了赞誉。

不过有一点要注意，不要以为提高了50%的价值，公司就得给你加薪50%，毕竟公司是要赚取利润的。你需要时常问自己：“我要怎样才能把自己工作的价值提高10倍乃至15倍？”如果你能经常这样反省，加薪就水到渠成了。

未来的商品流通浪潮

要想让财富增值，就必须要明白一点：财富来自商品流通。产品和服务是不断更新的，只有把有价值的商品送到大众之手，才能发财致富。山姆·沃尔顿之所以能成为超级富翁，是因为他建立了一套独特的商品流通系统；同样地，罗斯·佩罗成立EDS公司，并用来销售资讯。如果你能想出把商品送到消费者之手的方法，或者降低流通成本，就等于找到了提升价值的方法。开发新产品并非提升价值的惟一之法，如果能找出提高人们生活品质、让更多人受益的方法，这也是在提升价值。

如果我们明了这一点，就知道有些人不能致富，就是囿于“有限观念”。但是更重要的是，很多人都有一个要不得的核心观念：无所付出，索求甚多。很多人希望自己的薪水逐年增加，却不去思考自己对公司的贡献是否有所增加，这实在是个奇怪的想法。

加薪和价值提升是休戚相关的，只要我们能够努力学习、完善技巧，就能提升自身价值。不过有些公司不管员工创造的价值是不是有所提升，只是按部就班地给他们加薪，最后就会自陷囹圄，甚而关门倒闭。要想获得加薪，就必须提升自身的价值，而提升幅度至少要10倍于所要求的调薪幅度。

同样的道理，企业必须认识到设备上的投资回报是有效的。正如保罗·皮尔泽所说，员工才是企业的资产。如果有人年薪5万，却能为公司赚上50万元，那为何不给他培训的机会，提升他的技术、能力、才华、态度和教育程度，让他能为公司一年赚上百万？5万元的投资也许就能带来100万元的回收，这实在是太值了！没有什么投资能比对员工的培训来的更有价值了。

财富，就是人类的思考能力。

——安·兰德

这些年来我奔波于全国各地，教导人们怎样发现价值、运用价值，从而大大改善了生活品质，我的财富也积聚起来，且越来越多。这均源于某一天我问自己的一个问题："怎么做才能帮助更多的人？即使是在他们睡觉的时候也能提供帮助。"就是这个有力的问题，让我找出了一个全新的方法，就是通过电视来促销我的录音带。

从那时起的两年里，我的《个人潜能》录音带就全世界范围内卖出了700万套，我得以每时每刻跟他人分享各种观念及资讯。据我的同事估计，单单在这两年所卖出的录音带数量，足可绕赤道20圈。这真令人欣慰，这些录音带不仅提升了购买者的生活品质，同时也为公司创造了75000小时的工作机会，这还不包括录音带的销售工作时间。

至此你应该已经知道了不少关于提升价值致富的例子。方法简单而有效，你只要问自己："我要如何为所身处的环境提升价值？"工作时要自问："在过去一年里，我为公司赚了多少钱，节约了多少花费？"要想更加富足，你就要为他人或集体作出贡献，而不是只考虑个人的收益。要想想怎样为家庭、教会、学校、社区作出提升价值的事呢？如果你能找出一种方法将价值提升十倍以上，定然会非常有成就感。如果你成为众人的榜样，人生会如何美妙啊？

2. 你得知道怎样"守财"。当你知道积累财富的方法并且确实赚到钱了，下一步就要知道如何"守财"。不要以为能赚钱就一定能"守财"，这样的例子不在少数，有很多人赚到大钱，却在一夕之间倾家荡产。有些天才运动员，在赚进了大把钞票后大肆挥霍，眨眼之间便可身无分文。一旦运动状态下滑，收入锐减，入不敷出，他们就一无所有了。

想要"守财"，惟一的途径便是：收支平衡，多方投资。显然这不是最有吸引力的方法，却是长期"守财"的最佳途径。不过现实是，不管人们赚多少，总是可以花个精光。《致富之道》课程的学员，年收入从3万美元到200万美元，平均在10万美元上下。就算是那些收入最高的也有“破产”的时候，原因何在呢？那是因为他们目光短浅，在理财上缺乏长期计划，既不知道怎么花钱，更不知道怎么投资——这些人就处于“尼加拉瓜瀑布”的边缘。

最可行的守财之道就是，每年拿出收入的一部分存起来，留作未来投资之用。很多人都知道每年存个收入的10%的好处，却鲜少有人照此去做；而不采取这种方法的人中大多数还是不富裕的。守财的最好办法，就是在你看到真金白银之前，就用支票存掉10%。

要想“守财”，就必须懂得控制开支，记住，这不是预算，而是开支计划。这也不是在玩文字游戏，如果你的预算控制得好，那也是一个不错的开支计划。譬如说，如果你已经结婚了，你们就得事先决定钱要怎么花，而不是花钱如流水，避免陷入收支失衡的困境。我们的很多决定并未经过深思熟虑，导致事后后悔不迭，不过若是做好计划，明确花钱的项目和数额，那么开支就会有所节制，夫妻之间也就不会因花费而争执不休了。

遗憾的是，大部分美国人入不敷出。1980年，全美国人共负债达540亿美元，到了1988年则高达1720亿美元，足足是当时的三倍。如此高的负债额很容易导致金融危机。大家须谨记：支出少于收入，才能达到“守财”的目的。

你可能会问：“难道投资不会让财富增值吗？”答案当然是肯定的。但是还有通货膨胀存在，第三步就是教你让财富增值的。

3. 要懂得增值财富。如何才能做到？除了我上面所推荐的那个道理，你还要再记住一句话：要想致富，一定要花得比赚得少，要多方投资，并将获利再用来投资，这就是常说的复利法。

复利法就是俗称的“利滚利”。这是耳熟能详的一个词，不过有很多人未必明白其中的诀窍。复利法可以让金钱自动为你服务。很多人，终其一生奔波忙碌；而那些不为生活所苦的人，每次存一部分钱用来投资，得到的利润再转入投资，如此生生不息，直至积累到可以让他日后不必再为生活奔波。获得经济自由的速度，跟你把利润再拿来投资而不是花掉的意愿成正比，这样，你的钱才能再生钱，不断增长，直到获得坚实的经济基础。

有一个简单的例子可以证明复利法的威力。假设你对折一块方巾(通常厚约1/32英寸，不到1毫米)，很明显，折一次之后它的厚度是1/16英寸；再折呢？就是

1/8英寸；折第三次，则变成了1/4英寸；第四次，1/2英寸；到了第五次，厚度就达到了1英寸。现在就来问一个问题：这块方巾要折叠多少次，才能触碰到月亮？给你个提示：月亮距地球是237305英里（约合381905公里）。你一定想不到，只要把方巾折上39次，厚度就可以直达月球。如果折上50次，从理论上来说，它的厚度可以在月亮和地球之间来回1179次！这就是复利法的威力。不过很少人对此有概念，不会想到通过复利法小钱也可变成大财。

你可能就要开口问了："这主意不错，我想要复利投资了，不过要投资什么呢？"

这个问题可不简单。首先你必须确定自己的财务目标，确定达成的时间，确定能承受的风险。如果你还没有厘清自己的愿望、需求和侧重点，那也就不知道该投资什么。一些有心投资的人会去咨询专家，不过很多时候专家也搞不懂客户的想法。

要想理财成功，最重要的是充分了解投资类型，分析各种类型的投资回报率和潜在风险。专业的理财专家一定是在客户充分了解投资种类之后，才为他们进行投资规划的。计划不明确，投资必失败。理财专栏作家迪克·费边说过："证据显示，什么都投资的人，在十年之后可能什么也没赚到。"这是什么原因呢？迪克归纳如下：

（1）没有目标；

（2）盲目投资；

（3）轻信财经报道；

（4）轻信经纪人和理财顾问的建议；

（5）冲动；

（6）其他。

幸运的是，有关理财领域的问题，你都可以从彼得·林奇、罗伯特·普莱克特和巴菲特等人的著作中获得答案，或者当面请教，请他们根据你的长期需求来作规划。千万要记住，财富对我们的人生苦乐具有主宰性，所以请教对象一定要是一流的，这样才有可能赚到所企求的财富，否则就可能尝到苦果。

现在你已经知道怎样创造和增加财富，现在就来看看第四步，向成功更进一步。

4. 你得知道怎样“护财”。很多人在致富之后反而失去安全感，其安全感的缺乏更甚于没钱之时，每天战战兢兢，担心失去更多。为什么会这样呢？因为他们每天疑神疑鬼，担心有人暗地耍手段，掠夺他们的财富。美国的风气委实不好，根据伦敦《金融时报》1991年6月22日的一篇报道，1988年和1989年这两年，各国登记在案的诉讼案件，单单美国一国就占了全球总数的49%，平均每年达到1800万件。根据美国律师协会统计显示，家在加州、年收入在5万美元以上的人，碰到诉讼案件的概率达到1/4。

在欧洲人眼中，美国人总是咋咋呼呼，大惊小怪，芝麻绿豆点大的事情也要诉诸法律，难怪会有那么多的诉讼案件。这话并不夸张，很不幸就是事实，且在别的国家并不多见。不过，美国人的这一习性，却对美国经济产生了极大的负面影响，使得我们在毫无价值的地方耗费大量的财力、精力和物力。《华尔街日报》曾有一篇报道，说是某人酒醉驾车，迷糊之际想把猎枪挪到旁边的空位上，不幸枪支走火自己杀死了自己。他的遗孀并不认为自己的丈夫酒醉有错，反而控诉猎枪制造公司没有设计保险装置，索赔400万美元，居然还会胜诉！

辛苦多年，积累小财，一着不慎，全盘皆输，被莫名其妙的人掠走，难怪很多人会心焦心寒。这就导致很多人处处小心，惟恐行差踏错，出点岔子，就会影响到后续的投资。不过幸运的是，只要不是官司缠身，就有合法渠道保护私有财产。这是为了保护私人财产免于无理的诉讼，而不是逃避该负的责任。

那些动机不良的人之所以会控告你，原因无非两个：一是窥视你的保险金，二是觊觎你的财产。如果他们的阴谋败露，就无力聘请律师。如果你能在事前采取法律行动，财产就能获得合法保护，这里需要你记住一些简单有用的规定。

在我了解财富的过程中，我开始学习邓普顿的相关理论，并开始了解他们如何保护自己的资产免于无理的诉讼。

不管处于何种境况，一定要关注大玩家们在干什么，然后学习他们的程序和策略。我曾经花了两年的时间，帮我的财富管理公司的一位医生客户厘清在美国可用的资产保护体系。一个普遍的错误观点就是，大家认为资产保护是不可见人的、充满谎言的；而事实却是，诚实才是最好的方法，你的资产需要的不是隐瞒而是保护。如果资产保护并非你的当务之急，日后等你开始建立财富王国时还是要注意的，在这方面还有很多事可做。

5. 你得懂得“用钱”。怎样借着提升价值来“发财”、怎样少花钱来“守财”、怎样利用复利法来为财富增值、怎样去“护财”，这四个道理大家都已经知道。但是，你还是可能不快乐，甚至有空虚之感。这大概是因为你还没有明白一个道理：金钱不是人生的目的，只是实现人生目标的手段。各位一定要记住，惟有让金钱积极发挥作用、造福我们自己和身边的人，否则它就没有价值。当你能运用自己的财富为社会为他人作出贡献时，你就获得了人生最大的快乐。

有一点要提醒各位，你要把提升价值、获得财富和快乐联系到一起，这样你的行为才能长久。大部分人只知拼命赚钱，等攒到一定的财富时才去享受，这只会使他把赚钱跟痛苦联系在一起。换种方法，在赚钱的过程中学会享受，偶尔给自己一个意外之喜（第六章曾谈到过这一点），这样你才会觉得赚钱是一种享受的过程。

也请记住什一税的价值。我的财富始于我给别人20多美元的那一天，而那时我手上的钱并不够，那天的感受转化成我赚钱的能力。很多人说：“当我有更多钱的时候，我就会去捐什一税。”但这样做起来会有困难，你有100万的话，你是给一角呢还是给10万？我不认为就该捐出财产的1/10，但是，如果你长期捐出收入的一部分，这会让你更快乐。什一税的魅力，就在于当你捐助一部分收入，你就会感到回报更多，你会摆脱空虚，信仰体系会改变你的人生。

其实，真正的满足源于内心，内心的富足才能带来真正的富足。前人的遗产是非常丰富的，我们自己没有音乐美术上的创作，就能看到伟大的绘画作品，听到悦耳动人的音乐，没有付出精力就能受到受良好的教育。去国家公园走走，徜徉在大自然的富足中，你就会明白自己拥有多大的财富。好好享受吧，只要你能体会到这也是一种富有，感恩的心态就能让你创造力不绝。

现在我来总结一下：改变信念、掌握财富。这是人生旅途中极为宝贵的东西。下定决心，赶快行动吧！

行善和充实自我是人生最好的投资。

——惠特曼

今日任务：

1. 审视一下自己的信念，如发现有不当之处，可运用神经链调整术加以调整。

2. 拟定一个在工作岗位上全面提升个人价值的计划，先不要考虑报酬，若是你能比目前提高十倍以上的价值，结果是不言而喻的。

3. 抽出收入的10%以上，用于投资计划。

4. 找个靠谱的理财顾问，让他为你拟定一个简单而详尽的投资计划；挑几本靠谱的理财书，从中学习如何做出聪明而周详的投资决定。

5. 如果担心资产会被掠夺，那快制定保护计划。

6. 发个小奖励给自己，才能让赚钱成为快乐的事。你可以帮助的对象是什么？你要怎样让今天更精彩？那就要准备——

第二十三章

第五天——完美无缺：行为准则

目标：一个人若拥有了良好的价值体系，拥有具备强大支撑力的心则，也知道向自己提出正确的问题，那他是不是就一定能够按照自己的价值体系生活呢?

如果你能诚实面对自己，那么答案一定是“不”。我们都会被一些事所困扰，并影响到自身的情绪状态和所作的决定。我们必须建立起一套清晰的价值体系，保证我们能够始终照此生活，同时要得出一套正确的评估方法，以确认自己每天是否都达成目标。

有一个年轻人，聪明博学，27岁之际便成就非凡，自以为万事在握。然而有一天他发现，自己并不快乐。周围的人认为他骄傲自大，这使得他茫然无措，不知道人生该何去何从。

为了掌控人生，他制定了更高的标准，设定好了策略，并拟定每日自我反省的方法。首先，他选择了十二项“美德”——即十二项每天都能体验到的情绪状态，期待人生由此走向所期待的方向。随后，他设计了一张月历表，每项美德后面都有31格，他对自己说道：“如果我触犯哪一项美德，便在当天的那个空格上贴上一个小黑点。整个月都没有小黑点是最好的了，我就意味着这些美德我无一或缺。”

这套方法让他颇为自得，还告诉了一位朋友。这位朋友说道：“你做得很好，不过我认为你还得加上一项美德，那就是谦虚。”这个年轻人便在月历表上加上了这第十三项美德——谦虚。

他就是富兰克林。

当时，我身处密尔沃基市一家不起眼的旅馆，在翻阅《富兰克林自传》的时候读到这则故事。彼时，我的行程非常紧张，既要准备上电台、电视台，又要参加第一本书的签名会，中间还要去参加一个自由交谈的活动，肯定会忙得不可开交。前一天晚上我对自己说：“好了，已经是这样了，那就尽力吧，至少自己心里要有个底。”

于是，我想到当时思考的价值体系，为此还特别制订了一张表，里面的选项都挺实在的。不过想起富兰克林的故事的时候，我不禁问自己："在这张价值体系表中，我列上了'爱'，可是我的行动有没有跟上呢？'贡献'也在其中，然而我真的付诸行动了吗？"答案是"没有"。我的价值体系表是很不错，但是我没有经常去检查自己相应的行动。没错，我是个友爱之人，然而回头去看时，我发现很多时候我却不够友爱。

我坐正了身子，严肃地问自己："如果想要有最佳表现，我该处于何种情绪状态？不管发生什么事，我该维持何种情绪？不管周遭是何种状况，不管前面挑战如何，我每天是不是至少有一次保持那些情绪？"这些需要维持的情绪包括友善、快乐、关怀、随和、振奋、惬意、慷慨、活泼、热情、快活等，其中有一些列于我的价值体系之内。我知道，只有每天真正地保佑了这些情绪，我才能长期保持着我的价值体系。你完全可以想象这是个多么奇妙的过程。

第二天，当我接受电台电视采访时，我特意把自己置于这些情绪当中，我开朗友善、颇具活力、言谈风趣。我觉得自己所谈的是有所贡献的，不仅仅对主持人，还包括那些观众和听众。随后我又赶往当地的购物中心，去参加读者签名会，当我到达那里时，经理就一脸愧疚地对我说："真对不起，罗宾斯先生，你来为读者签名的消息，要推迟到明天才能见报。"

如果这种不着边的事发生在读到富兰克林的美德故事之前，我的反应还真难说。在做了一番心理调整后，我暗自想到："我曾下决心不管发生什么事，都要为别人着想，现在考验来了，看看我是不是真能做到。"于是我走到签名桌那里，果然一个人也没有，最多只是书店外有几个人正在浏览别家店的橱窗。在这种情况下，我要如何才能创造奇迹呢？

突然脑中闪过一个念头，那就是振奋，干吗不来点振奋的做法呢？毕竟振奋这个情绪也在我的单子上啊。于是我拿起一本《激发无限潜能》，尽可能以引人注目的语气开始念着内文："噢！……嗯！……啊！……是真的吗？"

没多久就有位女士经过，不久有位女士经过，我的聚精会神吸引了她，于是便驻足聆听。见她似乎对这本书有兴趣，我赶忙向她推荐，并介绍了其中最具吸引力的故事和技巧。在这过程中，又有几个人停下脚步来听。不到二十分钟，我周围便围上了二三十人，听我介绍这本我所发现的好书。

最后我说道："大家可能还不知道，我刚好是作者的好友！"最先停下来听我说的女士颇为惊讶："真的吗？"于是我打开书的扉页，指了指里面的照片说："看，是不是有点眼熟？"她稍微愣了一下，随后便笑了出来，周围其他人也都笑了。于是我坐下来开始了签售活动。

当天下午的签售会非常成功，读者和我都觉得很有乐趣。我不想被环境所控制，我一定要按照自己想要的方式工作生活，最后悟出了"行为信条"的课程。当我真的活出了自我，展示了自我，我内心就会非常满足，因为那一刻我实现了自己所订的价值。

将所想的化为实际行动。

——爱默生

富兰克林和我并不是惟一信奉这种"行为信条"的人。你觉得十诫的作用是什么？童子军的誓词又有什么用？美国军人的军规有什么作用？而乐观者俱乐部守则又会产生什么影响？要想建立起有效的行为信条，就要不时回顾反省……

乐观者俱乐部守则

向自己承诺……

内心坚强，不受制于外物。

与人交谈，话题只包括健康、快乐及成功。

告诉你的朋友，他身上所拥有的宝贵特质。

看到事情光明的一面，并实现它。

想最乐观的一面，做最乐观的事，预期最乐观的结果。

为别人的成功而高兴，就像是自己的成功。

忘记过去的错误，迈向更大的成功。

随时保持愉快心情，微笑对待每一个人。

严于律己，宽以待人。

对当前的麻烦欣然以待，不忧、不怒、不惧。

约翰·伍登，这位著名的加州大学洛杉矶分校篮球队教练，在他12岁小学毕业那年，父亲给了他一个包含七点要项的守则。后来伍登表示，这个守则对他的人生及事业产生了重大的影响，即使后来在篮坛声名鹊起，他依然每日照行不误。

约翰·伍登的七点守则

“丰富人生”

一、诚实面对自己。

二、认真过每一天。

三、尽力帮助他人。

四、好好品味每一本好书。

五、珍惜友谊。

六、未雨绸缪。

七、寻求上帝的指引，每天保持感恩。

身教甚于言传。

——奥利弗·哥德史密斯①

今日任务：

1. 列出一张你希望每天都能体验到的情绪状态表，这样你才会与自身的最高原则和价值观保持一致。表要够长，项目要够多够丰富，这样你的人生才会多彩；不过也不能过多，要保证里面所列的每一项你每天都能充分感受。对大多数人来说，理想的数量是7到10项。

那么你所期待的有哪些？快乐？有活力？友善？社交？快活？感恩？热情？平衡？冒险？惊奇？娱乐？慷慨？优雅？不管是哪些，都要与你的价值体系相符，并确保有时间去感受。

2. 完成这张情绪状态表之后，在每一项后面写上一句话，作为衡量的标准。也就是说要订出那种情绪状态的心则，例如“当我对人微笑，就表示我很快活”，“当我经历某件从未做过的乐事时，我就会很快乐”，“当我记起人生中的美好时，我就感激不尽”。

3. 要保证每天至少体验每种情绪一次。不妨把你的行为信条写在小纸片上，放在皮夹中、抽屉里或枕头下，随手就能拿到看到，要不时地问问自己：“今天哪一样体验了？哪一样还没有体验？在明天到来之前，我要如何去体验那些尚未体验到的？”

① 奥利弗·哥德史密斯（Oliver Goldsmith，1730~1774），十八世纪著名的英国剧作家。

如果你真的履行了自己的“行为信条”，那感觉是多么美好啊！你将不再受制于周遭环境，不管世事如何变迁，你都能坚持自我，真实面对。当你的生活品质更高，每天都能自信满满地生活，掌控自己的感受和行为，那种自豪感是无法言喻的。

韦恩·戴尔曾跟我分享了一则引喻，内容涉及人们对处于压力之下的行为的自责。他认为：“压力不应该是产生负面行为的原因。打个比方，如果你是一只橘子，当遭遇外力挤压时会发生什么事呢？是不是橘汁流出来了？所以说，当有外部压力时，橘子流出来的原本就在里面的东西。”

当你给自己制定了更高的标准，就能够把潜能尽情发挥出来，越是压力在身，越应该呈现出好的一面。人生不会是一帆风顺的，想要尽可能如人意，就要按照自己的行为信条去生活，同时不忘遵循CANI!法则。别忘了，一个人的个性和自我认定是基于日常琐事和偶发大事，一定要看清楚真正的自我。

接下来最重要的一步就是要知道——

第二十四章

Awaken the Giant Within

第六天——善用你的时间和生命

目标：让时间成为你手中的利器，而不是逼迫你去达成目标的压力。

当你有压力感时（大家都应该有过），那八成是你觉得时间不够用来把事情做好。譬如你过于看重现在——现在的事情、现在的要求、现在的挑战，结果弄得自己身心俱疲。在重压之下，效率就会大打折扣，不过解决办法也很简单，就是调整自身的“时间观”意焦。譬如说，如果你觉得当下压力过大，那你可以把意焦投到未来，设想一下事情顺利完成、问题圆满解决的情景，这样你就会舒坦一些。新的意焦能够瞬间改变状态，重振士气，去面对当下的问题。

当意焦“定”在某一特定时刻的时候，压力就随之而来了。譬如说，如果一个人对未来悲观，那么帮助他的方法，就是把他的意焦转到可以控制的当下；如果有人被分派到一个任务，而之前他在类似的领域中表现欠佳，如果他一直对此心有余悸，那么他就会有重压之感，所以要帮他把意焦转移到现在或者未来远景上，这样他的情绪状态很快就能改观。情绪是很微妙的东西，颇受当下的影响。

我们经常遗忘了时间对心理的影响，事实上它们之间的关系是非常紧密的。我们对某些特定时刻有着不同寻常的关注，就是由心理意焦造成的。譬如说，多久才算久，这就要看当时的情境了。在排队买东西时，十分钟简直是一辈子，而谈情说爱一个小时仿佛就是一眨眼。信念也都会对我们对时间的认知产生影响。对一些人来说，不管什么情况，二十分钟就叫做长；而对另外一些人来说，一个世纪才算长。这两种人，你可以想象得出他们的走路方式有多不同，说话方式又是多么的迥异。如果把这两种时间观截然不同的人放在一起，彼此之间的冲突该有多大？由此可见，建立正确的时间观是我们必须掌握的技巧越能灵活调整自己的时间，就越能有效运用人生经验。

今天的课题，就是要好好来学习运用省时的三大点。

1. 扭曲时间的能力

当你学会了转变意焦，也就掌握了改变时间观的第一步，那么接下来就要学如何“扭曲时间”，把一分钟变成一小时，或是一小时变成一分钟。不知你是否有这样的发现，如果你全神贯注于一件事，就会忘记时间的存在？因为你的意焦不在时间上，就不会留意它的流逝速度。当你把意焦放在愉悦之事上时，就会觉得时间飞快；然而如果你不时低头看表，那么就会觉得时间如蜗牛般蠕动。时间是由自己控制的，无必要控制好自己的意焦以决定时间观。那么你的打算是什么呢？是要好好充实自己，还是去“打发”时间？有一句话说得没错：“别以为‘杀’时间是在消磨，那就是自杀。”

2. 分辨重要的事

改变时间观的第三步，就是要探讨紧迫性和重要性，这可以说是最重要的一个步骤，为什么呢？请回想一下，你是否曾经忙碌了一天，把“待处理事项”都处理完了，结果却毫无成就感呢？那是因为你所做的事虽然都是紧迫性的，却不具备对长期造成重大影响的重要性。相反，你也可能一天内只做了一点事，却非常有成就感。因为你做的事可能并不紧迫，却是非常重要的。在我们的日常生活中，似乎一直被紧迫之事缠身。也许我们正在做一件重要的事，电话铃却响了，我们不得不去接听，生怕漏掉什么重要信息，而很可能这个只是电脑语音电话——这就是紧急却不重要的事。相反，我们买了一本书，也许这本书会影响一生，却因为要拆阅信件、为车子加油、看电视新闻，把翻阅该书的时间一拖再拖。要想好好利用时间，就要安排好行程表，时刻把重要的事排在紧急的事之前。

3. 节省自己的时间

要想节省时间，最有效的办法就是好好吸取别人的经验。人生的学习和成长，若是要靠着摸索和犯错，就会花费许多时间。向那些成功人士学习，可以省去很多波折，因此我拼命地看书、听录音带、参加研讨会。在我心里，我一直认为这些方式是获得智慧的必经之路，那些成功人士多年来所积累的宝贵经验是不容轻易错过的。在此我衷心地奉劝各位，要尽可能地去学习别人的经验，并好好地加以运用。

假如我们有心用对时间，我们有的是时间。

——哥德

今日任务：

1. 从今天开始学习改变时间观。一旦你感到重压，要立刻停止对现在的探索，而要去乐观地思考未来。譬如去想象令你动心的未来，让它如在眼前，可感可摸。你也可以让自己回到过去，想一想你的初吻、第一个小孩的出生、与朋友的一次亲切交谈等等。越快改变自己的时间观，就越不会为压力所羁绊，而情绪也越加正常。经常做这个练习，直到你能一改变意焦，情绪也能立刻随之改变为止。

2. 学习如何巧妙地扭曲时间。如果有一件耗时的事要做，那么可以设法同时进行另外一件事，这就能缩短你的时间感觉。当我跑步时，总会带一个随身听，这样就可以一边跑步，一边听喜欢的音乐；当我在跑步机上健身时，可能会一边看电视新闻或一边打电话谈事情，这样我就不会借口有事要办而抽不出时间运动。

3. 在安排事情的优先顺序表时，要按照事情的重要性而非紧迫性来排列。不要洋洋洒洒写上一大堆，这样即使你全部做完了，也不会有什么成就感。要列出真正重要的，求精不求多。如果你这样做，我可以打包票，就算只完成了一点点事，你也会有很大的成就感。

若能做到以上几点固然好，不过我们还得花时间在——

第二十五章

第七天——休闲娱乐：即使上帝也要休息一天

Awaken the Giant Within

目标：取得平衡之道。

工作要努力，休息也不可偏废。工作之余，不妨给自己放假一天，好好放松，要尽可能地摆脱平日缠身的事务。想想有什么能让那一天过得快快乐乐？

大人者，不失其赤子之心。

——孟子

今日任务：

1. 要么计划点有意思的事去实践，要么随兴去做也可以。不管做什么，只要快乐就好。

明天，你要准备去开拓——

第四卷

命运课堂

Awaken

the Giant Within

Awaken the Giant Within

第二十六章

终极挑战：一个人究竟能做什么

他知道自己必须阻止他们。怀揣区区八百美元，萨姆·拉布德驱车进入墨西哥，站在恩塞纳达码头边上，他相信机会总会来临。带着一台摄像机，他成了一位初来乍到的美国游客，向码头边上各艘渔船的船长打探打工机会，当个水手或是轮机员都可以。

最后他成为玛丽亚·露易莎号的一名临时水手。等这艘巴拿马籍的鲔鱼船起锚出航，拉布德开始偷拍水手们的一举一动。这事风险极大，若被发现就可能小命不保。

终于发生了："水中公民"海豚成群结队，围绕着玛丽亚·露易莎号又叫又跳，欢欣鼓舞地。海豚生性友善，乐于接近船只，争相跟船上的人打招呼，不想却招致杀身之祸。其实渔船的目标并非海豚，而是其下方的黄鳍鲔鱼，可是当大网撒下时，海豚也成了殃及的池鱼。

捕鱼过程足足有五个小时，场景骇人，拉布德用手中的摄像机一一记录。一条接一条的，海豚渔网缠身，无法脱身，无法浮出水面，无法获得氧气，最后气绝而亡。

就在拉布德左摇右摆地奋力拍摄时，船长大声问道："有多少条鱼了？"一名水手高声回道："大概五十条！"于是船长便下令收网。当水手们把网拉上来，将其中的鲔鱼和海豚进行区分后，那些"水中良民"们多数已经濒死了。甲板上海豚的灰色尸体遍横，最后被弃入大海。

多年来，拉布德的记录成为人们与该行为进行斗争的有力武器。每天至少有数百条海豚在渔民的每天作业中丧生。在过去的十年中，这样被杀害的海豚估计有六百余万条之众。影像资料仅有11分钟，观看者却深受震撼——为何要荼毒这么可爱善良的生物。在媒体的广泛报道之下，消费者们愤怒了，自发地拒绝购买鲔鱼，随后演变成为全国性的抵制运动。

1991年，就在拉布德首拍海豚惨剧整整四年之后，世界最大的鲔鱼罐头制造商发布声明，标识不再采用流刺网所捕获的鲔鱼制造罐头；几个小时后，另外两家鲔鱼罐头制造商发布了相同的宣言。但是斗争还在继续，一些外国非法捕鲔船杀害了6倍于美国捕鲔船的海豚。不过，拉布德的影像资料犹如催化剂，大大地改变了美国的鲔鱼工业。这样，不仅拯救了无数海豚的生命，并且对海洋生物保护作出了巨大的贡献。

人只有生下来，才会有各种可能。

——爱默生

很多人对某些社会问题或国际大事深感无力，觉得心有余而力不足，更无法跟那些权贵们抗衡，那些人动动手指就能毁灭一切。日益严重的帮派火拼、暴力犯罪令他们忧心忡忡，财政赤字的日益恶化也让他们担心不已，更别说金融危机、无家可归、文盲、全球温室效应扩大及物种灭绝速度加快，这一切都使他们绝望：就算我们阖家平安康乐又如何？只要政客们哪天一不对劲，胡乱按下按钮，我们就全都灰飞烟灭了。一思及此，他们什么雄心壮志都没了，无力感一产生，什么改变的心思都没有了，因为他们的脑中总会冒出令人心灰意冷的话："有什么好试的？"

一个人如果深感无力，就会懒得采取行动，也不会想要改变自己的生活环境，也不会想要去帮助别人。本书翻阅到这里，想必你已经明白，现在你已经有能力控制自己的思维方式、感受方式和行为。既然你已经掌控了主宰系统，那么就来改变那种无力感吧。本书中的很多道理和技巧，你只要勤加应用，你就必能成为自己人生的主人、命运的主宰。

我们曾探讨"决定"这一塑造命运的巨大力量。当我们决定了意焦所在、决定了对意义的阐释、决定了采取何种行动，那么这些行动就注定了我们的现在与未来。

现在，是时候来运用联合决定的力量，塑造出心中的大同世界。我们后代子孙的生活，很大程度上取决于我们今天所做的各种共同决定，如怎样处理毒品泛滥、贸易失衡、公共教育失效以及狱政缺失等重大问题。

不要只盯着问题表面，一定要寻找它的根源，今天哪怕是一个不起眼的决定，都可能影响到我们未来的命运。同时也要记住一点，任何决定都会有一个结果，我们若不主动掌控自己的人生，而随波逐流、受人摆布，或者是随意作出一个决定，贸然采取行动，那么很可能由于这样的愚蠢和不负责任而造成滔天大祸。有时候，我们想要避开一时的麻烦，结果却带来了长期的困扰，等到发现情况不妙时，却自我催眠，说这个问题已经是沉疴难治、病入膏肓、回天乏术了。

当面对诸多棘手问题的时候，很多人认为若要解决问题，只能求助于“超人”了，只有他才能扭转乾坤。这个想法可是大错特错。要知道，人生是“不断累积”的过程，我们所碰到的种种人生境况，实际上是由无数小决定累积而成的，这些决定可能是个人的，也可能是家庭的，还有可能你所生活的社区、社会乃至你的国家。一个人成功与否，并不是由那些惊天动地的大决定造就的，而在于日复一日的小决定，以及随之而来的行动。

也就是说，我们每个人日常的决定和行动，决定了个人的人生境界。若想要扭转人生、自然和谐，那就需要好好作出决定、采取行动、担起责任。人只有与这个社会形成“命运共同体”，才会为之作出深远的影响，一起来推动“持久且不懈地改善”，这也是我一直倡导的CANI!法则。只有这样，才能成就真正持久的改变。

终极解决之道

当今世界挑战日甚，在你看来，所面临的诸多问题中，有何共通之处？无家可归者日渐众多，犯罪率节节升高，财政赤字不断扩大，生态环境日益恶化……就我看来，这些问题都始于人类的一系列错误行为，那么解决之道就是要从改变人类的行为着手（这也就是本书始终强调的要改变我们的算念和决定）。譬如说，毒品本身不是什么问题，行为才是其本质所在；未婚先孕也不是精子的问题，而是由那些人自身的行为造成的；帮派斗争乃至核战争都是行为所致。正是由于我们的决定制造出了各种可怕的武器，然而我们也可以下决心来销毁它们。可以说，当今社会所面临的一切问题，都是我们之前所选择的行为决定的。

举个例子，当一个人加入帮派，这必然源于他的某个决定，而就是这么一个决定，他的行为乃至人生从此就与以往不同。然后可能引发社会问题，因为当他认定自己是帮派分子时，就会按照帮规行事，效忠帮规，而这就可能导致他与社会规则脱节。还有另外一个影响甚大的问题，就是长期存在的饥荒和食物短缺。由于人类的某些错误决定，世上无数人因而丧生。根据世界卫生组织公布的资料，全球生产的粮食足够养活地球上每一个大人、小孩、男人、女人；然而另外一个数字是，在这个星球上，平均每天却仍有4万个孩童饿死，为何如此？因为我们虽然粮食充裕，却有着严重的分配不均和大肆浪费问题，由此导致灾难频发。

这告诉了我们什么呢？从正面来说，一旦我们了解了问题的根源在于行为，而行为又源自决定，那么就该知道，我们自己是惟一能解决问题的人，而解决之道就是改变旧行为。如前所述，惟一可以完全由我们自己掌控的，就是我们的内心世界。我们自己可以决定自身的认知、行动；而就是这些决定，促使我们拿出行动，改变外在世界。每个人都可以从家庭、公司或者团体开始发起行动，把内心最深处的价值观和信念传达给大众，这就可能带来一连串正面的效果。只有我们有心，即使是很简单的一个行动，都有可能产生推动作用。

这听起来是不是很振奋人心？不过你也许会问："有什么是凭一己之力就能改变世界的？"我的答案是，几乎没有什么事不可以，只是需要雄心壮志。翻开人类的历史画卷，差不多所有的大事都是由少数的平凡人做成的，动力就是他们所怀抱的不平凡志向。这些人之所以出类拔萃，是因为他们下定决心要改变一些事情，而且必须成功。他们胸怀无比的信心、无畏的勇气勇往直前，最后达成心中所愿，他们就是我们尊崇的"英雄"。

我相信每个人与生俱来都有成为英雄的天赋，只要我们有足够的勇气和胆量，勇敢跨出那高尚的一步，那么即使一时低落，日后也必会大放异彩。如果你同意我的说法，那么，当机会来临时，你是否能够展现英雄本色，无私地去回应、去支持改变呼声呢？

我并非自愿地（成为一个英雄）。是他们推我下船。

——约翰·肯尼迪（当别人问他如何成为一个英雄时的回答）

很多人不敢面对困难和挑战，却不知道困难和挑战是锻炼人最有效的工具。很多人没有发现自己原来也有英雄潜质，直到面对攸关性命之事或重大挑战时，他们剩下"华山一条道"，才破釜沉舟、奋起迎战。日后你若是遇到挑战，千万不要畏葸不前，而要当机立断（哪怕决定微不足道）、拿出行动。也许就是这么一个小小的决定，却完全改变了你的一生。把自己当做英雄，那么你就会像英雄般做决定。

特蕾莎修女是很多人心目中的"天生"英雄，世人认为她是一位具有大勇气、大爱心的伟大女性，其崇高的人格，为贫苦大众无私奉献的精神备受推崇。不过大家要明白一点，这些特质并非与生俱来，而是由于她在几个关键时刻的决定，使其成为当代最为伟大的勇于奉献的榜样之一。特蕾莎修女并非一开始就为穷人服务的，她曾在印度加尔各答担任富家子弟的家庭教师长达20年之久。她的四周布满贫民，而她甚少关心，她不想走出她那自给自足的小天地。

一天晚上，特蕾莎修女沿街行走，一个女人的求救声传来。在她还未弄清楚情况的时候，这个奄奄一息的女人已倒在她的臂弯中。就是这么一件偶然之事改变了特蕾莎修女的一生。

那个女人的病情相当严重，特蕾莎赶忙将她送往医院，然而院方却完全不加理会。特蕾莎知道若不给那位女人实施治疗，她就必死无疑。于是又赶忙把她送往别家医院，结果又遭到冷漠相待。限于印度的阶级制度，那位女人根本就没资格受到跟其他人相同的照顾。没办法，特蕾莎最后只有将她带回自己的住处。当晚，她安息于特蕾莎的悉心照料之下。

特蕾莎修女的“决定时刻”终于到了：她下定决心，要阻止相同的事情发生；她下定决心，要奉献自己的一生，扶贫助弱，帮助印度境内那些受苦受难的贫民，让他们无论生死都要获得该有的尊严。在她的能力范围内，她事必躬亲，呼吁社会改善贫民的待遇，得到人类应得的关爱和尊敬。

让我们的朋友和敌人同样听见我此时此地的讲话：火炬已经传给新一代美国人。这一代人在本世纪诞生，在战争中受过锻炼，在艰难困苦的和平时期受过陶冶，他们为我国悠久的传统感到自豪——他们不愿目睹或听任我国一向保证的、今天仍在国内外作出保证的人权渐趋毁灭。

让每个国家都知道——不论它希望我们繁荣还是希望我们衰落——为确保自由的存在和自由的胜利，我们将付出任何代价，承受任何负担，应付任何艰难，支持任何朋友，反抗任何敌人。这些就是我们的保证——而且还有更多的保证。

——约翰·肯尼迪就职演讲摘录

当代人似乎不乐于成为一个英雄人物，这也许是为了躲避大众的目光。英雄们的个人色彩过于浓重，他们也会犯错，却永远处于大众的放大镜之下。金无足赤，人无完人，谁会没有瑕疵呢？遗憾的是，我们不但会看低那些尚未显山露水的潜在英雄，而且刻意贬低已有的英雄，世风如此。世人紧盯英雄们的隐私，削尖脑袋挖他们不为人知的缺点。人总是存在被人诟病之处，即使一时没被挖出来，也会被人“设计”出来。每次选举，大家不是抱怨候选人的能力不足，就是处心积虑地想找出他们的毛病。有一位大法官继任人选，就被人追查到他数十年前曾有过一次抽大麻烟的纪录而黯然出局。

如果我们依然采取以往对待英雄的僵化方式，来对待今天的英雄们，那么这个社会根本就不会存在英雄了，即便是肯尼迪家族或金家族都过不了关。大家之所以这样做，是因为担心日后这些人会有令人失望之举，倒不如一开始就查清楚。既然那些英雄人物都不完美，那么我们这些凡人更有可能犯错，那么是不是代表没有人有资格成为英雄呢？

怎么样的人才算是英雄？英雄者，面对艰难险阻，勇于奉献，服从大局，摈弃私念，竭尽全力，以期不负众望。英雄者，敢于直面逆境，接受挑战，认准目标，一往无前，无所畏惧。英雄之见识所为，往往超出常人，他们从自己的个人信念出发，以他人的利益为皈依，成为众人之典范。

英雄的行为处事，有其特别之处，他们知道如何去达成目标，虽遇艰难险阻，却从不退缩，直至梦想成为现实。他们之所以会成功，是因为善于随机应变，注重每一步行动，前后连贯，环环相扣。英雄并非完美无瑕，也会犯常人的错误，但这抹杀不了他们的贡献。英雄的特质不是完美，而是人性。

无家可归的问题

既然，每个人的内心都有“英雄情结”，都渴望自己成为英雄，那么就等候良机，让自己成为英雄吧。现在就有这样一个机会，你会怎样处理像无家可归这类社会问题呢？首先，我们一定要先提高自己的标准。身为这个世界上最富有国家的公民，我们必须要下定决心：不能再让这么多我们的手足同胞、妇女儿童如同垃圾一般地流浪屋外、日晒雨淋。

无家可归者究竟占多少人口比例呢？这个数据在1990年时尚未有完全统计。事实上按照无家可归的定义——就是没有具体住址，这个数据很难精确统计。据一般估计，大约至少有三百万人，也就是说，在美国每一百人中就有一人不是流浪街头，就是栖身收容所中。

解决无家可归问题的第二步，就是要改变信念。不要认为这个问题已经蔓延全国，已成沉疴痼疾，无力回春。要相信“事在人为”，从无力感的桎梏中解脱出来。事实上，一切伟大的改革，有哪一次不是因为那些伟人们的锲而不舍而最终达成的呢？

还有一个错误的观念——认为所有流浪者都是因为“精神错乱”——亟待改

变。据统计，无家可归者中，大概有16%~22%的人有此症状，但这并不是精确的数字。要想真正帮助无家可归者，我们必须要摈弃既有成见，不能以偏概全，这样才能帮助尽可能多的人。

是什么造成了无家可归这一问题？除了精神错乱之故，还包括房租上涨、吸毒、酗酒以及传统家庭瓦解等。乍听之下，这些原因似乎都成立，但是若再深入分析，就会发现，这还是取决于个人信念。要知道，有这些遭遇的人不在少数，但其中的多数人也并没有变得无家可归。

为何有相同遭遇的人，结果却截然不同呢？原因就在于个人的基本信念、价值体系及自我认定了。有些人之所以流浪街头，是因为他们觉得自己就是无家可归的那一群；而没有落魄于斯的人，则是相信自己只是“暂时没有家”而已。在这一信念的驱使下，他们就会最终回归到传统家庭生活之中。要想彻底改变无家可归者的现状，就要改变他们的自我认定。

自1984年以来，我就与一个相关组织合作，致力于帮助纽约市南区、夏威夷及圣地亚哥的无家者改变自我认定，把对自身的看法从一个“无家可归者”转换为“对社会有贡献的人”。每一年在我的课程中，都设置了一个内容，必然会有一晚让学员与当地的无家者同聚，为他们加油打气，帮助他们改变人生。短短一个晚上的心灵交流，往往产生惊人的效果。

其中，最成功的例子便是一位名叫T.J.的年轻人。当时我们在街头遇见他，邀请他来共进晚餐，同时希望他能告诉我们他的人生经历。他说，他已经在街头游荡长达十年之久，染有吸食可卡因、美沙酮以及安非他命等恶习。就是这样一个有诸多坏习惯的人，在研讨会的学员们的帮助下，仅用半个小时左右的时间就改变了先前的信念，同时也想出了很多帮助他重新振作的方法。

今天，T.J.已不再流浪，不再吸毒。更可贵的是，他为社会贡献了自己的力量，他现在得克萨斯州担任消防员；他还曾前来我的研讨会，帮助那些有过相同遭遇的学员们。

跟许多无家者交谈当中，我发现他们几乎都有T.J.那样的遭遇，吸食毒品、酗酒无度，无家可归，未来迷茫。他们这种异常的生活状态是受制于神经链的结果，而他们所持的价值观又阻碍了改变，其心则导致他们无力追求真正的快乐，其自我认定使得他们逃不出现有环境的桎梏。他们认定，自由是最高的价值，因此即使身处恶劣的环境，他们也乐得其所。他们的标准不同于社会上通行的那一套，因此也不会有那套通行标准所产生的压力。此外，无家者建立了一个社交圈，他们通常认为自己是一个“强者”，因为流浪街头并不容易，需要依靠智慧才能生存。无家者的个性不能以常理来推断，我就认识几个无家者，他们即使重回家庭，偶尔还是会去收容所住个几天。他们“无家者”的自我认定，使得他们无法忘怀于流浪生活。

通过善意和关怀，你我都可以成为一座桥梁，帮助无家者走出可悲的现实，重新融入社会，承担应有的责任，付出应有的奉献。越觉得事情紧迫，我们越会有行动。如果你能和无家者建立友谊，提供他们新的心范（如去SPA馆或是影院？），就能帮助他们建立起新的信念和自我认定。要知道，即使是小小的努力，也会带来大大的改变。

狱政制度的挑战

我们的狱政也一样存在问题。普通大众都可看出当前狱政的无能，导致重犯率高达82%。根据1986年联邦及各州立监狱的统计，60%的犯人入狱两次以上，45%的犯人入狱3次以上，20%的犯人入狱6次以上。

曾有一度时间，在狱人口激增，结果造成监狱空间不足。为了纾解这一压力，当局很快释放了不少犯人，同时还馈赠每人200美元的走路费，这简直就是放虎归山。

很明显，我们的狱政尚未学会如何改变自身的决策方式。试想，如果你所生活的环境，需要你交保护费才能免去被伤害或强暴，需要去偷窃或者加入帮派才能得以生存，你对这个世界和自己的未来还会心存美好的期待吗？犯罪分子轻而易举就能出狱，为了生存他们还是会重操旧业。因为在他们的世界里，只有遵循野蛮的规则，才能获得认同和名声。

一位有犯罪前科的人告诉我：“每次被释放后，我就想着要回去。外面的世界我没有熟人，而在监狱中大家都怵我，又有手下帮忙修理不听话的人。在外面我一文不名。”把那些罪犯送到一个与人素不相识的环境中，他们就会对环境产生无所控制之感，这些人便会有意或无意地重回心目中的“家”。

这种重复犯罪的情况能否改善呢？当然可以，只要把痛苦跟入狱连在一起、把快乐跟出狱连在一起就行了。如果我们能够综合起来运用，效果会是出人意料的。我曾与一位因杀人未遂入狱八年后刚出狱的人交流，当我问起他是否会再犯时，他笑了笑说道："那还用说，如果那个人敢拿走我的毒品的话。"我好奇地问道："难道你不怕再坐牢吗？"他说道："没什么可怕的。牢里没有大家想象的那么糟糕，在那里我不必担心下顿饭没着落，还有电视可看。我也知道怎么应付其他犯人。所以坐牢没什么可怕的。"大家可以看到，并非监狱对他没有吓阻作用，而是他根本没有把痛苦和坐牢联系起来。

现在，我们来看看一个相反的例子，那就是弗兰克·阿巴奈尔。他是《有本事来抓我》一书的作者，也是举世闻名的大骗子，曾经在世界各地乔装成飞行员、医院主管、路易斯安那州的总检察官等等，行骗数百万美元。然而，后来弗兰克华丽转身，成为一位著名的银行保安系统专家，为社会作出了自己的贡献。

是什么促成了他的改变呢？那就是痛苦。有一次他故伎重施，结果失手被捕而被投进一所法国监狱。监狱里没有严刑拷打，但他却痛苦不堪。其一，他被关进了一间暗无天日的小牢房中，与世隔绝；没有电视、没有报纸、没有收音机、无人可交谈。其二，狱方根本不给他有关释放的任何消息，弗兰克完全不知道他是要坐60天的牢还是60年的牢。

这种未知的痛苦（既不知道刑期，又不知道外界状况）无疑让犯人痛苦到无以复加，他们对未来毫无把握。弗兰克将那所监狱喻为"人间地狱"，发誓再也不能"旧地重游"。其实，受此处罚的并非只有弗兰克一人。这就是法国的狱政制度，罪犯的再犯率只有1%，而政府每年花在犯人身上的费用只有200美元。再来看看美国，再犯率高达82%，而花在每位犯人身上的费用每年却高达3万美元。两者的差别何止一点儿。

这样说并不表示我主张采取法国的狱政制度，不过，既然我们的狱政制度不管用，那就应该另想他法。我们固然应该给犯人提供一个合适的环境，使其免于被其他犯人殴打、鸡奸的困境。但是监狱也不能让犯人们觉得像家那样舒适、随心所欲，他们想来就来，想走就走；同时要帮助他们了解外界状况，这样有一日他们获释，就有底气去面对外界，掌握自己的前途。只有让他们在神经系统中建立起坐牢是痛苦的、出狱是快乐的神经链，日后就不容易再犯前科了。

最重要的一点是，要让犯人知道有人关心他们，愿意帮助他们寻获人生的新方向。或许不是所有的犯人都会改正，但那些有心上进的犯人，就值得我们去帮助。

世上只要有一个下层社会，我就如同身在其中；只要有一个罪恶渊薮，我就如同身陷其中；只要有一人身在监狱，我也就不得自由。

——尤金·德布斯①

你现在有什么打算？一个简单有效的方法，就是每个月抽出一天的时间，去监狱探望有积极进取心的罪犯。要以关怀、支持的情怀，帮助他们寻找未来的方向。有一位犯人让我记忆犹新，我曾自愿到加州的齐诺监狱探望犯人，并与其中一位建立了深厚的情谊。在我的帮助和鼓励之下，他开始每天跑步五英里，阅读励志和有用的书籍，最后从一个“犯人”转而成为“有用的人”，两年之后他获释出狱。跟他的交往和对他的帮助，是我人生观形成过程中极为宝贵的财富。

帮派暴力的挑战

成年人犯罪固然是个亟待等处理的问题，然而面对日益严重的青少年犯罪，我们岂能坐视不理。看到每天发生在都市中青少年帮派的行凶斗殴和杀人事件，你作何感想？曾经在洛杉矶，有两个当地的青少年帮派犯下的残酷暴行震惊全美，更使得洛杉矶声誉受损，连带着当地市民都遭受了牵连。要解决这类问题，首先要知道这些少年的心则，因为每个人的行为都受到信念的影响，信念决定了一个人做什么、不做什么。

《滚石》杂志曾经刊载过一篇文章，谈及帮派的日常生活。这篇分析帮派行为的文章，资料来自“基尔帕特里克感化营”。当那些身为帮派分子的学生被问及为何杀人时，他们毫不迟疑地便举出了37种原因。其中一些听来令人心惊肉跳，例如有人瞄了我一眼、有人问我是混哪儿的、为了一个铜板、瞧不顺眼那人的走路姿势、别人碰了我的食物（可能只是一包薯条）、好玩、那人把我的头发剪坏了，诸如此类，不一而足。

这些旁人看起来不可思议、荒诞不稽的心则，竟然让他们随心所欲地去杀人，这些年轻人是多么的心浮气躁。他们就算有再多的理由，也不可动手杀人，然而在他们心中那是常人的做法，在他们的心则里就可以杀人。不过感化营里的辅导方式却颇有意思，那些辅导员深知提问的威力，即使那些人信念再强也会软化下来。有位辅导员问学生：“有哪些事，就算是拼掉性命你也会去杀人的？”

① 尤金·维克托·德布斯（Eugene Victor Debs，1855～1926），美国著名工运领袖、美国社会党创始人。

换句话说，如果你因为头发被剪坏而杀人，从而被处死，你还会去杀人吗？

此问题一出，学生们便下意识地开始审视自身，反省之前杀人的心则是否有必要。在提问的过程中，学生们的心则发生了很大改变，先前的37个杀人理由，此时便只剩下3个：自卫、保护家人、捍卫帮派。而之所以还有帮派这个理由留下来，是因为有一位少年坚信这是他生命中最重要的事，每当有人想说服他，他就极力抗拒："你们没有一个人了解我。"他的自我认定与帮派联系得非常紧密，帮派信念根深蒂固，任何贬低帮派的想法就相当于贬低他本人。在这个年轻人心目中，帮派就是世上惟一不变的东西。

通过这种问与答的教导方式，这所学校逐渐破除学生们的心范，最后使他们丢弃了先前所持的信念。之前已经说过只要改变一个人的信念、价值体系、心则或自我认定，他的行为就会随之改变。同样的道理，只要了解帮派形成的原因，问题就不难处理了。

环境保护的挑战

环保已不再仅仅是激进分子抗争的目标，而早已成为国际中心话题。多年来气温不断升高，不断刷新最高点，全球气候变暖已经成为人们最为关心的全球性课题。这一现象主要由于臭氧层中二氧化碳滞留过度造成，由此引发气温攀升。那么二氧化碳的主要来源是什么呢？一个源头是空调和喷雾罐中的碳氟化合物；另外一大原因是中南美洲的热带雨林遭受肆意砍伐焚毁。要知道，热带雨林约占全球植被的80%，是维持生态系统的平衡的关键所在。

树木与人类息息相关，人类排放至大气中的二氧化碳只有被树木吸收后，才会转换成我们赖以生存的氧气。没有了氧气，地球上的生物便会遭遇灭顶之灾。另外，雨林还是地球上大部分动物及昆虫孕育的环境，毁掉了雨林，不仅毁掉了制造氧气的地球之肺，也破坏了动植物生存的环境。而我们制造的二氧化碳则会不断进入臭氧层，加速全球的温室效应。

既然雨林如此重要，为何又会遭受来自人类的无情砍伐呢？答案很简单，就是关乎痛苦和快乐的重要事项——经济。中南美洲诸国外债负担沉重，政府就鼓励国人开垦雨林，目的不在于建房筑屋，而是要养牛，用以出口美国，赚取外汇。美国人每年消耗的牛肉10%都是从中南美洲进口的，为了满足如此庞大的需求，雨林的消失速度，达到了每五秒一块足球场。

销毁雨林以开辟牧地的做法，可算是最为短视、破坏力最强的决定，这不啻是在摧毁我们的生存基础。大家是否知道，你所买的仅仅1/4磅的来自雨林肉牛绞成的汉堡肉，就意味着55平方英尺雨林遭焚毁；更令人痛心的是，雨林是不可再生的。而且，随着雨林的不断消失，每年有1000种以上的物种跟着灭绝，如此重大的生态浩劫，实在令人心痛。

可这一切又为何呢？只不过是为了满足我们的口舌之欲。然而，医学研究表明，肉类是心脏病及癌症的元凶，而这两类疾病是美国人最大的死因，每两个美国人中就有一位会死于心脏病，这比“俄罗斯轮盘”赌局的死亡率还高。如果我们不改变嗜食牛肉的习惯，环境生态或许就毁在我们手中。

你想要阻止对雨林的破坏吗？你想要重建生态平衡吗？那就去支持“绿色和平”之类的环保组织吧。而最为强有力的办法就是将痛苦跟破坏我们所居住的这个星球的行为联系起来。我们怎么忍心去破坏自己居住的这个星球呢？有一个办法可以让你减少或者完全不食用汉堡包，那就是曾经用在鲔鱼产业的抵制方式。在这里，我们所谈论的不是钱财，而是整个地球的生命。不要小看你在餐碟中所放食物的决定，它关乎我们每天制造多少二氧化碳，关乎诸多物种是生存还是灭亡。

现在，让我们来看看你在饮食上的决定会产生何种影响。也许你和我一样生活在严重缺水的州。有人说21世纪水就像黄金般珍贵和稀有。怎么会这样呢？地球表面大部分可都是为水所覆盖呢。原因就是，我们对于这一稀松平常而又宝贵无比的资源肆意挥霍，特别是在养牛用水上。大家是否知道，一头牛一生所耗之水，足足可以浮起一艘美国海军的驱逐舰。在加州，我们一直努力节约用水，采取了一切尽可能的节水方法，譬如庭院草皮不浇水，在水龙头和沐浴器上配上节水装置。可是，单单产出一磅牛肉，就要耗掉5214加仑（约合19.8立方米）的水量；只要你少吃一磅牛肉，那就比一整年不洗澡所省下的水还要多。根据康奈尔大学经济学教授大卫·菲立德斯及其助手罗宾·贺尔的说法：“州政府资助畜牧业灌溉设施的每一块钱，都会造成纳税人七块钱的损失，生活成本更高，而赢利减少。”要如何节水？方法显而易见。就我个人来说，那就是尽可能少吃肉，毕竟我们还有其他可食之物。

还有很多事情值得思量。各位可知，美国的牛肉工业所消耗的能源远高于其他任何一个行业。据统计，美国用于家畜业生产的原料，足足占到全国能源消耗的1/3。在同等价值蛋白质的生产上，生产一磅牛肉所耗费的石化能源，是豆制品的39倍。如果你想要节约能源，你开车去街角吃一块牛排可能比走路过去更划算，因为走路所耗的卡路里价值要高于（热量是从牛排或鸡排而来的）开车耗费的能源价值。

你是否也关注于核电厂的兴建呢？如果我们能减少50%的肉类消耗量，整个国家不仅可以不用兴建核电厂，同时也能大大减少能源的进口。

最后一项众人关心的问题是全球性的饥荒。据调查，全球每年有6000万人死于饥饿，真的是时候核查我们的能源使用效率了。记住，任何决定都会导致相应的结果，我们一定要认清楚自身的决定对于地球的长期影响，否则极有可能做出错误的决定。

任何一块土地若是用来生产牛肉，那都是极其不值的。一块可以生产250磅牛肉的土地，如果改种马铃薯，就会获得4万磅马铃薯的收获。如果用它们来养人，前者只够养一个人，而后者可以养160个人。生产一磅牛肉所消耗的资源可以生产16磅的谷物。一个肉食者要维持生存，一年需要3.25英亩的土地；然而一个偶食鸡蛋和牛奶素食者的生存，一年只需半英亩土地就够了；如果是一个纯粹的素食者，那一年1/6英亩的土地就已足够。也就是说，如果单吃素的话，一英亩土地能够养活的人足足是肉食者的20倍。在美国，每天有5万名儿童挨饿，但是只要我们充分利用资源，就完全能养活他们。如果国人能够将食肉量减少10%，将牧养家畜的资源用在别处，就可多养活1亿人口，而全球饥民的人数也是这个数目。由此可见，食物数量是绝对够的，我们只是需要通过政策来解决分配问题。

最后一个重要问题，便是土地。我们的食肉习惯导致了每年大量自然资源的流失。大自然每500年才能制造出一寸厚的表土，可是现在，流失相同厚度的表土只要16年。建国之初，美国尚有26英寸厚的表土，如今却只剩下了6寸。这一表土损失，85%要“问罪”畜牧业。表土的流水不只会破坏食物链，最终还会危及我们的生存。

以上我所说的肉食对环境的破坏取材于约翰·罗宾所著的那本《新世纪饮食》（他虽与我同姓，却与我无关，不过我们旨在改变世界的想法上倒是如同兄弟），曾被提名普利策奖。我觉得这本书应该人手一册，作为每日选择饮食的参考。

正如约翰所说，一个人每天的饮食决定会带来深远影响，它关系着人类所生存的这个星球的未来和自身的生活品质。或许你会问："一己之力又怎能扭转这股食肉的趋势？"约翰认为，要想赢得这场战争，决定权不在国会，也不在董事会，而在于我们每个人的手中。他说道："当你进入超级市场采购，走到肉类货架前，拿起一块肉时，不要忘了那个小标签背后隐藏了多少东西：雨林遭遇砍伐，我们后代的食物、水资源、表土，未来的生存环境遭受威胁。一旦考虑到这些，你就会惊醒——这块肉的代价是何等的高！我们的力量，就隐藏在各种场合所做的决定中，不管是超市、餐厅还是自家的厨房。"

以身作则

要想以身作则，你不但要停止挥霍资源，还要阻劝致力于生产汉堡包的大企业。近年来，麦当劳、Carl's Jr.一些大型餐饮企业开始遏制浪费之举，设置沙拉吧和其他可选食物。麦当劳还停止使用聚苯乙烯餐具，并旨在每年减少25%碳氢化合物，为改善环境贡献自己的力量。作为消费者，你也可以用书中所学带来积极的改变：明白你所需的，运用你的购买能力来中止破坏性的模式，引发大企业关注改变趋势，然后促使他们做出改进，提供我们所需的产品和服务。

培育小孩

如同其他的挑战一样，环境保护也需有教育和行动才能成功。遗憾的是，大多数人把教育的责任推到学校身上，因此学生一离开学校，甚至还没有毕业，就停止自我教育。有些教师本来颇有抱负，然而面对日益僵化的体制，最终也无可奈何，有心无力，既无法好好培养学生的人格，也无意引导他们怎样面对现实世界、迎接挑战。

本书向各位介绍了多位成就杰出之人，他们都是值得学习的楷模。那么我们要如何做出有效的改变呢？我们应该在儿童教育上发挥积极作用，让老师认识到提问的威力，要善用引喻、活用转换词汇，了解心则和价值体系，巧用神经链调整术。只要乐于分享，你必然能够成就非凡。

最重要的一点，便是要让孩子们认识到：任何的行动都会产生相应的结果；让他们明白自己所作的各种决定、所采取的各种行动，都会对环境产生或大或小的影响。千万不要打击他们，不要让孩子们对自己的行动丧失信心。本书的核心观点，就是要告诉大家，即使是一个微小的决定、一个不起眼的行动，只要持之有恒，都会造成长远的影响。这个观点能够帮助孩子建立起自信，每当他作出一个小小的决定，采取一个小小的行动，你就要帮助他们持续下去，并证明其可行性。你要事先向他们示范提问的效果，告诉他们如何按照正确的价值观和心态生活，把你在书中所学的一切都教给他们。

我们可贡献的地方很多，行动并不一定要等到伟大计划的出炉，有时候，一个不起眼的决定或行动，就能立刻引发改变。事实上，大多数惊天动地的行为，都隐藏在一系列持续不断的小事上。看看你的周围，到处都是这样的英雄，只因其籍籍无名，便被彻底忽略，未得到应有的赞誉。警察是英雄，他们保护我们，为我们创造了安全的环境，却被许多人视为敌人；消防员是英雄，常常救人于火场，我们平日里却对他们视若无睹。还有救护车的驾驶员、911警报员，谈判专家等。我们社会上这样默默付出的人比比皆是，他们都是无名的英雄。

只要你有充分准备，就能做出贡献。譬如你懂得人工呼吸，这时候如果你碰见有人心脏病发倒在你面前，你会怎么做？如果你可以尽力地施以援手，保证他血液循环畅通，防止生命的消失，并最终救了他，你心中会作何感想？我敢保证，那种快乐和成就远远大于你之前的任何经历——远超你授人知识，也远胜你赚到大钱。

这是一个极端状况下的例子，还有其他可贡献之处吗？当然！建筑工人也可以是一位英雄。多关注你周围的人，给他们以支持、鼓励，肯定他们的作用。当我们逛商店时，不要漫无目的地从洋蓟逛到南瓜前。你可曾对那些经过你身边的人笑一笑？你可曾给过陌生人赞美？完全可以这么做，那一刻，他们的情绪状态就会发生改变，是不是就会把笑脸和赞美传递给下一个人？也许就是他们的孩子？由此会不会引发一系列的改变？

其实，还有很多你可做出贡献之处，并不一定要救了人命才算有贡献，一些简单的行动也能改变我们的社会。让他人笑一笑，明白人生的美好，也是一种贡献。下一次下班返家途中，何不去探访一位长者，跟他唠唠嗑？你问问他们："你可以跟我们分享你的人生经验吗？"我敢保证你一定会收获颇丰。再或者你经过社区医院时，不妨进去探望几个病人，让他们开朗起来，这也是个贡献。即使是你安安静静地不说话，光是倾听，你也是英雄。

为什么这么多人就不肯踏出这帮人的小小一步呢？其中一个原因就是他们害

羞，因为以前没有人这样做过；也许是他们害怕，惟恐吃了闭门羹。但是，各位可知道，如果想要赢得一场比赛，就需要全情投入。哪怕觉得自己很傻，或者觉得没有什么成效，只要你肯尝试，即使不成功又有什么关系呢？接下来只要改变方法就好了。如果你不敢尝试，又怎能创新、成长？怎能发现真正的自我？

如果一天中不做点什么，或者没有人回应于你，那就不算是完美的一天。

——约翰·伍登

如果你想要改变国人的生活品质，就需要影响众人的价值体系。我们的未来是年轻人的未来，他们的价值观就是未来社会的价值观。布什总统曾签署了一份法案，这份文件可是大有用武之地。该案叫做《国家与社区服务方案》，意在提供项目基金、培训、技术支持等服务，保证社区拓展服务机会。这项法案鼓励市民付出时间、精力和力量，特别是为年轻人提供一系列有价值的项目。

通过照顾老人、残障人士、癌症病人和文盲等社会弱势群体，年轻人即可获得这种贡献感。这种长期的贡献服务，对于人的自我认定具有相当正面的影响，一旦有人被打动，他的生活就将发生质的转变。如果大部分年轻人愿意分享相关经验，其所产生的影响力，又岂是我们能想象出来的？！

实际上，让你的行为产生最强有力的连锁反应的，就是这不断滋生的奉献感。我们都有避开痛苦、追求快乐的强烈本能。我相信在我们的内心深处，都希望能够帮助他人，超越自身，把自己的力量、时间、情感乃至金钱贡献给更多的人。人都需要同时去满足道德上和精神上的需求，即使可能带来一时的痛苦；我们不能灰心，更不可丧志，要竭力超越别人的期望。没有比奉献更能带来个人满足感了，无私奉献是满足的基础。

这些活动具有不小的力量，通过不断地为他人付出，我们就能认识到奉献的力量，重塑价值观。如果一个国家能够倡导奉献的价值，就能改变现状，并在世界舞台上扩大影响力。不过，也不要把自己限定在国家主导的活动上，还有如此之多的组织存在迫切的需求，希望更多的有识之士加入进来，同时也渴望相关的经济和物质援助。想象一下，如果整个美国人不求回报，把奉献当成是必须，那产生的影响会有多大！你能否意识到，如果每个国人（老幼除外）每周都奉献3个小时，我们国家就能获得超过3.2亿个小时去帮助那些更需要帮助的人，如果每人奉献5个小时，就有5亿多小时，其经济价值高达万亿！如果做到了这些，我们还要担心那些社会问题解决不了吗？

只要一点点……

还有一些途径可供你提供帮助，少许的时间，就能产生大大的改变。考虑为你所生活的社区中的以下领域的任何一项，每周或每月抽出一点时间去服务。

帮助残障人士
传授基本技能
日常关护
选民登记
志愿巡逻队（邻里守望相助）
图书馆工作（整理书架、分类）
送书给卧床不起者
能源节约
公园养护社区
清洁车司机
慈善徒步运动
毒品教育
热线服务
哥哥/姐姐项目
国际家庭收养
超越计划
急救帮助
建筑美化
孤儿院项目
艺术和文化博物馆
照顾交换生
循环利用计划

可能的礼物：邀请你来奉献自己

怎么样能帮助无家者，开解犯人，激发老人的活力、年轻人的激情呢？现在就有一个好机会，那就是参加安东尼·罗宾基金会。这是一个由众多关爱人士组成的非盈利机构，旨在长期帮助那些被社会遗忘的人。我们积极帮助改变孩子、无家者、服刑人员和老人们的生活，为这些我们社会的重要成员提供鼓励、教育、培训、发展计划等方面的最好资源。我发现，这个基金会是我生命中最好的体验。

我曾有个主张，认为奉献不是责任，而是一项回馈机制。我11岁那年，家里缺钱，甚至买不起感恩节传统大餐，这时幸好有个慈善组织送给我们大餐所需的食物。从那时起，我的心中便滋生了一个念头，有朝一日只要我有能力，便要竭尽所能地去帮助那些受冻挨饿和无家可归的人。从18岁那年的感恩节开始，我便自己也做些东西并送给附近的邻居，同时也首次加入了齐诺监狱的服务队。这些经验孕育了我的自我认定，我决心将来要成为一位慈善家，一个真正能改变自己和他人命运的人。这让我充满自豪，并获得了满足感，我努力帮助更多的人，同时也鼓励别人这样做。

我出版了众多的书籍和录音带，也经常上电视节目，于是每天我收到众多求助的书信。其中最打动我的是那些服刑人员和无家者。因此，基金会赞助了我的30天听力图书馆、《个人力量》和我的第一本书《激发无限潜能》等书籍给全美的监狱。同时积极联系收容所，希望也能提供相同的赞助。我也捐出本书10%的版税给基金会，用于支持这些赞助。另外，我在全美视频研讨会的总代理商Anthony Robbins & Associates也承诺每年提供两场义务的活动。这些活动将在监狱、收容所、高校和市民中心等地举行。

如果你想要加入，可以联系基金会，报名参加Commit-2计划，这个计划简单可行，能让你个人获得成长，同时也能奉献自我，做出贡献。通过这个计划，你将每月去拜访服刑人员、老年人、无家可归者，成为他们真正的朋友；你也可以加入一个年度计划，包括支持青少年领导力计划、感恩节大餐、监狱研讨会、帮助老年人计划等。

当然，你的奉献不仅仅局限于基金会，你所在的社区中，可能还存在多个组织需要你的帮助。事实上，我也正计划通过我的基金会来帮助当地一些有所作用的机构。我们基金会成员已经每个月去给这些机构中的人做培训了，当然还需要不同的指导风格，这里有一些普遍性方式。我们需要提高个人期许、改变自身信念，为个人成功制定新的策略。为了帮助别人，我们还要传授知识。一些简单的常识就能立刻提高他们的人生品质，消除他们的学习障碍，设定新的自我认定。显然，这些也是我所谈的方法中的一些技巧和策略。如果你乐于找出更多，可拨打1-800-964-2200转 TR。

一个人只有学会了诚挚的力量和无私的奉献，他才能体会人生中最深的快乐：真正的满足。

——作者

特蕾莎修女只不过是一位阿尔巴尼亚的小妇人，她所拥有的不过是信心和毅力，但却能够影响世人。所以你我都不可妄自菲薄，要勇于迎接挑战。要不是艾德·罗伯茨每天取下他的铁肺，思索如何改变世人对残障者的态度，也许这个问题就要一推再推，不知何时能解决；如果不是山姆·拉布德冒险拍下了相关画面，又岂能发动国人阻止对海豚的大屠杀。也许，你我都能发挥这样的影响力。我们也许无法预计行动能带来怎样的结果，但是请相信自己的直觉，放手去做，奇迹很可能就会出现。

如果你每个月愿意贡献出一到两个小时，你就能加强自我认定，相信自己就是那样的人——真正关心别人、拿出行动、引发改变。你将会发现你在事业上无所阻碍，因为你知道“真正”的困难是什么。也许今天你会因为股票下跌而心情不佳，但是如果你帮助一位失去双腿的人上了床，或是臂弯中熟睡着一个感染艾滋的婴儿，你先前的郁闷就会一扫而空。

恩泽来自馈赠，珍爱来自友谊。

——忒奥克里托斯

一旦你熟悉了本书的内容，那么应付挑战就有了底气，那些当初被视为困难的事也就变得容易了。等你有了这样的能力，就考要虑把它运用到更多的人身上，惠及家人、社区、乃至更大的范围。无私的奉献会让你得到持续的成就感。英雄，是不需要去寻觅的，你自己就是个英雄。

不过，不可自视甚高，要清楚自己的能力，凡事要中允，不可偏激。许多人的世界里，不是黑便是白，不是不顾一切地牺牲自己，就是完全不顾他人死活，你切不可掉进这个陷阱之中。人生有舍有得，在照顾好自己的同时，也可去关心他人。如果可能，就抽点时间、精神和精力去帮助那些急需帮助的人，这一切都要你自愿。不要一个人扛起整个世界，如果别人明白自己有可用之处，那么必然会有更多的人愿意加入。尽自己的力量，即使微不足道，却也意义重大。如果大家都能这么做，那么就不需要少数人呕心沥血，而受益的人也将会更多。

若碰到有人陷入困境，请伸出援助之手，哪怕只是绵薄之力，也能让他感受到温暖，重振人生希望；千万不要袖手旁观，因为你已经受到上天的厚待。这些事不会占用你太多时间，即使只是几句关心的话语也会给予他莫大的勇气。随时奉献出你的温暖，能够帮助到别人是一种福气，而不是负担。

我经常碰到一些人，他们生活在痛苦之中，整天抱怨生活的不公。的确，为何有些人天生盲眼，无缘得见美丽的彩虹？为何有些人从未做过坏事，却被飞车而过的人开枪射杀？我们无从得知原因，不过我们的信心要接受最终的考验。要知道，人生有限，学海无涯，我们来到这个世界，就要在不同的时间学习不同的知识，那些知识没有高低贵贱之分。从某种程度上来看，人生最悲惨的境遇却往往是最大的财富，它给你以锻炼，令你悟出努力的方向，最终达成所愿。有一句老话：“等学生准备好了，老师就会出现。”另外，当你把自己当做老师时，你就可以换个角度看看，或许在你的学生身上，你就能学到很多东西。

有没有听人说过，从出生那一刻起，我们就走向死亡。生命是有限的，一分一秒都很宝贵。快去行动吧！你想要做什么就立刻去行动吧！明日复明日，明日何其多，不要再等到明天。

——迈克尔·兰登

这番话有何寓意？它告诉我们，要好好地生活，好好地体验，照顾好自己和朋友，欢乐时要尽兴，大胆走出去，好好享受过程。如果犯了错，就要及时吸取教训。没有什么是十全十美的，我们都是凡人，凡事尽力即可。持续找出自我改进的方法，好好运用CANI!的法则，把人生当成不断学习的过程。好好调整自己的主宰系统，让你的人生成为赢家。把关怀自己、关怀别人当做是人性的表现和人生的指标，但是不要过于苛刻，不可导致压力过大失去主动性。记住，真正的快乐来自纯粹和天真。

86岁的纳丁娜·斯泰尔（美国著名诗人）说得好：

> 如果我的人生可以重新来过，我愿犯更多的过错，我要让自己放松，我要比今生更单纯，我将不会在那么多的事情上严肃认真，我要把握更多的机会，我将旅行更多的地方，爬更多的高山，涉更多的水；我将多吃冰激凌，少吃豆子；我或许会碰到更多的实际困难；但是想象的麻烦会减少。你看，我是理智冷静的人们中的一员，一小时一小时，一天天地生活。
>
> 哦，我拥有了生命的分分秒秒，如果能重新来过，我愿拥有更多的分分秒秒。事实上，我别无他求，只是想过好分分秒秒，而不愿空活许多年。我曾经是那些出门就带着热水瓶、热水杯、雨衣和降落伞的人，如果能重新来过，我愿轻装旅行。
>
> 如果生命能重新来过，我愿从春天就开始赤脚，直到秋天；我要去参加更多的舞会；我要多去骑旋转木马；我要采更多的雏菊。

你希望后人如何记住你？是想要当一个伟人吗？那么现在就开始行动，朝着伟人的方向，何必要等到死后为人悼念呢？把每一天都当成是最宝贵的一天，那么生活就会全然不同。有些人希望长寿，但我觉得，活得长不如活得好，我希望生命是散发光热而尽的，而不是朽烂而亡的。即使是大限将至，我们还要攀登另一座高峰。

在我看来，造物主赐给我们最好的礼物，便是对未来的期待和猜测。试想，如果人生中万事都是确定的，那么生活会是多么的无趣。人生真正的妙处，就在于我们永远不知道下一步会怎样，而下一秒发生的事，很可能就会改变我们人生的整个方向，在瞬间展现出全新的画卷。我们要学会喜欢变化，变化才是世间不变的真理。

是什么改变了你的人生？其实有很多：当你看完本书，静下来想一想，做个小小的决定，人生的很多地方可能就发生了改变；同样，去跟朋友聊一聊，听一卷录音带，看一场电影，参加一次研讨会，或者碰上一个大问题，这一切都能使你的人生发生改变。人生要过得有意义，就应该明白需要积极的态度去生活，即使遭遇挫折，也要乐观面对，相信失败乃是人生之母。还有一点很重要，要知道“书山有路勤为径，学海无涯苦作舟”，要不断地付出爱心。

在本书即将结束之际，我要感谢各位。虽然我们素未谋面，但现在是不是已经成为朋友了呢？就算未来无法相会，但是我们的内心是相通的。感谢大家给我这个机会分享我的人生感悟，我衷心地希望本书能带给各位新的角度，为自己创造出璀璨人生。

希望我们能保持联络。写信给我，或者参加研讨会，加入基金会，乃至在街上偶遇，都来跟我打招呼。我期待着与你们相遇，聆听你们的成功人生。

最后，请相信奇迹……因为你本身就是奇迹。我把火炬传递于你手，分享你的天赋，分享你的热忱。愿上帝祝福你！

有一天，当我们掌握了风、海浪，潮汐和万有引力，我们将拥有上帝爱的力量。然后，他将在世界历史上第二次发现火。

——德日进[①]

① 德日进（P.Teilhard de chardin，1891~1955），法国著名地质学家和生物学家，北京猿人的发现者之一。